职业教育校企合作理实一体化课程教材

Qiche Banjin Jishu LiShi Yitihua Jiaocai

汽车钣金技术理实一体化教材

中国汽车工程学会汽车应用与服务分会
北京史宾尼斯机电设备有限公司 组织编写
上官登仁　张启森　主　编

人民交通出版社股份有限公司
China Communications Press Co.,Ltd.

内 容 提 要

本书是职业教育校企合作理实一体化课程教材，是在中国汽车工程学会汽车应用与服务分会的组织下，由北京史宾尼斯机电设备有限公司牵头各校企合作院校专业教师与行业、企业专家编写而成。

本书内容包括：汽车车身修复（钣金）工具使用、汽车钣金设备认知、汽车手工成形、汽车车身结构认知、汽车车身典型部件拆装与调整、汽车钣金焊接及切割操作、汽车覆盖件整形、汽车底盘及车身测量，共计8个单元。

本教材供职业院校汽车钣金维修专业师生教学使用，也可供汽车钣金维修相关从业人员上岗技能培训时学习参考。

图书在版编目（CIP）数据

汽车钣金技术理实一体化教材／上官登仁，张启森主编．—北京：人民交通出版社股份有限公司，2015.3

ISBN 978-7-114-12040-4

Ⅰ．①汽… Ⅱ．①上…②张… Ⅲ．①汽车—钣金工—高等职业教育—教材 Ⅳ．①U472.4

中国版本图书馆CIP数据核字（2015）第021323号

职业教育校企合作理实一体化课程教材

书　　名：汽车钣金技术理实一体化教材

著 作 者：上官登仁　张启森

责任编辑：闫东坡

出版发行：人民交通出版社股份有限公司

地　　址：（100011）北京市朝阳区安定门外外馆斜街3号

网　　址：http://www.ccpress.com.cn

销售电话：（010）59757973

总 经 销：人民交通出版社股份有限公司发行部

经　　销：各地新华书店

印　　刷：北京市密东印刷有限公司

开　　本：787×1092　1/16

印　　张：16.25

字　　数：360千

版　　次：2015年3月　第1版

印　　次：2019年5月　第3次印刷

书　　号：ISBN 978-7-114-12040-4

定　　价：36.00元

职业教育校企合作理实一体化课程教材
编审委员会

前　言

随着汽车工业的飞速发展，汽车保有量迅速增加，汽车碰撞损坏也迅猛增多，汽车维修行业对车身维修人员的需求越来越大，要求的素质也越来越高。随着现代汽车新技术、新工艺、新设备不断改进和更新，要求车身维修人员知识和技能必须适应新技术的发展，但目前许多钣金喷漆从业人员文化水平不高，没有经过专业的技能培训，很难掌握新技术、新工艺和新设备，影响着车身维修的质量和效率。

为了满足中、高等职业院校培养汽车钣金维修技能型人才的需要，在中国汽车工程学会汽车应用与服务分会的组织下，由北京史宾尼斯机电设备有限公司牵头各校企合作院校专业教师与行业、企业专家，编写了职业教育校企合作理实一体化课程教材。本教材体现任务驱动的课程教学理念，图文并茂，以职业岗位的典型工作任务为驱动，确定理实一体化的学习任务，按照教学过程组织学习。每个学习任务既有知识准备，又有技能操作，是任务要求、工具使用、维修方法与组织的有机整合。本教材供职业院校汽车钣金维修专业师生教学使用，也可供汽车钣金维修相关从业人员上岗技能培训使用。

全书由上官登仁、张启森担任主编。学习单元1由佛山华材职业技术学校陈祖坚、陆智驹编写，学习单元2由北京平谷第一职业学校吴宝山编写，学习单元3由北京市市政管理学校王振编写，学习单元4由江苏省无锡汽车工程中等专业学校张启森、陈锡良编写，学习单元5由山西交通技师学院张庆龙、卫云贵、汤娜编写，学习单元6由广西交通技师学院冯培林、韦军新、劳一民、覃卫国编写，学习单元7由宁波市鄞州职业高级中学林育彬编写，学习单元8由北京市工业技师学院李旭东、王健和广西交通技师学院冯培林编写。

由于编者水平有限，教材中难免有不足之处，恳请广大读者批评指正。

编委会

2014年9月

目　　录

学习单元1　汽车车身修复(钣金)工具使用

学习任务1　手工工具使用

任务描述

在车身钣金维修中,各类手工工具的操作非常重要。能正确利用各类手工工具进行车身拆卸、装复和维修,可有效提高维修效率和工艺质量,如图1-1-1所示。

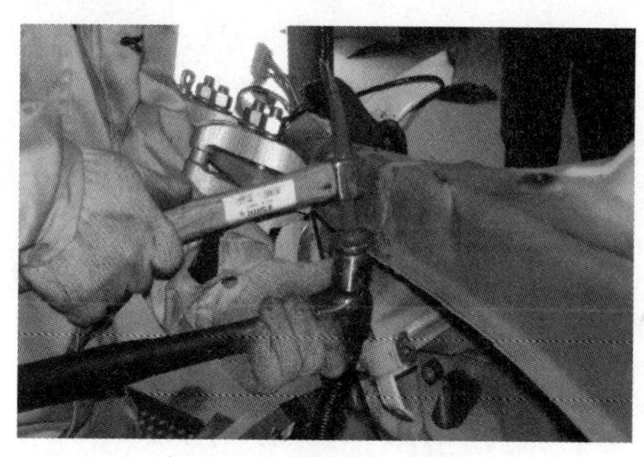

图1-1-1　车身维修的手工工具整平操作

学习目标

1. 能讲述汽车钣金维修各种手工工具的功用及分类。
2. 能安全熟练地使用各种手工工具。

建议学时:4学时。

学习准备

一、知识准备

1. 汽车车身维修手工通用工具

汽车钣金维修所使用的手工通用工具有各式扳手、螺丝刀、钳子和剪刀等(图1-1-2)。

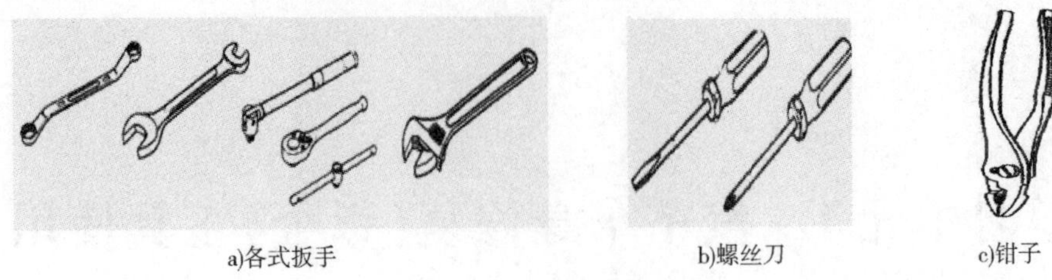

图 1-1-2　各类手工通用工具

2. 汽车车身维修手工专用工具

汽车车身维修手工专用工具,如图 1-1-3 所示。

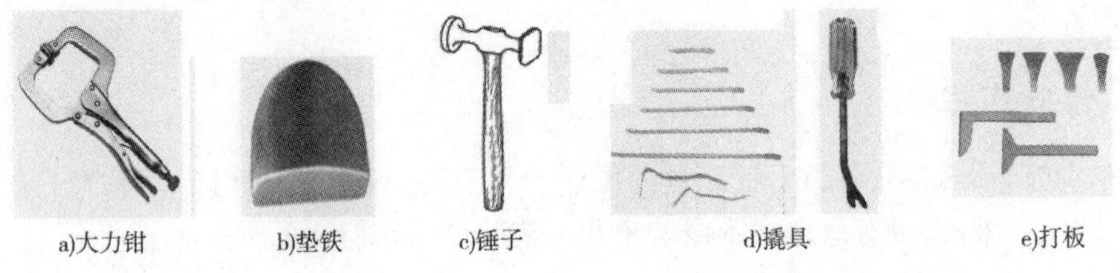

图 1-1-3　车身维修手工专用工具

(1)大力钳。用来夹持定位,更换板件;或在严重打滑的紧固件上,扳手和套筒已不起作用的情况下,可用来夹紧。

(2)顶铁。通常顶在锤敲击金属板的背面,用锤和顶铁一起作业使凸起的部位下降,使低凹部位上升。

(3)球头锤。钣金作业的多用途工具,用于校正弯曲结构,一般用于作业初成形车身部件。

(4)橡胶锤。用于柔和地敲击薄钢板,不会损坏油漆表面。

(5)镐锤。维修小的凹陷,其尖端用于将凹陷从内部锤出,对中心部位柔和地轻打即可,其平端与顶铁配合作业用于去除高点和波纹。

(6)冲击锤。维修大的凹陷时,冲击锤用于凹陷板面初始的校正,或加工内部板和加强相关部位。这种情况需要较大的锤击力,而不要求板材具有光洁的表面。

(7)精修锤。用冲击锤修复凹陷之后,需要用精修锤轻敲以便得到最后的外形。

(8)匙形铁。具有多种形状和尺寸,可与不同的面板形状匹配使用。

(9)撬具。用于进入有限的空间,撬起凹点,具有不同的长度和形状。

(10)打板。用于修复筋线部位,修出来的筋线又直又板。

二、工作场所

理论和实操教学一体化教室。

三、工作器材

各类扳手、螺丝刀、钳子、铁剪刀、大力钳、垫铁、锤子、撬棒、打板等手工工具若干。

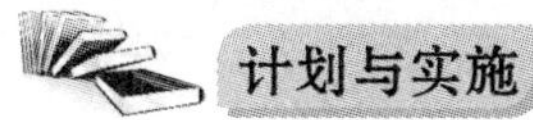

一、准备工作

大力钳、顶铁、锤子、匙形铁、撬具、打板和棉纱手套等。

二、操作与使用

1. 大力钳

(1)大力钳的分类。常用大力钳有弹簧C形夹钳、直嘴形夹钳、扁嘴形夹钳等,如图1-1-4所示。

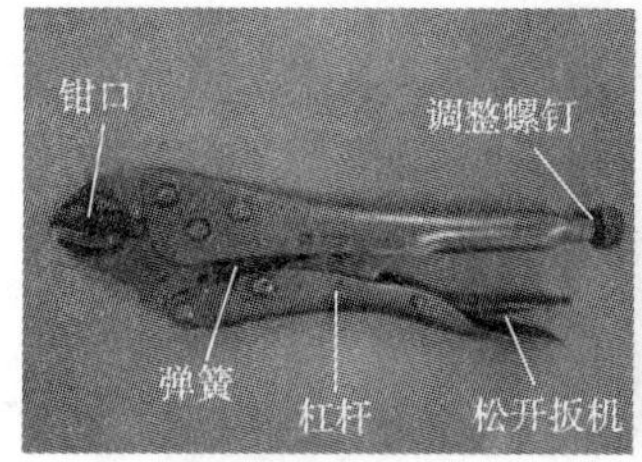

a)弹簧C形夹钳

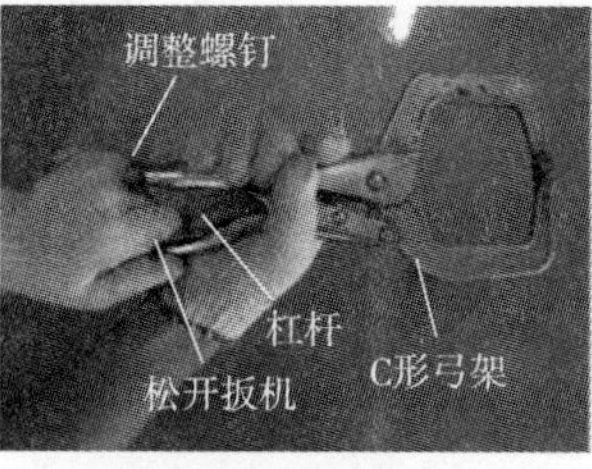

b)直嘴形夹钳

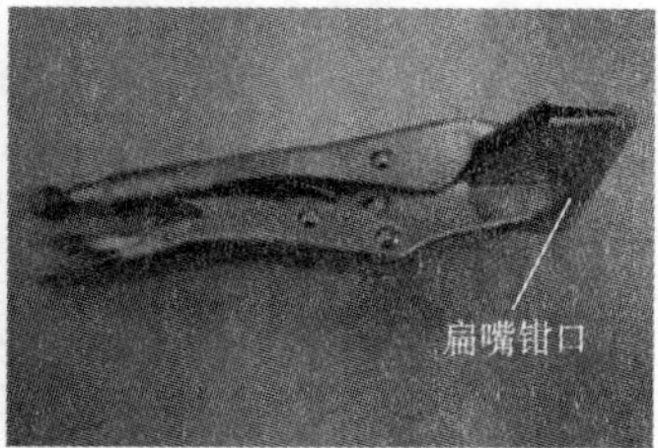

c)扁嘴形夹钳

图1-1-4　大力钳的分类

(2)大力钳的使用。各类大力钳正确使用方法,如图1-1-5所示,其中弹簧C形夹钳适用于小零件、角钢的夹紧,适用于汽车车体、加紧较深部位;直嘴形夹钳用于夹紧车身较厚部位,如前纵梁等;扁嘴形夹钳用于夹紧车身较薄部位。

a)弹簧C形夹钳

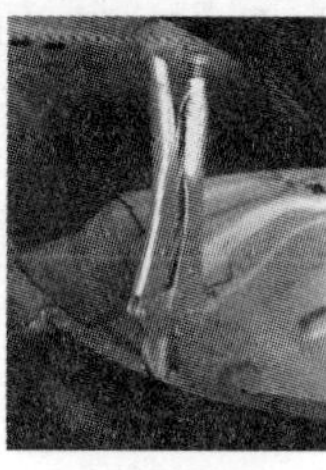
b)直嘴形夹钳

c)U嘴形夹钳

图1-1-5　大力钳的正确使用

①通过调整螺钉调整开口大小。

②夹紧时张开颚口,调整夹紧力,用另一只手压下杠杆。

(3)大力钳错误使用方法,如图1-1-6所示,注意,夹紧时手的虎口不应该顶住杠杆处。

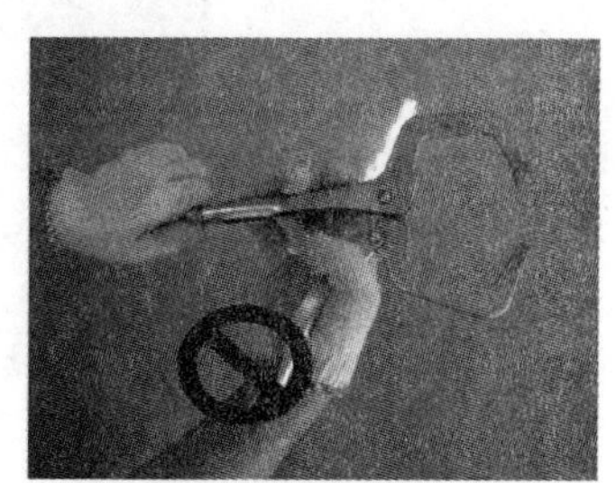
图1-1-6　大力钳错误使用

2. 顶铁

顶铁是帮助矫正金属面板损伤的重钢块,顶铁的作用就像一块铁砧,通常被顶在金属板锤敲击面的背面,工作过程是用锤和顶铁配合使用,使凸起的部位下降,使凹陷的部位上升。

(1)常用顶铁分类,如图 1-1-7 所示。

a)通用顶铁　b)低隆起顶铁　c)足跟形顶铁　d)足尖形顶铁　e)卷边顶铁　f)楔形顶铁

图 1-1-7　各种类型垫铁

(2)顶铁的使用。

①当使用钣金锤时,经常用顶铁支撑被敲击金属,用锤子和顶铁一起作业使凸起的部位下降,使低凹部位上升。正确使用方法如图 1-1-8 所示。

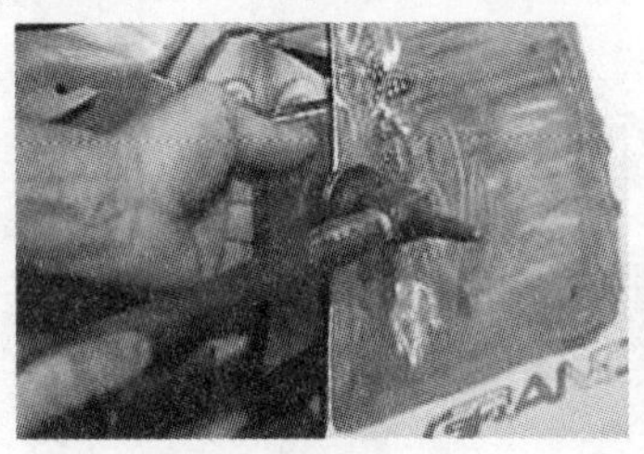

图 1-1-8　锤子和顶铁的配合使用

②选择顶铁时,要比较顶铁的表面与面板的表面,如图 1-1-9a)所示。顶铁的轮廓必须符合损伤面板的轮廓,如图 1-1-9b)所示。需要时也可以用顶铁敲击面板,如图 1-1-9c)所示。

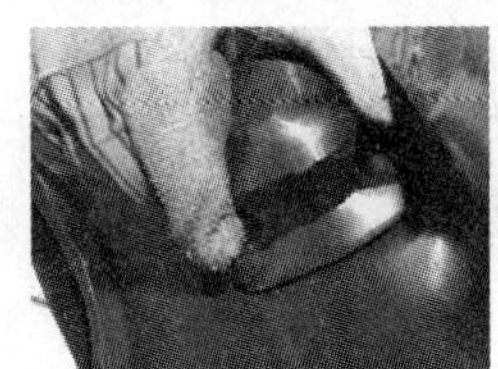
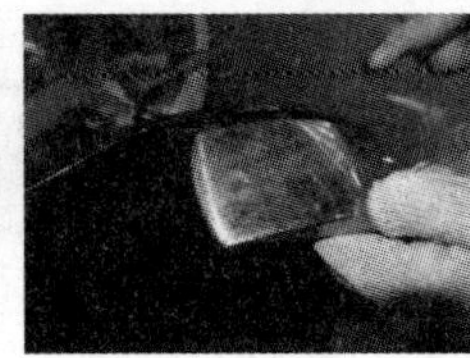
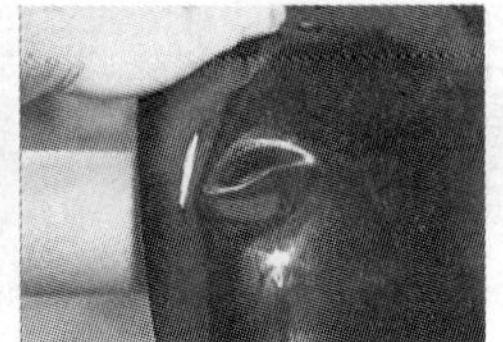

a)顶铁表面贴合　b)顶铁轮廓与面板吻合　c)顶铁敲击面板

图 1-1-9　顶铁的正确使用

③锤子—顶铁对位敲击法,如图 1-1-10a)所示,用来修平小而浅的凹痕或凸痕。例如要修平一个凸痕,把顶铁放在凸痕的正下方,顶住背面,用锤子从正面敲击,当锤子敲击在顶铁上时会有轻微的反弹,如图 1-1-10b)所示。

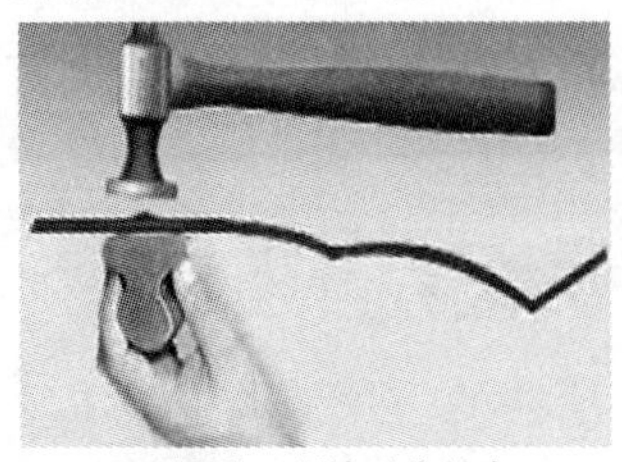

a)锤子—顶铁对位敲击　b)修平小凸痕

图 1-1-10　锤子—顶铁对位敲击法

④锤子—顶铁错位敲击法,如图 1-1-11a)所示,用在最后矫正之前的金属板材矫正,使

用时把顶铁顶在最低部位,用锤子敲击鼓起部位,一般用锤子和顶铁以形成损伤相反的顺序延平损伤,如图 1-1-11b)所示。

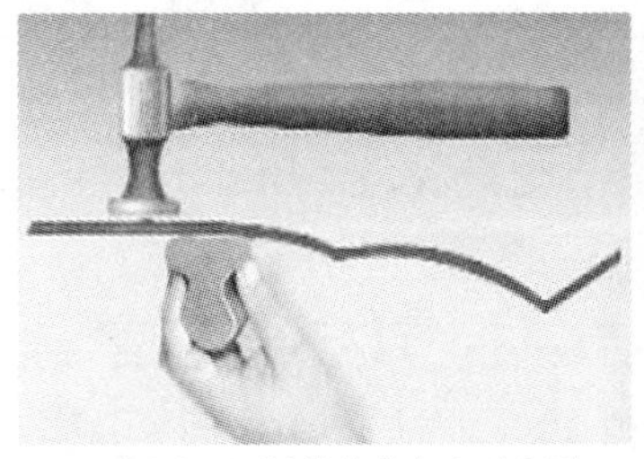

a)锤子—顶铁错位敲击法示意图　　b)延平鼓起部位

图 1-1-11　锤子—顶铁对位敲击法

⑤顶铁的错误使用,如图 1-1-12 所示。用顶铁尖端顶住板材敲击后易行成新的凸、凹痕。

3. 锤子

在车身修复中,要用到许多不同种类的锤子,而且很多是专门为金属成形作业而制造出特殊形状的。车身锤是修复金属板件上凹痕最常见的工具,金属板上凹陷或凸起的微小斑点经常可以很快地用车身锤修好。

(1)钣金常用锤子的种类。球头锤。钣金作业的多用途工具,用于校正弯曲结构,一般用于作业初成形车身部件的修复,如图 1-1-13a)所示

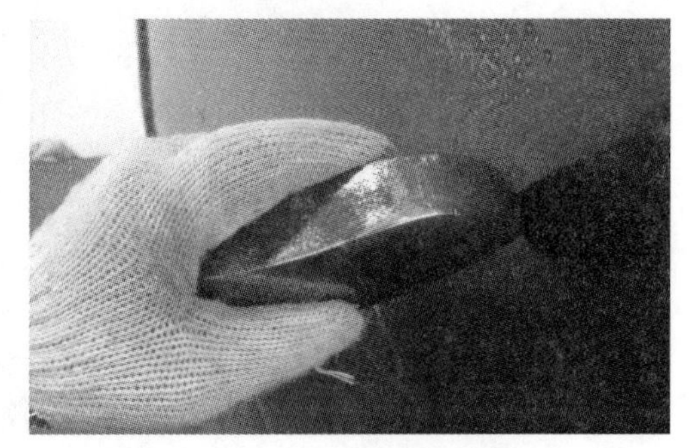

图 1-1-12　顶铁的错误使用

①橡胶锤。用于柔和地敲击薄钢板,不会损坏油漆表面,如图 1-1-13b)所示。

②镐锤。维修小的凹陷,其尖端用于将凹陷从内部锤出,对中心部位柔和地轻打即可,其平端与顶铁配合作业用于去除凸点和波纹,如图 1-1-13c)所示。

③冲击锤。维修大的凹陷时,冲击锤用于凹陷板面初始的校正,或加工内部板材和加强相关部位。这种情况需要较大的敲击力,而不要求获得光洁的板材表面,如图 1-1-13d)所示。

④精修锤。用冲击锤修复凹陷之后,需要用精修锤轻敲修复,以得到最后的外形,如图 1-1-13e)所示。

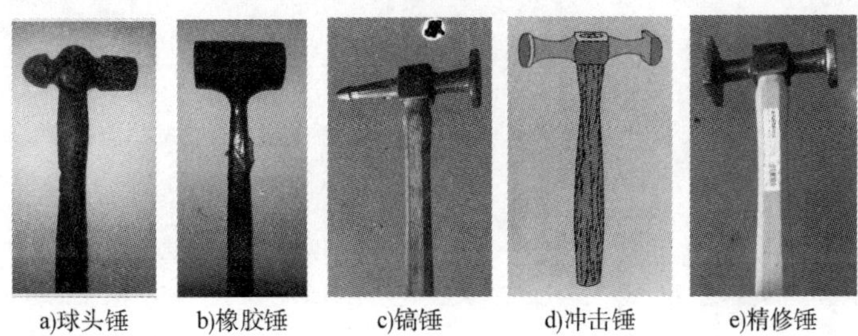

a)球头锤　b)橡胶锤　c)镐锤　d)冲击锤　e)精修锤

图 1-1-13　常用锤子种类

(2)锤子的正确使用。

①注意事项。通过训练掌握钣金锤的正确使用方法;使用前擦净锤面及手柄上的油污,以免滑脱伤人;检查手柄是否松动,以免锤头脱出造成事故。

②钣金锤的正确使用方法,如图 1-1-14 所示。用适当的敲击力在适当的时间敲在适当的斑点上,用手腕的力量使钣金锤做圆周运动的摆动,在四周边缘敲击并让锤子从金属上弹回,敲击时要抬得一次比一次高,如图 1-1-14a)所示。锤子的表面一定要和面板的轮廓一致。

要精准敲击且必须轻轻地快速敲打,并保持直角敲击,如图 1-1-14b)所示。

a)

b)

图 1-1-14 钣金锤正确使用

③钣金锤的错误使用。用锤子的边缘与板面成一定的角度敲击,会在金属板上留下额外的凹坑,如图 1-1-15 所示。

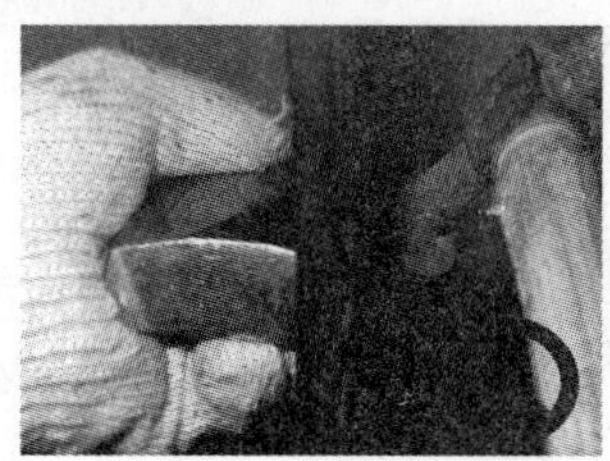

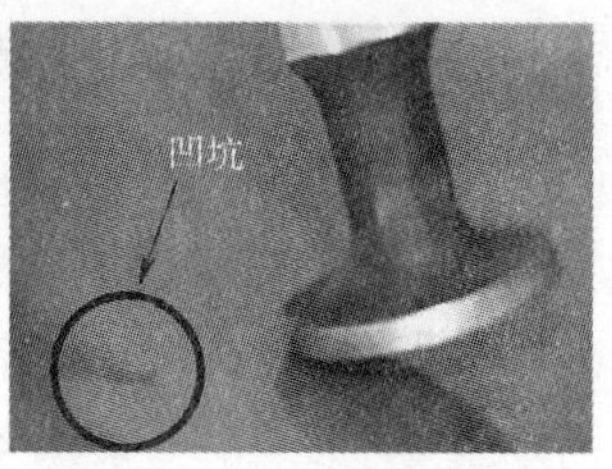

图 1-1-15 钣金锤的错误使用

4. 匙形铁

匙形铁是车身修理的特殊工具,主要用于抛光金属表面,所以也叫修平刀,如图 1-1-16 所示。匙形铁可以用来撬开损伤处,用锤子敲击来修复损伤。匙形铁的平直表面把敲打的力分布在很宽的范围内,用在皱折和隆起部位,并且当板件后面空间有限时,匙形铁可当作顶铁使用。

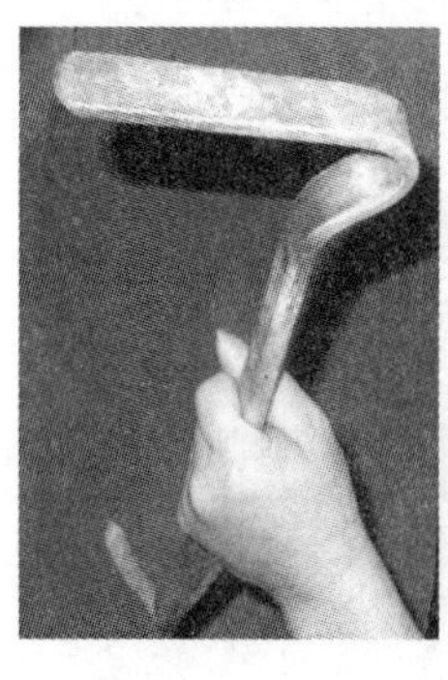

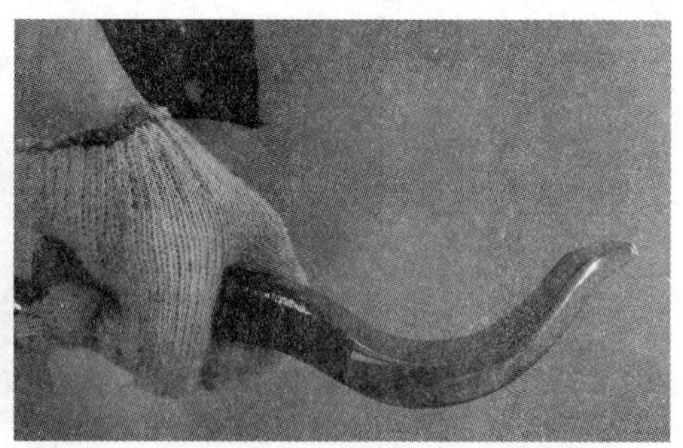

图 1-1-16 匙形铁

将匙形铁压在板材的高点上,用锤子敲击匙形铁,可将板材皱折平展,敲击的力被分散到大的面积上,可以避免锤子敲击的凹痕,如图 1-1-17 所示。

当面板背面的空间有限时,匙形铁也可当作顶铁使用,如图 1-1-18 所示。

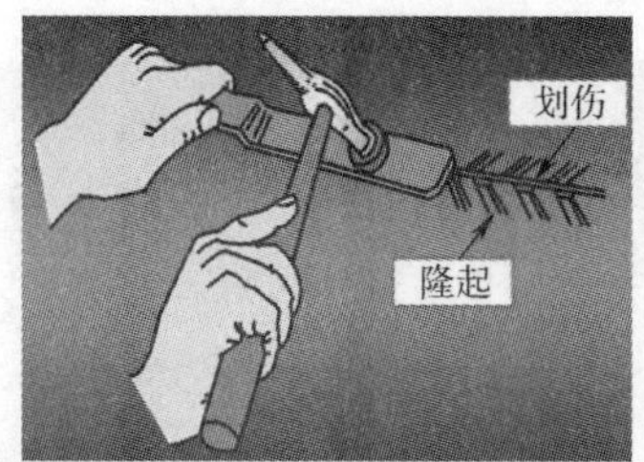

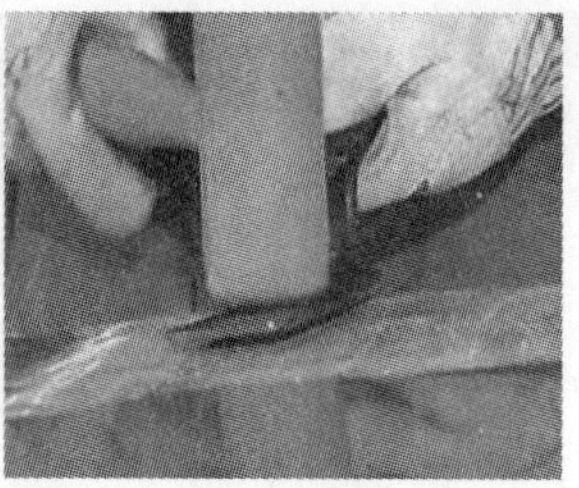

图1-1-17 匙形铁的正确使用

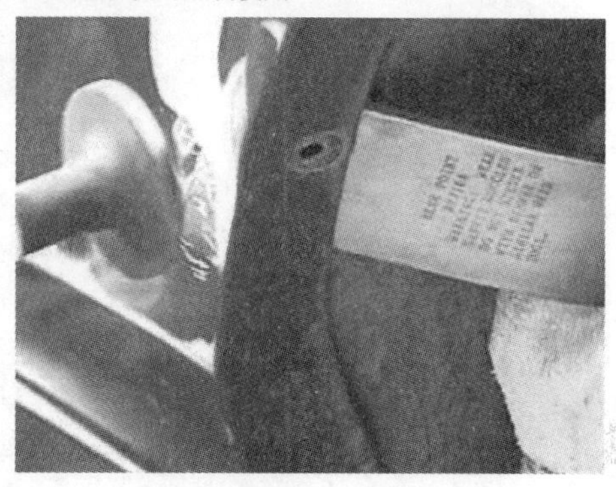

图1-1-18 匙形铁的正确使用

5. 撬具

用于进入有限的空间,撬起凹点,具有不同的长度和形状。

(1)撬具的种类,如图1-1-19所示。

a)撬板

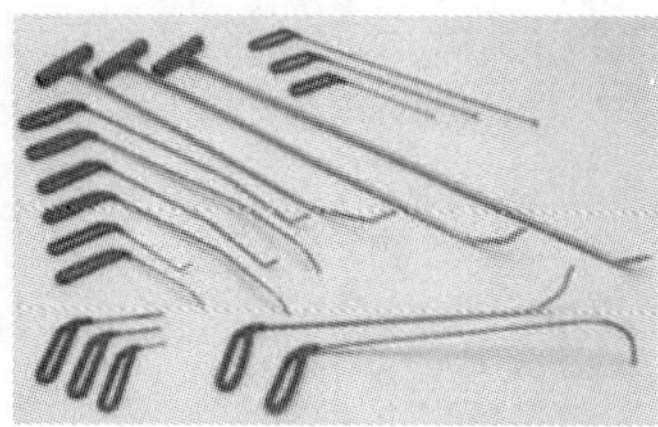
b)撬镐

图1-1-19 撬具

(2)撬具的使用。

①撬板的使用,如图1-1-20所示。

a)板件正面示意位置

b)板件背面示意位置

图1-1-20 撬板的正确使用

②撬镐的使用,如图1-1-21所示,撬镐可以插到受制约的部位,如车门内部,撬起小凹陷。

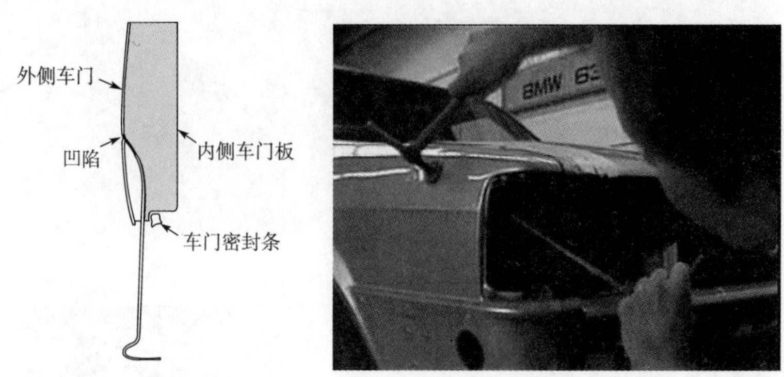

图 1-1-21　撬镐的使用

6. 打板

打板用于修复筋线部位，修出来的筋线又直又板，如图 1-1-22 所示。

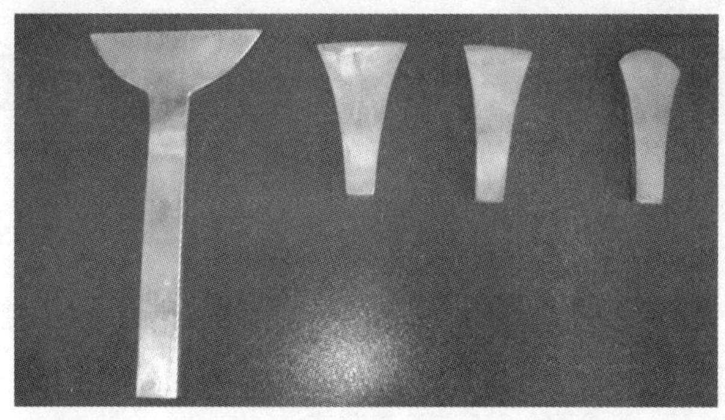

图 1-1-22　钣金用打板

根据板件筋线的长度或弧度，使用不同的打板，力求将板件修复原状，如图 1-1-23 所示。

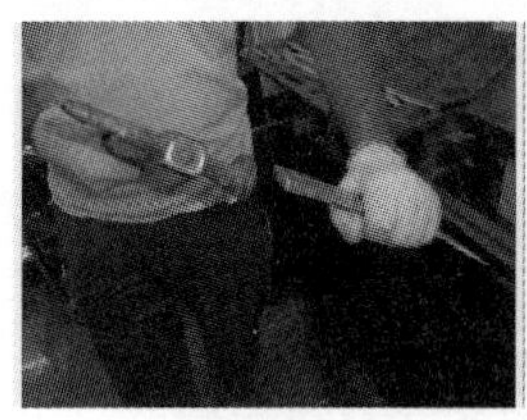
a)较长筋线

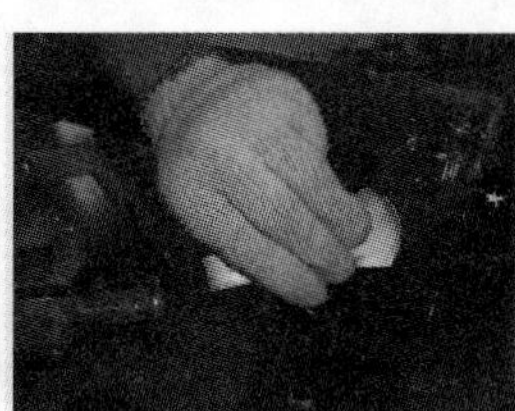
b)较短筋线

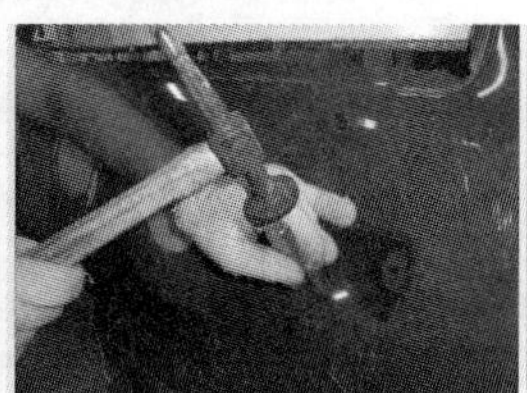
c)带弧度的筋线

图 1-1-23　各种打板的使用

手工工具的安全操作注意事项。

(1)勿将手工工具作任何非设计规定的用途，如不要把锉或螺丝刀作为敲击工具，否则可能会断裂造成人身伤害。

(2)掌握工具的安全使用知识，阅读厂商的使用说明书并只在该工具适用的工作中使用工具。

(3)车身车间的工具必须保持清洁、无锈、锐利，安全有条理地放置在工具柜或工具箱中。工具应当尽可能保持其原始状态。受损或破裂的工具,决不应使用。

(4)扳手操作时用拉而不是用推的动作。

(5)在进行任何操作时不要把螺丝刀、冲子或其他尖锐的手工工具放到口袋里,以免刺伤自己或损坏车辆。

评价与反馈

一、学习效果评价

1. 选择题

(1)用来修复筋线部位的钣金工具是(　　)。

A. 顶铁　　B. 橡胶锤　　C. 打板

(2)下列哪句正确表达了镐锤的使用方法?(　　)

A. 用于柔和地敲击薄钢板,不会损坏油漆表面。

B. 用冲击锤修复凹陷之后,需要用精修锤以得到最后的外形

C. 维修小的凹陷,其尖端用于将凹陷从内部锤出,对中心部位柔和地轻打即可,其平端与顶铁配合作业用于去除高点和波纹

2. 判断题

(1)在修复门板时,可以用匙形铁当顶铁用。　(　　)

(2)使用锤子作业时,不需要戴手套。　(　　)

(3)扳手操作时用拉而不是用推的动作。　(　　)

3. 简述题

(1)举出8种以上手工钣金维修工具。

(2)打板的作用是什么?

(3)锤子与垫铁的配合敲平应注意哪些事项?

二、技能考核

手动工具使用技能考核项目和分值见表1-1-1。

手动工具使用技能考核表　　表1-1-1

考核时间	考　核　项　目	分值	自我评价	小组评价	教师评价
30min	安全、规范操作	20			
	对各种手工工具的安全操作知识的掌握	20			
	按步骤正确使用手工工具	40			
	整理工具	10			
	团队协作精神	10			
合　计		100			

学习任务2　动力工具使用

任务描述

在车身维修过程中,使用动力工具,可实现打磨、切割、錾割、剪切、紧固等要求,相对于传统手工工具,动力工具具有体积小、质量轻、效率高、性能好,在不受空间和时间限制的情况下,可进行各种用途的操作,如图1-2-1所示。

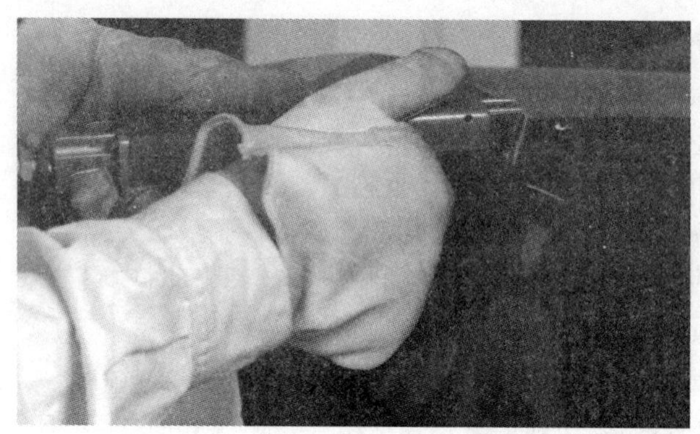

图1-2-1　动力工具进行门槛切割操作

学习目标

1. 熟悉钣金修复的各种动力工具分类。
2. 能安全熟练地进行各种动力工具的操作。

建议学时:4学时。

学习准备

一、知识准备

动力工具按动力源主要可分为气动工具和电动工具两类。

1. 气动工具

(1)气动锯。气动锯是利用压缩空气为动力。气动锯锯条只有一端装在锯身上实现锯割作业,由于没有锯弓限制,切割缝可以无限延长。气动锯具有切割效率高、使用方便、对构件损坏程度小等优点。

(2)气动砂轮机。砂轮机主要作用是打磨和切割。打磨作用是利用砂轮盘的平面磨削工件的不平部位,多为对焊接后的焊缝凸起部位进行打磨,使其表面平整。切割作用是在拆解车身构件时,利用砂轮的端面切割焊缝,使焊缝断开。对于只拆解不更换的构件,应选好切割角度,而不要损坏零件本身;对于切割后要更换的构件,可以直接割断构件,但是注意不要割伤相邻完好的构件。

2.电动工具

(1)手电钻。手电钻是以电为动力的手持式钻孔工具,电源电压一般有220V和360V两种,其尺寸规格有$\phi3.6\sim\phi13mm$若干种。如图1-2-2a)所示。

(2)手提砂轮机。按砂轮直径分,常用的规格有$\phi150mm$、$\phi80mm$、$\phi40mm$共3种,图1-2-2b)所示为手提电动砂轮机。

(3)盘式打磨机。盘式打磨机通常打磨工作时用的砂轮片粒度为60号、80号或120号等,一般常用的是80号,如图1-2-2c)所示。

a)手电钻　b)手提砂轮机　c)盘式打磨机

图1-2-2　各类电动工具

二、工作场所

理论与实操教学一体化教室。

三、工作器材

各类气动锯、气动砂轮机、手电钻、手提砂轮机、盘式打磨机等气动工具和电动工具若干。

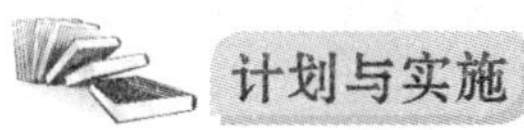

计划与实施

一、准备工作

气动锯、锯条、待切割的钣金件、气动砂轮机、手电钻、划线工具、粉笔等。

检查各个动力工具是否需要更换相关附件,设备电源开关是否在关闭位置,割枪是否完好,插座、插头是否接触不良;检查切割区域附近是否有易燃易爆物品。

二、气动工具的正确使用及步骤

1.气动锯

气动锯,如图1-2-3所示是利用压缩空气为动力。气动锯锯条只有一端装在锯身上实现锯割作业,由于没有锯弓限制,切割缝可以无限延长。气动锯具有切割效率高、使用方便、对构件损坏程度小等优点。

(1)气动锯的组成。气动锯主要由锯体、气管接口、气动开关、锯条等部分组成。

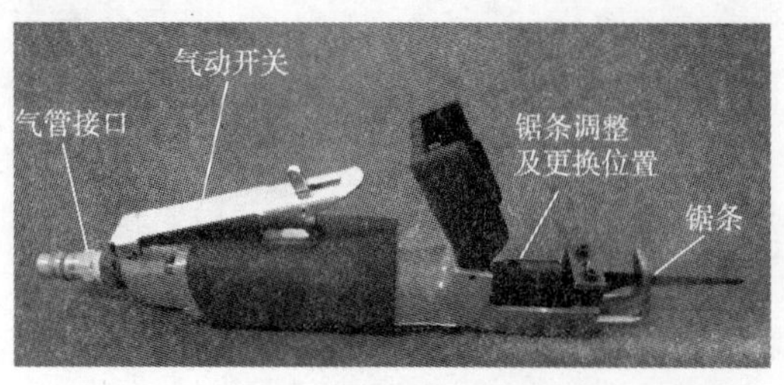

图 1-2-3　气动锯的组成

①气管接口。主要用于连接气源,提供动力气源。

②气动开关。主要控制气动工具的关闭,实现各种要求的操作。

③气动锯条。在气动锯上安装使用的一种锯切锯条,它具有 3 种不同的尾端接口,根据不同的气动锯配备不同的气动锯条,气动锯条与其他的气动工具一样,是利用气泵或者气缸中的气源作为驱动力替代手工工具的人力,操作方便,效率高。

气动锯条在汽车车身维修中广泛应用,尤其在汽车钣金切割方面优势明显,用量很大。气动锯条的材质大多数为双金属,也有硬质合金,齿形主要是波浪齿和侧切齿。

(2)气动锯的操作步骤。

①更换适合的锯条,如图 1-2-4 所示。

a)拧松

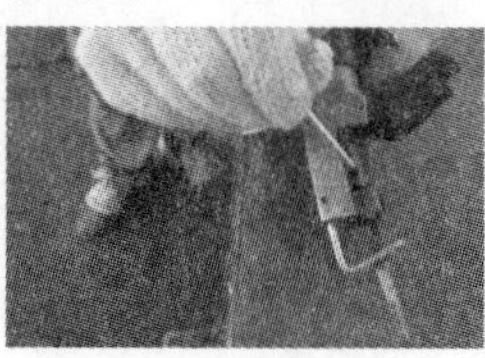

b)拆卸

c)更换

图 1-2-4　更换锯条

②连接气管,如图 1-2-5 所示。

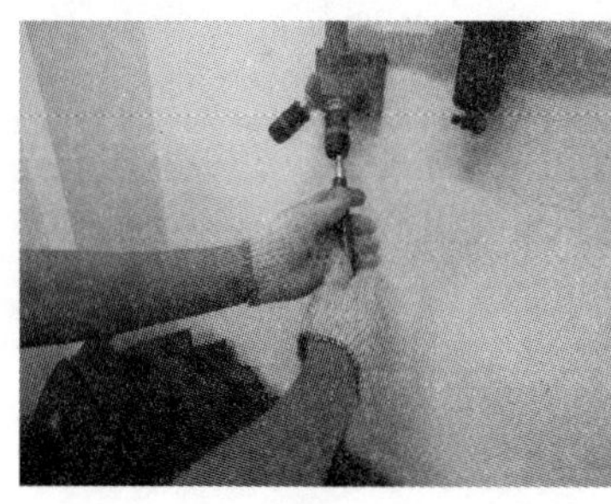

图 1-2-5　连接气管

③切割,如图 1-2-6 所示。

注意:若切割时候发现锯条产生振动,应立即停止切割,并对锯条紧固螺钉作相应松紧度的调整。

2. 气动砂轮机

气动砂轮机,如图 1-2-7 所示主要作用是打磨和切割。打磨是利用砂轮盘的平面磨削工件的不平部位,多为对焊接后的焊缝凸起部位进行打磨,使其表面平整;切割是在拆解车身构件时,利用砂轮的端面切割焊缝,使焊缝断开。对于只拆解不更换的构件,应选好切割角度,而不要损坏零件本身;对于切割后更换的构件,可以直接割断构件,但是要注意不要割伤相邻完好的构件。

气动砂轮机的正确操作步骤如下。

a)正确使用方法

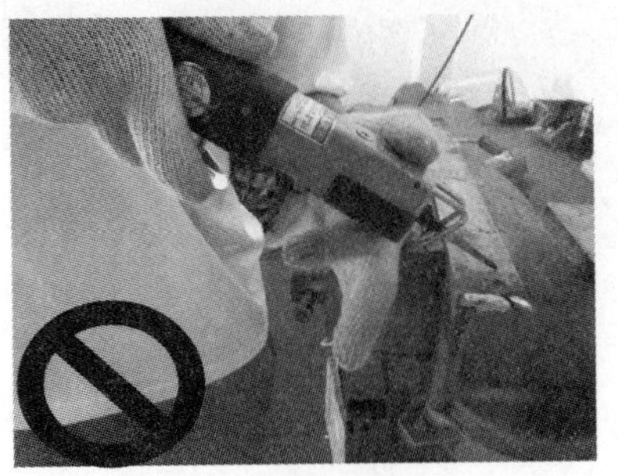
b)错误使用方法

图 1-2-6　切割操作

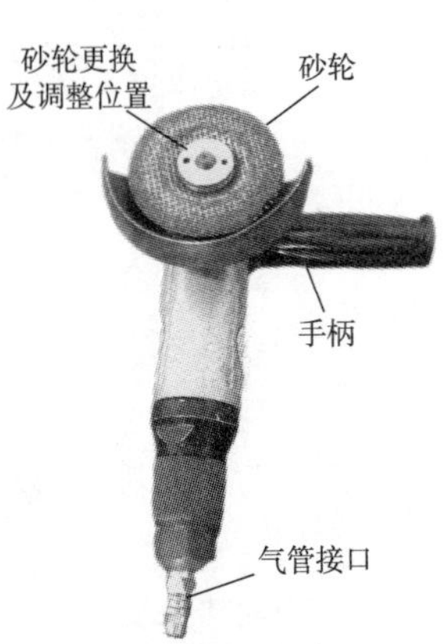

图 1-2-7　气动砂轮机的结构

(1)安装砂轮片：

①将软垫装在转轴上，用手旋至紧固即可，如图 1-2-8a)所示。

②将砂轮片放在软垫上，如图 1-2-8b)所示。

③最后，用特殊扳手紧固砂轮锁紧螺母，如图 1-2-8c)所示。

(2)右手抓住砂轮机前面把手，左手抓住后面把手，启动开关。

(3)在金属表面开始打磨。

正确的打磨方法，如图 1-2-9 所示，应使砂轮片的 1/3 表面与被加工表面接触，其研磨效果最好。

3. 气动带式砂轮机

气动带式砂轮机，如图 1-2-10 所示主要用于打磨边角处或凹槽处的旧漆层。

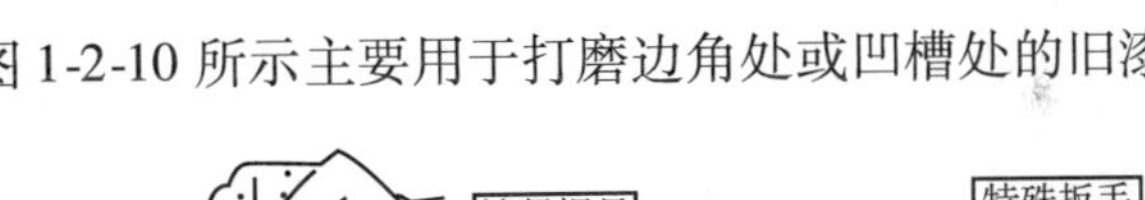

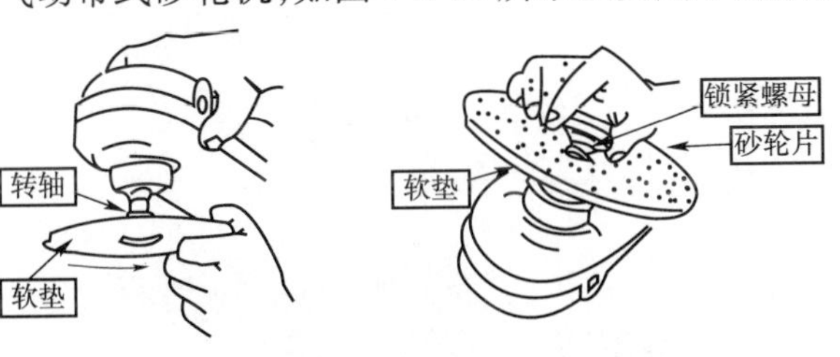

a)装软垫　b)装砂轮片　c)紧固

图 1-2-8　气动砂轮片的安装

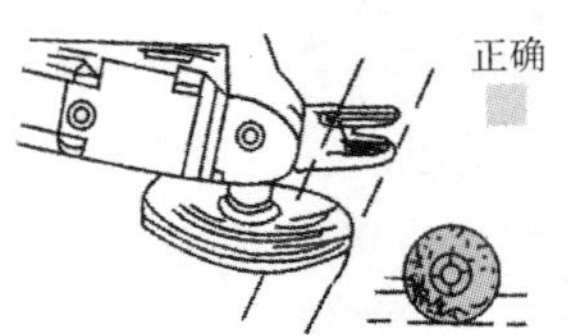

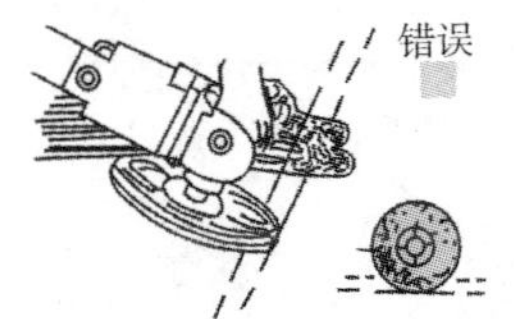

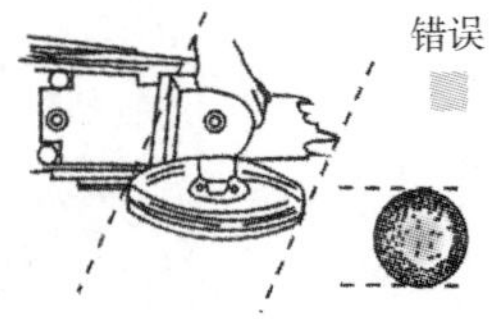

图 1-2-9　气动砂轮机的正确打磨方法

气动带式砂轮机的正确操作步骤如下：

(1)更换合适的砂轮带，如图 1-2-11 所示。

(2)接好供气管，如图 1-2-12 所示。

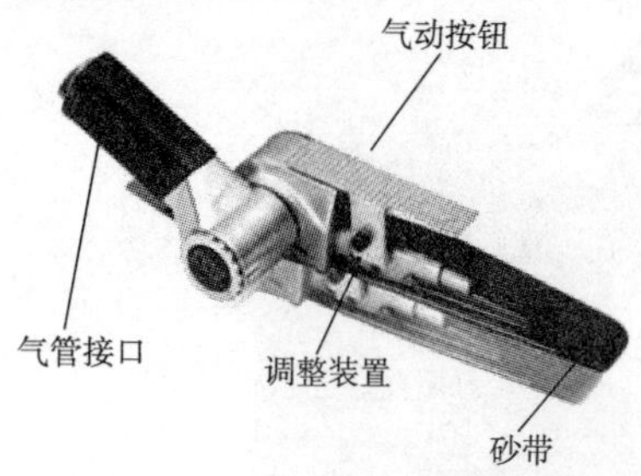

图 1-2-10　气动带式砂轮机的结构

(3)打磨,如图 1-2-13 所示。

注意:气动带式砂轮机主要应用于钣金缝、边角除漆、除锈、除焊点以及死角位置的打磨。

4. 气动铲

以压缩空气为动力,使其内部的锤体进行往复运动,并击打铲钎,从而实现铲子对金属和汽车材料进行凿打作业,主要以冲击方式铲切金属构件飞边、毛刺及清砂等。

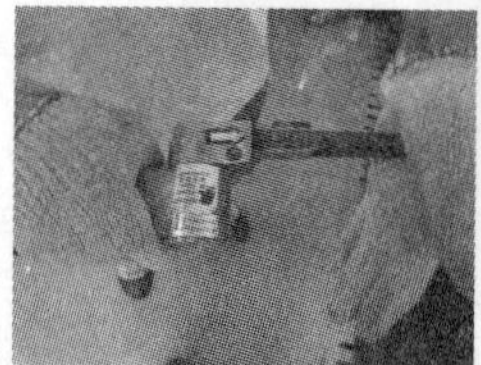
a)按下并松开

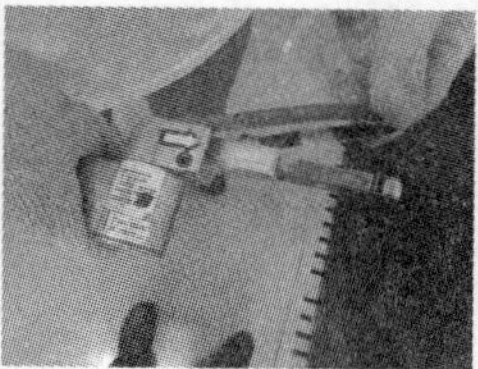
b)取出

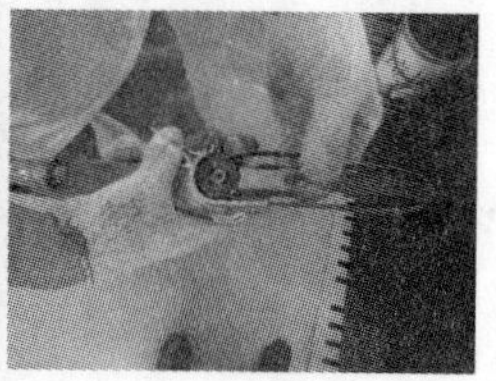
c)更换

图 1-2-11　更换合适的砂轮带

(1)使用与维护。

①使用气压应保持在 500 ~ 600kPa。

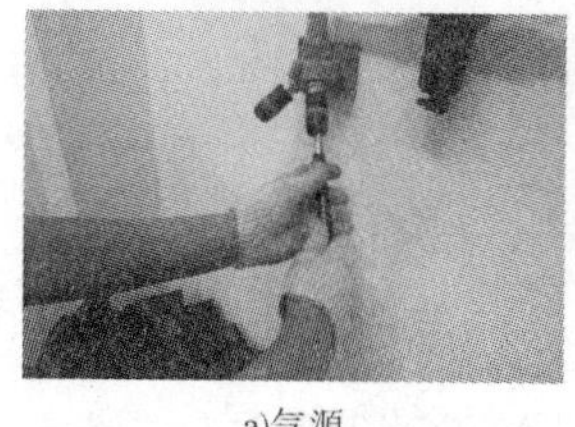
a)气源

b)接口

图 1-2-12　接好气管

图 1-2-13　打磨

②铲头的尾部与钢套的配合应符合要求。

③工作时每 2 ~ 3h 必须加注润滑油一次,每周应拆卸清洗。

④使用时应尽量避免无钎空击。

⑤长期停止使用时应加润滑油,妥当放置。气动铲的结构,如图 1-2-14 所示。

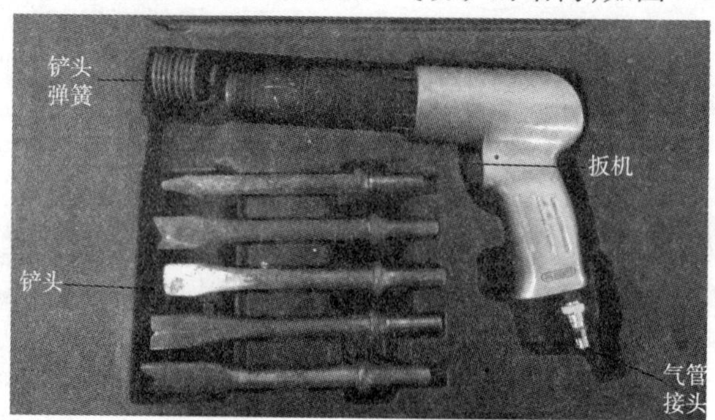

图 1-2-14　气动铲的结构

(2)气动铲的正确使用步骤。

①根据实际需要选择合适的铲头,如图 1-2-15 所示。

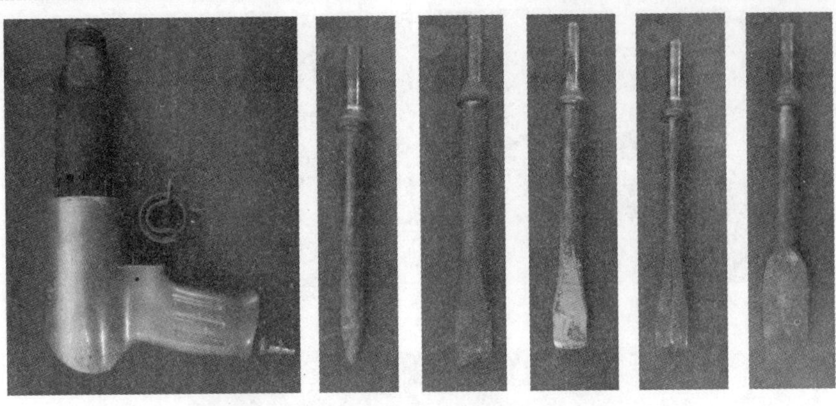

图 1-2-15 铲头的各种类型

②安装铲头,如图 1-2-16 所示。

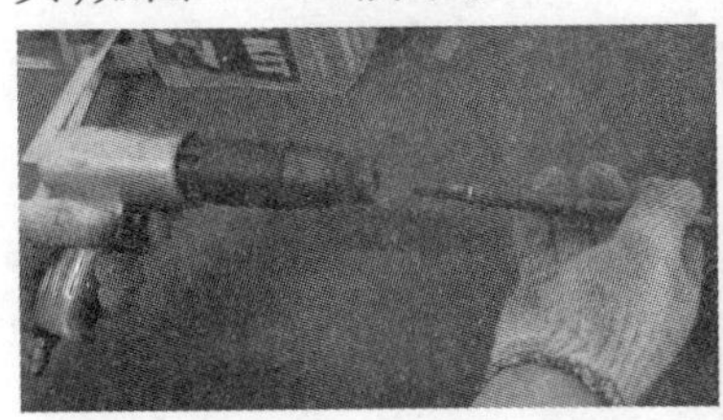

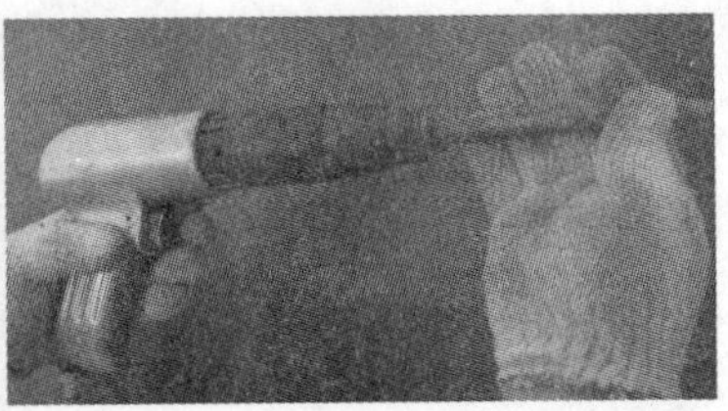

图 1-2-16 安装铲头

③安装铲头弹簧,如图 1-2-17 所示。

气动铲是由压缩空气冲击气缸内的冲击块,用冲击块冲撞气铲头,使气铲头获得一定的初速度和动能,气铲头上装有弹簧,气铲头获得的动能一部分铲击被击物消耗掉,而另一部分与弹簧进行能量交换,变为势能是气铲头返回的动力;每撞击一次,气铲头被弹簧拉回原位以利于下次撞击,冲击块在压缩空气的作用下在气缸内往复移动对气铲头进行持续撞击。

注意:安装铲头弹簧时一定要安装稳固,否则容易发生铲头脱落的危险。

④接好气动管接头,如图 1-2-18 所示。

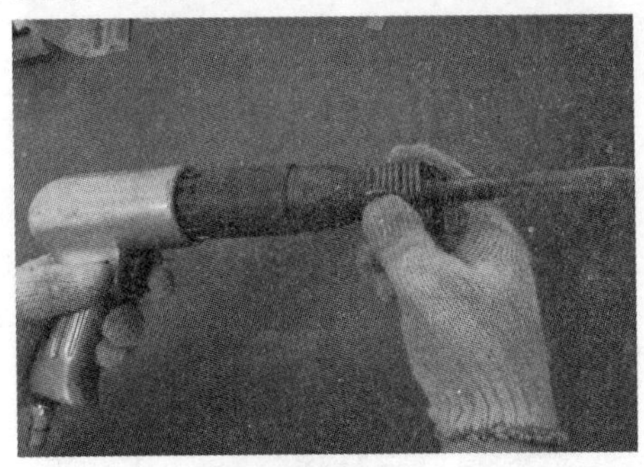

图 1-2-17 安装铲头弹簧

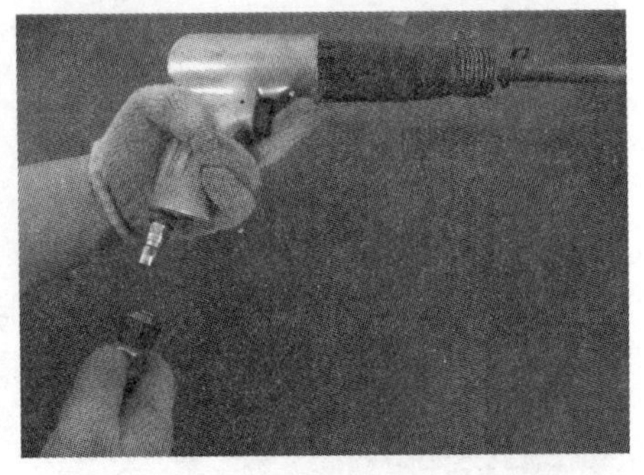

图 1-2-18 接好气动管接头

⑤气动铲的操作,如图 1-2-19 所示。

5. 打孔折边机

打孔折边机主要应用于薄金属板的打孔或折边,如图 1-2-20 所示。

(1)接气管,并选择需要打孔的金属,如图 1-2-21 所示。

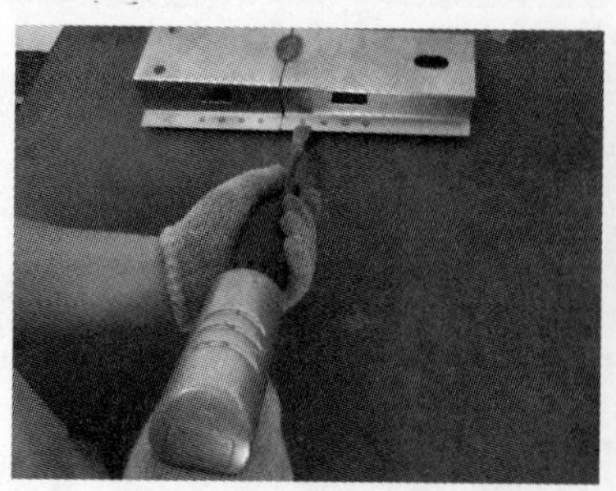
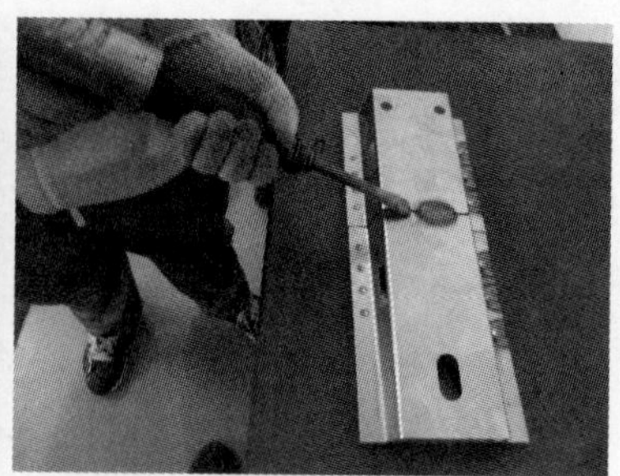

图 1-2-19　操作

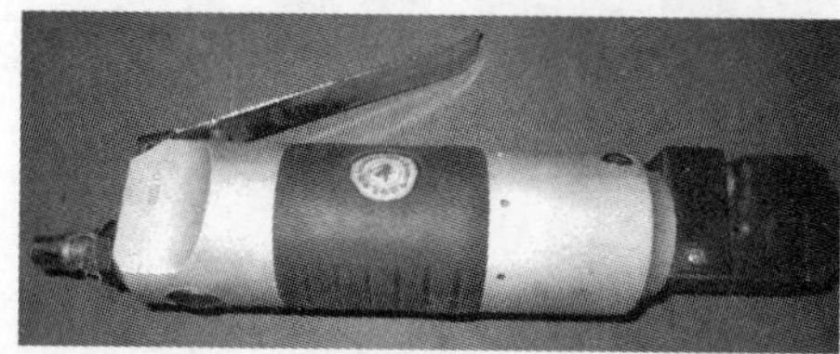

图 1-2-20　打孔折边机的结构

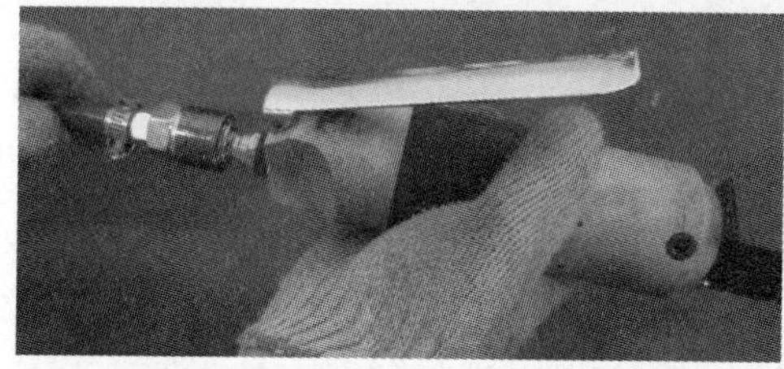

图 1-2-21　接气管

（2）将金属板放进打孔机打孔面，按下扳机进行打孔或折边，如图 1-2-22 所示。

a)打孔

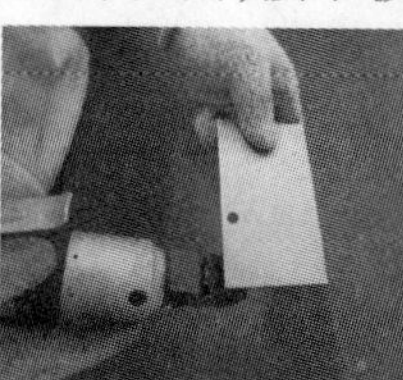
b)打孔后效果图

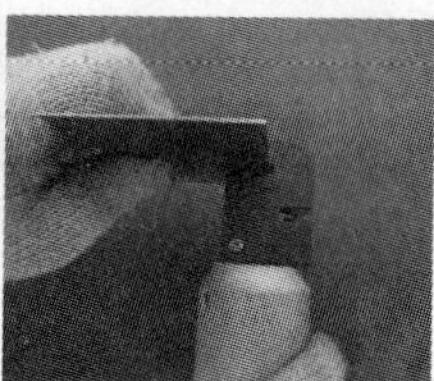
c)折边

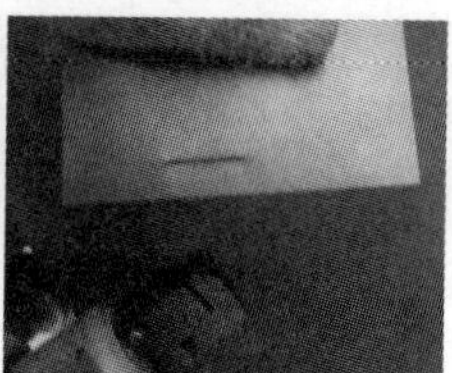
d)折边后效果图

图 1-2-22　打孔和折边

6. 气动扳手

气动扳手，又称风动扳手，主要利用压缩空气来完成对螺栓、螺母的拧紧，分定转矩和不定转矩两种。气动扳手的结构，如图 1-2-23 所示。

图 1-2-23　气动扳手的结构

定转矩的扳手,其转矩是预先设定的。用其去完成拧紧后的螺栓,到预设转矩时会发出清脆的扳机声,即大家俗称的咔嗒扳手。如果用气动扳手从拧紧到发出响声在5°以内,认为其达到规定的转矩的。如果气动扳手旋转就响,一般即认为其超出规定的转矩了。同样,旋转角度过大,则表示没有达到规定转矩。

气动扳手的使用注意事项:

(1)进入气动扳手的压缩空气应清洁无污染,并含有一定的润滑油。

(2)使用中如果发现冲击次数少,或有二次冲击等现象,应该立即停机检查。

三、电动工具的正确使用方法及步骤

电动工具在汽车车身维修中,应用方便、快捷,使用效率较高。

1.手电钻

手电钻是以电为动力的手持式钻孔工具,如图1-2-24所示,电源电压一般有220V和36V两种,其尺寸规格有$\phi3.6\sim\phi13$mm若干种,主要构成:钻夹头、输出轴、齿轮、转子、定子、机壳、开关和电缆线,在汽车维修中主要应用于钣金材料的钻孔。

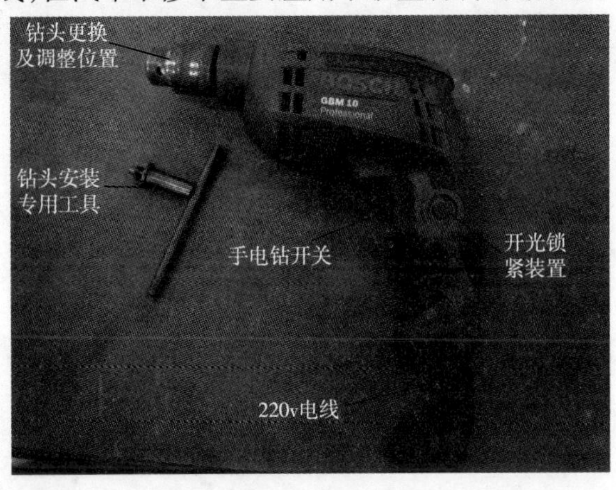

图1-2-24　手电钻的结构

(1)钻头的安装,如图1-2-25所示。手电钻通过顺时针旋转夹头锁紧装置快速更换钻头,使夹头松开,选用合适的钻头,用专用工具反方向拧紧。

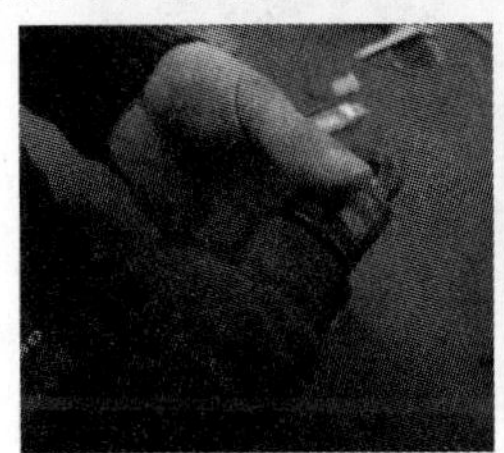

a)拧松夹头

b)更换钻头

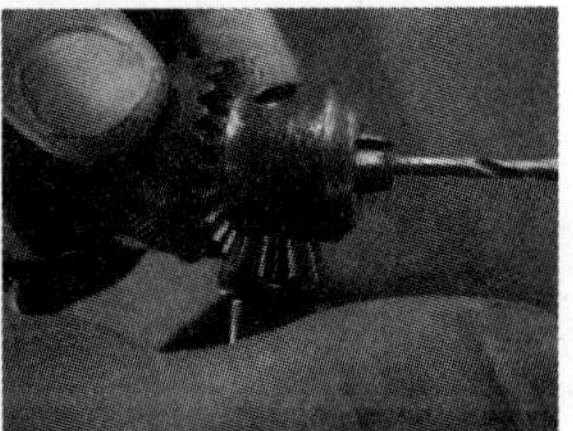

c)拧紧夹头

图1-2-25　手电钻钻头的安装

(2)做好钻孔标记,如图1-2-16a)所示。精确测量确定钻孔位置,并用撞规在需要钻孔的板件相应位置做好标记。

(3)钻孔操作,如图1-2-26b)所示。按下电源开关,并按下保险按钮进行锁定操作,如图

1-2-27 所示。

a)划线　　　　b)钻孔

图 1-2-26　板件标记及钻孔

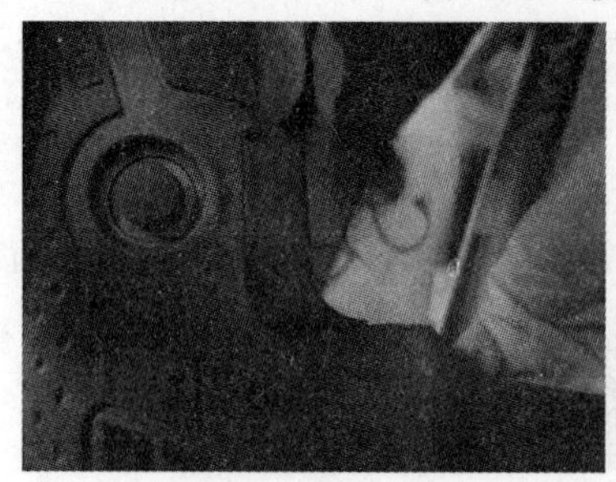
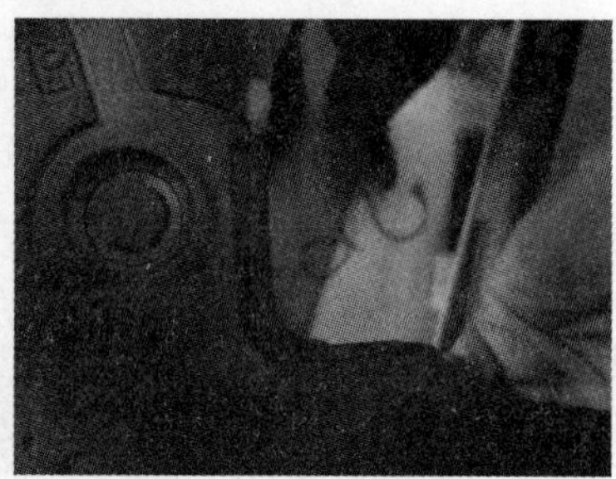

图 1-2-27　按下电源开关

(4)收钻,如图 1-2-28 所示。

对准相应位置,钻头锋利,钻孔时用力适度,当孔要钻通时应适当减轻手对电钻的压力。

注意:电钻的转速突然降低或停止转动时,应赶快放松手电钻开关并切断电源,慢慢拔出钻头。

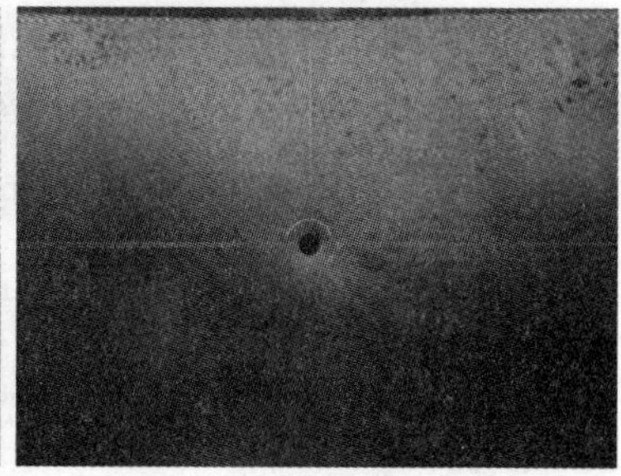

a)垂直钻面　　　　b)钻后效果图

图 1-2-28　收钻操作

2. 电动手提砂轮机

按砂轮直径分,常用的规格有 ϕ150mm、ϕ80mm、ϕ40mm 共 3 种,如图 1-2-29 所示为电动手提砂轮机,主要应用于车身修复中的除锈及焊点打磨。

(1)砂轮片的安装。砂轮片根据用途的不同又称为割片和磨片;选择适当的割片或磨片进行安装,根据选择了何种砂轮片选择夹具的正反面进行正确安装,如图 1-2-30、图 1-2-31 所示。

(2)用专用工具拧紧夹具,如图 1-2-32 所示。

(3)根据操作需要,调整电动手提砂轮机开关到相应的挡位,如图 1-2-33 所示。

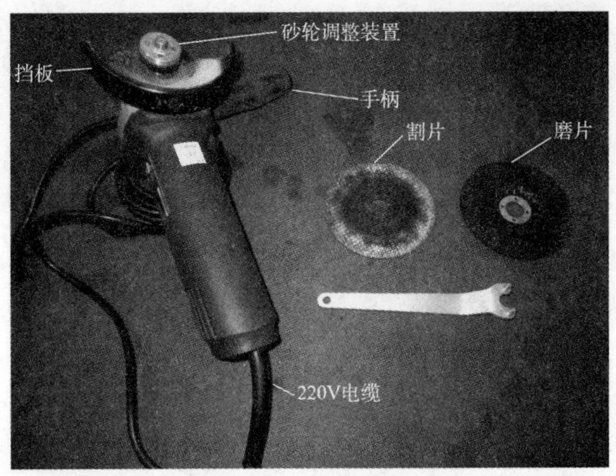

图1-2-29　电动手提砂轮机的结构

a)磨片

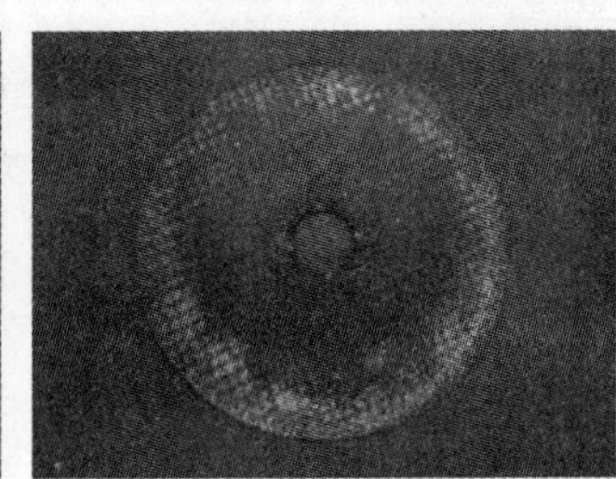

b)割片

图1-2-30　选择砂轮片

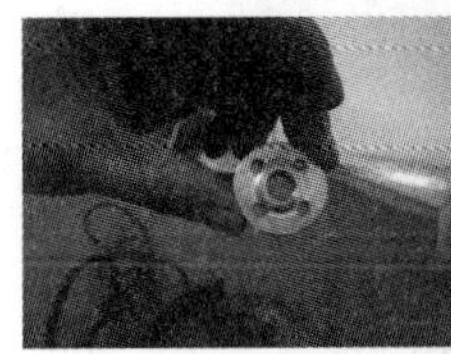

a)正面

b)反面

图1-2-31　砂轮片的安装

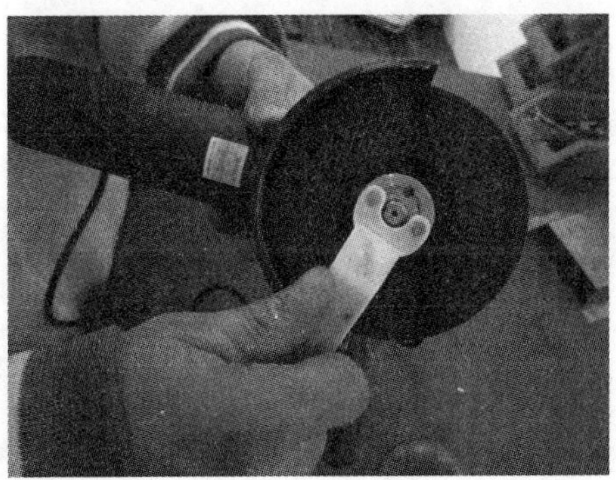

图1-2-32　拧紧

a)未开

b)点动打磨

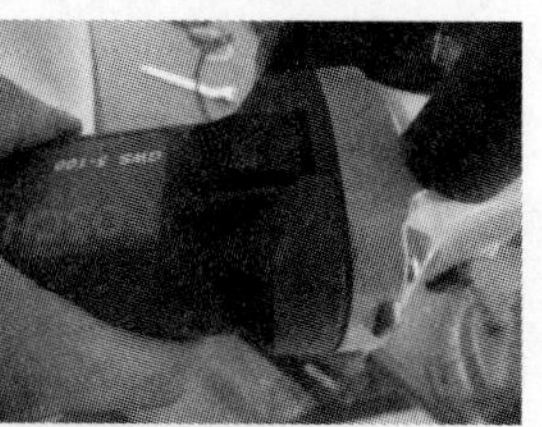
c)锁紧打磨

图 1-2-33　选择开关挡位

(4)正确打磨焊缝,如图 1-2-34 所示。选择需要打磨的板件,具体操作方法参见气动砂轮机操作部分。

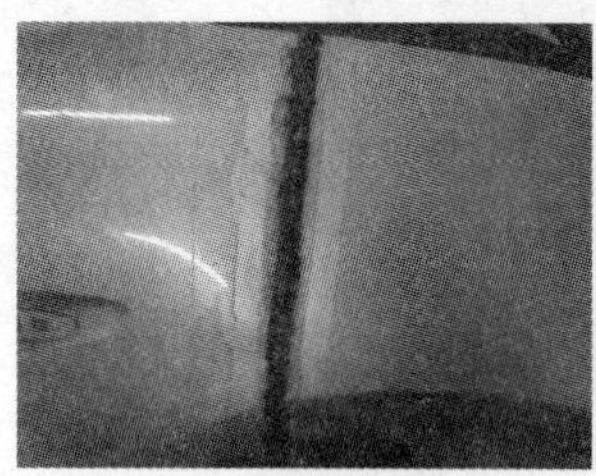
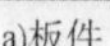
a)板件

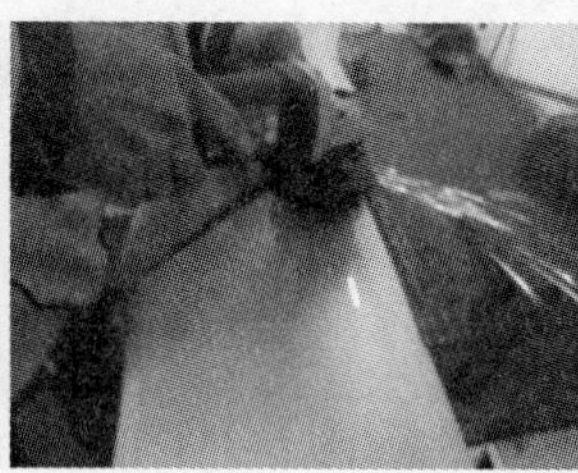
b)打磨

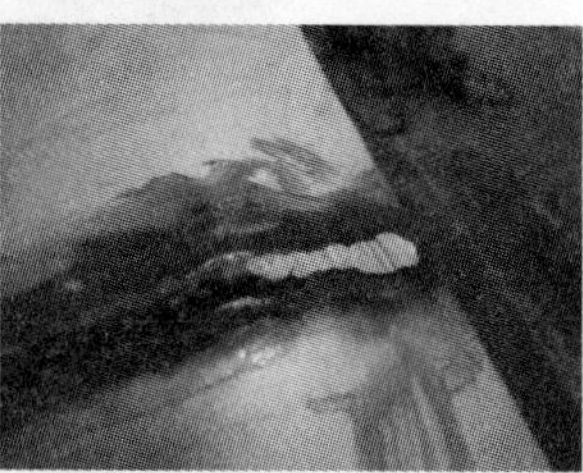
c)效果

图 1-2-34　打磨操作

注意:使用电动砂轮机操作时需要注意安全和劳动保护着装要求,如图 1-2-35 所示。

3. 电动切割机

电动切割机主要由机座、工作台、电动机、锯片等组成。电动机安装在机座上,锯片为圆形,垂直安装在工作台中间,由电动机通过传动带轮和传动带驱动,主要用来切割汽车钣金件,如图 1-2-36 所示。

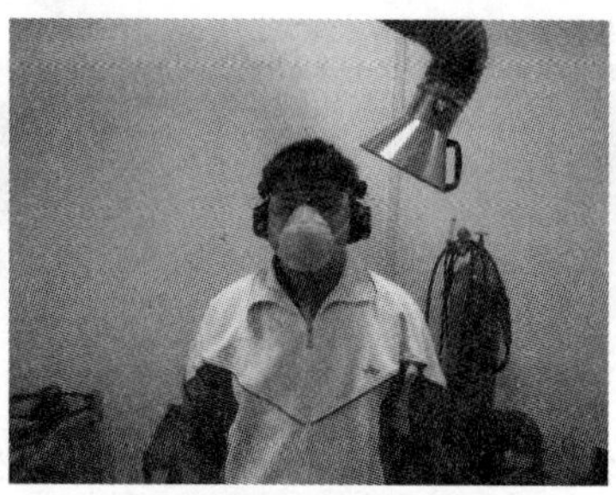
图 1-2-35　打磨着装要求

图 1-2-36　电动切割机的结构

电动切割机正确操作步骤如下:

(1)量取钣金工件精确切割长度,并做好相应切割划线标记,如图 1-2-37 所示。

图 1-2-37　标记切割划线

(2)将钣金工件放到距离切割机割片相应的位置,如图1-2-38所示。

(3)用切割机自带的锁紧装置将要切割的钣金工件锁紧,如图1-2-39所示。

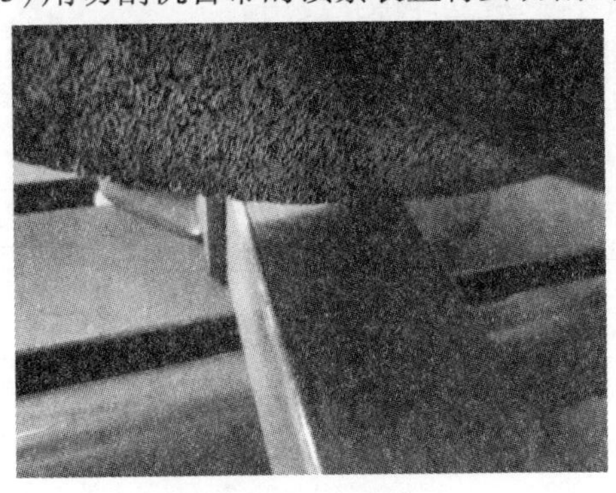

图1-2-38　比划对准

图1-2-39　锁紧工件定位

(4)按下切割机按钮并进行切割操作,如图1-2-40所示。

a)确认切割位置

b)按下切割机按钮切割

图1-2-40　切割操作

(5)切割完毕,进行8S管理,用气动机清洁工作台,如图1-2-41所示。

图1-2-41　清洁工作现场

动力工具和设备的安全操作:

(1)在对动力工具进行修理和维护前,应将工具的空气软管或电源线断开。

(2)动力工具使用时不要超出其额定功率和转速。如砂轮通常规定其每分钟的最大转数(单位:r/min),操作时应确保动力工具未超出砂轮、刷子或其他工具的极限转速,否则砂轮或刷子可能会炸开,砂轮碎片或钢丝被甩出造成人员、物品的损伤。

(3)当用动力工具进行研磨修整时,应慢慢研磨,避免工具表面的硬化金属过热。如果研磨金属表面呈现蓝色时,会产生过多的热量使得工具表面硬化层从金属上脱落,并软化了工具的金属部分。

(4)在用动力设备对小零件进行操作时,不要一手持零件,一手持工具操作,否则零件容易滑脱,造成手部的严重伤害。在进行研磨、钻孔、打磨时一定要使用夹紧钳或台钳来固定小零件。

(5)在操作液压机时要站在侧面,一定要戴上全尺寸面罩,防止零件飞出造成伤害。

(6)气动工具都有压缩空气压力的极限警示。

(7)使用气动工具时,气源应装气水分离器,以免混浊空气进入,磨损机件。

(8)供气的软管应进行吹洗,吹洗时不得对人,与套口连接应牢固。

(9)气管不得折成锐角,遭受挤压或受到损坏时,应立即停止使用。

(10)气动工具使用过程中,沿气管方向不得站人以防气动管脱口伤人。

(11)更换工具附件,须待气管气体全部排出,压力下降后,方可进行。

(12)使用冲击性气动工具(气动锤、气动镐、气动铲、气动枪等)时,必须把工具置于工作状态后,方可通气。

(13)不准用压缩空气清洁衣物。

一、学习效果评价

1. 选择题

(1)盘式砂轮机通常打磨工作时用的砂轮片粒度为(　　)。

A. 60 号　　B. 80 号　　C. 120 号

(2)下列属于电动手提砂轮机的砂轮直径是(　　)。

A. 150mm　　B. 90mm　　C. 30mm

2. 判断题

(1)在对动力工具进行修理和维护之前,应先将工具的空气软管或电源线断开。(　　)

(2)当用动力工具进行研磨修整时,应慢慢研磨,避免工具表面的硬化金属过热。(　　)

(3)在用动力设备对小零件进行操作时,可以一手持零件,一手持工具操作。(　　)

3. 简述题

(1)车身修复工作中的动力工具分为哪几类?

(2)使用气动锯进行切割时有何注意事项?

(3)使用砂轮机进行打磨时的操作步骤有哪些?

二、技能考核

动力工具使用技能考核项目和分值见表 1-2-1。

动力工具使用技能考核表

表 1-2-1

考核时间	考　核　项　目	分值	自我评价	小组评价	教师评价
30min	安全、规范操作	20			
	对各种动力工具的安全操作知识的掌握	20			
	按步骤正确使用气动工具	20			
	按步骤正确使用电动工具	20			
	整理工具	10			
	团队协作精神	10			
合　计		100			

学习单元2　汽车钣金设备认知

学习任务1　焊接设备认知

任务描述

在汽车行驶过程中，前方由于道路湿滑，汽车驾驶员紧急制动时车速较快，造成车辆侧翻，导致汽车车身部件多处开裂和脱落，如图2-1-1所示，虽未造成重大人员伤忘事故，但需对汽车多处进行拆装焊接修复。

图2-1-1　汽车侧翻事故图

学习目标

1. 熟悉焊接设备的工作原理。
2. 能正确认知各类焊接设备。

建议学时:4学时。

学习准备

一、知识准备

汽车车身是由各种板件连接起来的，连接的方式有机械连接、焊接和粘接等方式。焊接在车身维修过程中应用广泛，尤其是整体式车身的维修。因为整体式车身的框架结构都是通过焊接连接起来的，在修理的过程中也要用焊接方法把修理好的板件和需要更换的板件重新焊接起来。

焊接，也称作熔接，是一种以加热方式接合金属或其他热塑性材料（如塑料）的制造工艺及技术。焊接可分为气焊、电阻焊、电弧焊、感应焊接及激光焊接等其他特殊焊接。

1. 惰性气体保护焊机

惰性气体保护焊机主要用于焊接高强度、低合金钢、低碳钢车身，及焊接铸铝件，如破裂的变速器、汽缸、进气管等。二氧化碳气体保护焊机是一种高效率的焊接方法，以二氧化碳气体作保护气体，依靠焊丝与焊件之间的电弧来熔化金属的气体保护焊的方法称二氧化碳气体保护焊。这种焊接法都采用焊丝自动送丝，敷化金属量大，生产效率高，焊接品质稳定。气体保护焊机结构，如图 2-1-2 所示。

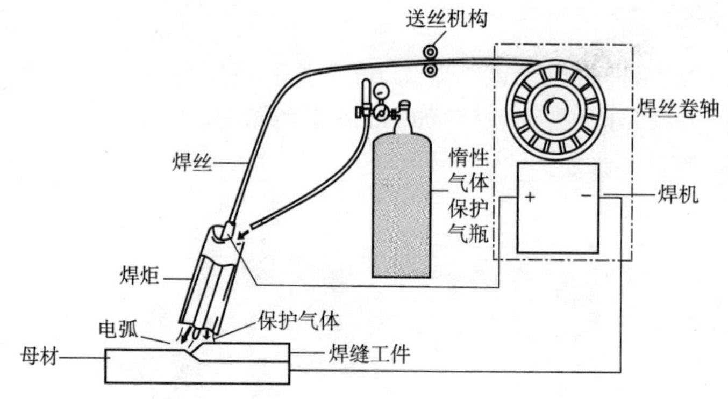

图 2-1-2　惰性气体保护焊的基本原理

1）二氧化碳气体保护焊机的工作原理

二氧化碳气体保护焊即熔化极惰性气体保护焊，指用金属熔化极作电极，惰性气体（CO_2）作保护的焊接方法，简称 MIG。

相对于其他弧焊机，MIG 焊机添加了送丝机构及相应的送丝控制电路，在焊接过程中实现了半自动化，不但提高了工作效率，也减少了损耗。焊接过程中使用廉价的 CO_2气体作保护，使得起弧容易，焊接成本低且效果好。而且，送丝速度、输出电压可调节，可使两者达到良好匹配，提高了焊接品质，适用于各类焊接。

MIG 焊机的送丝方式一般有 3 种：推丝式、拉丝式、推拉结合式。不同的送丝方式对送丝的软管要求各不相同。对于推丝式送丝软管一般在 2.5m 左右，而推拉结合式的送丝软管可达 15m，为了保证送丝稳定，相应的送丝电动机和送丝控制电路都要求严格。

2）二氧化碳气体保护焊的特点

（1）工作效率高：CO_2的电弧穿透力强、熔深池大、焊丝熔化率高、熔敷速度快，工作效率比手工弧焊高 1 ~ 3 倍。

（2）焊接成本低：CO_2气体是工厂的副产品，来源广、价格低。其成本只有埋弧焊和手工弧焊的 40% ~ 50%。

（3）能耗低：相同条件下，MIG 焊消耗的电能为手工弧焊的 40% ~ 70%。

（4）适用范围广：MIG 焊能焊接任何位置，薄板可焊 1mm 厚度，最厚几乎不受限制。而且焊接薄板时，较氩弧焊速度快、变形小。

(5)抗锈能力强：焊缝含氩量低，抗裂性好。

(6)焊后无需清渣，因是阴弧，便于监视和控制，便于实现自动化。

3)MIG焊机的一般要求

(1)MIG焊机的焊接过程。

①起始焊时，焊丝由送丝机送出，接触工件。

②焊丝与工件短路，产生大电流，使得焊丝顶端熔化。

③焊丝与工件间形成电弧，焊丝送出，电弧变短。

④焊丝再次接触工件，如此周而复始。

(2)对MIG焊机的一般要求。在焊接过程中，电弧不断地燃弧、短路，重新引弧、燃弧，如此周而复始，从而使得弧焊电源经常在负载、短路、空截三态间转换，因此，要获得良好的引弧、燃弧和熔滴过渡状态，必须对电源的动特性提出如下要求：

①焊接电压可调，以适应不同焊接需求。

②最大电流限制，即有截流功能，避免因短路、干扰而引起的大电流损坏机器，而电流正常后，又能正常工作。

③合适的电流上升、下降速度，以保证电源负载状态变化，而不影响电源稳定和焊接品质。

④满足送丝电动机的供电需求。

⑤平稳可调的送丝速度，以满足不同焊接需求，保证焊接品质。

⑥满足其他焊接要求，如手开关控制，焊接电流、电压显示功能，反烧时间调节，焊丝选择，完善的指示与保护系统等。

(3)常见缺陷及故障原因。

①CO_2气体不纯或供气不足。

②焊接时卷入空气。

③喷嘴与工件的距离过大。

④焊接区表面被油、锈、水分污染未清除。

⑤电弧过长、电弧电压过高。

⑥喷嘴被飞溅物堵塞、不通畅。

2. 电阻点焊机

电阻点焊机属于压焊中的一个小类，电阻点焊是对整体式车身进行焊接时最常用的一种焊机。电阻点焊机适用于车身上要求焊接强度高、不变形的薄钢板。应用范围包括车顶、车门窗、车门槛板及外部部件。电阻点焊是利用工件自身电阻，通过电极对工件加压和导通大电流，在工件接触部产生高热，进行金属熔融的金属连接方式。

1)电阻点焊接的工作原理

电阻点焊是利用工件自身电阻，通过电极对工件加压力和导通大电流，在工件接触部产生高热，进行熔融的金属连接方式。

2)电阻点焊五要素

电流、时间、加压压力、电流密度和电极材料。

3)电阻点焊机的组成

电阻点焊机由变压器、控制器和带有可更换电极臂的焊枪(焊炬)等组成,如图 2-1-3 所示。

图 2-1-3　XC － 13000 高频点焊机

(1)变压器。变压器是将低电流、高电压的 220V 或 380V 车间线路的电压转变成低电压(2 ~5V)、高电流强度的焊接电流。

(2)焊机控制器。焊机控制器可调节变压器输出焊接电流的强弱,并可以调节出精确的焊接电流通过的时间。一般车身修理时每个焊点的焊接时间最好控制在 1 ~6s。

(3)焊枪(焊炬)。焊枪通过电极臂向被焊金属施加挤压力,并流入焊接电流。大多数电阻点焊机上都带有一个加力机构,可以产生很大的电极压力来稳定焊接品质。

二、工作场所

理论与实操教学一体化教室。

三、工作器材

各类二氧化碳气体保护焊机、电阻点焊机等设备若干。

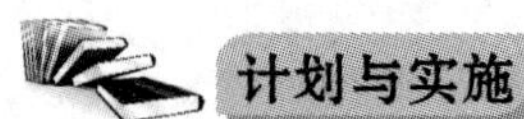

计划与实施

一、气体保护焊接设备认知

气体保护焊设备,主要由焊机、惰性气体保护气瓶、气压调节器、焊丝、焊枪、导电嘴和电缆线等基本部分组成,如图 2-1-4 所示。

(1)送丝装置由焊丝盘、送丝轮和控制装置等组成,如图 2-1-5 所示。

(2)焊丝。车身修理中,使用焊丝的直径一般为 0.6 ~0.8mm,如图 2-1-6 所示。

(3)焊机电源。电源的核心是变压器,它把 220V 或 380V 的车间电压转变成只有 5V 左右的低电压,同时电流会变得很大。

(4)电缆和接地装置。焊机的电缆线要绝缘可靠,焊接的工件要可靠接地才能形成电流安全回路。

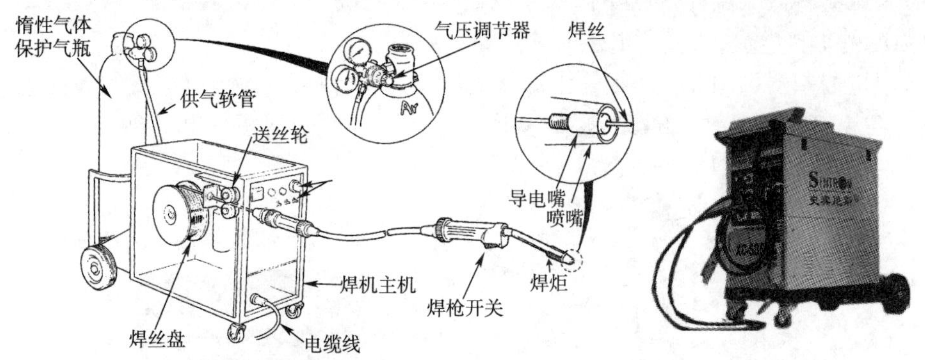

图 2-1-4　气体保护焊接设备组成

图 2-1-5　送丝装置

图 2-1-6　焊丝

(5)焊枪,也称为焊炬,如图 2-1-7 所示。将焊丝引导至焊接部位,在焊枪上有控制开关,焊枪前部主要有喷嘴和导电嘴。

(6)惰性保护气体。焊接一般用二氧化碳或二氧化碳和氩气的混合气体来进行保护。

(7)控制面板。通过控制面板可进行电流、电压及送丝速度调节,同时还可以进行点焊和脉冲点焊功能的控制,如图 2-1-8 所示。

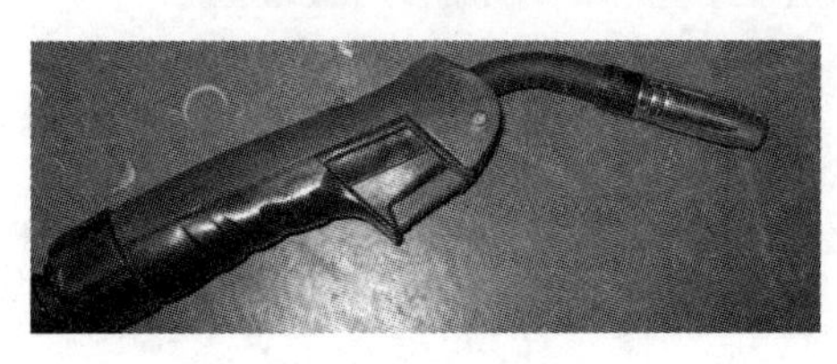

图 2-1-7　焊枪

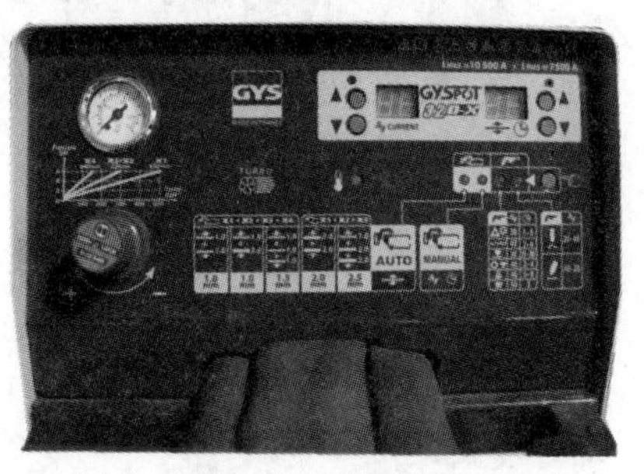

图 2-1-8　控制面板

二、电阻点焊焊接设备认知

电阻点焊机由变压器、控制器和带有可更换电极臂的焊枪(焊炬)等组成,如图 2-1-9 所示。

(1)变压器将低电流、高电压的220V或380V车间线路的电流转变成低电压(2~5V)、高电流强度的焊接电流,避免了电击的危险。

(2)焊机控制器可调节变压器输出焊接电流的强弱,并可以调节出精确的焊接电流通过的时间。在焊接时间内,焊接电流被接通并通过被焊接的金属板使其熔融,然后电流被切断,如图2-1-10所示。

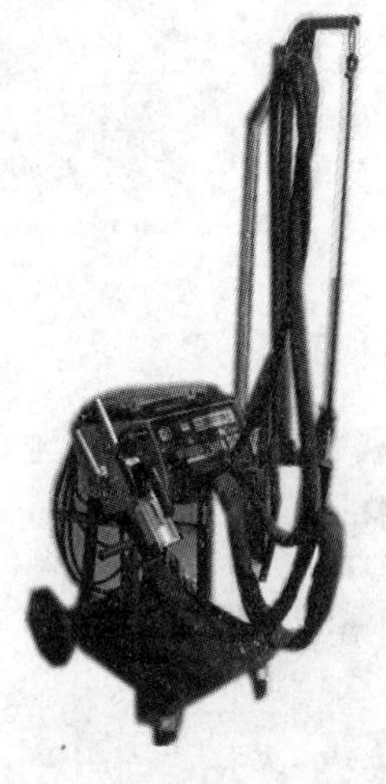

图2-1-9 电阻点焊机组成

图2-1-10 电阻点焊机设备面板

(3)焊炬。焊炬通过电极臂向被焊金属施加挤压力,并通入焊接电流。大多数电阻点焊机都带有一个加力机构,可以产生很大的电极压力来稳定焊接品质,如图2-1-11所示。

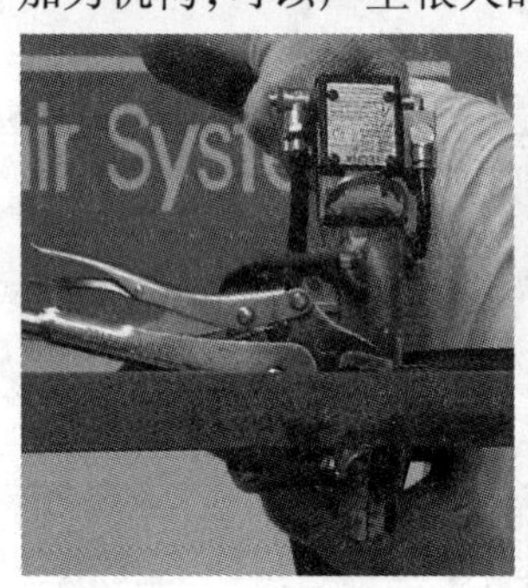

图2-1-11 电阻点焊机焊炬

评价与反馈

一、学习效果评价

1. 选择题

(1)车身连接的方式有机械连接、( )和粘接等方式。

A. 铰接　　B. 焊接　　C. 螺栓连接

(2)焊接也称作熔接,是一种以加热方式接合金属或其他( )(如塑料)的制造工艺及技术。

A. 热塑性材料　　B. 热固性　　C. 塑性

(3)电阻点焊机适用于车身上要求焊接(　　)、不变形的薄钢板。

A. 强度高　　B. 强度低　　C. 强度适中

(4)电阻点焊五要素:(　　)、时间、加压力、电流密度和电极材料。

A. 电压　　B. 电流　　C. 电阻

2. 判断题

(1)惰性气体保护焊机主要用于焊接高强度、低合金钢、低碳钢车身,以及焊接铸铝件,如破裂的变速器、汽缸、进气管等。(　　)

(2)二氧化碳气体保护焊即熔化极惰性气体保护焊,指用金属熔化极作电极,惰性气体(CO_2)作保护的焊接方法,简称MIG。(　　)

(3)二氧化碳气体保护焊焊接成本低,其成本只有埋弧焊和手工弧焊的60%~70%。(　　)

(4)电阻点焊机由变压器、控制器和带有可更换电极臂的焊枪(焊炬)等组成。(　　)

(5)车身修理中,使用焊丝的直径一般为0.6~0.8mm。(　　)

3. 简述题

(1)简述惰性气体保护焊设备的组成。

(2)简述电阻点焊设备的组成。

(3)电阻焊接的工作原理是什么?

二、技能考核

焊接设备认知技能考核项目和分值见表2-1-1。

焊接设备认知技能考核表　　表2-1-1

考核时间	考核项目	分值	自我评价	小组评价	教师评价
30min	安全、规范操作	20			
	惰性气体保护焊接设备认知	30			
	电阻点焊焊接设备认知	30			
	整理工具	10			
	团队协作精神	10			
合计		100			

学习任务2　整形设备认知

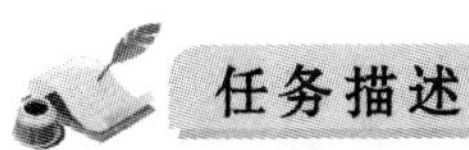

汽车在行驶过程中,因为车辆较拥堵,在并线的过程中造成两车轻微的碰撞。造成车辆左侧有轻微的凹陷,如图2-2-1所示,未造成人员伤亡,但需对车辆整形修复。

图 2-2-1　事故车辆

学习目标

1. 熟悉整形设备的工作原理。
2. 能熟悉整形设备的操作。

建议学时:4 学时。

学习准备

一、知识准备

车身整形在于完善车辆的整体使用性能,恢复车身各部位的性能,保证车辆正常使用的各项指标,尤其是安全指标。

车身整形中对车身各部位的检查、修复的质量直接关系到人们的生命财产安全,并不仅仅是车辆的外观美观和车辆本身价值的高低。

汽车外形修复机(介子机)是一种在汽车修理厂广泛使用的钣金整形设备(图 2-2-2)。它对于平整汽车车身上由于碰撞造成的深坑,具有操作简便、工作效率高、平整速度快的特点。其原理和电焊机差不多,利用瞬间大电流释放使车体金属和焊枪金属粘连在一起从而进行整形。

图 2-2-2　汽车外形修复机

汽车外形修复机又称车身整形机、介子机。通过改变焊接工具来实现单面电焊、环行介子、蛇形焊线等功能。可以对车身进行拉、拔、补、修、加热、回火等整形操作,是车身修复不可缺少的设备。

1. 工作原理

利用低电压、高强度的电流流过两块铁板时产生的高电阻热熔化接触部分的金属,用焊枪电极的挤压力把它们熔合在一起,从而达到焊接的目的。

2. 功能

焊接介子(供拉曳用的介质)、单面电焊、电加热收火、碳棒修补与加热、钢板压平等。

3. 特点

焊接速度快、受热范围小、金属不易变形、操作方便。

4. 优点

无论车身结构如何,都可以在凹陷部位焊接不同的介质,通过拉曳的方法使之修复。集多种焊接、加热等功能于一体,给车身整形修复带来了方便。

二、工作场所

理论与实操教学一体化教室。

三、工作器材

各类汽车外形修复机等设备若干。

计划与实施

一、汽车外形修复机组成

汽车外形修复机主要由整形机设备、惯性锤、碳棒等附件组成,如图 2-2-3 所示。

在整形时还配合使用各类手工工具、电动工具和气动工具等,如图 2-2-4 所示。

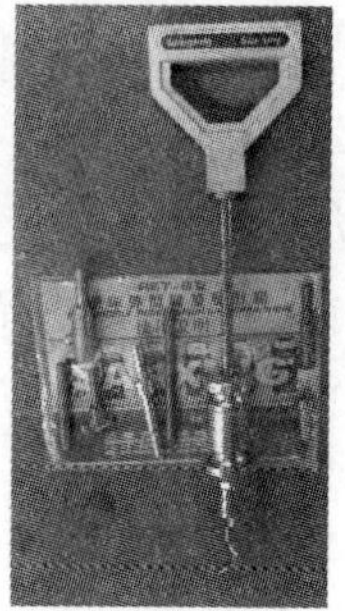

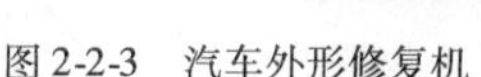

图 2-2-3　汽车外形修复机

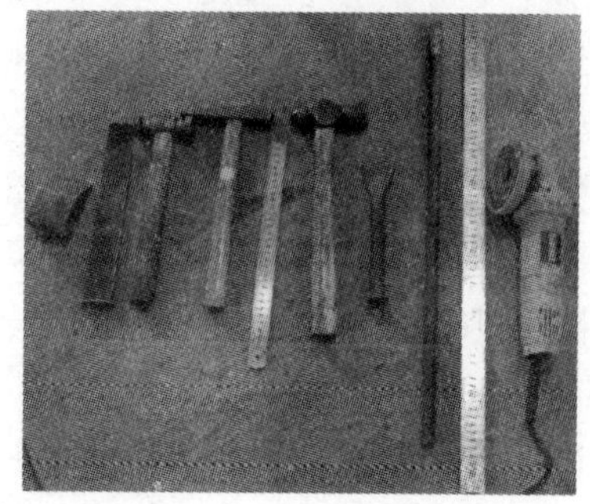

图 2-2-4　各类工具

二、汽车外形修复机使用认知

(1)控制面板认知,如图 2-2-5 所示。控制面板由电流调节按钮,指示灯,电源开关,收火切换开关,时间控制按钮等组成。

(2)惯性锤认知,如图 2-2-6 所示。

图 2-2-5　汽车外形修复机控制面板

图 2-2-6　惯性锤操作

评价与反馈

一、学习效果评价

1. 选择题

(1)车身外形修复机可以对车身进行拉、拔、补、修、加热、(　　)等整形操作。

A. 正火

B. 淬火

C. 回火

(2)汽车外形修复机适用不便敲击的特殊部位,有几层板料以及(　　)的部位,应用最为广泛。

A. 空间较小

B. 空间较大

C. 零空间

2. 判断题

(1)车身整形在于完善车辆的整体使用性能,恢复车身各部位的性能,保证车辆正常使用的各项指标正常,尤其是安全指标。(　　)

(2)在整形时还配合使用各类手工工具、电动工具和气动工具等。(　　)

(3)汽车外形修复机控制面板由电流调节按钮、电源开关指示灯、电源开关、收火切换开关、时间控制按钮等组成。(　　)

3. 简述题

(1)简述汽车外形修复机的工作原理。

(2)简述汽车外形修复机的功能。

(3)汽车外形修复机的优缺点是什么?

二、技能考核

整形设备认知技能考核项目和分值见表2-2-1。

整形设备认知技能考核表　　表2-2-1

考核时间	考　核　项　目	分值	自我评价	小组评价	教师评价
30min	安全、规范操作	20			
	汽车外形修复机的组成	10			
	汽车外形修复机的使用认知	50			
	整理工具	10			
	团队协作精神	10			
合　计		100			

学习任务3　校正设备认知

任务描述

汽车车身碰撞后，虽然被修复好，但使用一段时间后，客户反映汽车出现轮胎偏磨、跑偏、前翼子板安装处有扩大的裂纹的现象。客户要求返修。这些往往是因为车身内部损伤没有完全修复好。

学习目标

1. 掌握各类校正设备特点及功能。
2. 正确认知各类校正设备的作用及组成。

建议学时：4 学时。

学习准备

一、知识准备

汽车由于受到碰撞、追尾、倾覆等原因，引起车身和车架变形，通过校正设备将其拉伸，使其恢复原始性能、形状和尺寸。用于车身校正的设备有地框式校正设备、车身大梁快速校正器、平台式校正设备和定位夹具式校正设备等多种形式。

1. 地框式校正设备

地框式校正设备适合于小型的车身维修车间使用，因为当顶杆、主夹具和其他动力辅助设备被清理后，校正作业区就可以用作其他用途，有利于车间面积的充分利用，如图 2-3-1 所示。在车身上进行校正操作时，借力塔架随时可以提供拉力。

图 2-3-1　地框式校正设备

2. MINIBENCH 车身大梁快速校正器

MINIBENCH 车身大梁快速校正器（图 2-3-2）常适用发生刮、蹭等小事故车辆需快速拉伸校正的场合，同时能充当举升机使用对底盘进行检修、拆卸、装配、零部件的拆卸及装配，与无尘干磨和电子底盘测量仪配合使用。

车身大梁快速校正器可使维修车辆的拆卸和修理在一个工位完成，减少不必要的车辆移动，节约时间，事故车辆上架非常方便和简单，可在 360°范围内拉伸。

3. 平台式校正设备

事故车辆移动到平台上，通过对车身进行拆检、测量、拉伸、修复等操作，恢复其尺寸、性能等要求。因操作便利、效率高，目前在广大 4S 店和修理厂应用极为广泛，如图 2-3-3 所示。

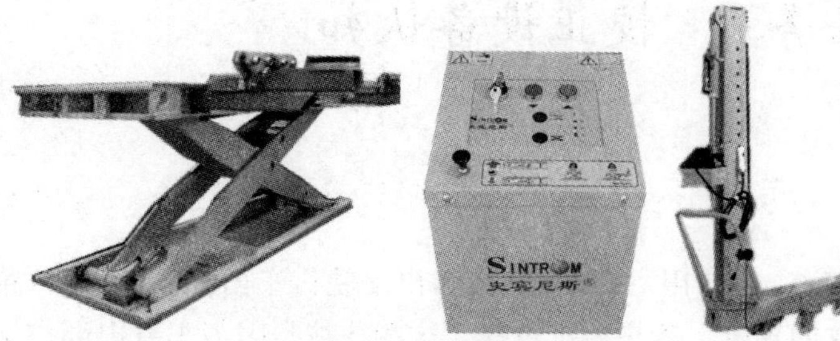

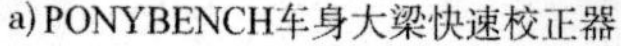
a) PONYBENCH车身大梁快速校正器

b) MINIBENCH车身大梁快速校正器

图 2-3-2 车身大梁快速校正器

4. 定位夹具式校正设备

带定位夹具的车身校正设备是通过定位夹具来固定、定位、测量车身底盘部位重要的点，不仅可以将校正设备移动到修理车身下方，将其举起，而且还可以直接进行测量、定位和拉伸，如图 2-3-4 所示。

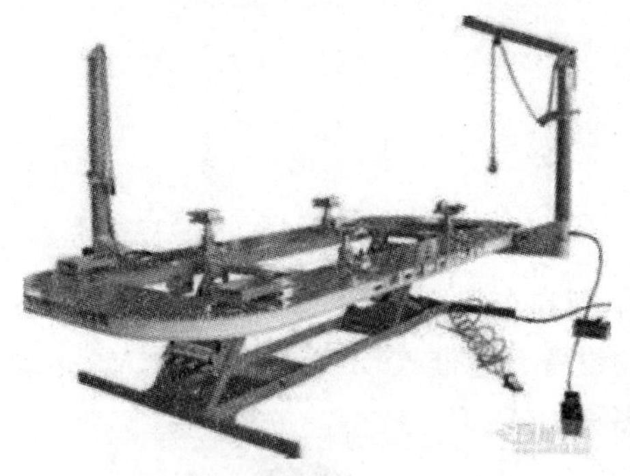
图 2-3-3 平台式车身校正仪

图 2-3-4 史宾尼斯 XC-C106 移动作业式校正平台

二、工作场所

理论与实操教学一体化教室。

三、工作器材

各类车身校正设备等若干。

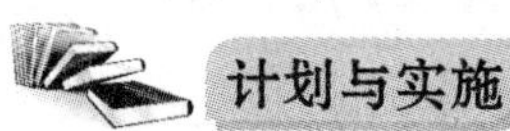
计划与实施

一、平台作业式设备

车身平台式校正仪主要包括工作平台、升降支架、塔柱、塔柱连接机构、油泵和附件等。通常将事故车身移动到平台上，并进行有效的固定，采取一定的手段措施和合理的维修工艺对车架、纵梁、横梁、门柱及下边梁等骨架部位进行修复。

以平台作业式校正仪为例(结构详见图2-3-5),这种平台结构简单,维修快捷、耐用。事故汽车(车身)可方便地移动平台,且工作平台可以自由地下降和举起,塔柱可在工作台的外周边360°移动。

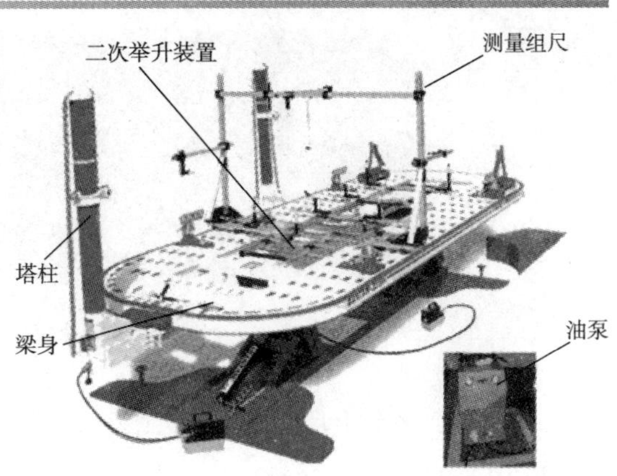

图2-3-5　平台作业式校正仪组成

根据事故的实际情况,有选择性地选择不同的夹具,如图2-3-6所示,结合塔柱的方向,链条将受损部位进行矫正和修复,恢复其原始尺寸和形状。

在修理过程中,根据修复部位的位置、刚度、受力方向,选择车身校正仪附件中的夹紧夹具、拉伸夹具、拉钩、尼龙绳、链条等进行组合,如图2-3-7所示。

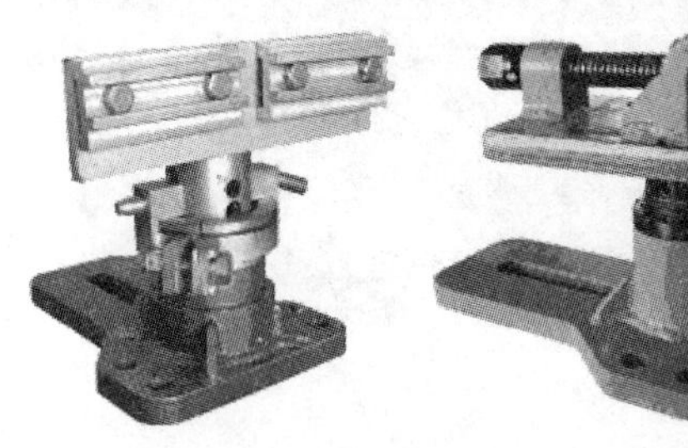

图2-3-6　车身校正仪各类夹具

图2-3-7　车身校正仪附件图

二、带定位夹具式车身校正仪

带定位夹具式车身校正仪是通过定位夹具来固定、定位、测量车身底盘部位重要的点。在带定位夹具的车身校正仪上,除了固定夹具固定车身外,可以提供很多定位夹具去固定测量定位需要校正的点,如前后桥的固定支撑点、发动机的装配点、散热器或保险杠固定点、底盘车身设计的工艺点。有了这些定位夹具,就不用担心在拉伸变形部分会影响到其他点的变形。

1. 组成

带定位夹具式车身校正仪,如图2-3-8所示主要由移动式平台、测量组尺、支撑杆、塔柱、油泵及附件,如图2-3-9所示组成。

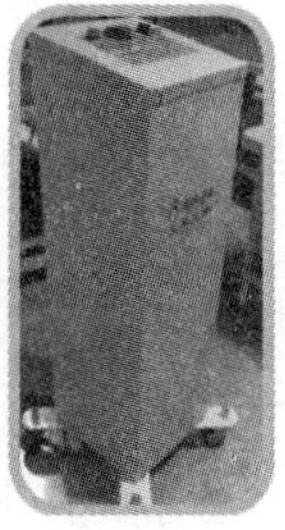

图2-3-8　带定位夹具式车身校正仪

2. 附件认知

附件,如图2-3-9所示。

图 2-3-9　带定位夹具式车身校正仪附件

3. 夹具选用

车辆上到平台上后，首先是找好车身与测量系统的基准，其次是在校正平台上定位，如图 2-3-10 所示。

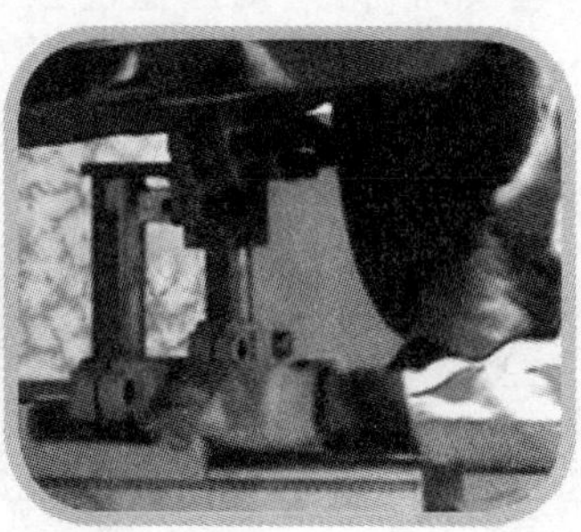

图 2-3-10　夹具的安装

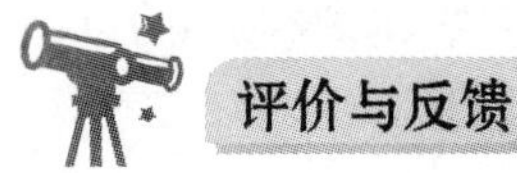

一、学习效果评价

1. 选择题

（1）汽车由于受到碰撞、追尾、倾覆等原因，引起车身和车架变形，通过校正设备将其拉伸，使其恢复原始（　　）、形状和尺寸。

A. 材料　　B. 性能　　C. 高度

（2）在修理过程中，根据修复的部位的位置、刚度、（　　），选择车身校正仪附件里的夹紧夹具、拉伸夹具、拉钩、尼龙绳、链条等组合进行修复。

A. 受力大小　　B. 受力方向　　C. 受力点

（3）车辆上到平台后，（　　）是找好车身与测量系统的基准，其次是在校正平台上定位。

A. 首先　　B. 过程　　C. 最后

2. 判断题

（1）用于车身校正的设备有固定钢架式、地框式、平台作业式和新型带定位夹具式等多种形式。（　　）

（2）车身平台式校正仪主要包括工作平台、升降支架、塔柱、塔柱连接机构、油泵和附件等。（　　）

(3)带定位夹具式车身校正仪主要由移动式平台、测量组尺、支撑杆、塔柱、油泵及附件组成。　(　　)

3. 简述题

(1)说出平台作业式校正设备的特点。

(2)简述新型带定位夹具式校正设备作业特点。

二、技能考核

校正设备认知技能考核项目和分值见表2-3-1。

校正设备认知技能考核表　　表2-3-1

考核时间	考　核　项　目	分值	自我评价	小组评价	教师评价
30min	安全、规范操作	20			
	平台式车身校正仪组成及使用	30			
	带定位夹具式车身校正仪组成及使用	30			
	整理工具	10			
	团队协作精神	10			
合　　计		100			

学习任务4　测量设备认知

任务描述

因为大雾天气,汽车在高速公路发生严重的追尾事故,造车两辆汽车严重损坏,拖回修理。为保证汽车使用性能良好,需进行车身的测量,恢复其性能和尺寸。

学习目标

1. 掌握各类车身测量系统特点及功能。
2. 正确认知各类测量系统的作用及组成。

建议学时:4学时。

学习准备

一、知识准备

车身的测量工作是车身修复程序中必须进行的操作,事故车的损伤评估、矫正、板件更换及安装调整等工序都要用到测量工作。为保证汽车使用性能良好,总成的安装位置必须正确,因此在修理过程中要求车身尺寸测量。

车身测量工具主要包括机械测量系统和电子测量系统，它们对于维修前的损伤诊断和维修后的效果确认具有重要作用。车辆测量就是用专用工具和设备，测量车身上各参考点的位置，将测量结果和理想位置（未受损的车身参考点）进行比较，就可以确定车身所受损坏的范围、方向及程度。车身构件的位置偏差不能过大，一般不超过3mm。

1. 机械式测量系统

目前在国内应用最广的车身测量系统是机械式测量系统（图2-4-1）。它的特点在于使用机械的标尺或是它们的组合，采用与车身直接接触的方式测出车身上控制点之间的相对距离。机械式测量系统是目前在车身修复中被广泛使用的测量系统，它价格低廉、测量直观、测量精度能满足车身修理的要求。但它技术含量不高，测量工序较多，使用起来也较复杂。

常见的机械测量系统有门框式、米桥式和定位夹具式等形式。

a)门框式

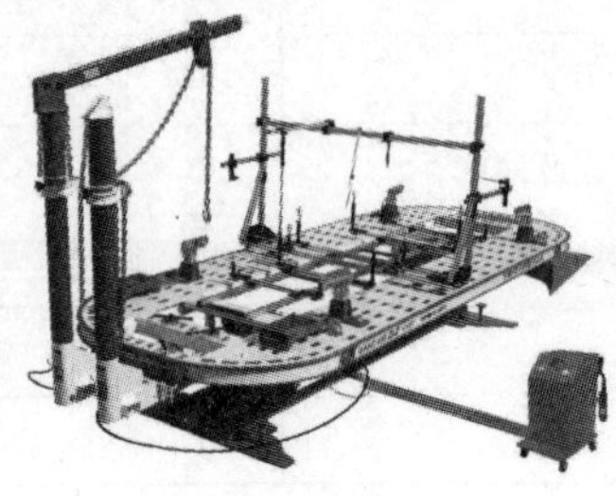

b)米桥式

c)定位夹具式

图2-4-1　机械式测量系统

2. 电子式测量系统

常用的电子测量系统是通过超声波、蓝牙或测头传感器测量车身底部、侧面和上部等部位，将测得数据通过接收装置传递给电脑的测量系统。常见测量系统有SHARK超声波电子测量系统、三坐标EasyArm电子测量系统等，如图2-4-2所示。

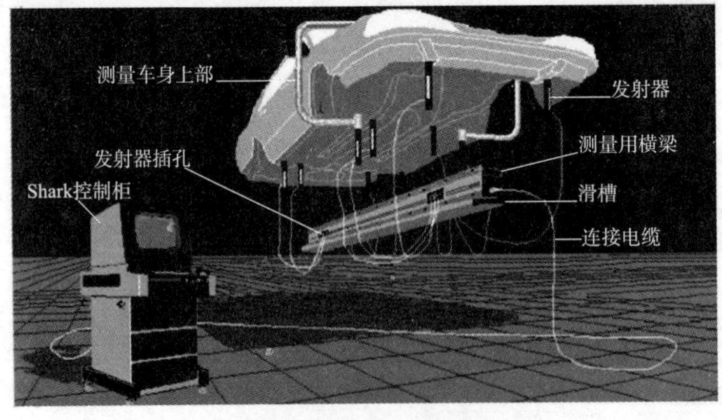

a) SHARK超声波电子测量系统

b) EasyArm三坐标电子测量系统

图2-4-2　电子式测量系统

超声波电子测量系统是采用超声波技术，利用计算机进行控制的全自动测量系统，其一端用来与车辆测量点上的附件相连，另一端连到测量横梁上并由发射器上的两个发射点发射超声波。

EasyArm 三坐标电子测量系统有二节、三节或四节万向的测量臂，在测量臂的顶端装有测量头，在测量臂之间的每个关节上装有线位角度传感器。对车身进行测量时，将测量头触到需测量的车身点位，这时，电脑便可获得各关节处线位角传感器的角位移量，从而获得该测量点的空间坐标位置。

二、工作场所

理论与实操教学一体化教室。

三、工作器材

各类车身测量设备若干。

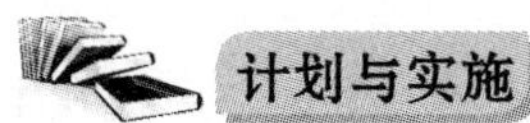

一、机械式测量系统认知

以米桥式测量系统为例，测量系统主要由米桥尺、横尺、测量头、门尺、上横尺，及辅助测量头和安装各种用途量尺的固定器组成。

（1）组成，如图 2-4-3 所示。

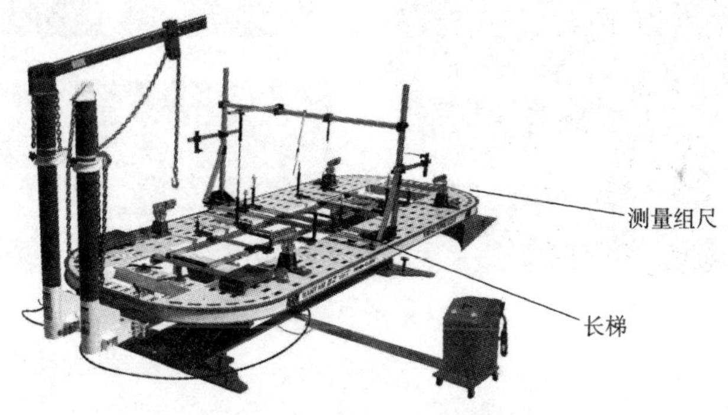

图 2-4-3　米桥式通用测量系统

（2）部件认知，如图 2-4-4、图 2-4-5 所示。

a)测量系统通用附件

b)长梯位置

图 2-4-4　测量系统通用附件及长梯位置

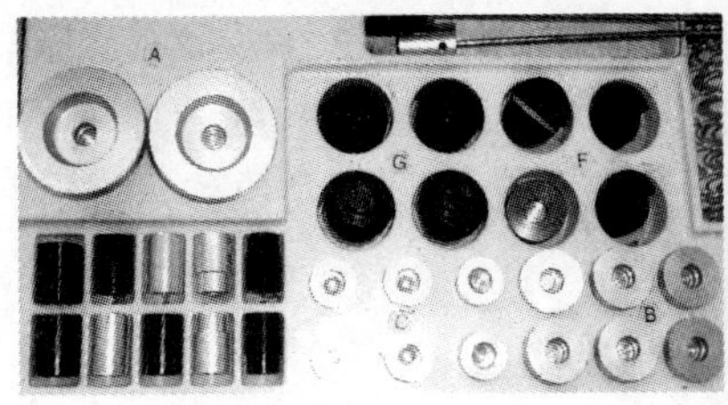

a)选择测头

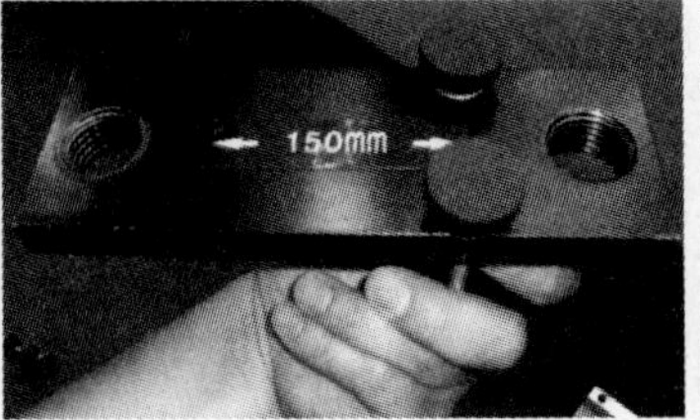

b)选择滑块

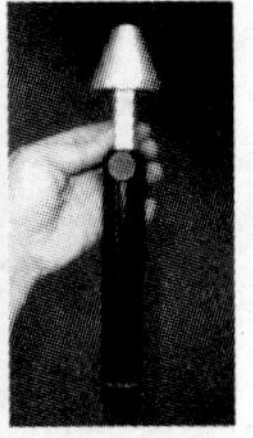

c)连接测头、测杆

图 2-4-5　组装横尺、测杆、滑块和测头

二、电子式测量系统认知

超声波测量系统主要由超声波发射器、超声波接收器、控制柜(包括计算机,也称主机)及各种测量头等组成。

(1)组成,如图 2-4-6 所示。以 SHARK 超声波测量系统为例,该系统主要由超声波发生器、超声波接收器、控制柜(包括计算机,也称主机)及各种测量头等组成。

(2)认知,如图 2-4-7 所示。

图 2-4-6　组成

a)系统控制柜

b)超声波发射器

c)各种测量接杆

d)各种测量头

图 2-4-7　超声波测量系统附件

评价与反馈

一、学习效果评价

1. 选择题

(1)车身测量工具主要包括机械测量系统和电子测量系统,它们对于(　　)的损伤诊断和维修后的效果确认具有重要作用。

A. 维修后　　B. 维修时　　C. 维修前

(2)车辆测量就是用专用工具和设备,测量车身上各参考点的位置,将测量结果和理想位置(未受损的车身参考点)进行比较,就可以确定车身所受损坏的范围、(　　)及程度。

A. 方向　　B. 大小　　C. 高低

(3)为保证汽车使用性能良好,总成的安装位置必须正确,因此在修理(　　)要求车身尺寸测量。

A. 过程中　　　　B. 前　　　　C. 后

2. 判断题

(1)车身构件的位置偏差不能过大，一般不超过5mm。　（　）

(2)米桥式测量系统主要由米桥尺、横尺、测量头、门尺、上横尺，及辅助测量头和安装各种用途量尺的固定器组成。　（　）

(3)SHARK超声波测量系统主要由超声波发生器、超声波接收器、控制柜(包括计算机，也称主机)及各种测量头等组成。　（　）

3. 简述题

(1)简述机械式测量系统的特点。

(2)简述电子式测量系统的特点。

二、技能考核

测量设备认知技能考核项目和分值见表2-4-1。

测量设备认知技能考核表　　表2-4-1

考核时间	考核项目	分值	自我评价	小组评价	教师评价
30min	安全、规范操作	20			
	机械测量系统的组成和使用	30			
	电子测量系统的组成和使用	30			
	整理工具	10			
	团队协作精神	10			
合计		100			

学习单元3 汽车手工成形

学习任务1 窗 沿 制 作

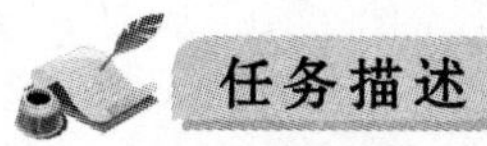

任务描述

轿车窗沿处有多处锈蚀变形,如图 3-1-1 所示,影响到了车窗升降及车辆的美观。我们的任务是将车门多处锈蚀处挖补成形焊接修复,恢复其形状尺寸和强度。

图 3-1-1 窗沿损坏锈蚀

学习目标

1. 通过本学习任务学习使学生了解手工弯曲和拱曲的定义及工艺流程。
2. 能够独立完成弯曲和拱曲的实际操作任务。
3. 能熟练进行各种位置的切割。

建议学时:6 学时。

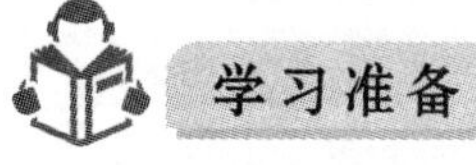

学习准备

一、知识准备

1. 弯曲

(1)定义。弯曲指用手工操作将金属材料沿直线或曲线弯曲成一定角度或弧度的工艺过程。

(2)弯曲变形的特点,如图 3-1-2 所示。

①弯曲圆角部分是弯曲变形的主要区域。

②弯曲变形区内的中性层,当弯曲变形程度很小时,应变中性层的位置基本上处于材料厚度的中心,但当弯曲变形程度较大时,可以发现应变中性层向材料内侧移动,变形量越大,内移量越大。

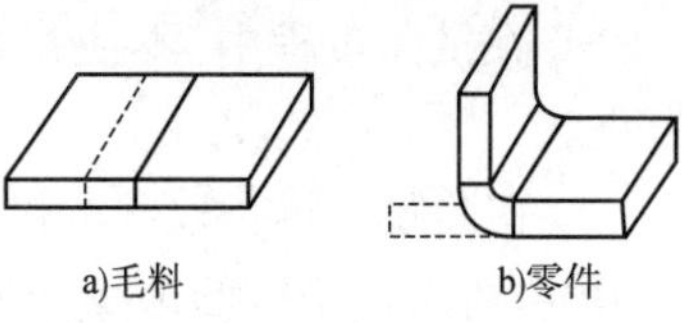

图 3-1-2　工件弯曲变形示意图

③变形区材料厚度变薄,变形程度越大,变薄现象越严重。

④变形区横断面的变形,变形区的应力和应变状态在切向和径向是完全相同的,仅在宽度方向有所不同。

2. 拱曲

拱曲是将板料用手工锤击成凸凹曲面的零件,通过板料周边起皱向里收,中间打薄向外拉,这样反复进行使板料逐渐变形得到所需形状。

(1)定义。把较薄的金属板料锤击成凹面形状的零件,称为拱曲,即将板料加工成凸凹曲面形状零件的加工方法。

(2)分类。拱曲主要可分为热拱曲和冷拱曲。

热拱曲的基本原理是利用金属热胀冷缩的性质、冷却过程中内应力的变化,实现拱形件的成形。

冷拱曲的基本原理是,使板料的边缘起皱向里收将中间打薄向外延展,如此交替反复操作,使板料在锤击过程中逐渐变形,在不使板料被撕裂的前提下,成形为所需的拱形件。

①顶杆冷拱曲,如图 3-1-3 所示。

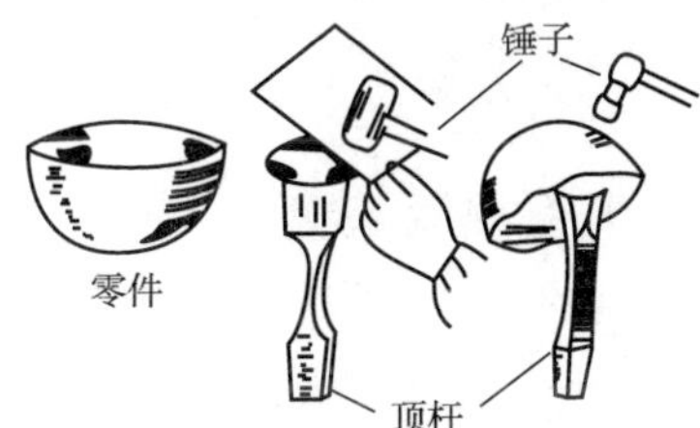

图 3-1-3　顶杆冷拱曲操作示意图

冷拱曲的原理:通过将板材的周边起皱向里收缩,板材的中间部位展开打薄向外拉,如此反复,使板材逐渐成凸凹的零件。主要用于制作拱曲深度较大的零件,采用顶杆和锤子敲击,零件材料应该具有较好的塑性。

拱曲的操作方法:

a. 拱曲时选用弧形锤头、长把锤子。锤击时击打点要稠密均匀;锤击力要均匀适度。把板料放在顶杆上左手按实板料,右手锤击,沿着板料的边缘进行锤击,同时左手要不断进行旋转。

b. 锤击一圈后,锤击点向板料的中心移动一个锤痕的位置,直至锤击完整个板料后再一次从外向内进行锤击。

c. 锤击过程中,板料的周围会产生很多褶皱,使板料的边缘因增厚而向内弯曲,此时,再用木锤轻而均匀地锤击板料中部,使其伸展拱曲。这时要运用收边的方法将褶皱消除。如果拱曲深度较大可能会产生硬化现象,要进行退火处理。

d. 修整:如果拱曲深度较大不能在平面上进行修复,一般选择在顶杆上进行修整。

②胎模手工拱曲。

a. 用于尺寸大、拱曲深度较浅的零件,可直接在胎膜上拱曲。

b. 将毛料压紧在胎模上,用锤子从边缘开始逐渐向中心部位锤击。

c. 拱曲时锤击应轻且均匀,保持整个加工表面均匀伸展形成凸起形状并可防止被拉裂。

为使胚料伸展得快，在拱曲时可垫橡胶板、软木、沙袋进行胚料伸展，使表面质量良好。

d. 在拱曲过程中，不应操之过急，应分几次使胚料逐渐下凹，直至胚料完全贴合胎膜为止。

e. 在胎膜上进行较深的拱曲时，随着锤击进行，制件的周边将出现褶皱。此时应停止锤击中部，将制作皱缩的边缘贴近砧座，敲平褶皱。褶皱敲平后，再继续对中部锤击拱曲。

二、工作场所

理论与实操教学一体化教室。

三、工作器材

各类平台、台虎钳、锤子、木锤、拍板、垫皮、钢直尺、剪刀、划针等若干。

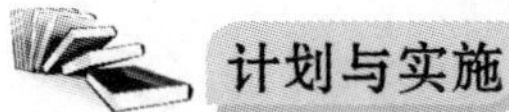

计划与实施

一、准备工作

1. 在实训前教师准备

(1) 设备：台虎钳、划线平台、钣金平台、方箱。

(2) 材料：1mm 厚铁板、方木块。

(3) 工具：划针、钢直尺、直角尺、划针、样冲、钢板剪刀（剪金属）、橡胶锤等。

2. 在实训前学生准备

(1) 了解本次实训课所要求的技能。

(2) 佩戴好个人安全防护用品：工作服、工作帽、工作鞋、手套、防护眼镜、耳塞。

(3) 准备好学生实训工作页。

二、弯曲和拱曲的操作

1. 弯曲的操作

(1) 下料。划线、剪料、制作。

用剪刀、划针、钢直尺按要求进行裁剪下料。

(2) 弯曲工件的制作。

①L 形件的弯曲程序。

首先根据如图 3-1-4a）所示工件要求和尺寸进行划线，如图 3-1-4b）所示，并在平板上准备弯曲操作；用木锤敲击工件两端，再锤击中间部位，使其达到要求的角度和形状；最后在平板边缘的直角位置处，将其定好位，依次沿直线锤击操作。

②如图 3-1-5f）所示形件的弯曲程序。

首先根据工件要求和尺寸进行双面划线，如图 3-1-5a），并在平板上先沿着正面第一条尺寸线进行弯曲操作，如图 3-1-5b）、c）所示；接着再沿着反面第二条尺寸线进行弯曲操作，如图 3-1-5d）；之后沿着正面第三条尺寸线进行弯曲操作，如图 3-1-5e）；最后根据破损区域尺寸剪去多余部分金属板料，修正工件以达到要求的角度和形状，保证表面过度自然，光滑美观。

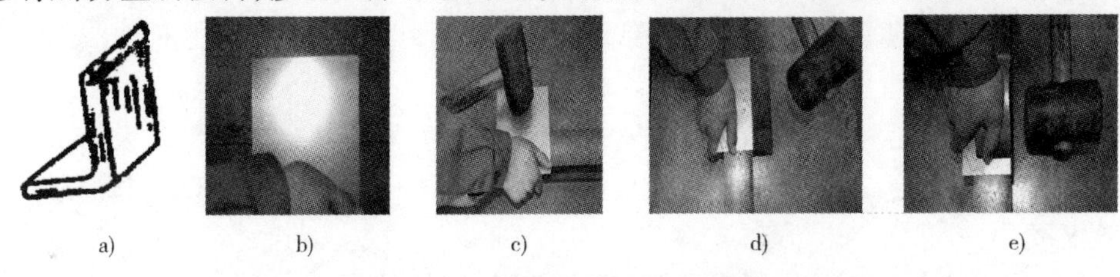

a)　b)　c)　d)　e)

图 3-1-4　L形件的弯曲制作示意图

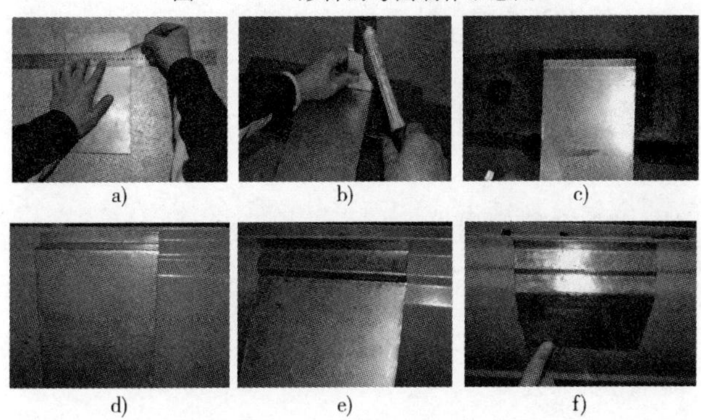

a)　b)　c)

d)　e)　f)

图 3-1-5　形件的弯曲程序

2. 拱曲工件的制作

操作时需用带凹坑的座，如图 3-1-6 所示，将板料对准座凹坑放置，左手持板料，右手锤击。在胎膜上进行较深的拱曲时，随着锤击进行，制件的周边将出现褶皱。此时应停止锤击中部，将制件皱缩的边缘贴近砧座，敲平褶皱。褶皱敲平后，再继续对中部锤击拱曲。反复操作直至工件表面圆滑，形状规整美观。

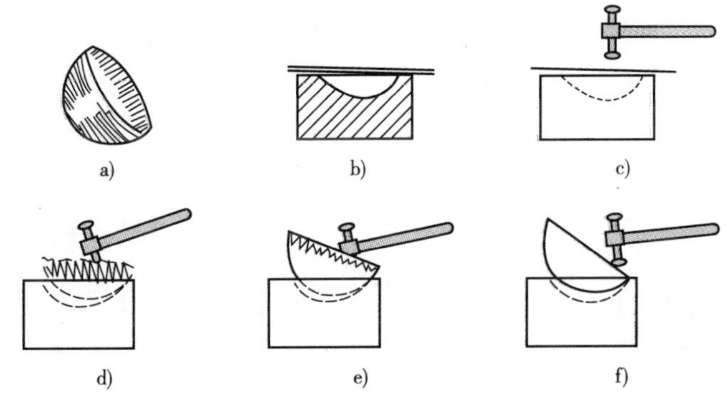

a)　b)　c)

d)　e)　f)

图 3-1-6　拱曲工件的制作示意图

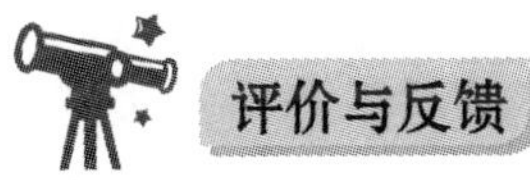

一、学习效果评价

1. 选择题

(1)“直角”形件的弯曲前需要(　　)划线。

A. 单面　　B. 双面　　C. 不

(2)“Z”形件的弯曲前需要(　　)划线。

A. 单面　　B. 双面　　C. 不

(3)所谓拱曲,就是利用对板料的(　　),使之成为所需形状。

A. 边放中收　　B. 边收中放　　C. 放边

2. 判断题

(1)在胎膜上进行较深的拱曲时,随着锤击进行,制件的周边将出现褶皱。此时应停止锤击中部,将制作皱缩的边缘贴近砧座,敲平褶皱。褶皱敲平后,再继续对中部锤击拱曲。(　　)

(2)弯曲是用手工操作将金属材料沿直线或曲线弯曲成一定角度或弧度的工艺过程。(　　)

(3)拱曲是把较薄的金属板料锤击成凹面形状的零件。(　　)

3. 简述题

(1)简述弯曲的特点。

(2)简述拱曲的操作方法。

二、技能考核

窗沿制作技能考核项目和分值见表3-1-1。

窗沿制作技能考核表　　表3-1-1

考核时间	考　核　项　目	分值	自我评价	小组评价	教师评价
60min	安全、规范操作	20			
	弯曲工件的制作	20			
	拱曲工件的制作	30			
	规定时间内完成的情况	10			
	整理工具	10			
	团队协作精神	10			
合　计		100			

学习任务2　轮 眉 制 作

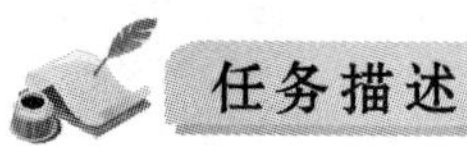

某轿车由于剐蹭事故造成轮眉损伤较大,既影响了汽车的美观又影响了汽车的正常使用,经检查实际损伤情况确定无法修复。本次任务是制作更换由于剐蹭事故损伤的轮眉,如图3-2-1所示。

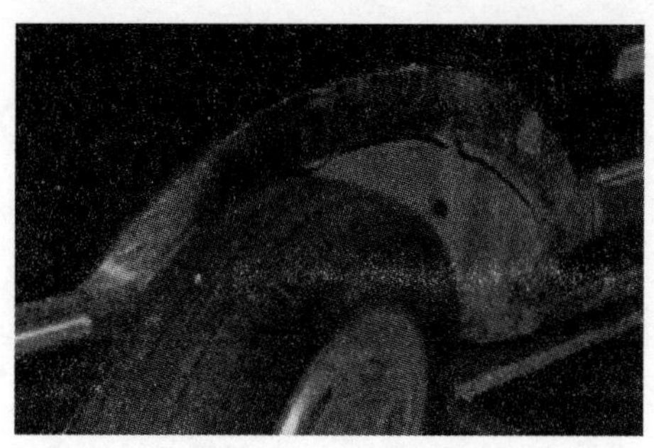

图 3-2-1　汽车轮眉损坏

学习目标

1. 使学生了解收边和放边的定义及工艺流程。
2. 能够独立完成收边和放边的实际操作任务。

建议学时:6 学时。

学习准备

一、知识准备

收边:收边是使钣金零件的边缘或周沿增厚或收缩内弯成形的工艺方法。分为起皱钳收边和起皱模收边两种方法。

(1)起皱钳收边。如图 3-2-2 所示,下料后将 L 形工件校正,用起皱钳将收边部位钳成波纹。要求波纹尽可能稠密使坯料收缩弯曲至比工件要求的曲率半径小,然后用木锤将皱波纹打平,用铁锤平整并使坯料放至工件要求的曲率半径。

(2)起皱模收边。如图 3-2-3 所示,将工件夹在型胎上,用铝棒顶住毛坯,用木锤敲打顶住部分,使板料弯曲逐渐被收缩使其紧靠型胎。

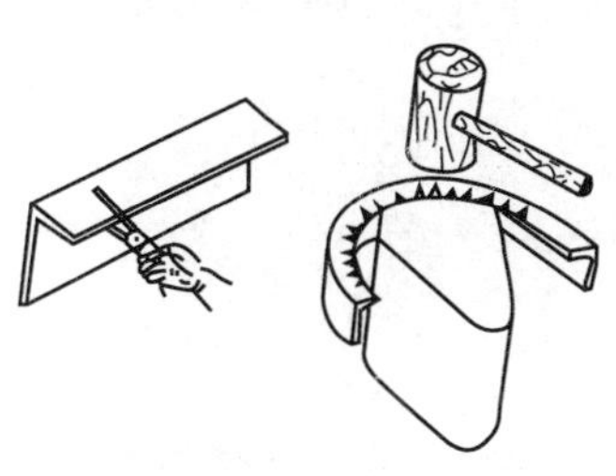

图 3-2-2　起皱、平整

图 3-2-3　起皱模收边

二、工作场所

理论与实操教学一体化教室。

三、工作器材

各类台虎钳、划线平台、钣金平台、方箱、垫铁等手工工具设备若干。

计划与实施

根据桑塔纳2000型轿车轮眉实际形状尺寸,放样、下料制作轮眉。

一、准备工作

1. 在实训前教师准备

(1)设备:台虎钳、划线平台、钣金平台、方箱、垫铁。

(2)材料:1mm厚铁板、方木块。

(3)工具:划针、钢直尺、直角尺、划针、样冲、钢板剪刀、起皱钳、錾口锤、木锤。

(4)准备好学生实训工作页。

2. 在实训前学生准备

(1)了解本次实训课所要求的技能。

(2)佩戴好个人安全防护用品:工作服、工作帽、工作鞋、手套、防护眼镜、耳塞。

(3)认真阅读本次课实训工作页。

二、操作步骤

1. 收边,如图3-2-4所示

(1)根据工件要求进行下料制作L形件并校正。

(2)用起皱钳将收边部位钳成波纹。要求波纹尽可能稠密使坯料收缩弯曲至比工件要求的曲率半径小。

(3)用木锤将皱波纹打平,用铁锤平整并使坯料放至工件要求的曲率半径。

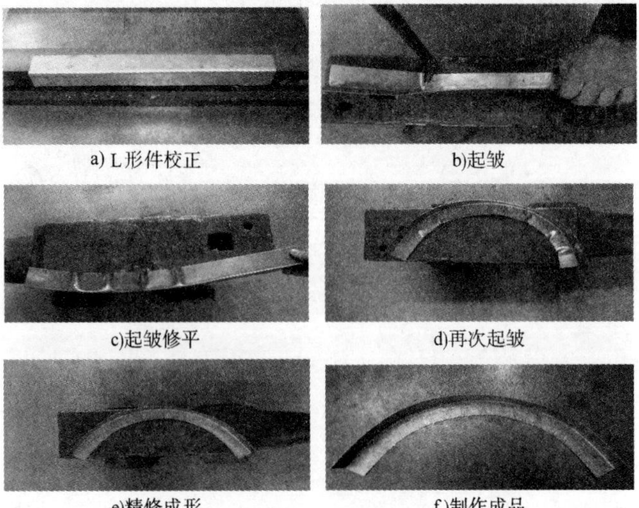

a) L形件校正　b)起皱　c)起皱修平　d)再次起皱　e)精修成形　f)制作成品

图3-2-4　收边实际操作

2. 放边,如图 3-2-5 所示

(1)根据工件要求进行下料制作 L 形件并校正。

(2)在平台上画出轮眉弧度标准线。

(3)打薄放边,将型材锤放的一边至于铁贴上,用錾口锤錾击,使其一边的纤维伸长,整体初步形成轮眉形状。

(4)打磨、修整去除毛刺。

(5)反复矫正修整与样板比对,直至表面平滑与样板吻合。

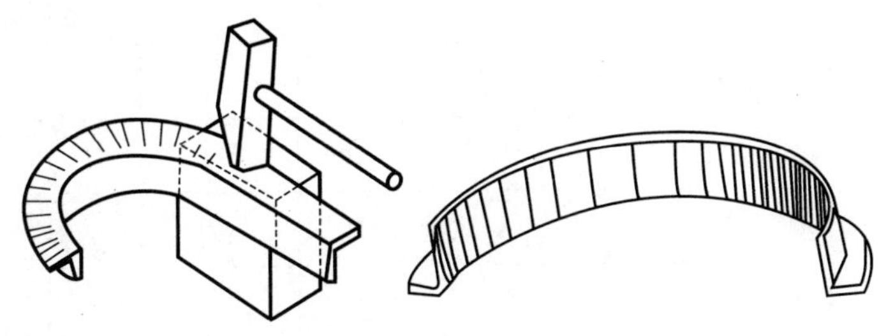

图 3-2-5　放边实际操作

注意:用錾口锤錾击,在錾击时,应注意錾击线垂直于型材的外缘边线,錾击的中点距外缘为总宽的 1/3 处,錾口锤向外倾斜,錾击落点要稠密均匀。

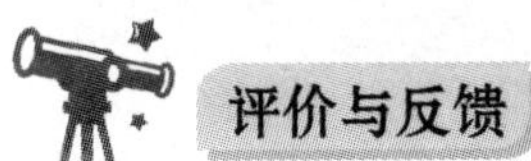

评价与反馈

一、学习效果评价

1. 选择题

(1)用錾口锤錾击,在錾击时,应注意錾击线垂直于型材的外缘边线,錾击的中点距外缘为总宽的(　　)处,錾口锤向外倾斜,錾击落点要稠密均匀。

A. 1/2　　B. 1/3　　C. 1/4

(2)收边用起皱钳将收边部位钳成波纹。要求波纹尽可能稠密使坯料收缩弯曲至比工件要求的曲率半径(　　)。

A. 大　　B. 小　　C. 一样

(3)打磨修整去除(　　)。

A. 毛刺　　B. 边缘　　C. 杂质

2. 判断题

(1)收边是使钣金零件的边缘或周沿增厚或收缩内弯成形的工艺方法。分为起皱钳收边和起皱模收边两种方法。(　　)

(2)打薄放边,将型材锤放的一边至于铁贴上,用錾口锤錾击,使其一边的纤维伸长,整体初步形成轮眉形状。(　　)

(3)反复矫正修整与样板比对,直至表面平滑与样板吻合。(　　)

二、技能考核

轮眉制作技能考核项目和分值见表3-2-1。

轮眉制作技能考核表　　表3-2-1

考核时间	考　核　项　目	分值	自我评价	小组评价	教师评价
60min	安全、规范操作	20			
	设备、工具的使用	15			
	制作的工艺及工件的完成情况	35			
	规定时间内完成的情况	10			
	整理工具	10			
	团队协作精神	10			
合　计		100			

学习任务3　数 字 制 作

任务描述

运用划线、下料工具制作阿拉伯数字1。

学习目标

1. 能够运用钣金件划线工具进行钣金件的划线实际操作。
2. 熟练掌握钣金件剪切工艺,根据不同的工件选择合理的剪切方法。

建议学时:6学时。

学习准备

一、知识准备

1. 划线工具

(1)划线平台,如图3-3-1所示。划线平台是放置工件、工具并在其上完成划线过程的设备,材料为铸铁,高度约1m,表面精加工成平面,使用时要求平台保持水平,防止变形。划线时工件、工具要轻拿轻放,防止损伤、划伤平台。使用结束后,应清洁表面,加油防锈并定期检查维修。

(2)划针，如图3-3-2所示。划针用以在工件上划线的工具。常与钢直尺、90°角尺或划线样板等导向工具一起使用。常用弹簧钢丝或高速钢制成，直径为3～6mm，尖端成15°～20°，并经淬硬，变得不易磨损和变钝。

图3-3-1　划线平台

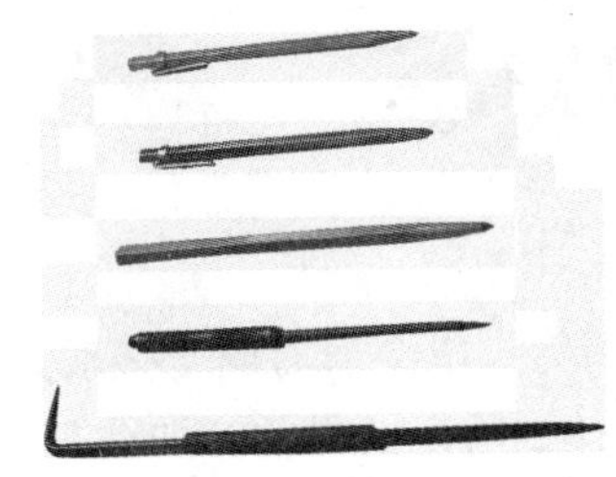

图3-3-2　划针

(3)圆规，如图3-3-3所示。用来划圆、圆弧；等分圆、圆弧、线段，量取尺寸。分为普通划规、扇形划规、弹簧划规、长划规。材料由中碳钢制作，两脚尖淬硬、刃磨。

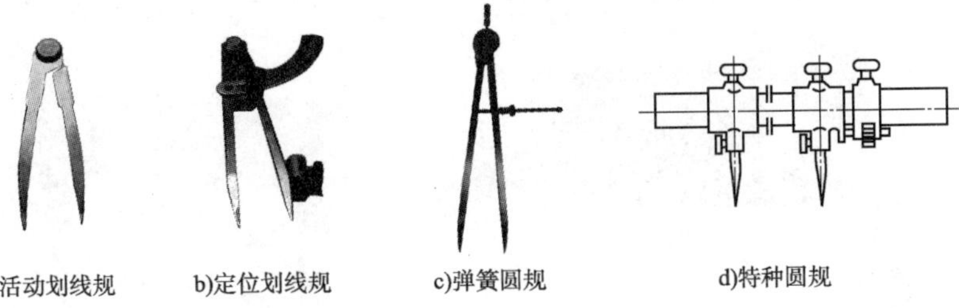

a)活动划线规　b)定位划线规　c)弹簧圆规　d)特种圆规

图3-3-3　圆规

(4)钢直尺，如图3-3-4所示。用于测量(精度较低)材料，材料由不锈钢制成，是划线时的导向工具。规格有150、300、1000mm，精度为1mm。

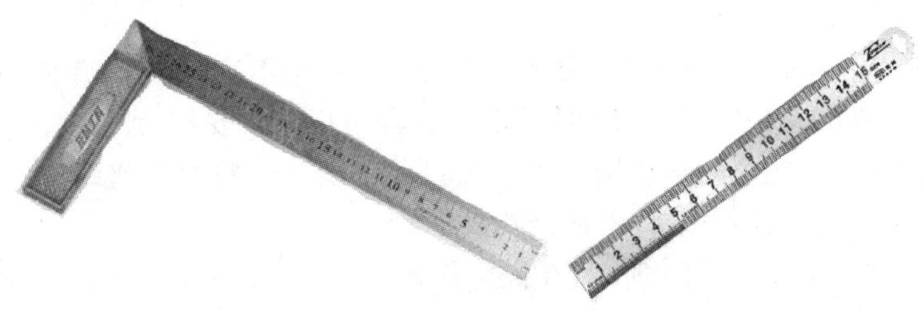

图3-3-4　钢直尺、直角尺

(5)样冲，如图3-3-5所示。样冲的作用是保持划线标记、定圆心。材料为工具钢，长度为90～150mm，尖端磨成45°～60°，淬硬。使用时要冲正、冲准，样冲眼间距适中，直线可大，曲线要小，深浅适宜。易磨损部位、定圆心时要深一些。

2. 裁剪工具

(1)手动剪刀。手动剪刀分为手剪刀和台式剪刀，一般用于某种条件下单件生产或半成品的修整工作。如图3-3-6所示。

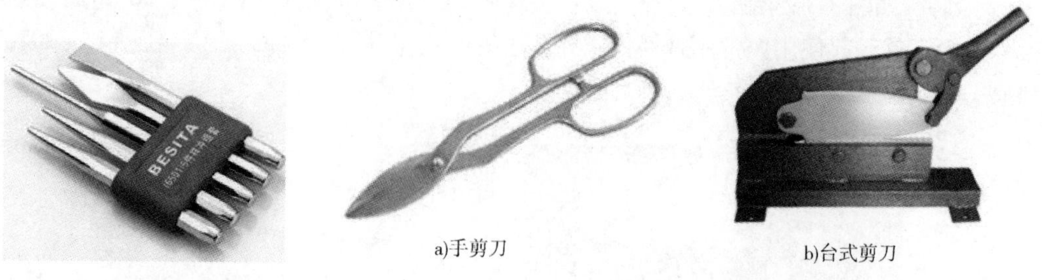

a)手剪刀　　b)台式剪刀

图 3-3-5　样冲　　图 3-3-6　手动剪刀

(2)电动剪刀。电动剪刀属于振动式剪刀,由一个小型电动机带动刀杆上下快速运动,与下刀头配合达到剪切的目的。如图 3-3-7 所示。

(3)剪板机。剪切板料的剪切机,是借助运动的上刀片和固定的下刀片,采用合理的刀片间隙,对各种厚度的金属板材施加剪切力,使板材按所需要的尺寸断裂分离。剪板机可分为:脚踏式(人力)剪板机、机械剪板机、液压摆式剪板机等。剪板机常用来剪裁直线边缘的板料毛坯。剪切工艺应能保证被剪板料剪切表面的直线度和平行度要求,并尽量减少板材扭曲,以获得高质量的工件,如图 3-3-8 所示。

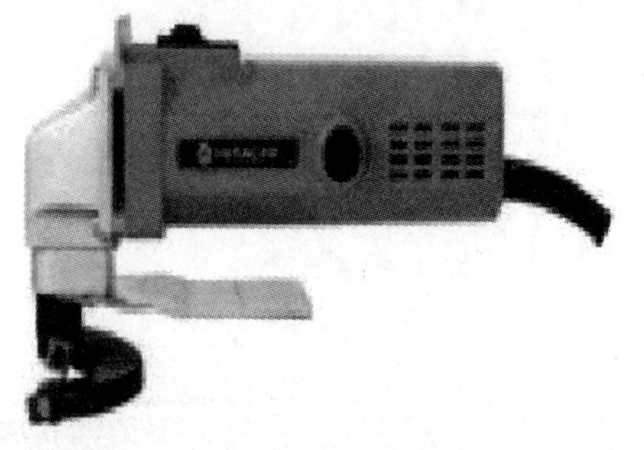
图 3-3-7　电动剪刀

图 3-3-8　脚踏式剪板机

材料的合理配裁方法如下。

①集中下料法。如图 3-3-9 所示,由于工件的形状大小不一,为了合理使用材料,将使用同样牌号、同样厚度的工件集中一次划线下料。这样可以统筹安排,大小搭配。

②长短搭配法。长短搭配法适用于条形板料的下料。下料时先将较长的料排出来,然后根据长度再排短料,这样长短搭配,使余料最小。

③零料拼整法。如图 3-3-10 所示,在钣金作业中,有时按整个工件划料,则挖去的材料较多,浪费较大,常常有意将该工件裁成几部分,然后再拼起来使用,可以节省用料。

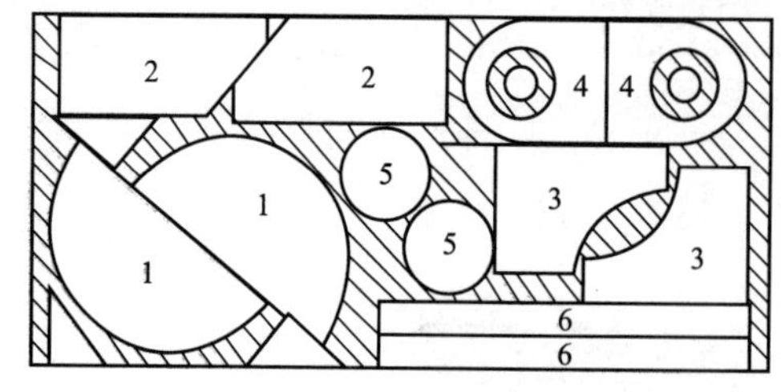

图 3-3-9　集中下料法

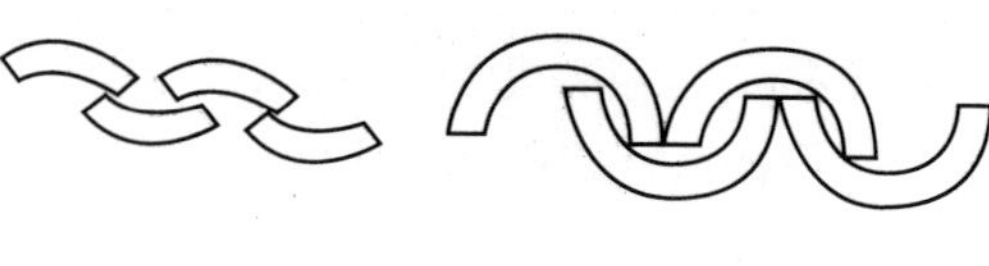
图 3-3-10　零料拼整法

④排板套裁法。如图3-3-11所示，当工件下料的数量较多时，为使板料得到充分利用，必须对同一形状的工件或各种不同形状的工件进行排样套裁。排样的方式通常有直排、斜排、单行排列、多行排列、对头直排、对头斜排等。

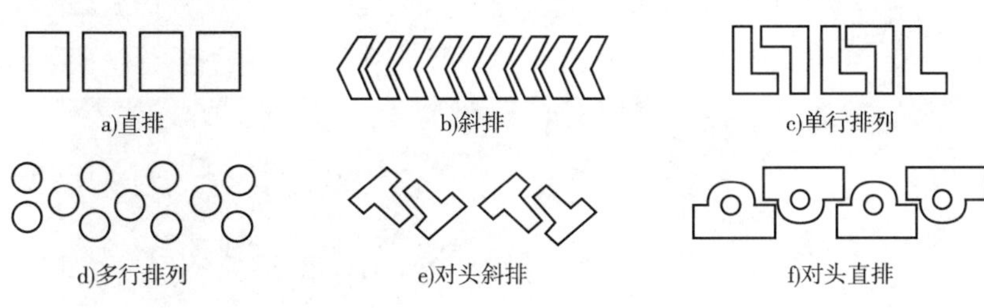

图3-3-11　排板套裁法

二、工作场所

理论与实操教学一体化教室。

三、工作器材

各类平台、台虎钳、锤子、木锤、拍板、弯边模、钢直尺、夹具、剪刀、划针等若干。

计划与实施

手工成形数字1制作。

一、准备工作

平台、台虎钳、锤子、木锤、拍板、弯边模、钢直尺、夹具、剪刀、划针等。

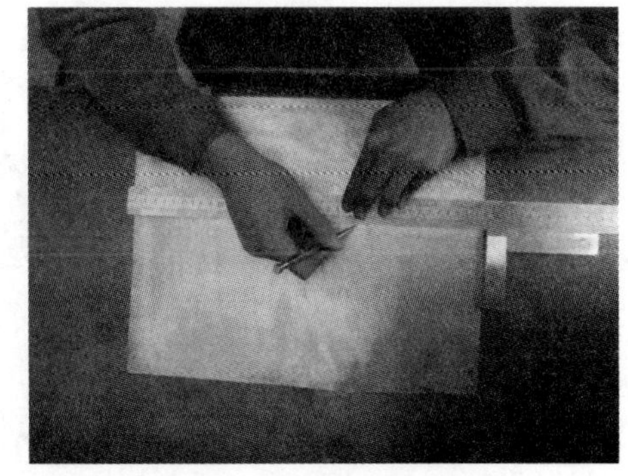

图3-3-12　直线划线方法

二、操作步骤

1. 划线

(1)直线的划线方法，如图3-3-12所示。

(2)圆弧的划线方法，如图3-3-13所示。

2. 板件的手工剪切方法

(1)直线的剪切方法，如图3-3-14所示。

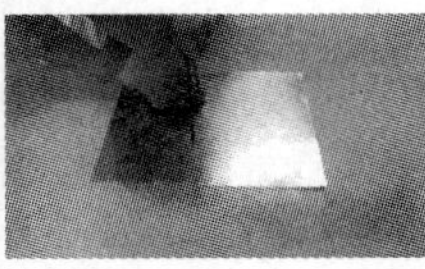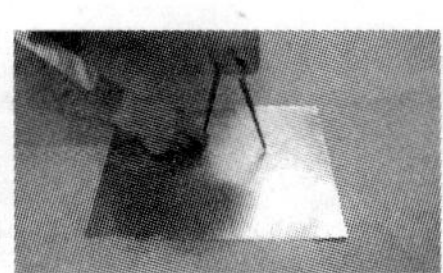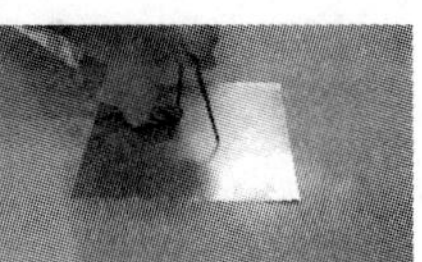

图3-3-13　圆弧划线方法

提示：剪切短料直线时，被剪去的那部分，一般都放在剪刀的右面。

(2)内圆的剪切方法，如图3-3-15所示。

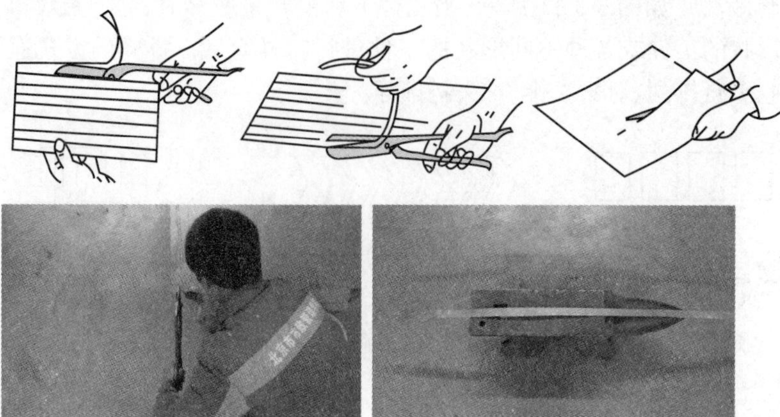

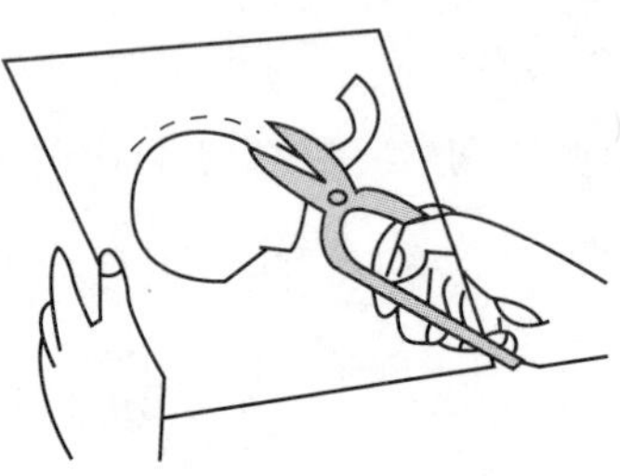

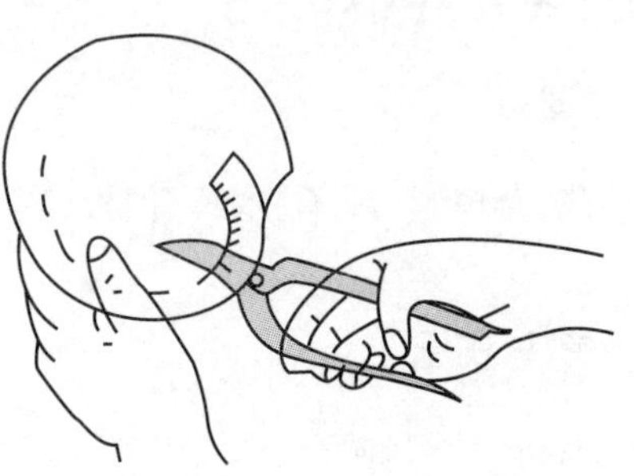

图 3-3-14　直线剪切

(3)外圆的剪切方法,如图 3-3-16 所示。

图 3-3-15　内圆剪切

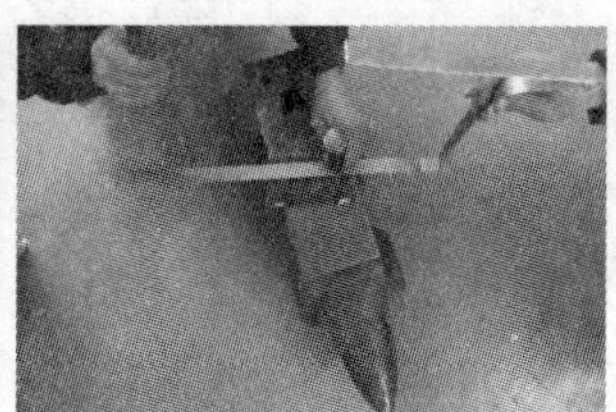

图 3-3-16　外圆剪切

(4)下料后修平成形,如图 3-3-17 所示。

图 3-3-17　修平、成形

(5)成形后效果,如图 3-3-18 所示。

图 3-3-18　数字制作成果展示

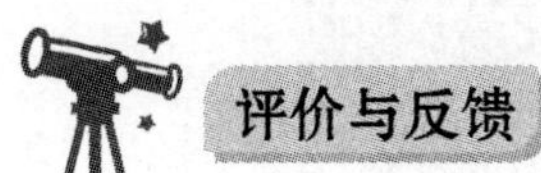

一、学习效果评价

1. 选择题

(1)剪切外圆应从右边下剪,按(　　)方向剪切,边料会随着剪刀的移动而向上卷起。

A. 顺时针　　B. 逆时针　　C. 边顺边逆

(2)手工剪切短料直线时,(　　)的那部分,一般都放在剪刀的右侧。

A. 被剪去　　B. 剪去　　C. 中间

(3)划针一般是由中碳钢或高碳钢制成,一般要求具有(　　)。

A. 抗压性　　B. 耐磨性　　C. 耐腐性

2. 判断题

(1)排板套裁法当工件下料的数量较多时,为使板料得到充分利用,必须对同一形状的工件或各种不同形状的工件进行排样套裁。排样的方式通常有直排、斜排、单行排列、多行排列、对头直排、对头斜排等。(　　)

(2)零料拼整法是在钣金作业中,有时按整个工件划料,则挖去的材料较多,浪费较大,常常有意将该工件裁成几部分,然后再拼起来使用,可以节省用料。(　　)

(3)裁剪下料时应考虑长短搭配、零料拼整、排板套裁等问题。(　　)

(4)剪切短料时,剪去的部分应在剪刀的左侧。(　　)

二、技能考核

数字制作技能考核项目和分值见表3-3-1。

数字制作技能考核表　　表3-3-1

考核时间	考核项目	分值	自我评价	小组评价	教师评价
60min	安全、规范操作	20			
	设备、工具的使用	15			
	剪切制作的工艺及工件的完成情况	35			
	规定时间内完成的情况	10			
	整理工具	10			
	团队协作精神	10			
合计		100			

学习单元4　汽车车身结构认知

学习任务1　整体式车身结构认知

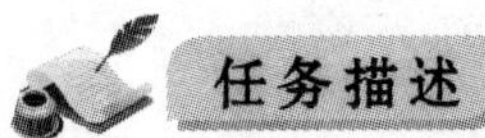

一辆轿车与一辆货车相撞,轿车的左前翼子板严重损伤,发动机罩、前保险杠和前车门也有轻微变形扭伤,如图4-1-1所示。根据轿车前部的损伤情况,需进行更换、修复和调整。

图4-1-1　轿车左前部损伤图

 学习目标

1. 熟悉整体式车身结构认知。
2. 能熟练认知整体式车身各部件名称及功用。

建议学时:6学时。

一、知识准备

1. 轿车车身的结构分类

(1)按承载方式分类。轿车车身按结构形式可分为整体式车身和车架式车身,如图4-1-2所示。

整体式车身,没有独立车架,其主要部件是焊接在一起的,车身易于形成紧密的结构,有助于在碰撞时保护车内乘员，车身内部的空间更大，结构紧凑，质量轻。

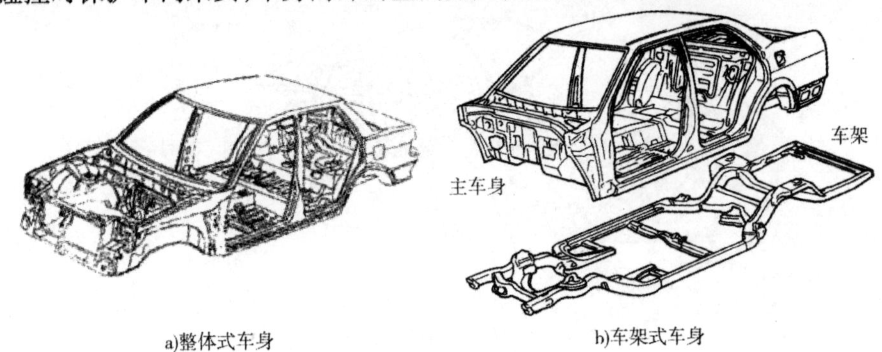

a)整体式车身　　b)车架式车身

图4-1-2　轿车车身结构类型

车架式车身由主车身和车架组成。车架是一个独立的部件，具有足够的坚固度，是汽车的基础，车身和主要部件都固定在车架上，车身通常用螺栓固定在车架上。

(2)按车身形状或车顶形式分类。按车身形状或车顶形式可分为普通轿车、活顶轿车、硬顶轿车、舱背式轿车、旅行轿车、厢式车和SUV多功能车等，如图4-1-3所示。

a)普通轿车　b)活顶轿车　c)旅行轿车　d)硬顶轿车　e)舱背式轿车　f)厢式轿车　g)SUV多功能车

图4-1-3　按车身形状或车顶形式分类

2. 整体式车身结构组成

轿车车身可分前车身、中间车身和后车身三部分，如图4-1-4所示。

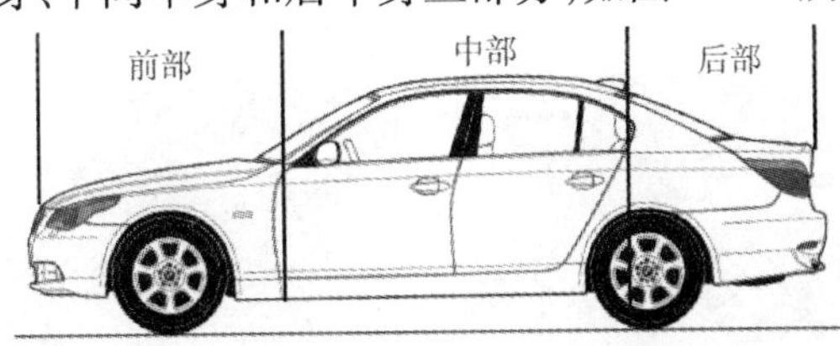

图4-1-4　轿车车身组成

整体式车身主要由发动机罩、翼子板、保险杠、立柱(前柱、中柱、后柱等)、门槛板、车顶盖、行李舱盖、车门等部件组成，另外还有前围板、减振器塔座、散热器支架总成等。轿车车身基本组成，如图4-1-5所示。

二、工作场所

理论与实操教学一体化教室。

三、工作器材

车架式车身、整体式车身各2件。

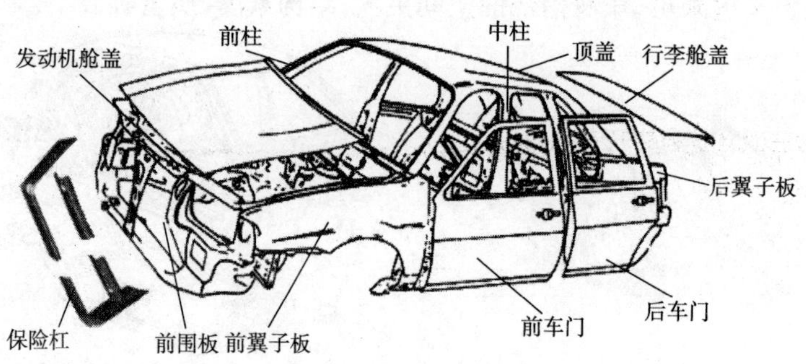

图 4-1-5　轿车车身的组成部件

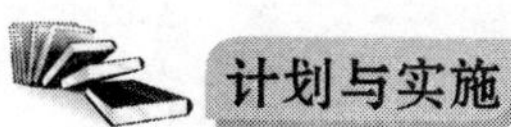

计划与实施

1. 发动机舱罩

发动机舱盖位于轿车正前上部，处于两侧前翼子板之间，是发动机舱的维护盖板，如图 4-1-6、图 4-1-7 所示。

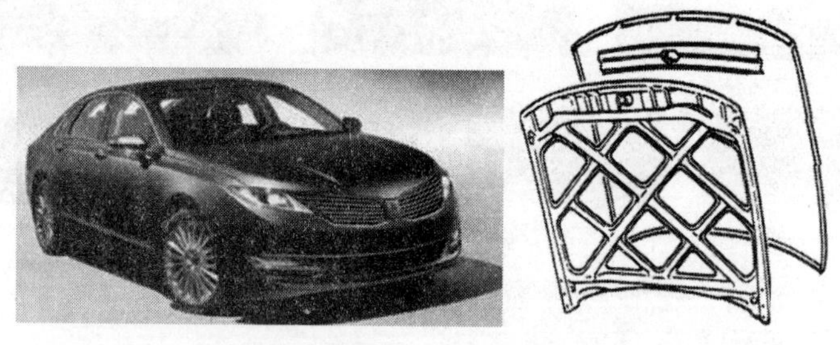

图 4-1-6　轿车车身的组成部件

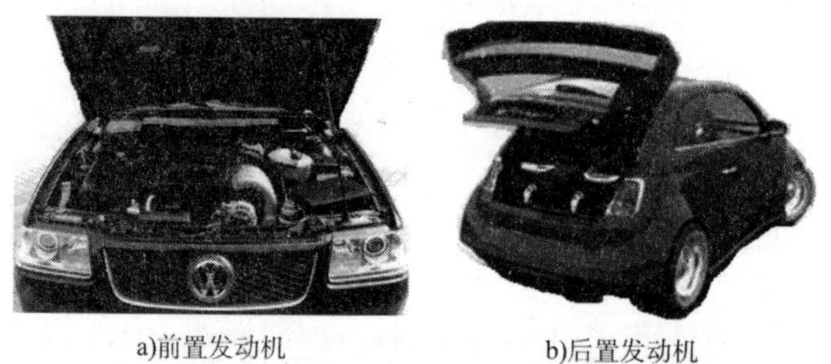

a)前置发动机　　b)后置发动机

图 4-1-7　整体式车身的发动机罩类型

轿车的发动机舱盖主要由发动机舱盖面板、发动机舱盖面铰链、发动机舱盖支撑杆、发动机舱盖锁、发动机舱盖锁开启拉索等部件组成。

2. 保险杠

汽车保险杠可分为前保险杠和后保险杠。保险杠的主要功能是起保护车身、美观装饰、减少风阻和缓冲碰撞物体或行人等作用，如图 4-1-8 所示。

图4-1-8 轿车保险杠

3. 翼子板

翼子板是遮盖车轮的车身外板,按安装位置可分为前翼子板和后翼子板。

前翼子板安装在前车轮处,在车头和前车轮到前门这段位置;后翼子板多与车身本体成为一个整体,如图4-1-9所示。

a)前翼子板

b)后翼子板

图4-1-9 轿车翼子板

4. 车门

车门主要起防护、密封等作用,车门按其开启方式可分为顺开式车门、对开式车门等,如图4-1-10所示。

a)顺开式车门

b)对开式车门

图4-1-10 车门

轿车的车门一般由门体、车门附件和内饰盖板三部分组成。门体包括车门内板、车门外板、车门窗框、车门加强横梁和车门加强板。车门附件包括车门铰链、车门开度限位器、门锁机构及内外手柄、车门玻璃、玻璃升降机和密封条。内饰盖板包括固定板、芯板、内饰蒙皮、内扶手。车门的结构如图4-1-11所示。

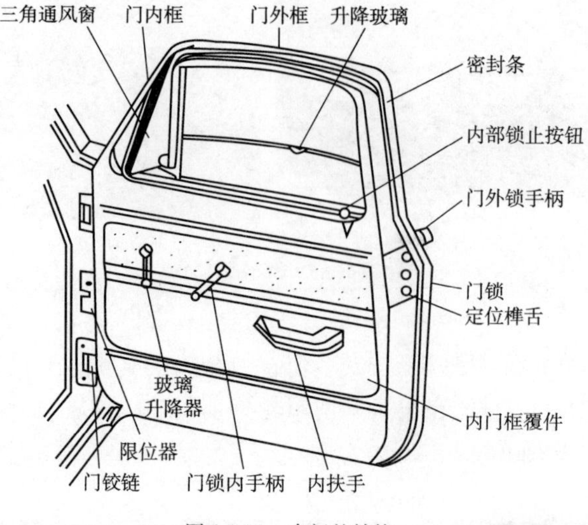

图 4-1-11　车门的结构

评价与反馈

一、学习效果评价

1. 判断题

(1)车架式车身没有独立车架,其主要部件是焊接在一起的。（　　）

(2)轿车车身可分为三部分,后部强度最大。（　　）

(3)保险杠主要是起保护车身、美观装饰、减少风阻和缓冲碰撞物体或行人等作用。（　　）

2. 简述题

(1)车门由哪些部件组成?

(2)整体式车身主要由哪些部件组成?

(3)整体式车身和车架式车身有何区别?

二、技能考核

整体式车身结构认知技能考核项目和分值见表 4-1-1。

整体式车身结构认知技能考核表　　　　表 4-1-1

考核时间	考　核　项　目	分值	自我评价	小组评价	教师评价
30min	安全、规范操作	20			
	发动机舱盖结构、组成和功用	15			
	保险杠的结构、组成和功用	15			
	车门的结构、组成和功用	15			
	翼子板的结构、组成和功用	15			
	整理工具	10			
	团队协作精神	10			
合　　计		100			

学习任务2 车架式车身结构认知

任务描述

一辆客车与一辆货车相撞,客车的正前部严重损伤,前围、前风窗玻璃、前车门、前保险杠和前照灯等也受到不同程度的变形和损伤,如图4-2-1所示。根据客车前部的损伤情况,需进行更换、修复和调整。

图4-2-1 客车前部损伤图

学习目标

1. 熟悉车架式车身结构认知。
2. 能熟练认知车架式车身各部件名称及功用。

建议学时:6学时。

学习准备

一、知识准备

车架式车身结构的承载能力通常比整体式车身高,因此广泛主要应用在客车、货车SUV、皮卡和越野车上。车架式车身离地面间隙较大,有吸收路面振动的作用,在发生碰撞事故时,大部分碰撞能量将由车架吸收,因此可有效保护成员安全。因采用了厚重的车架,车辆一般比承载式车辆重很多,影响了车辆的动力性和燃油经济性。

车架式车身的结构分类如下。

(1)客车车身功能,如图4-2-2、图4-2-3所示。

图4-2-2 客车车身

客车在城市、公路、旅行等各种场合应用广泛,是用于公交、公路、旅游、校车、房车、餐车,邮车和行李车等载运乘客及其随身行李的商用车辆。

大客车底盘是采用载货车辆的通用底盘改装而成,其多表现为车架式大梁，质心高，噪声大，安全性、舒适与行驶稳定性低。多为发动机后置、横置、后轮驱动方式，发动机后置使车厢内的主要部分远离振动和噪声源，使车厢内部容积完整、流畅，改善了乘坐环境和驾驶员的工作条件，有利于长途行驶。

a)发动机前置

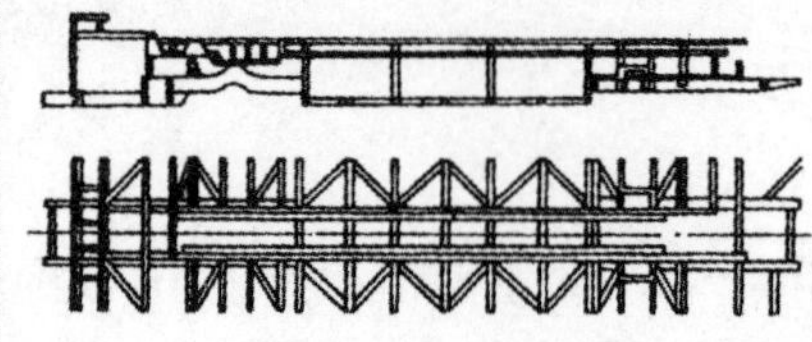
b)整体式承重框架

c)优越的乘车环境

图 4-2-3　客车车身的布局

(2)客车的分类。

①根据车长 L 可分为：小型客车 $L<6\text{m}$，中型客车 $L=6\sim9\text{m}$，大型客车 $L=9\sim12\text{m}$，铰接式客车 >14m，如图 4-2-4 所示。

a) 小型客车

b)中型客车

c)大型客车

d)铰接式客车

图 4-2-4　按长度分类

②根据用途可分为：旅行客车、城市客车、长途客车和旅游车等，如图 4-2-5 所示。

a)旅行客车

b)城市客车

c)长途客车

d)旅游车

图 4-2-5　按用途分类

③根据座位数可分为：小型客车 <9 座，中型客车为 10 ~ 19 座，大型客车 >20 座。

④根据承载型式（车身受力程度）：可分非承载式、半承载式和承载式。大多客车为了减轻自身的质量，并使车身结构合理化，而采用无车架的承载式结构，也称无车架式结构。

(3)货车的功能。

卡车（Truck）的正式名称为载货汽车，如图 4-2-6 所示，是运载货物和商品用的一种汽车形式，包括自卸卡车、牵引卡车、非公路和无路地区的越野卡车和各种专为特殊需要制造的车辆（如机场摆渡车、消防车和救护车、油罐车、集装箱牵引卡车等）。

图 4-2-6　货车结构

货车是一种主要为载运货物而设计和装备的商用车辆，它能否牵引一挂车均可。载货汽车，一般称作货车，又称作卡车，指主要用于运送货物的汽车，有时也指可以牵引其他车辆的汽车，属于商用车辆类别。一般可依据车的质量分为重型和轻型两种。绝大部分货车都以柴油发动机作为动力来源，但有部分轻型货车使用汽油、石油气或者天然气。

(4)货车车身的分类。

我国对货车的分类很多,有按总质量分类的,有用发动机的排气量分类的,新的国家标准《汽车和挂车类型术语及定义》将货车归入商用车大类,并将货车细分为:普通货车、多用途货车、全挂牵引车、越野货车、专用作业车专用货车。货车分为三大类:

①一般货车。指发动机操作室与车体本身固定连接一体打造的车辆,大致分为两类:框式、倾卸式,这两类车体又包含了开放式、半密式、全密式三种,如图4-2-7所示。

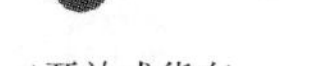

a)开放式货车

b)半密式货车

c)全密式货车

图4-2-7　一般货车

在运载货物过程中,应用较多的还有其他特殊用途货车,如沙石车和田螺车等。沙石车又称泥头车,俗语称土方车,主要用来运送泥头和建筑废料,也有用来运送煤、矿石等;田螺车是一种用来运送混凝土的货车,因其可转动的圆筒而得名,如图4-2-8所示。

a)沙石车

b)田螺车

图4-2-8　其他用途的一般货车

②货柜车。货柜车也是集装箱车,可分为三部分:车头、车架和集装箱,如图4-2-9所示。

图4-2-9　货柜车

③平板货车。平板货车是公路运输的一种常见车辆,因为其比较方便装卸大型、重型货物,而且比相同规格的其他车型,可以装载更多的货物,深受运输单位的欢迎,如图4-2-10所示。在运输车辆中,平板车一般分为两种:一种是平板,一种是高低板。平板车长度一般为4~13m,13m以上的车长多为高低板。

图4-2-10　平板货车

二、工作场所

理论与实操教学一体化教室。

三、工作器材

客车、货车各2辆。

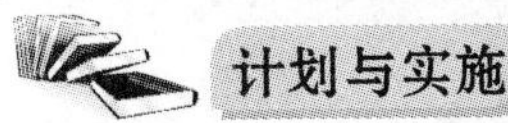

计划与实施

1. 客车车身的组成

客车车身主要由车身本体、车门、车窗、座椅、车身内部装饰件、车身附件、暖气、空调、通风和换气装置等组成。

在骨架上有大量的车身覆盖件,大客车的覆盖件较为简单,主要是用金属薄板压制或手工敲制的方法制造。客车的主要外形主要是长方体结构,其内外层分别由内外蒙皮覆盖,即内覆盖件和外覆盖件。内覆盖件虽有色调、材料、位置和车内顶盖护板、左右侧围护板等差别,但在结构特征上较为单纯。客车车身主要由前围蒙皮、顶盖蒙皮、侧围蒙皮、后围蒙皮和底盘骨架等部分组成,如图4-2-11所示。

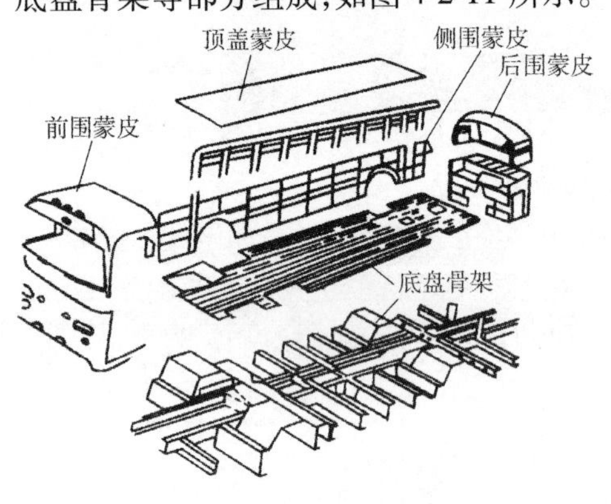

图4-2-11　客车车身的组成

(1)前围蒙皮。前围蒙皮面积较小,但外形较复杂,常有一些孔、肋等结构,属空间曲面。

(2)顶盖蒙皮。顶盖蒙皮通常是由右侧蒙皮、左侧蒙皮、中间蒙皮组成。顶盖结构的技术要点是顶盖与骨架之间要有良好的密封,中间蒙皮与侧蒙皮之间及蒙皮与骨架之间的连接尤其重要,无论是采用焊接还是其他连接方法,要有良好的密封是最主要的。

(3)侧围蒙皮。侧围蒙皮是车身主要覆盖件,覆盖在侧围骨架的外表面,是车身外形的主要部分。根据生产条件、材料及大客车的档次,蒙皮有整块、分块之分,按受力和连接方式又可分为侧围应力蒙皮和侧围预应力蒙皮。

(4)后围蒙皮。后围蒙皮是一种多维变曲率的大尺寸复杂空间曲面,一般为非压制件,因功能要求不高,所以工艺要求不高。低档车通常直接按图样上的设计分块分别制作,然后在后围骨架上拼焊;中、高档车后围蒙皮一般采用张拉工艺。如果是后置发动机就有一面积较大的上掀开门,便于维修。

车身外蒙皮通常采用0.8～1.0mm厚的冷轧钢板或1.5mm厚的铝板。外蒙皮与骨架的连接方式主要有两种:铆接和焊接。承载式大客车车身外蒙皮,通常有两种:一种是应力外蒙皮,蒙皮与骨架一起承载;另一种为预应力蒙皮(张拉蒙皮),蒙皮不参与承载。

2. 货车的组成

轿车、客车的车身壳体一般均为整体式车身壳体,而货车的车身一般由驾驶室和货厢两部分组成,如图 4-2-12 所示。

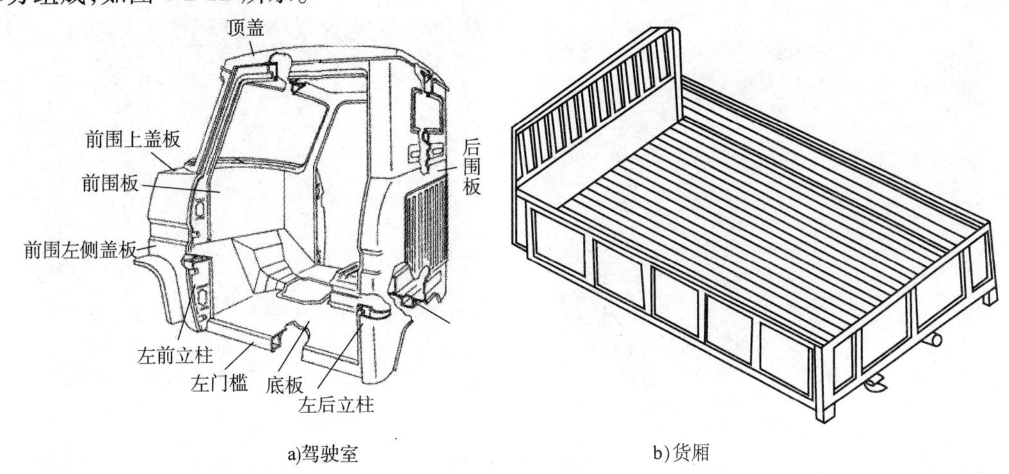

图 4-2-12 货车的组成

(1)车门。车门是车身的重要组成部件之一。按其开启方式可分为:顺开式、逆开式、水平滑移式、上掀式、折叠式和外摆式等,如图 4-2-13 所示。

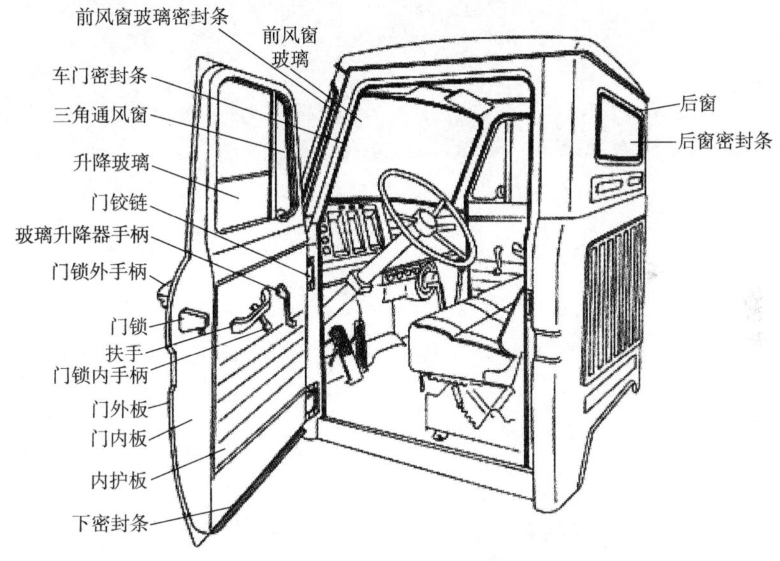

图 4-2-13 货车车门及车窗

(2)车窗。

①风窗。汽车的前、后风窗通常采用有利于视野而又美观的曲面玻璃,轿车的前后风窗又称前后风窗玻璃,如图 4-2-14 所示。

②侧窗。客车的侧窗可设计成上下开启式或水平移动式。侧窗玻璃采用茶色或带有隔热层,可使室内保温并有安闲宁静的舒适感。具有完善的冷气、暖气、通风及空调设备的高级客车常常将侧窗设计成不可开启式,以提高车身的密封性,如图 4-2-15 所示。

③三角通风窗。为便于自然通风,某些汽车在车门上设有三角通风窗,三角通风窗可绕垂直轴旋转,窗的前部向车内转动而后部向车外转动,使空气在其附近形成涡流并绕车窗循环流动。

图 4-2-14　风窗

图 4-2-15　侧窗

(3)车厢。车厢是货车用于装载货物的集装箱或厢式货车车厢,如图 4-2-16 所示。有集装箱式、栏板式和平板式三种。

a)集装箱式

b)栏板式

c)平板式

图 4-2-16　货车车厢

评价与反馈

一、学习效果评价

1. 判断题

(1)整体式车身结构的承载能力通常比车架式车身高。　(　　)

(2)车架式车身离地面间隙较大,有吸收路面振动的作用,在发生碰撞事故时,大部分碰撞能量将由车架吸收,因此可有效保护成员安全。　(　　)

(3)外蒙皮与骨架的连接方式主要有铆接和焊接两种。　(　　)

2. 简述题

(1)简述车架式车身的结构特点。

(2)客车根据不同标准如何分类?

(3)货车主要由哪几部分组成?

二、技能考核

车架式车身结构认知技能考核项目和分值见表 4-2-1。

车架式车身结构认知技能考核表　　表4-2-1

考核时间	考　核　项　目	分值	自我评价	小组评价	教师评价
30min	安全、规范操作	20			
	客车车身结构和组成	15			
	客车车身功用及分类	15			
	货车车身结构和组成	15			
	货车车身功用及分类	15			
	整理工具	10			
	团队协作精神	10			
合　计		100			

学习单元5　汽车车身典型部件拆装与调整

学习任务1　保险杠拆装与调整

任务描述

在行驶过程中,由于前方车辆出现故障而紧急制动,后车驾驶员反应较快紧跟制动,但仍造成两车追尾,导致后车前保险杠开裂和脱落,如图5-1-1所示,未造成重大事故和人员伤亡,但需对后保险杠进行拆装修复。

图5-1-1　保险杠损伤图

学习目标

1. 能描述保险杠的类型。
2. 能描述保险杠的结构组成。
3. 能描述前照灯的结构组成。
4. 会进行各类保险杠的拆装和调整。
5. 会进行前照灯的拆装与调整。

建议学时:8学时。

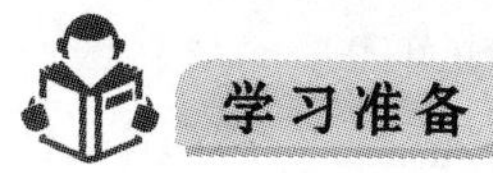

学习准备

一、知识准备

1. 汽车保险杠的类型

汽车保险杠又称防撞梁，位于汽车前方和后方的大部分区域，是吸收缓和外界冲击力、防护车身前后部的安全装置，是为了避免车辆外部损坏对车辆安全系统造成的影响，它们具有在高速撞击时减少驾乘人员伤害的能力。

按其使用的材料，可分为金属材料保险杠和非金属材料保险杠。金属材料保险杠一般用高强度钢板冲压而成。这种钢板既有较高的强度，又有良好的冲压性能，与一般热轧钢板相比，其厚度可以减薄，从而降低材料消耗和减小质量，一般用于客车和货车。非金属材料保险杠采用模压塑料板材、改性聚丙烯材料，也可用玻璃纤维增强塑料，这些材料的力学性能接近冷轧钢板，密度仅为钢材的1/5。非金属材料保险杠一般用于轿车。

按其使用功能，可分为非吸能式保险杠和吸能式保险杠。非吸能式是一种最简单的结构形式，在工业发达国家，塑料保险杠在轿车上的装用率急剧增加，这种保险杠只起装饰作用，不起保护作用，一般用于普通轿车上。而吸能型保险杠的安全保险性能好，安全系数高，且与车身造型相协调，多用于高级轿车上。

综上所述，我们可以将轿车上所用的保险杠分为两大类，一类是由金属材料制成的钢制保险杠，一类是由塑料等非金属材料制成的整体成形树脂型保险杠，最后一类是安全系数较高的吸能型保险杠。

2. 汽车保险杠的结构组成

（1）钢制保险杠。也称为刚性保险杠，如图5-1-2a）所示，常用2mm左右的钢板冲压成形，表面加以镀铬。考虑到安全，也有将保险杠的钢支架安装在车身纵梁等部位，外侧装上合成树脂材料制成的保险杠面罩。普通的钢制保险杠结构简单，但在局部碰撞变形后会影响到整个车身。

a)钢制保险杠

b)整体成形树脂型保险杠

图5-1-2 普通保险杠的类型

（2）整体成形树脂型保险杠。现代轿车中主要采用的是与车身造型一体化的树脂型保险杠，保险杠材料使用聚丙烯树脂，质量轻，容易注射成型，所以应用广泛，如图5-1-2b）所示。

（3）吸能型保险杠。为了吸收保险杠在碰撞时的冲击能量，使保险杠支架具有吸能功能，形成一种防冲击的装置。吸能保险杠一般有直接吸能型和筒状吸能型两种形式。

直接吸能型保险杠，如图 5-1-3a) 所示。将泡沫塑料或橡胶等吸收冲击能量的材料填充于支架和面罩支架，构成具有一定能量吸收功能的保险杠，当汽车受到轻度冲击时，填充材料受冲击压迫后的瞬间变形直接吸收能量。

筒状吸能型保险杠是利用活塞中充入油和空气，利用液压油的阻尼吸收冲击，以空气弹簧的压缩作为减轻冲击的缓冲器；或利用硅油作为阻尼器，并通过两端套管的面积差起缓冲复原的作用，如图 5-1-3b) 所示。

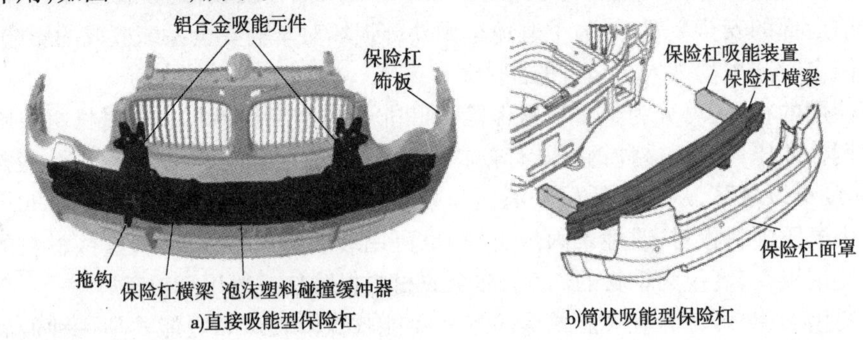

图 5-1-3　吸能保险杠的类型

二、工作场所

理论与实操教学一体化教室。

三、工作器材

汽车整车 2 辆、拆装工作台、工具 2 套。

计划与实施

由于前方车辆紧急制动，造成后方车辆的前保险杠严重损坏，在更换之前，需先将损坏的前保险杠面罩、保险杠骨架(保险杠横梁)等一一进行拆卸，再进行保险杠的拆卸和装复。注意由于整体成形树脂型保险杠与车身制成一体，根据不同车型首先观察保险杠与车身的连接螺钉位置。现已在轿车上应用比较广泛的整体成形树脂型保险杠为例，进行讲解。

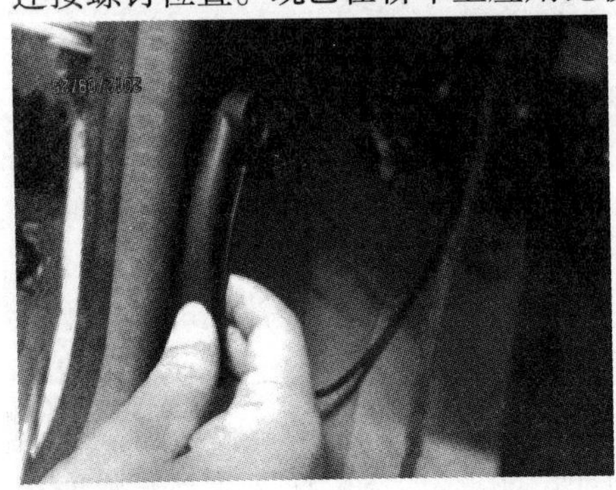

图 5-1-4　打开发动机罩开启拉锁

首先准备好开口扳手、套筒扳手、吸棒、拆卸套装、十字螺丝刀、一字螺丝刀、手电筒等工具。

1. 保险杠的拆卸

(1) 打开发动机罩开启拉锁。用手轻轻向上拉动开启拉锁，可听到“啪”一声，即为开启，如图5-1-4 所示。

(2) 支撑发动机罩。用手拨开发动机罩锁扣，用支撑杆支撑发动机罩，注意对准位置，以防脱落，如图 5-1-5 所示。

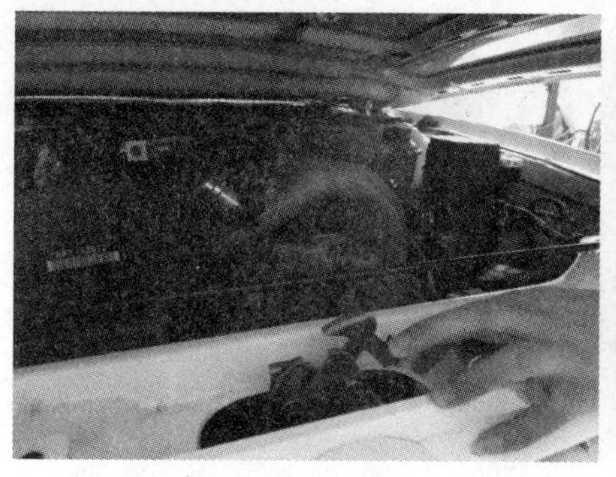

图 5-1-5　支撑发动机罩

(3)断开蓄电池连接线。用开口扳手先拆卸负极，后拆卸正极，如图 5-1-6 所示。

(4)拆卸散热器格栅上部螺钉。用一字螺丝刀拆卸带垫片的螺钉；用十字螺丝刀拆卸带半螺纹的螺钉，如图 5-1-7 所示。

图 5-1-6　断开蓄电池连接线

图 5-1-7　拆卸散热器格栅上部螺钉

(5)拧松散热器格栅下部螺钉。用十字螺丝刀拆卸紧固螺钉。看不清时，可用手电筒照亮螺钉部位，如图 5-1-8 所示。

(6)用磁棒吸出螺钉。螺钉不易取出时，可用吸棒吸出，如图 5-1-9 所示。

图 5-1-8　拆卸散热器格栅下部螺钉

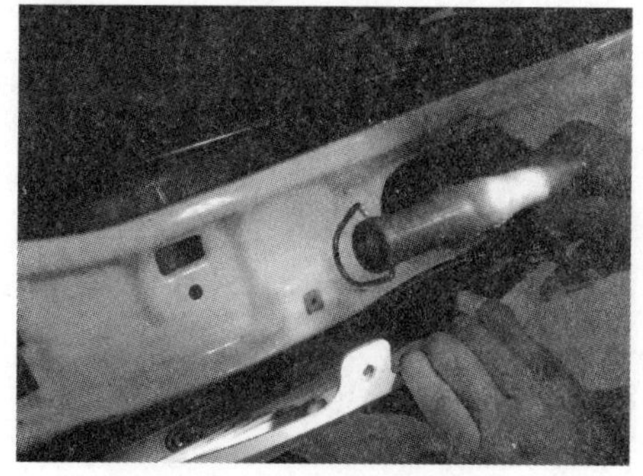

图 5-1-9　用磁棒吸出螺钉

(7)打转向至右极限。目的是为了露出左侧轮罩上的固定螺钉，如图 5-1-10 所示。

(8)拆卸前轮罩上左侧的固定螺钉。用十字螺丝刀拆卸紧固螺钉，如图 5-1-11 所示。

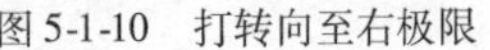
图 5-1-10　打转向至右极限

图 5-1-11　拆卸前轮罩上左侧固定螺钉

(9)打转向至左极限拆卸前轮罩上右侧的固定螺钉。用十字螺丝刀拆卸各紧固螺钉,如图 5-1-2 所示。

(10)拆卸保险杠下部固定螺钉。用十字螺丝刀拆卸紧固螺钉,如图 5-1-13 所示。

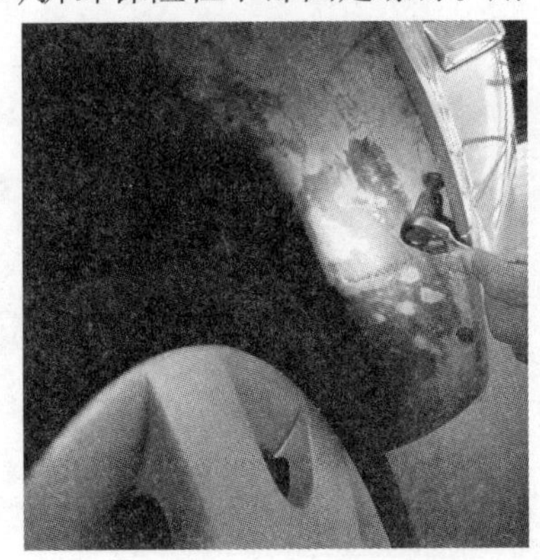
图 5-1-12　拆卸前轮罩上右侧固定螺钉

图 5-1-13　拆卸保险杠下部固定螺钉

(11)拆下保险杠罩盖。两人配合,平行向前从导向件中推出保险杠罩盖,如图 5-1-14 所示。注意小心不要把雾灯的连接线扯断。

(12)断开雾灯连接线插头。按动插头的固定卡舌,拔出雾灯连接插头,如图 5-1-15 所示。

图 5-1-14　拆卸保险杠罩盖

图 5-1-15　断开雾灯连接线插头

（13）松开雾灯罩盖与保险杠罩盖上的紧固螺钉。用十字螺丝刀拆卸十字螺钉，如图 5-1-16 所示。

（14）拆卸雾灯罩盖。用一字螺丝刀撬开卡子，上下各一个，向前推出即可，如图 5-1-17 所示。

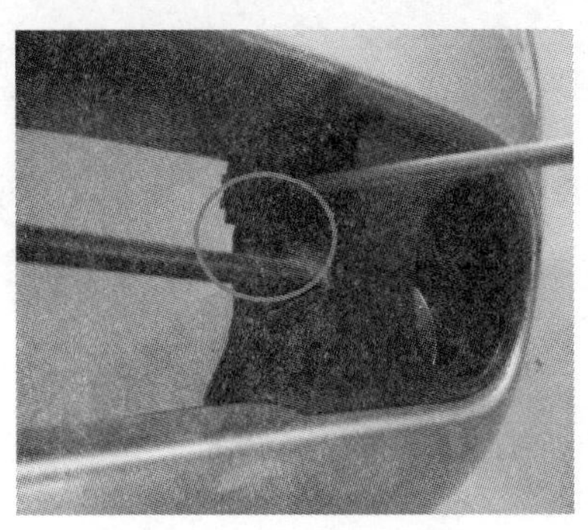

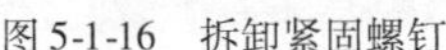

图 5-1-16　拆卸紧固螺钉

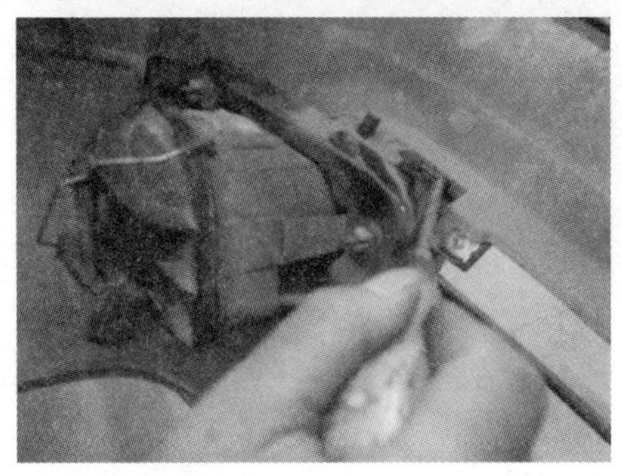

图 5-1-17　拆卸雾灯罩盖

（15）小心取下雾灯罩盖，如图 5-1-18 所示。

（16）拆卸前雾灯支架及总成。用十字螺丝刀拆卸固定螺钉，注意左右 2 个各自带着的插片螺母，如图 5-1-19 所示。

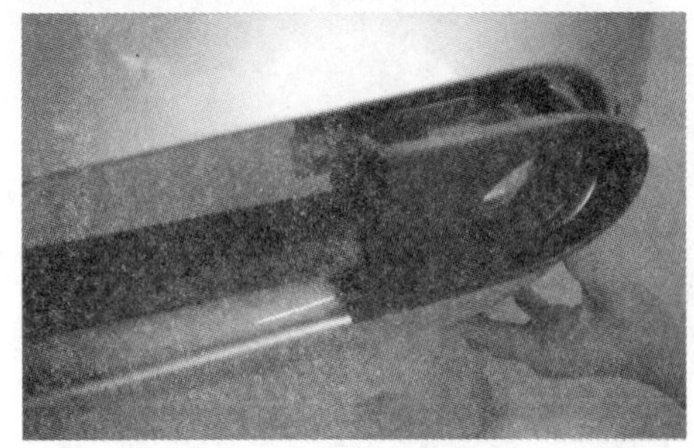

图 5-1-18　取下雾灯罩盖

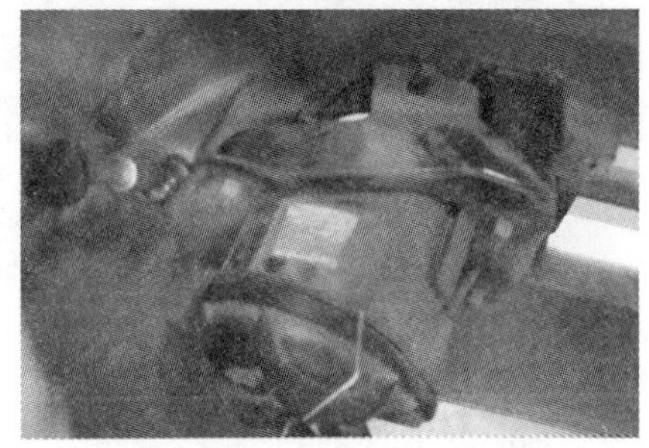

图 5-1-19　拆卸前雾灯支架及总成

（17）拆卸雾灯支架插片螺母。用一字螺丝刀撬出两侧的插片螺母，如图 5-1-20 所示。

（18）拆卸保险杠固定条紧固螺钉。用十字螺丝刀拆卸中间螺钉，用十字螺丝刀拆卸两侧的螺钉，注意两侧的螺钉上有插片螺母并与导向件相固定，如图 5-1-21 所示。

图 5-1-20　拆卸插片螺母

图 5-1-21　拆卸固定条紧固螺钉

（19）取下保险杠固定条。双手轻轻取下固定条，如图 5-1-22 所示。

（20）拆卸保险杠两侧导向件。用十字螺丝刀拆卸每侧螺钉，并配有相对的膨胀螺母，如

图 5-1-23 所示。

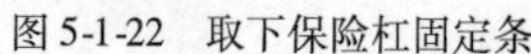
图 5-1-22　取下保险杠固定条

图 5-1-23　拆卸两侧导向件

(21)拆卸前保险杠托架。用套筒拆卸各带垫片的紧固螺栓,如图 5-1-24 所示。

(22)取下保险杠托架。两人配合抬下保险杠骨架,如图 5-1-25 所示。

图 5-1-24　拆卸前保险杠托架

图 5-1-25　取下保险杠托架

注意:保险杠总成取下后,注意保险杠面罩不得与地面等摩擦系数大的物体相接触,以防止其表面油漆刮伤或有划痕。

2. 前保险杠的装复与调整

前保险杠的装复顺序与拆卸顺序相反。注意检查是否有些部件不能重复使用需进行更换后再行装配,并对,如图 5-1-26 所示中的间隙值进行监测。同时要检查雾灯是否能正常点亮,如不正常应检查并重新安装,直至正常点亮为止。

3. 前照灯的拆卸

对于前保险杠损坏后,需要对前照灯进行拆卸,有的车型在拆卸前保险杠时还需对前照灯进行拆卸,因此,要求学生需掌握前照灯的拆卸安装方法。

前照灯即俗称的前大灯,装在汽车前部的两侧,用于夜间行车道路的照明。一般常用的前照灯有白炽真空灯、卤素真空灯和氙气真空灯三种类型。目前,我国主要使用的是卤素灯和氙气灯两种。如图 5-1-27 所示。

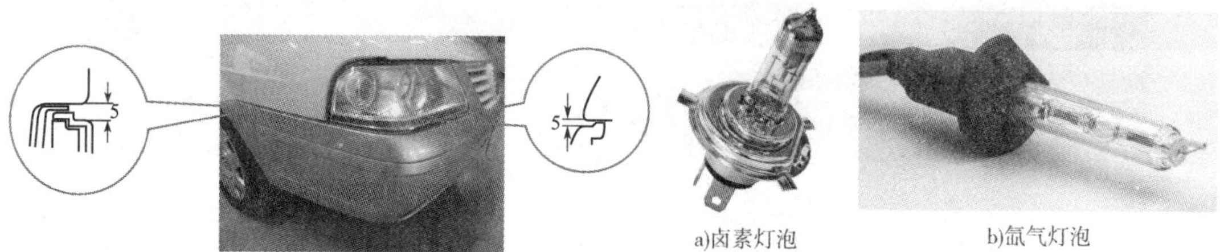

a)卤素灯泡　b)氙气灯泡

图 5-1-26　保险杠间隙的调整

图 5-1-27　汽车前照灯的种类

前照灯包括近光灯及远光灯。近光灯是当车辆前方有其他道路使用者时，不致使对方炫目或不舒适感所使用的近距离照明灯具，即会车时使用的灯；远光灯是当车辆前方无其他道路使用者时所使用的远距离照明灯具。

前照灯由三部分组成：光源、反光镜和配光镜，其结构，如图5-1-28所示。

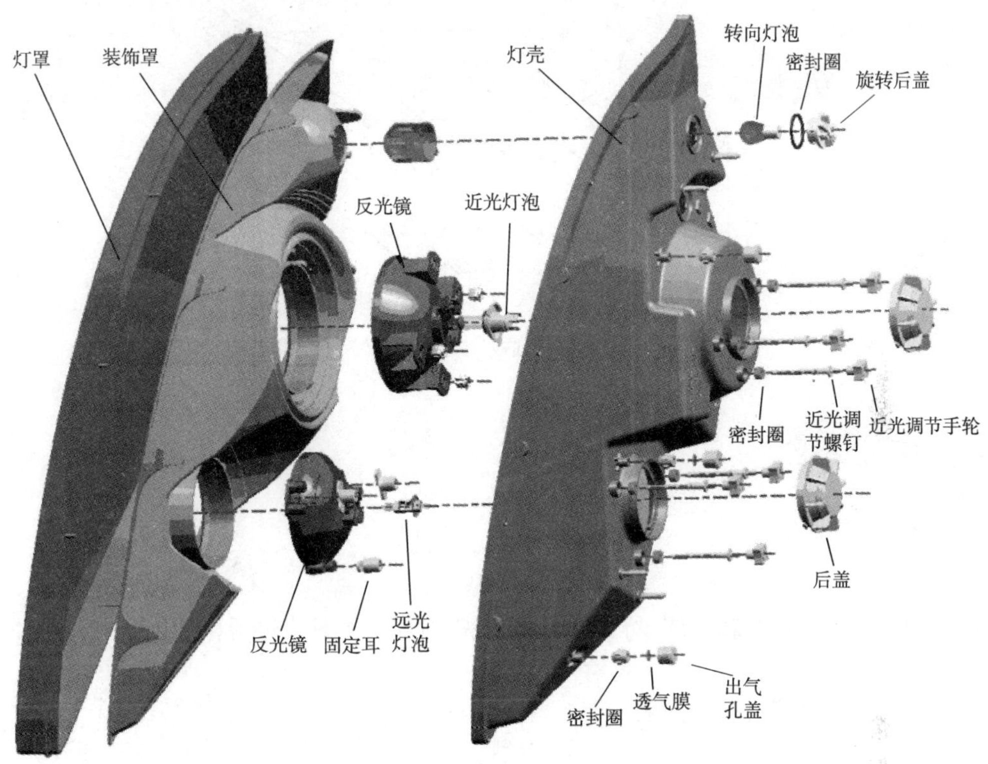

图5-1-28 汽车前照灯的结构

前照灯、前雾灯的拆装方法比较简单，只要在断开线束连接插头后，再拆卸其紧固螺栓，即可平行取下前照灯。但需注意在对前照灯进行拆卸时需防止空气进入；安装时注意分清各灯具的线束插头，以免插错位置；在更换灯泡或配光玻璃时手指不要触及反射镜镜面，以免手指上的汗渍或油污污染反射镜而使其失去光泽，降低反射效率。

反射镜镜面上有灰尘时，应用压缩空气吹净，不宜用布或毛刷擦拭，以免破坏镜面光泽；也不要用口吹气，以免唾液溅到镜面上。当反射镜镜面上有油污时，可按以下方法清除：对于镀铅反射镜，可用蘸过酒精的清洁棉纱，由反射镜中心向外部呈螺旋形方向擦拭干净；对于镀银反射镜，其镀层不能擦拭，只能用热水冲洗，晾干后装复使用。

4. 前照灯的调整

前照灯光束的调整检验应在较暗环境中的屏幕前进行，或用测量仪检查调整。调整与检查的场地应平整，屏幕与场地垂直，且使前照灯基准中心距屏幕10m，如图5-1-29所示。被调整检验车应在轮胎气压正常、空载或乘坐一名驾驶员的条件下进行。

接通灯光开关，调整其光束。调灯时以一只灯为单位调整，首先遮蔽其他前照灯；然后

拧动上下左右光束调整螺钉,使主光束(光度最高点)处于规定高度;前照灯上下左右调整时,必须拧入调整。若需拧松调节时,应完全拧松后拧入调整。

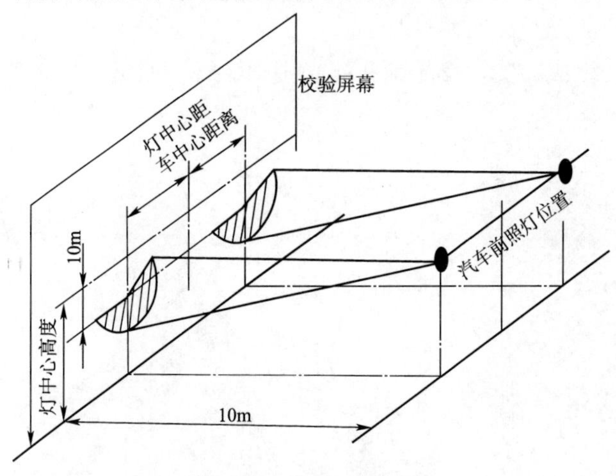

图 5-1-29 前照灯光束位置

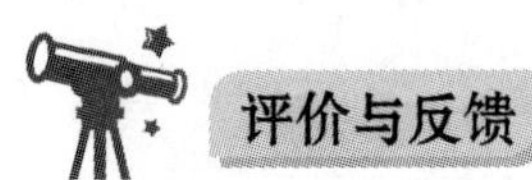

评价与反馈

一、学习效果评价

1. 选择题

(1)前车保险杠开裂和脱落,将其修复,首先需对保险杠总成进行(　　)。

A. 修复　　B. 拆卸　　C. 调整

(2)吸能型保险杠的安全保险性能好,安全系数高,多用于(　　)轿车上。

A. 普通　　B. 中型　　C. 高级

(3)按其使用功能,可分为(　　)保险杠和吸能式保险杠。

A. 普通式　　B. 非吸能式　　C. 金属式

(4)合理使用前照灯应做到会车时变成(　　),回车后及时变成(　　)。

A. 近光　　B. 远光　　C. 远近光

(5)前照灯的反射镜镜面上如果有灰尘时,我们应用(　　)。

A. 压缩空气吹净　　B. 用口吹净　　C. 干净的毛巾擦净

2. 判断题

(1)汽车保险杠位于汽车前方和后方的大部分区域,是吸收缓和外界冲击力、防护车身前后部的安全装置。(　　)

(2)保险杠总成取下后,保险杠面罩不得与摩擦系数大的物体相接触。(　　)

(3)吸能型保险杠目的是吸收保险杠在碰撞时的冲击能量,使保险杠支架具有吸能功能,形成一种防冲击的装置。(　　)

(4)前照灯即俗称的前大灯,装在汽车前部的两侧,用于夜间行车道路的照明。(　　)

3. 简述题

(1)简述汽车后保险杠的拆装工作过程。

(2)简述安装汽车保险杠时需要调整哪些间隙?

二、技能考核

保险杠拆装与调整考核项目和分值见表5-1-1。

保险杠拆装与调整考核表　　表5-1-1

考核时间	考　核　项　目	分值	自我评价	小组评价	教师评价
30min	安全、规范操作	20			
	保险杠的结构、组成和功用等知识的掌握	10			
	正确进行保险杠总成的拆装	30			
	保险杠的调整	10			
	前照灯的调整	10			
	整理工具	10			
	团队协作精神	10			
合　计		100			

知识链接

虚拟保险杠

2012年9月18日通用汽车宣布,包括2013款凯迪拉克ATS在内,旗下三款最新凯迪拉克车型将配备“虚拟保险杠”(Virtual Bumpers)技术,这款先进的安全系统能够在车辆低速条件下自动停车,从而帮助驾驶员避免碰撞。

采用“虚拟保险杠”技术后,凯迪拉克新车的前后自动制动系统(Automatic Front and Rear Braking)能够帮助驾驶员在即将发生碰撞时自行制动,成为制动的最后机会。不管是在交通繁忙时还是在停车场上,或者驾驶员在道路上行驶时未能及时发现前方有其他车辆或障碍物,这样车辆仿佛增加了虚拟的大型保险杠,降低了撞车风险。

前后自动制动系统乃是最新选配设备——驾驶员辅助套件(Driver Assist Package)的一部分,2013款凯迪拉克ATS跑车、XTS豪华车和SRX跨界车可以选用。这套系统依赖于精密先进的传感器和电子设备构成的网络,能够在车辆低速行驶条件下帮助驾驶员避免撞车,并在高速背景下降低碰撞的相对速度,减轻撞车损失。

学习任务2　翼子板拆装与调整

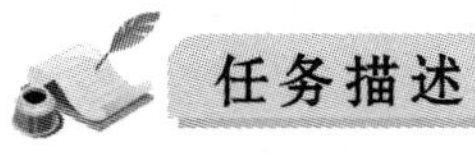

任务描述

如图5-2-1所示为一辆事故轿车,在等待信号灯过程中,由于其他车辆在左转弯占道卡位时,致使汽车右前翼子板被其车尾撞击,右前翼子板出现严重凹陷变形,经4S店鉴定后无法修复至原先形状,车主要求更换右前翼子板。

图 5-2-1　右前翼子板损伤图

学习目标

1. 能描述翼子板的结构类型。
2. 能描述翼子板的作用。
3. 会进行车身前翼子板的拆装和调整。

建议学时:8 学时。

学习准备

一、知识准备

1. 翼子板的结构类型

翼子板是遮盖车轮的车身外板,因旧式车身该部件形状及位置似鸟翼而得名。按照安装位置又分为前翼子板和后翼子板,如图 5-2-2 所示。主要由外覆盖件和内板加强件组成,内板加强件采用树脂或电阻点焊等形式将其连接成一体。

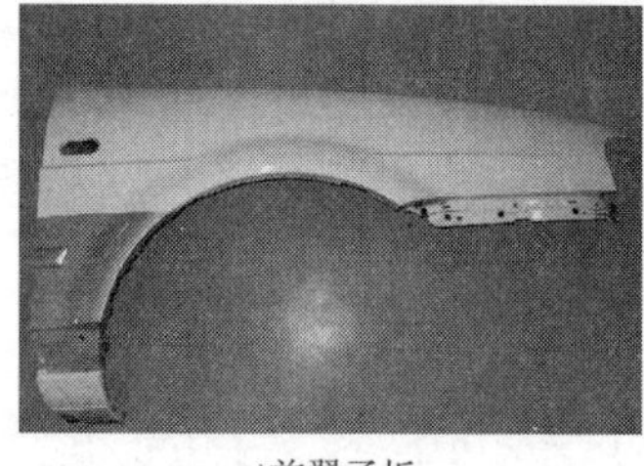

a)前翼子板

b)后翼子板

图 5-2-2　翼子板的类型

前翼子板安装在前轮处,为独立的部件,大多用螺栓和车身壳体相连,后端与前围支柱相连,前端与散热器支架的延长部分及前照灯架相连,侧面与挡泥板相连。因此拆卸时需拆卸很多部件后才可进行前翼子板的拆卸,而部分车辆翼子板的紧固螺栓不可见,因为多被树脂密封胶粘住,拆卸时须先用暖风枪烘烤熔化后才可见紧固螺栓。有些车辆的前翼子板用有一定弹性的塑性材料制成。塑性材料具有缓冲性,安全性较高。

后翼子板是车身后部侧面的外表,又称后侧围板,是后部车身两侧最大的板件,从后车门向后一直延伸至后保险杠位置,构成后部车身的侧面,通常以焊接方式与车身壳体相连,为非独立部件,不可拆卸,损坏时需进行焊点破除,以切割损坏处的方式更换新部件。

2. 翼子板的功用

翼子板的作用是在汽车行驶过程中,防止被车轮卷起的砂石、泥浆溅到车厢的底部。因此,要求所使用的材料具有耐气候老化和良好的成形加工性。材料一般使用高强度镀锌钢板,厚度为0.6~1mm。

二、工作场所

理论与实操教学一体化教室。

三、工作器材

汽车整车2辆、拆装工作台、工具2套。

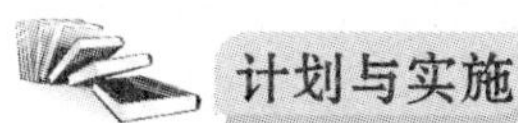

计划与实施

由于其他车辆在左转弯占道卡位时,造成汽车右前翼子板被其车尾撞击,出现严重凹陷变形,需将损坏的翼子板进行拆卸,然后更换新的翼子板。

一、右前翼子板的拆装

首先准备好开口扳手、套筒扳手、一字螺丝刀、垫布、暖风枪等工具。

1. 右前翼子板的拆卸

(1)拆卸右侧保险杠。

(2)断开蓄电池连接线。用开口扳手先拆卸负极,后拆卸正极,如图5-2-3所示。

(3)拆卸右侧前翼子板上的转向灯。用一字螺丝刀垫上垫布从侧面撬出转向灯,以防划伤信号灯照罩,如图5-2-4所示。

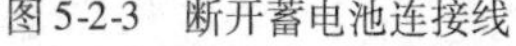

图5-2-3　断开蓄电池连接线

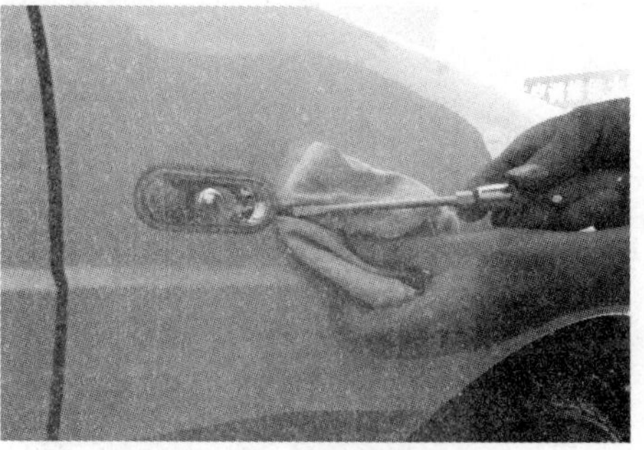

图5-2-4　拆卸右侧转向灯

(4)拔下右侧转向灯线束。拔出右转向信号灯灯罩,如图5-2-5所示。

(5)举升车辆至合适位置,拆卸前轮罩固定螺钉,如图5-2-6所示。

转动车轮至合适位置,用套筒拆卸带肩的紧固螺钉并有相对的膨胀螺母。

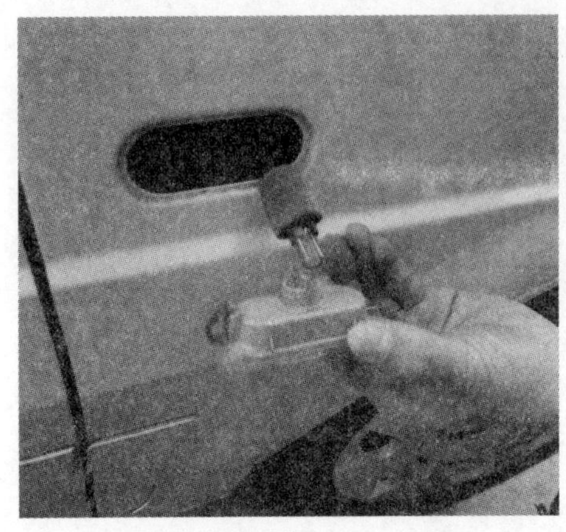

图 5-2-5　拔下右侧转向灯线束

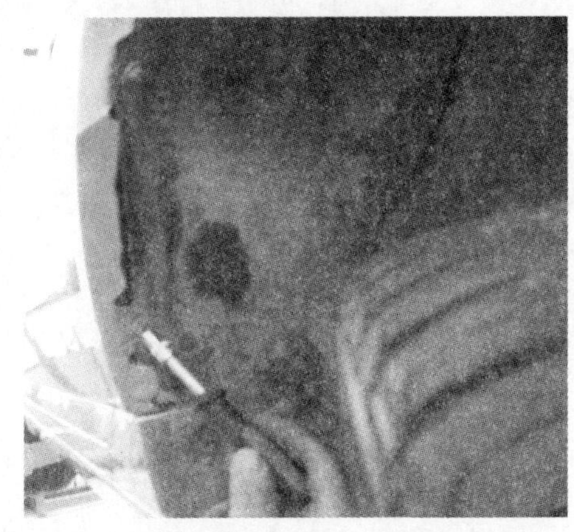

图 5-2-6　拆卸前轮罩固定螺钉

(6)取下前轮车轮罩,如图 5-2-7 所示。

(7)拆卸右前门脚踏板防擦板紧固螺钉。举升车辆,在车辆右前车门的底部,旋出带垫的十字螺钉,如图 5-2-8 所示。

图 5-2-7　取下前轮车轮罩

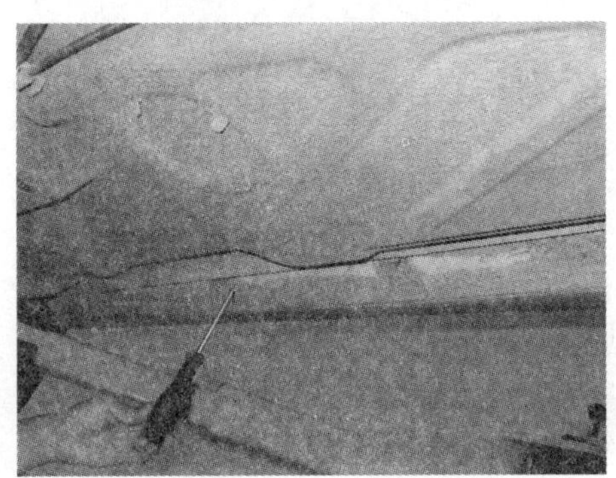

图 5-2-8　拆卸带垫的十字螺钉

(8)取下右前门脚踏板防擦板用螺丝刀压住固定卡后拉出防擦板,如图 5-2-9 所示。

(9)拆卸右侧翼子板底部固定螺钉,如图 5-2-10 所示。

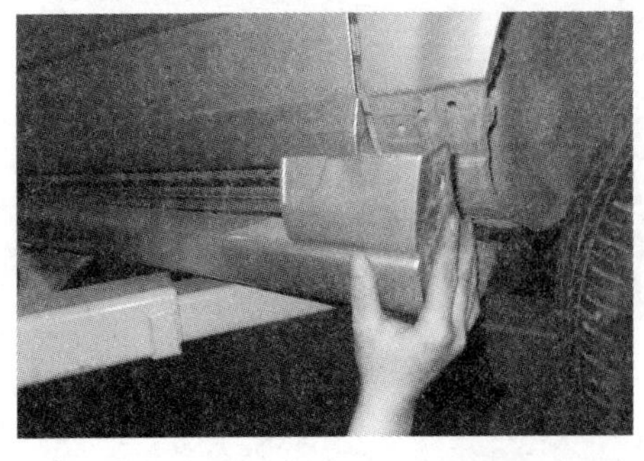

图 5-2-9　取下脚踏板防擦板

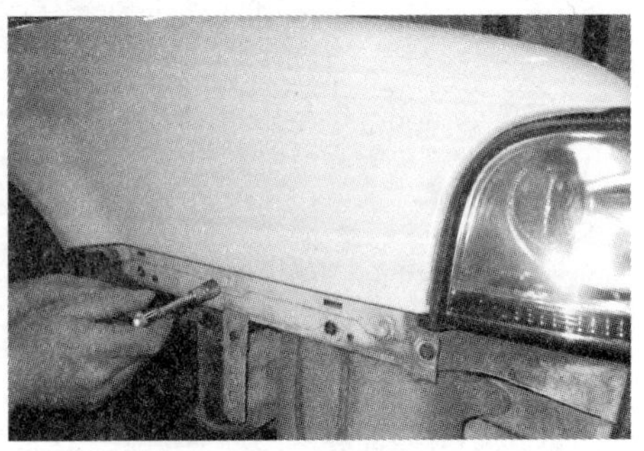

图 5-2-10　拆卸右侧翼子板底部固定螺钉

(10)拆卸右侧翼子板侧面固定螺钉,如图 5-2-11 所示。

(11)熔开右侧翼子板侧面密封胶(PVC 材料),如图 5-2-12 所示。

在右侧翼子板 A 柱区域用暖风加热,使其变软,取下翼子板。注意:PVC 材料只允许短时间地稍微加热,此时 PVC 的颜色不可发生变化,也不许形成气泡。

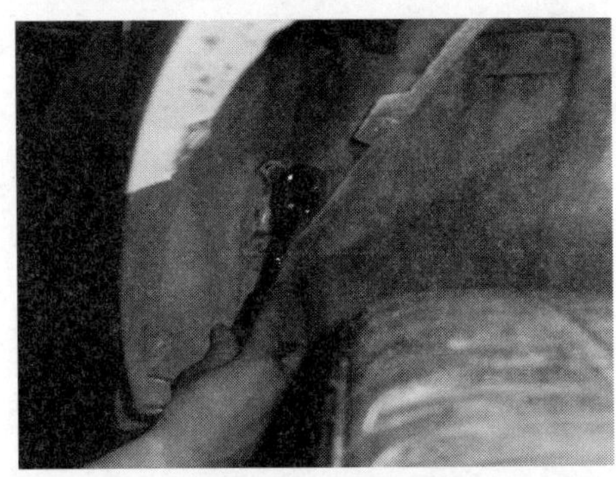

图 5-2-11　拆卸右侧翼子板侧面固定螺钉

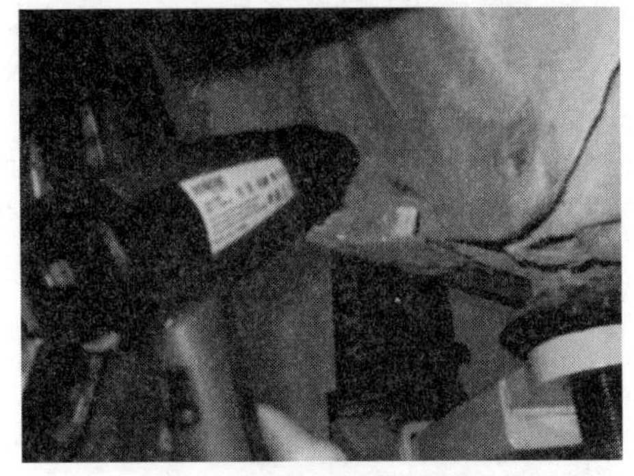

图 5-2-12　熔开右侧翼子板侧面密封胶

(12)降下车辆,拆卸右侧翼子板上部固定螺钉,如图 5-2-13 所示。

(13)拆卸右侧的机盖缓冲块,如图 5-2-14 所示。

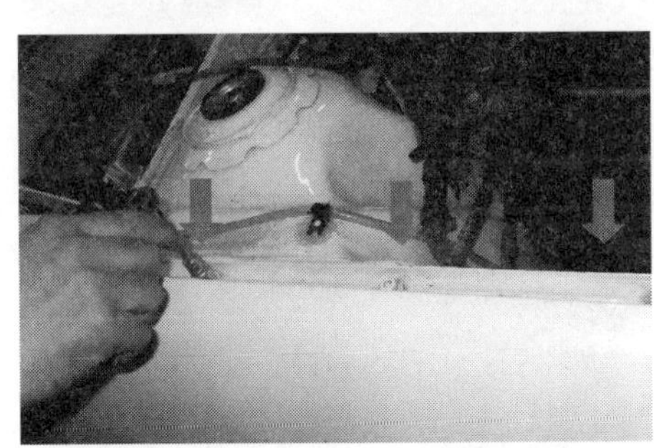

图 5-2-13　拆卸右侧翼子板上部固定螺钉

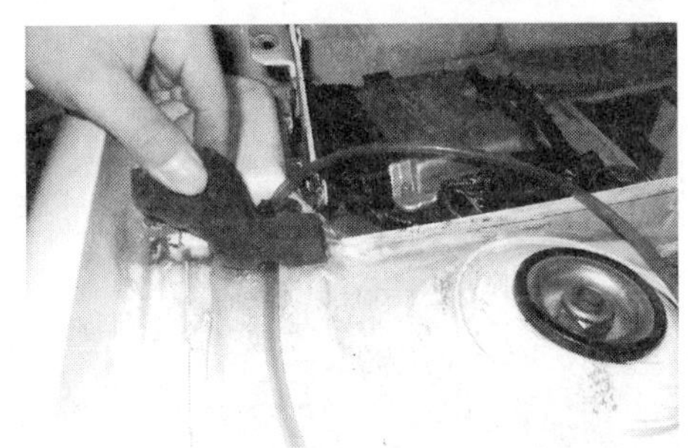

图 5-2-14　拆卸右侧机盖缓冲块

(14)熔开右侧翼子板上部的密封胶。暖风枪烘烤翼子板树脂密封胶,使其熔化,如图 5-2-15所示。

(15)拆卸右前照灯的上部紧固螺钉。如图 5-2-16 所示为上部两个紧固螺钉,拆卸右前照灯的下部紧固螺钉,如图 5-2-16 所示。

(16)断开右前照灯线束插头。红圈位置,按压卡舌,拔出插头,如图 5-2-17 所示。

(17)取下右前照灯总成水平拉出右前照灯,如图 5-2-18 所示。

(18)熔开右前翼子板前侧密封胶,如图 5-2-19 所示。暖风枪烘烤时,注意扶住翼子板,以防掉落。

图 5-2-15　熔开右侧翼子板上部密封胶

(19)取下前翼子板。双手水平取下右前翼子板,如图 5-2-20 所示。

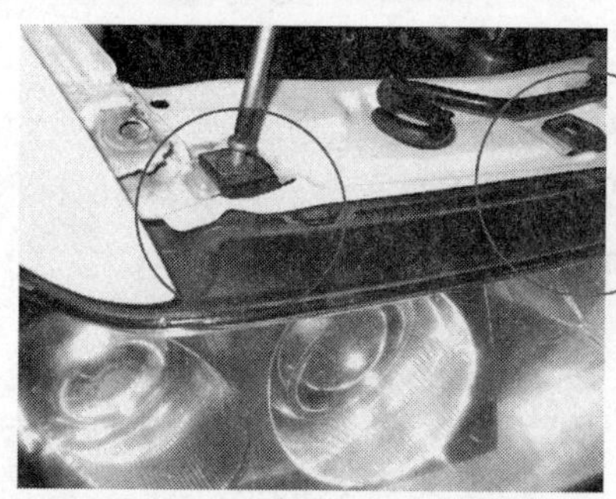

图 5-2-16　拆卸右前照灯的下部紧固螺钉

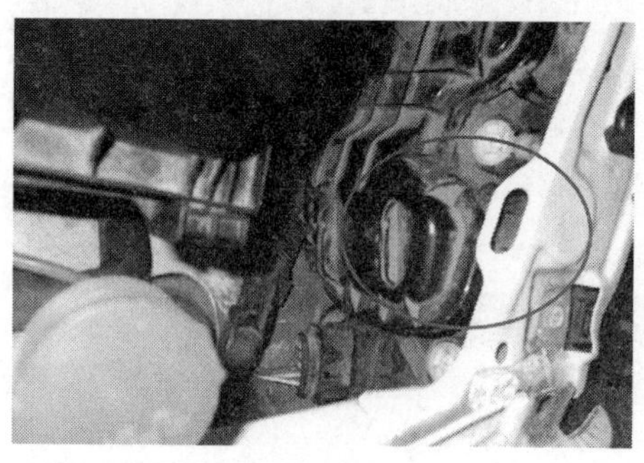

图 5-2-17　断开右前照灯线束插头

图 5-2-18　取下右前照灯总成

图 5-2-19　熔开右前翼子板前侧密封胶

图 5-2-20　取下右前翼子板

2. *右前翼子板的装复*

右前翼子板的装复顺序与拆卸顺序相反,安装时首先清除旧的树脂密封胶,并注意更换损坏的自锁螺母和新的塑料密封垫,如图 5-2-21 所示。

二、右前翼子板的调整

前翼子板更换或修复完后,应对表面进行处理,再进行位置和间隙的调整,如图 5-2-22 所示。前翼子板使用螺栓连接到散热器支架和轮罩上的。松开这些螺栓,翼子板就可以向前或向后,向内或向外移动,以便使它与车门齐平,并且平行于发动机罩。如翼子板超出限度而不能与门齐平，会造成车辆行驶时产生风扰动噪声。应同步调整翼子板与发动机舱盖，使环绕翼子板的所有间隙均应均匀，如桑塔纳3000轿车翼子板与发动机罩的间隙为4mm，翼子板与前照灯的间隙为5.5mm，翼子板与车门的间隙为6mm，翼子板与前保险杠的间隙为5mm。在调整检查间隙时用大众专用工具3371进行检查。

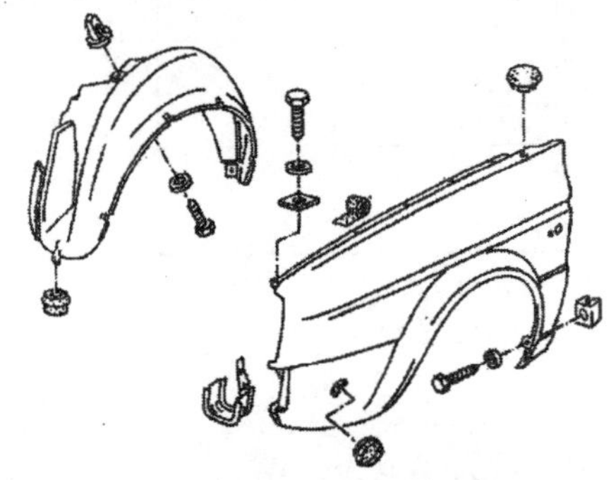

图5-2-21　翼子板的安装

图5-2-22　右前翼子板调整的间隙

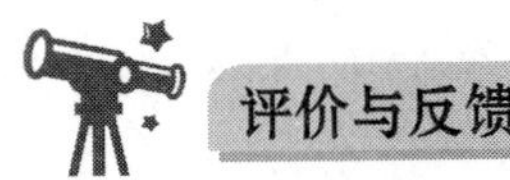

评价与反馈

一、学习效果评价

1. 选择题

(1)前翼子板大多用螺钉与车身壳体相连接，前端和(　　)的延长部分及灯具架相连接，侧面与(　　)连接。

A. 前围支柱　　B. 散热器架　　C. 挡泥板

(2)拆卸前翼子板时，对于树脂密封胶(PVC材料)应该使用(　　)工具处理。

A. 小刀　　B. 氧乙炔焊机　　C. 暖风枪

(3)前翼子板在更换后需进行间隙调整，分别是调整翼子板与车门、翼子板与发动机罩、翼子板与(　　)和翼子板与(　　)的间隙。

A. 风窗玻璃　　B. 前保险杠　　C. 前照灯

2. 判断题

(1)在进行翼子板拆卸和装配时，不得刮碰其他部件的表面和涂层。(　　)

(2)翼子板更换或修复完后，应先对表面进行处理，再进行间隙的调整。(　　)

(3)翼子板作用是在汽车行驶过程中，防止被车轮卷起的砂石、泥浆溅到车厢的底部。(　　)

3. 简述题

(1)试述左翼子板的拆装工作过程。

(2)前翼子板在调整间隙时需对哪些间隙进行调整？如何调整？

二、技能考核

翼子板拆装与调整技能考核项目和分值见表5-2-1。

翼子板拆装与调整技能考核表

表 5-2-1

考核时间	考 核 项 目	分值	自我评价	小组评价	教师评价
30min	安全、规范操作	20			
	翼子板的结构、组成和功用等知识的掌握	10			
	正确进行前翼子板总成的拆装	30			
	前翼子板的调整	20			
	整理工具	10			
	团队协作精神	10			
合 计		100			

知识链接

汽车轻量化结构设计——塑料翼子板

塑料翼子板作为与金属材料翼子板相比具有如下优势：

(1)轻量化：塑料翼子板与金属材料翼子板相比，减重效果可达 45% 以上，同时达到节能降耗环保功能。

(2)模块化：塑料翼子板可以和保险杠支架组成模块，整体装配，减少零件增加所带来的装配误差，从而提高保险杠装配精度。

(3)提高效率：采用模块化供货可以减少主机厂内部相关零件的装配工序，实现整体一次性装配。

(4)节约成本：可减少工装和设备的投资成本，提高 OEM 的竞争水平。

(5)安全：塑料材料良好的抗冲击性能赋予塑料翼子板更好的能量吸收性能，轻松达到行人保护的要求。

(6)造型自由度：塑料比金属具有更大的设计自由度，能让汽车制造商制造出外形优美、结构复杂以及配置最佳的汽车以吸引消费者的眼球。

(7)耐侵蚀和轻微碰撞：塑料翼子板的这一特点，可以进一步减少汽车维修成本。

凭借上述七大优势，塑料翼子板在欧、美已经得到广泛应用，并得到了客户的肯定。宝马、奔驰、大众、雷诺、雪铁龙、标致等国际大公司都早已有塑料翼子板的实际应用。成功案例车型有 BMW6 系列，标致 307，奔驰 CL600、CLASS A，大众新甲壳虫，雷诺 CLIO Ⅱ、CLIO Ⅱ sport，日产 ALMARA 等。

学习任务 3　发动机舱盖拆装与调整

任务描述

在行驶过程中，前方货车由于速度较快且其车上的货物固定不牢固，使货物掉落，正好砸中后车的发动机舱盖，导致后车的发动机舱盖出现严重损伤变形，如图 5-3-1 所示，未造成重大事故和人员伤亡，但需对发动机舱盖进行拆装修复。

图 5-3-1　发动机舱盖损伤

学习目标

1. 能描述发动机舱盖的结构形式。
2. 会进行发动机舱盖的拆装和调整。

建议学时：8 学时。

学习准备

一、知识准备

1. 发动机舱盖的结构

发动机舱盖位于汽车的前上部，是遮盖和保护发动机的一个车身板件总成。多用高强度钢板冲压成网状骨架和蒙皮组焊而成，如图 5-3-2 所示。多数轿车还在夹层之间使用了耐热点焊胶，使之确保刚度并在其间形成良好的消声胶层。

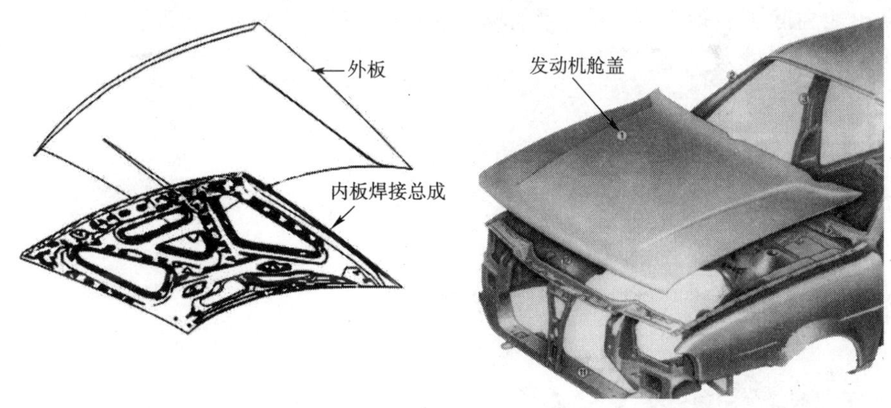

图 5-3-2　发动机舱盖的结构

发动机作为汽车前部的最大部件，经常会受到撞击变形，比如说，高空坠物会砸伤发动机罩，前部遭受碰撞也会使发动机舱盖出现变形，因此在修复前，要观察清楚到底是要进行凹陷变形损伤的修复，还是进行整体部件的拆装更换，同时修复时要注意避免破坏夹胶的减振与隔声作用。

2. 发动机舱盖的组成

轿车的发动机舱盖主要由发动机舱盖、发动机舱盖隔热垫、发动机舱盖铰链、发动机舱盖支撑杆、发动机舱盖锁、发动机舱盖锁开启拉索以及发动机舱盖密封条等零件组成（图5-3-3）。

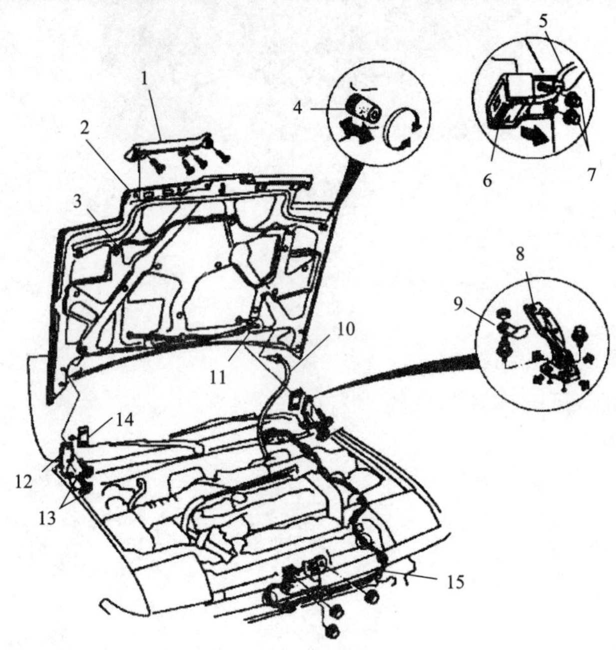

图5-3-3　发动机舱盖的组成

1-发动机盖边保护器；2-发动机舱盖；3-发动机舱盖绝缘物；4-发动机舱盖边垫；5-起动钢索；6-发动机舱盖起动手柄；7-安装螺母；8-发动机舱盖铰链；9-挡块；10-喷洗软管；11-管接头；12-发动机舱盖铰链；13-发动机舱盖铰链螺栓；14-铰链垫片；15-发动机舱盖起动钢索

3. 发动机舱盖的作用

发动机舱盖除了装饰作用外，还起到隔声、隔热、减振及阻隔发动机舱内外部件的作用，既可阻止外界因素进入发动机舱产生侵蚀，也可阻止发动机舱内的污浊、湿热空气外泄。

二、工作场所

理论与实操教学一体化教室。

三、工作器材

汽车整车2辆、拆装工作台、工具2套。

计划与实施

由于前方货车货物掉落，导致后车的发动机舱盖出现严重变形，需对发动机舱盖进行拆卸，而后再对其进行修复、更换和调整。

一、发动机舱盖的拆装

首先准备好开口扳手、套筒扳手、一字螺丝刀、垫布等工具。

1. 发动机舱盖的拆卸

(1)打开发动机舱盖开启拉锁。用手轻轻向上拉动开启拉锁,可听到"啪"一声,即为开启,如图5-3-4所示。

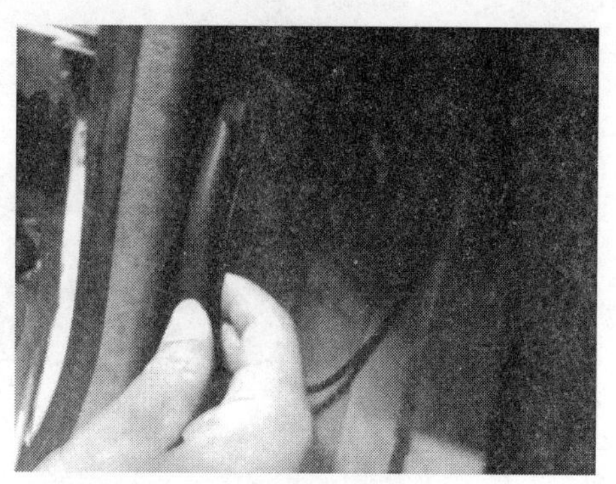

图5-3-4　打开发动机舱盖开启拉锁

(2)支撑发动机舱盖。用手拨开发动机舱盖锁扣,用支撑杆支撑发动舱盖,注意对准位置,以防脱落,如图5-3-5所示。

图5-3-5　支撑发动机舱盖

(3)断开蓄电池连接线。用开口扳手先拆卸负极,后拆卸正极,如图5-3-6所示。

(4)拔下玻璃清洗器喷嘴软管。注意软管为橡胶材料,要用力均匀不要拉断软管,如图5-3-7所示。

图5-3-6　断开蓄电池连接线

图5-3-7　拔下玻璃清洗器喷嘴软管

(5)拆下玻璃清洗器喷嘴软管固定卡。用一字螺丝刀从一侧慢慢撬出,如图5-3-8所示。

(6)拆卸清洗器喷嘴。用手轻轻往前一推,然后往上一提即可取下,如图5-3-9所示。

(7)拆下限位块及饰盖。将限位块旋转拧下即可;拆卸饰盖时用一字螺丝刀从一侧慢慢撬开,取下即可,如图5-3-10所示。

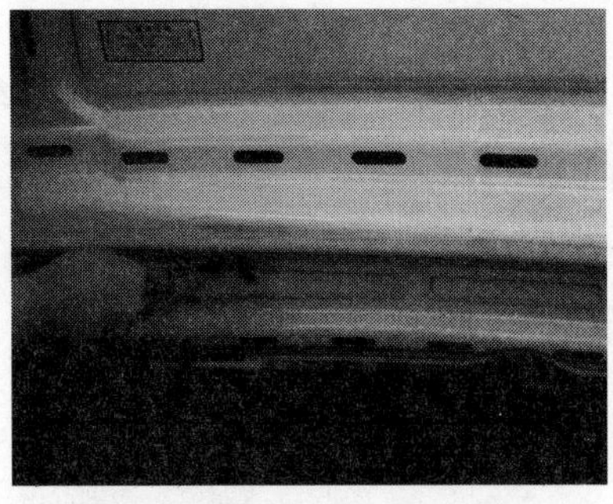

图 5-3-8　拆卸喷嘴软管固定卡

图 5-3-9　拆卸清洗器喷嘴

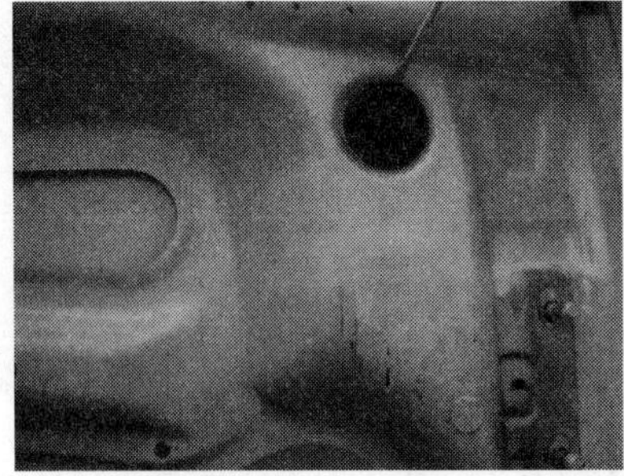

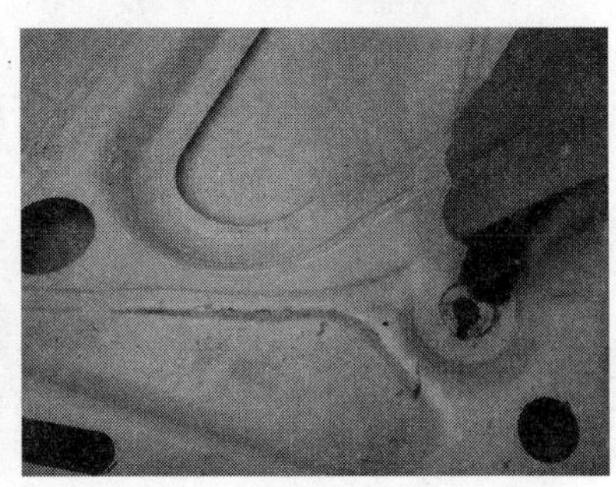

图 5-3-10　拆下限位块及饰盖

(8)拆卸发动机舱盖铰链,如图 5-3-11 所示。拆卸两侧各螺栓及垫片,需两人配合,一人拆卸时,另外一人扶住发动机舱盖,并注意要分次拧松,以防受力不均匀刮伤涂层及风窗玻璃。

(9)拆下发动机舱盖。两人配合作业,慢慢抬下发动机舱盖,如图 5-3-12 所示。

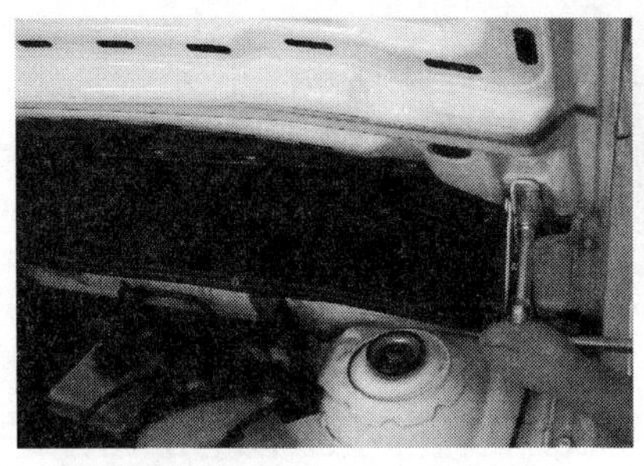

图 5-3-11　拆卸发动机舱盖铰链

图 5-3-12　拆下发动机舱盖

2. 发动机舱盖的装复

图 5-3-13　发动机舱盖的装复

安装发动机舱盖按拆卸的相反顺序进行装复,注意拆卸时的位置和痕迹,以便调整发动机罩的间隙和位置。安装发动机舱盖铰链螺栓时注意要交替拧紧,如图 5-3-13 所示。冬天安装玻璃清洗器喷嘴软管时,可用热水烫一下再进行安装,以防损坏橡胶材质软管。

二、发动机舱盖的调整

通常,发动机舱盖在打开时是向后翻转的。发动机舱盖向后翻转时，与周边部件不可发生干涉。发动机舱盖应可以打开至某一位置并在此固定，以满足车辆维修的需要。打开至最大开启角度时，与前风窗玻璃至少保留10mm的最小间距。

1. 发动机舱盖与翼子板及前围之间的调整

在拧紧发动机舱盖铰链螺栓之前，应先前后、左右调整发动机舱盖。首先调整发动机舱盖与左右翼子板之间的间隙。稍稍松开铰链螺栓，左右移动发动机舱盖，扣上发动机舱盖后使其与左右翼子板间的间隙各为4mm，并且与翼子板对齐，其前端与翼子板的前端、前照灯的前端保留足够的缝隙且光滑过渡，以避免开启时相互干扰，如图5-3-14a）所示。

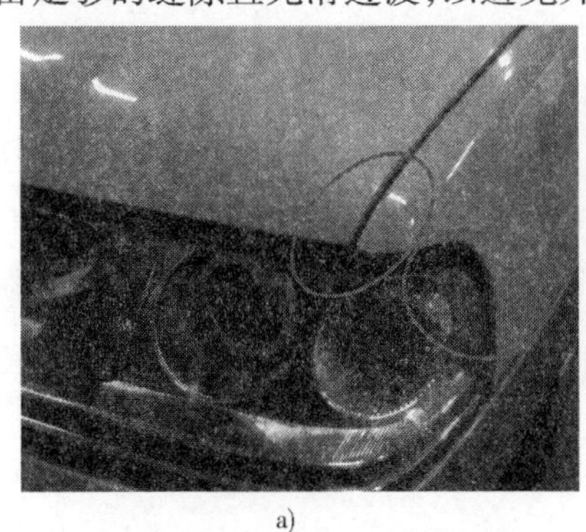

a)

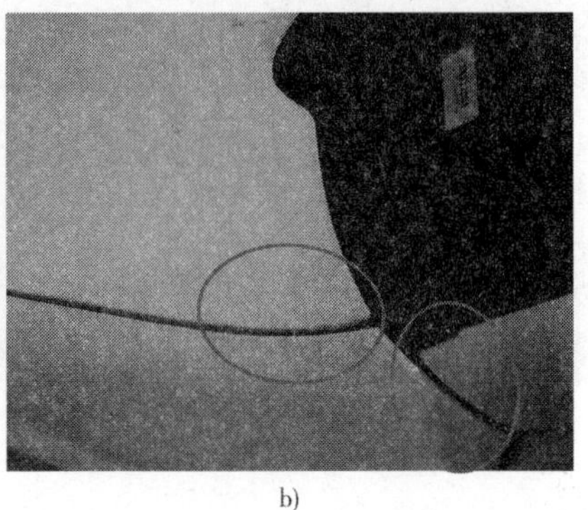

b)

图5-3-14　发动机舱盖与翼子板间的调整

2. 发动机舱盖高度的调整

对于发动机舱盖高度的调整可以通过两种方法来实现：

（1）通过调节铰链螺栓来实现。具体方法是首先松开铰链螺栓，调整发动机舱盖使其上下对准，然后慢慢关闭发动机舱盖，并根据实际需要抬高或降低发动机舱盖的后部，当发动机舱盖的后部与前翼子板达成水平时，慢慢抬起发动机舱盖并拧紧铰链紧固螺栓，如图5-3-15b）所示。

（2）通过调整限位块来实现。方法是转动限位块，通过限位块调节发动机舱盖与翼子板间的相互高度，使发动机舱盖与前照灯的间隙为5.5mm，使发动机舱盖与格栅的间隙为7.5mm。

对于新更换的发动机舱盖，可能发动机罩边缘曲线变形比较严重，从而使发动机舱盖与翼子板间的高度相差很大，如图5-3-15a）所示。此时就无法用上述两种方法来进行调整，遇到此类情况，可用双手扳动拱曲的部位使其复位，如图5-3-15b）所示；也可在发动机舱盖的前端垫上布团、软垫之类的物品，然后用双手轻轻压下拱曲部位，使发动机罩与翼子板边缘高度一致，注意下压时要小心力度，以防用力过度而发生二次变形，如图5-3-15c）所示。

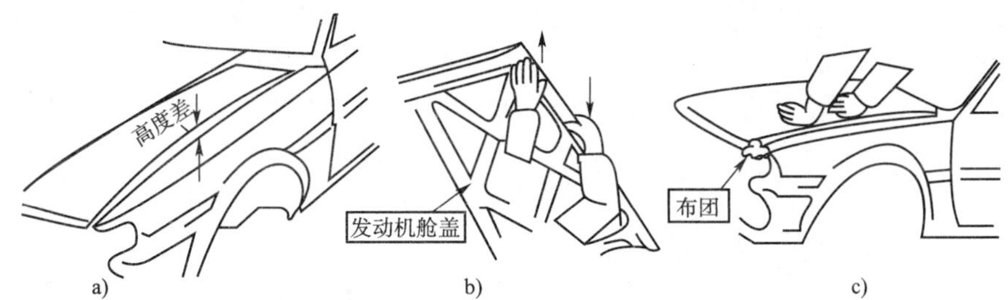

图5-3-15　发动机舱盖高度的调整

3. 发动机锁扣机构的检查

发动机锁扣机构用于发动机罩正确的关闭与松脱。慢慢合上发动机舱盖，当锁扣与锁闩对正时，发动机舱盖应在正中，不偏向一边，否则要拧松其紧固螺栓，前后左右移动锁扣使之达到要求。如图5-3-16所示。

4. 玻璃清洗器喷嘴的调整

用大头针等细小的针状物调节喷嘴，使其喷射状态保持 $a=435$mm；$b=450$mm；$c=435$mm；$d=320$mm，如图5-3-17所示。

图5-3-16　发动机舱盖锁的调整

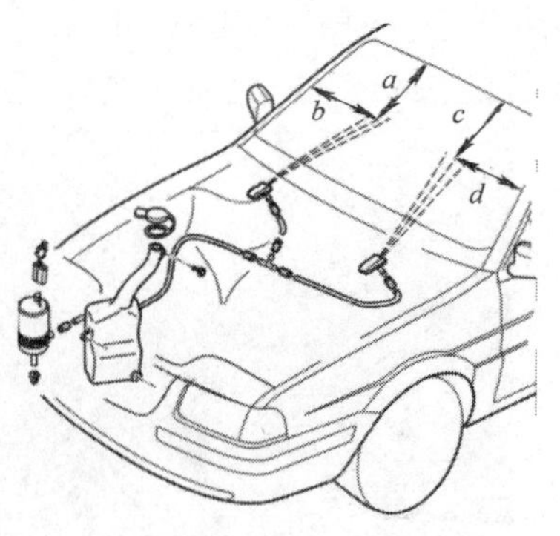

图5-3-17　玻璃清洗器喷嘴的调整

评价与反馈

一、学习效果评价

1. 选择题

(1)发动机舱盖位于汽车前上部，多用高强度钢板冲压成网状(　　)和(　　)组焊成。

A. 骨架　　B. 蒙皮　　C. 铁皮

(2)冬天安装玻璃清洗器喷嘴软管时，需要(　　)后，再进行安装，以防损坏橡胶材质的软管。

A. 来回折一下　　B. 用粗的部件撑一下　　C. 热水烫一下

(3)调节发动机舱盖的高度可通过(　　)和(　　)两种形式。

A. 铰链螺栓　　B. 限位块　　C. 锤子敲击

2. 判断题

(1)发动机舱盖除了装饰作用外，还起到隔声、隔热、减振以及阻隔发动机舱内外部件的作用。(　　)

(2)发动机舱盖打开至最大开启角度时，与前风窗玻璃至少保留10mm的最小间距。(　　)

(3)发动机锁扣机构用于发动机罩正确的关闭与松脱。(　　)

3. 简述题

(1)简述发动机舱盖由哪些部件组成？

(2)更换新的发动机舱盖时，发现发动机罩变形后，应如何对其调整？

二、技能考核

发动机舱盖拆装与调整技能考核项目和分值见表5-3-1。

发动机舱盖拆装与调整技能考核表　　表 5-3-1

考核时间	考　核　项　目	分值	自我评价	小组评价	教师评价
20min	安全、规范操作	20			
	发动机舱盖的结构、组成	10			
	正确进行发动机舱盖的拆装	20			
	发动机舱盖的调整	30			
	整理工具	10			
	团队协作精神	10			
合　　计		100			

知识链接

上弹式发动机舱盖系统

本田公开了2008年9月局部改进的高级轿车“里程”采用的“上弹发动机舱盖系统”。在传感器检测到与行人发生正面冲撞后，致动器就会将发动机罩上掀约10cm，以减轻发动机罩对人头部撞击的冲击力。

上弹发动机舱盖系统利用配备在前保险杠上的3个加速度传感器（前后方向的单轴）检测是否与行人发生了冲撞。检测时间仅为约0.01s。另外，致动器将发动机舱盖掀起也只需约0.02s，因此在撞到行人后0.03s左右的时间内便可将发动机罩掀起约10cm。在发动机舱盖撞到行人头部之前，发动机舱盖即掀起确保与发动机舱之间的空隙，从而减轻对行人头部的冲击。

致动器在收到加速度传感器的信息之后，就会点燃致动器内部的火药，顶起活塞。活塞碰撞使铰链变形，从而使发动机舱盖保持上掀状态。

上弹发动机舱盖的ECU（电子控制单元）和加速度传感器由京滨（KEIHIN）制造。致动器由高田（TAKATA）制造。加速度传感器安装于保险杠臂前方配备的称为安全护板（Safety Plate）的部件上。该安全护板可轻易弯曲，因此兼具脚部保护功能。

学习任务4　车门及附件拆装与调整

任务描述

在途经一丁字路口时，由于肇事车辆未能看清两侧行驶的车辆即进行左转弯且行驶速度较快，正好撞击到直线行驶的事故车辆，导致后车的右侧车门出现严重损伤变形，如图5-4-1所示，未造成重大事故和人员伤亡，但需对右侧车门及附件进行拆装修复，以便恢复到原来的形状及强度。

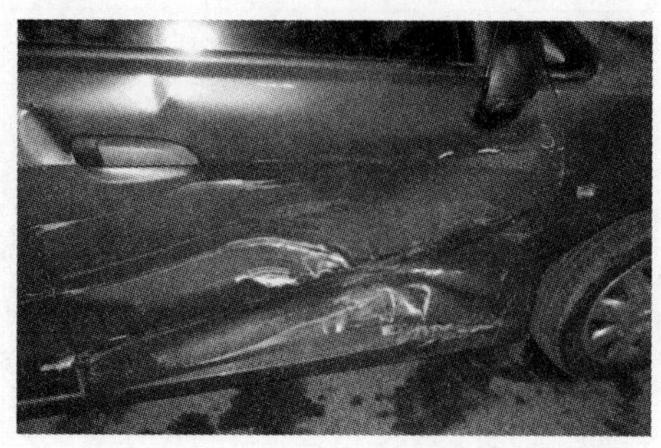

图 5-4-1　车门损伤

学习目标

1. 能描述车门的类型。
2. 能描述车门的结构组成。
3. 会进行车门及其附件的拆装和调整。

建议学时:8 学时。

学习准备

一、知识准备

1. 车门的类型

车门是位于汽车的侧面,它是一个独立的总成,一般是通过铰链将车门安装在车身上。此外车门要反复地开启和关闭,对装配间隙提出了更高的要求。

车门是汽车的主要组成部分,是乘客上下车辆的通道,而在汽车行驶时,又对乘客起到一个保护作用。它的好坏,主要体现在车门的防撞性能、车门的密封性能、车门的开合便利性等。防撞性能尤为重要,因为车辆发生侧碰时,缓冲距离很短,很容易就伤到车内人员。所以说,对精确地掌握车门的维修工艺就显得尤为重要。那么首先我们要熟知车门的结构类型,其大致可分为以下几类。

(1)按车门的开闭方式分类。有顺开式车门、对开式车门、推拉式车门、上掀式车门、折叠式车门等,如图 5-4-2 所示。其中顺开式车门和逆开式车门统称为旋转式车门,又尤以顺开式车门应用最普遍。

(2)按窗框结构分类。可分为有框车门与无框车门,如图 5-4-3 所示。

(3)按车门数量不同分类。根据车门数量的不同可分为两门、三门、四门和五门等形式。

2. 车门的结构组成

轿车的车门一般由门体、车门附件和内饰盖板三部分组成,如图 5-4-4 所示。门体包括车门内板、车门外板、车门窗框、车门加强横梁和车门加强板。车门附件包括车门铰链、车门开度限位器、门锁机构及内外手柄、车门玻璃、玻璃升降机、密封条、相关的电控装置、按钮及开关等。内饰盖板包括固定板、芯板、内饰蒙皮及内扶手等。车门通过车门铰链与门柱相连，车门铰链通过螺栓连接或焊接方式固定在立柱或车门框上。

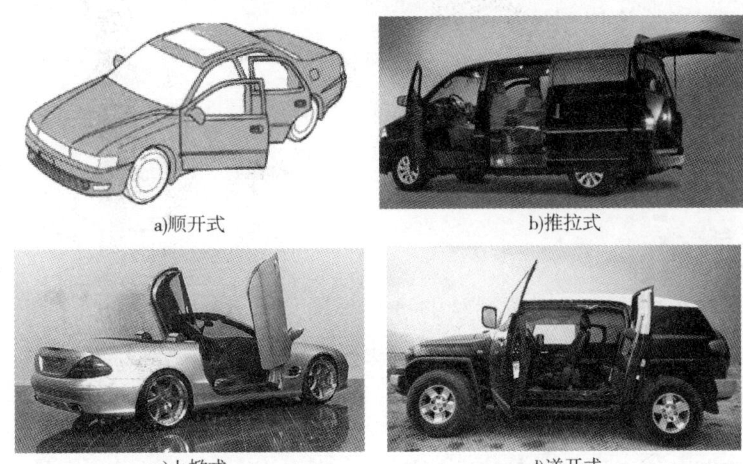

a)顺开式　b)推拉式　c)上掀式　d)逆开式

图 5-4-2　不同类型的车门

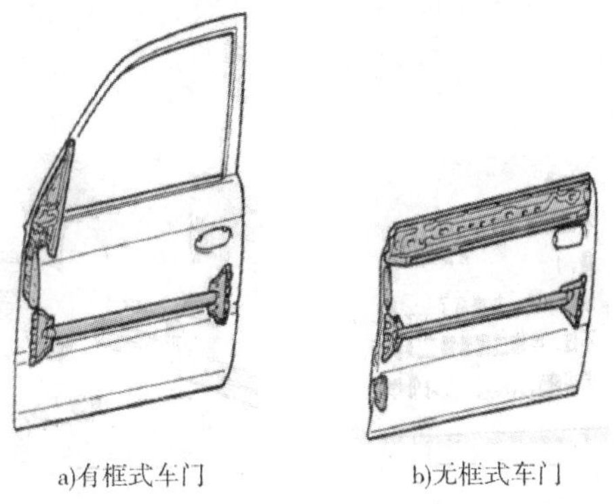

a)有框式车门　b)无框式车门

图 5-4-3　车门的分类

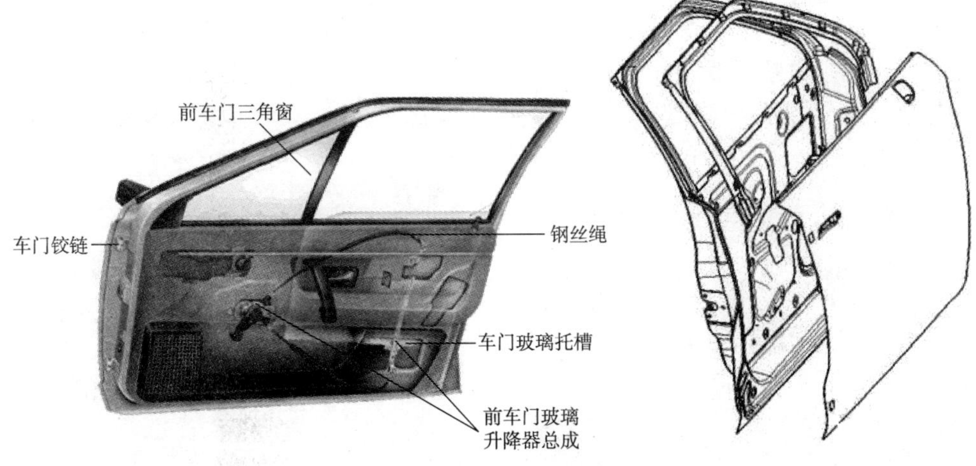

图 5-4-4　车门的结构

二、工作场所

理论与实操教学一体化教室。

三、工作器材

汽车整车2辆、拆装工作台、工具2套。

计划与实施

由于肇事车辆正好撞击到直线行驶的事故车辆，导致后车的右侧车门出现严重损伤变形，需先对右侧车门及附件进行拆卸，再对其进行修复、更换和调整。

一、右前车门的拆装

首先准备好开口扳手、套筒扳手、一字螺丝刀、十字螺丝刀等工具。

1. 右前车门的拆卸

（1）拆卸蓄电池连接线。用开口扳手先拆卸负极，后拆卸正极，如图5-4-5所示。

（2）拆卸车门内把手饰盖。用一字螺丝刀对着图示位置的小缺口处撬出内把手饰盖，如图5-4-6所示。

图5-4-5 拆卸蓄电池连接线

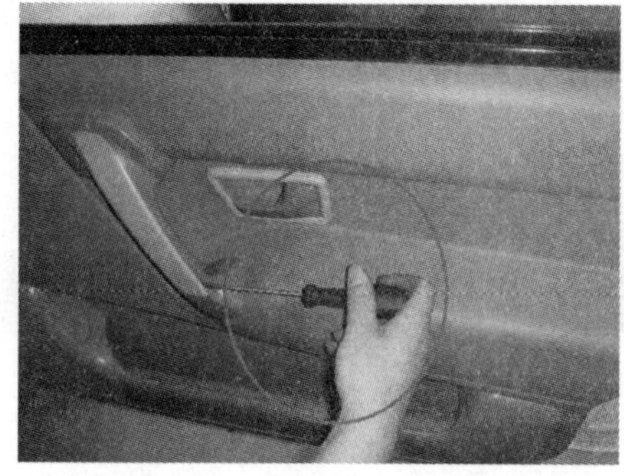
图5-4-6 拆卸车门内把手饰盖

（3）旋出内把手紧固螺钉。十字螺丝刀拆卸上下支点各一个螺钉，如图5-4-7所示。

（4）拆下车门内把手饰框，如图5-4-8所示。用一字螺丝刀在边缘微微撬起，并将内把手饰框向右侧拉出，撬起时注意不要损伤饰板表面。

图5-4-7 拆卸内把手紧固螺钉

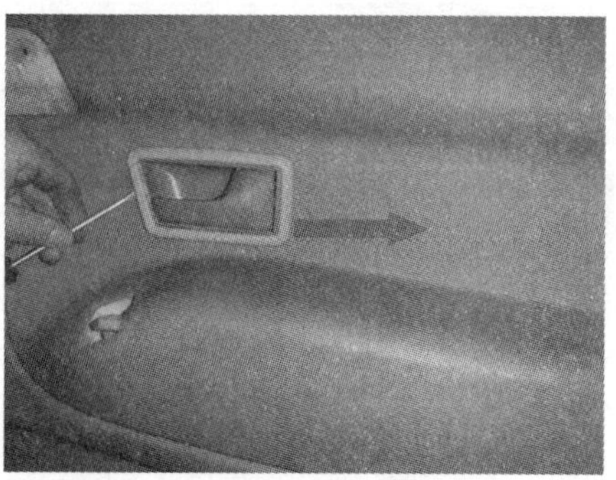
图5-4-8 拆下车门内把手饰框

(5)旋出车门内饰的紧固螺钉。用十字螺丝刀拧出图示位置的十字螺钉,如图 5-4-9 所示。

(6)取下内饰板。轻轻取下内饰板,如图 5-4-10 所示。注意:对左前门,须先拆下外后视镜和门控开关的调节旋钮插头才可取下内饰板。

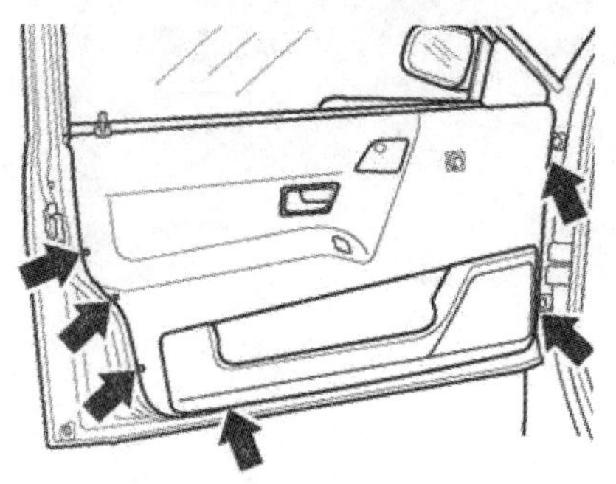

图 5-4-9　旋出车门内饰的紧固螺钉

图 5-4-10　取下内饰板

(7)取下车门内饰板并拆下车门杂物箱。拆卸内饰板上图示位置杂物箱的固定螺钉,如图 5-4-11 所示。

(8)拆下车门侧低音扬声器,如图 5-4-12 所示。用十字螺丝刀旋出低音扬声器的紧固螺钉,注意拆卸后,要慢慢扶住,不要拉断扬声器的插头。

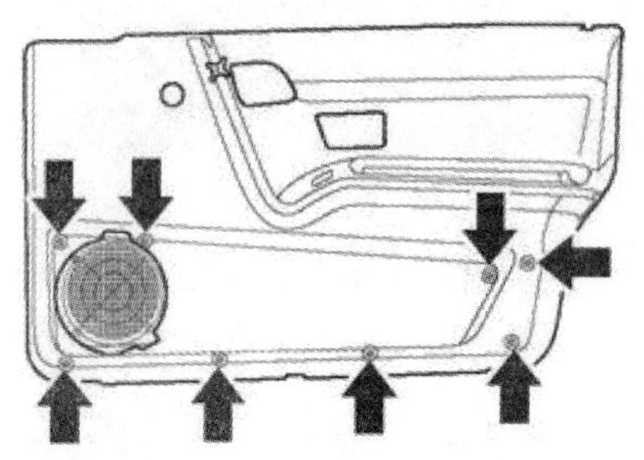

图 5-4-11　拆卸杂物箱的固定螺钉

图 5-4-12　拆下车门侧

(9)断开扬声器插头。按动插头的锁止舌,拔出低音扬声器插头,如图 5-4-13 所示。

(10)拆卸侧支架和底部支架。用冲子向内冲出固定卡子的中心销,如图 5-4-14 所示。注意:底部支架固定卡略有不同。冲子冲下的销子会掉进车门内,注意取出。

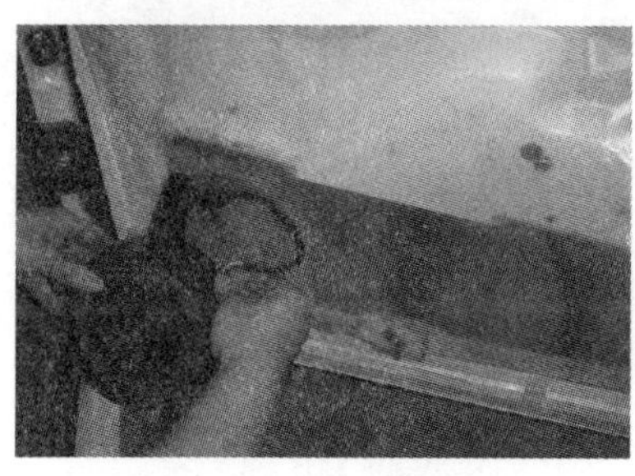

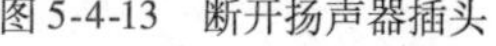

图 5-4-13　断开扬声器插头

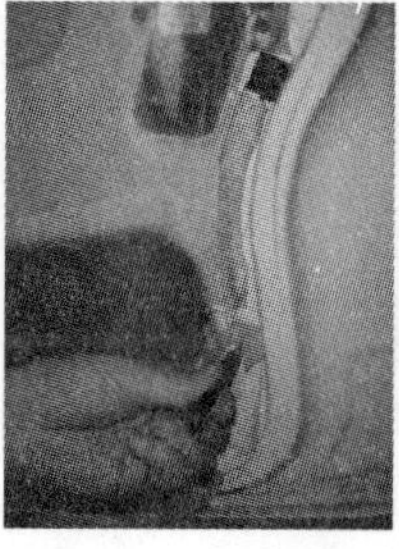

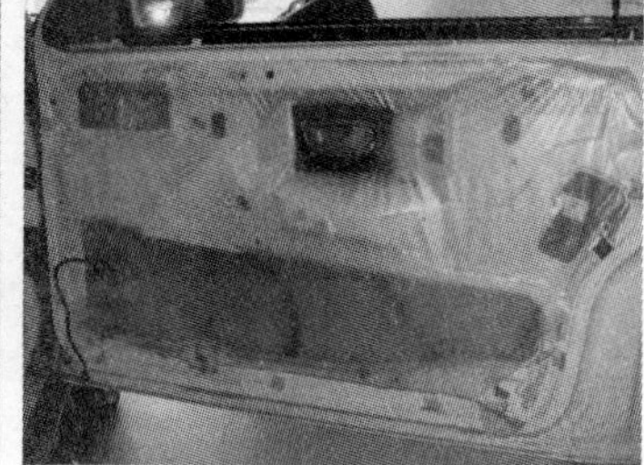

图 5-4-14　拆卸侧支架和底部支架

(11)拆卸车门内把手支架,旋出紧固螺钉,如图 5-4-15 所示。

(12)拆下防水密封膜。从边缘慢慢撕下防水密封膜。注意不要撕破,如图 5-4-16 所示。

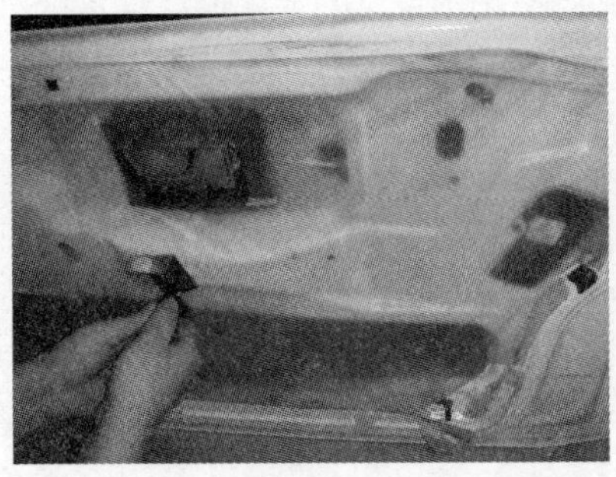
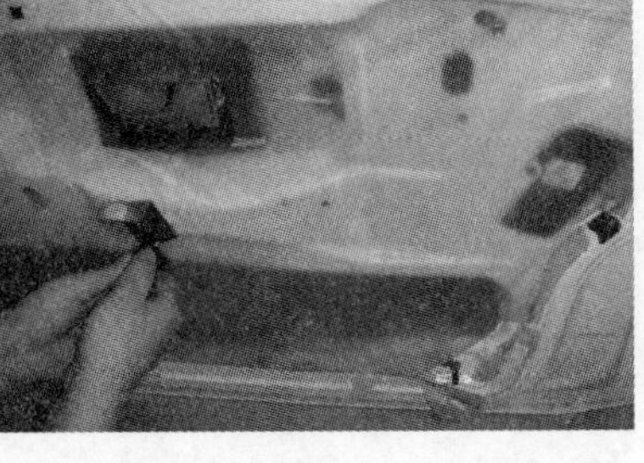

图5-4-15　旋出紧固螺钉　　　　图5-4-16　拆下防水密封膜

(13)断开玻璃升降器连接插头及塑料固定夹。将手置于图示位置,摸到玻璃升降器的插头及固定卡位置,并将其断开,如图5-4-17所示。注意:此时玻璃要处在升起状态。

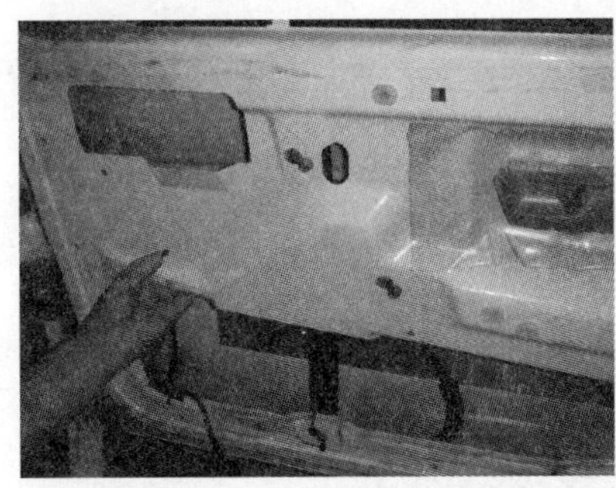
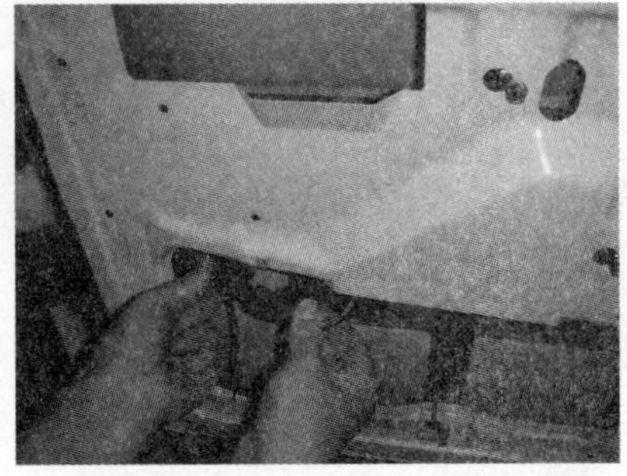

图5-4-17　断开玻璃升降器连接插头及塑料固定卡

(14)拉出车门门框密封条。从一侧轻轻拉出车门门框的密封条,如图5-4-18所示。

(15)拆卸车门限位器前盖。慢慢拔出车门限位器前盖,注意前盖的安装方向,如图5-4-19所示。

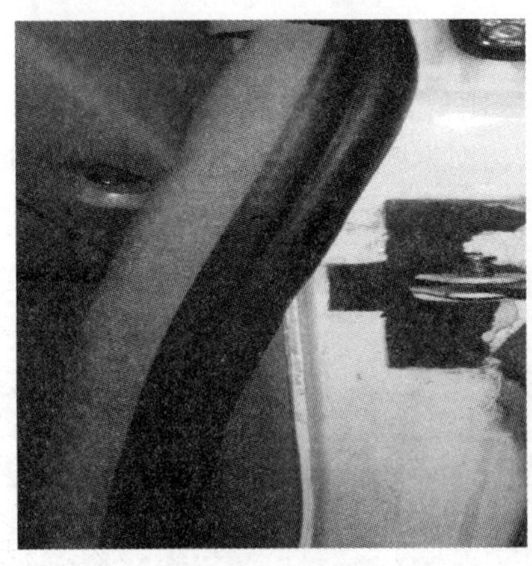
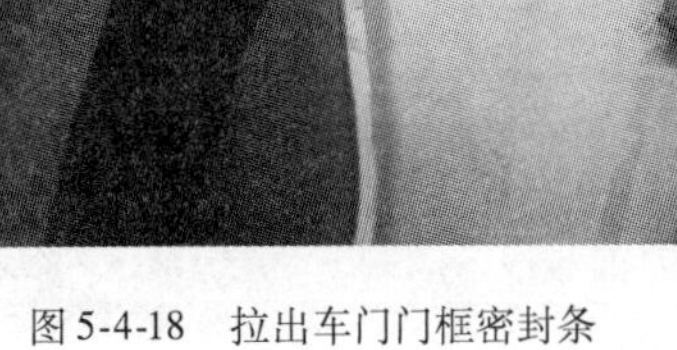

图5-4-18　拉出车门门框密封条　　　　图5-4-19　拆卸车门限位器前盖

(16)拉出车门限位器密封垫,撕下密封垫,如图5-4-20所示。

(17)拆下车门限位器轴栓锁圈。用一字螺丝刀撬起红色标记处后拉出即可,如图5-4-21所示。

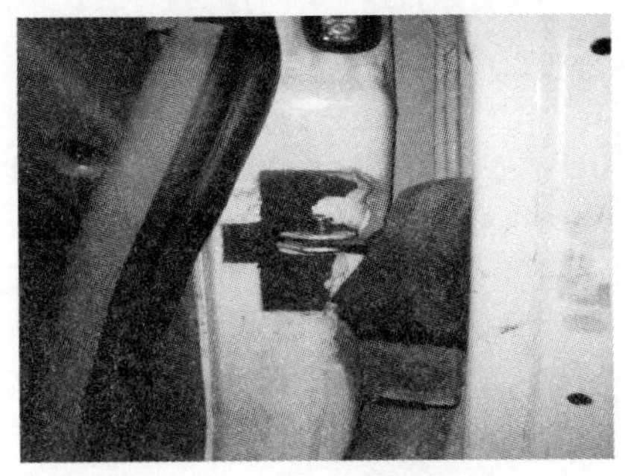

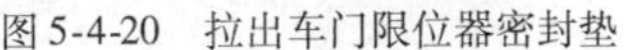

图5-4-20　拉出车门限位器密封垫

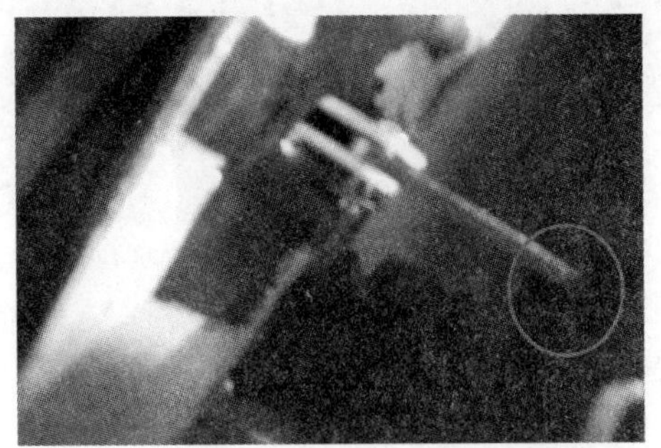

图5-4-21　拆下车门限位器轴栓锁圈

(18)拆下车门限位器轴栓。用十字螺丝刀从下部往上顶出,取下轴栓,如图5-4-22所示。

(19)拆下限位器总成。拆下图示位置的两个固定螺栓,如图5-4-23所示。

图5-4-22　拆下车门限位器轴栓

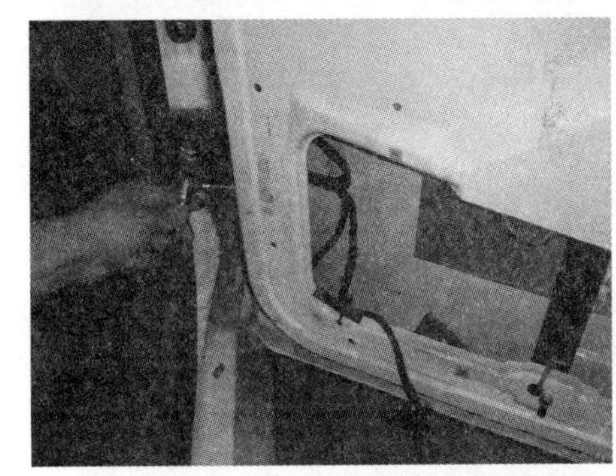

图5-4-23　拆下限位器总成

(20)断开中控门锁连接插头。将手从图示位置穿进拔出中控门锁连接插头,如图5-4-24所示。

(21)拆下车门外把手紧固螺栓。用十字螺丝刀旋出门锁固定螺栓,螺栓为反扣。两侧车门紧固螺栓旋向相反,如图5-4-25所示。

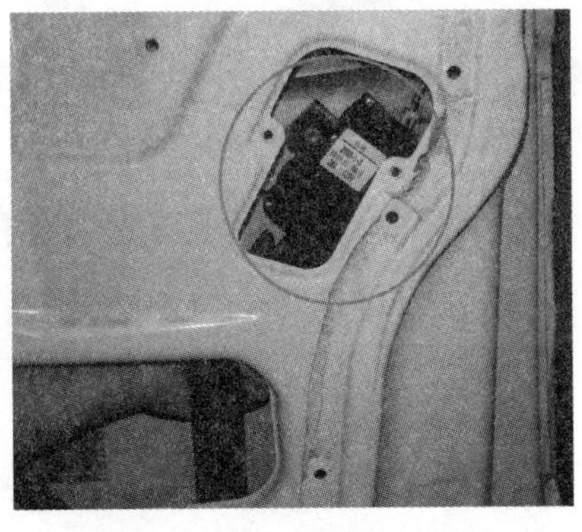

图5-4-24　断开中控门锁连接插头

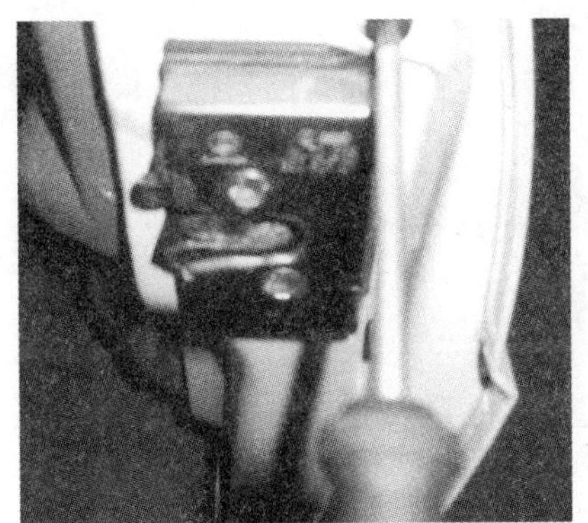

图5-4-25　拆下车门外把手紧固螺栓

(22)取下车门外把手。朝前推向外拉出门把手,如图5-4-26所示。

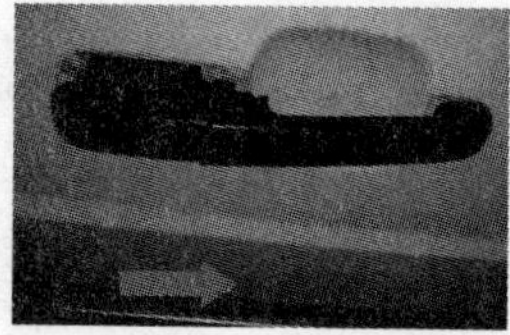

图 5-4-26　取下车门外把手

(23)拆卸车门锁固定螺钉。拆卸六方螺栓,如图 5-4-27 所示。

(24)拆卸车门内手柄防护垫。取下车门内手柄的防护垫,如图 5-4-28 所示。

图 5-4-27　拆卸车门锁固定螺钉

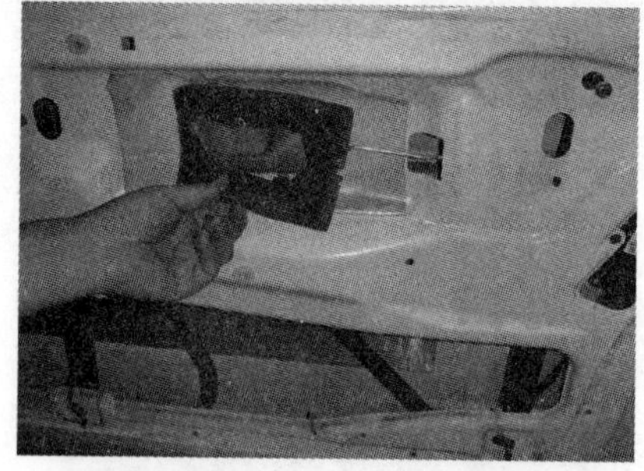

图 5-4-28　拆卸车门内手柄防护垫

(25)拆卸车门内手柄。用一字螺丝刀撬出固定点,向前拉出内手柄,如图 5-4-29 所示。

(26)拆下锁拉杆的连接并取下车门内手柄,如图 5-4-30 所示。注意拉杆钩子的方向。

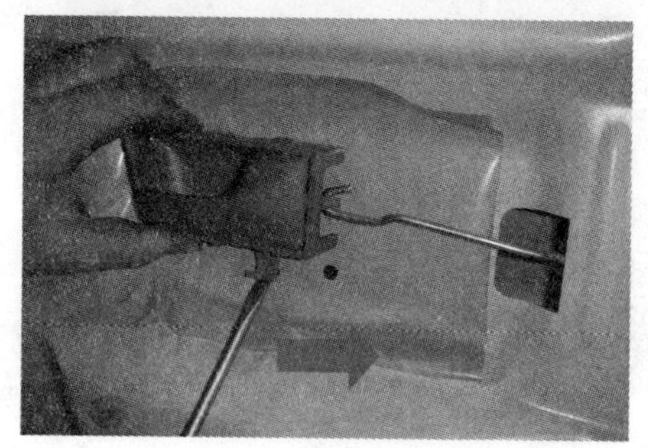

图 5-4-29　拆卸车门内手柄

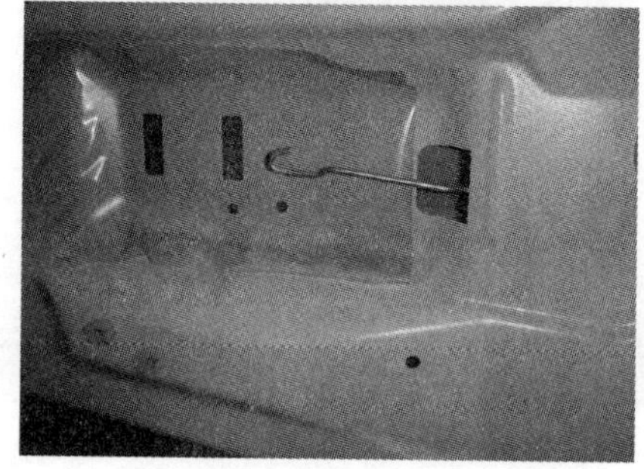

图 5-4-30　取下车门内手柄

(27)松开车门锁与塑料接头的连接。松开塑料接头的连接,注意塑料接头的连接位置,如图 5-4-31 所示。

(28)脱开车门锁与车门内把手横拉杆的连接并取下门锁,如图 5-4-32 所示。注意拉杆钩子的方向。

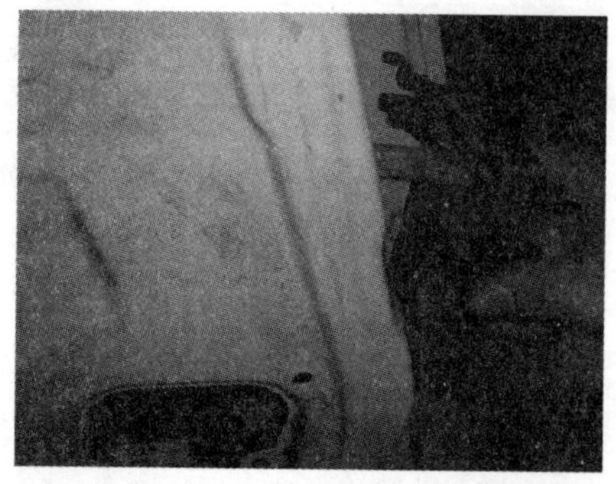

图 5-4-31　松开车门锁与塑料接头的连接

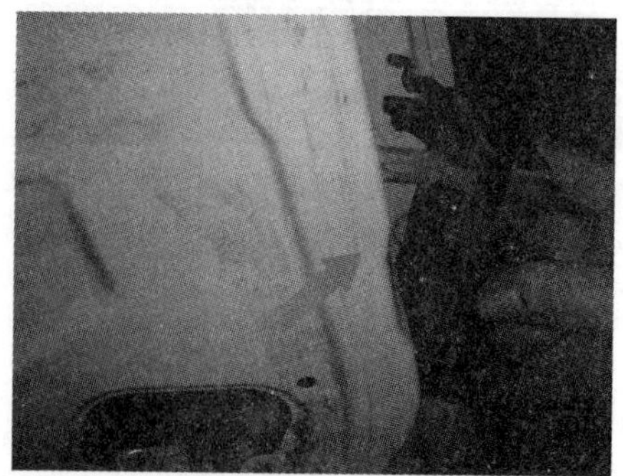

图 5-4-32　取下门锁

（29）拆卸车门闭锁横拉杆的塑料装饰条，如图 5-4-33 所示。

（30）拆下中央集控门锁执行器。拆卸门锁执行器的两个螺栓，如图 5-4-34 所示。

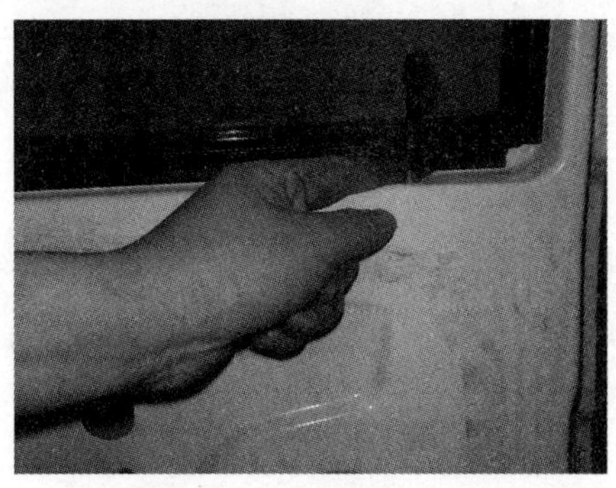

图 5-4-33 拆卸车门闭锁横拉杆的塑料装饰条

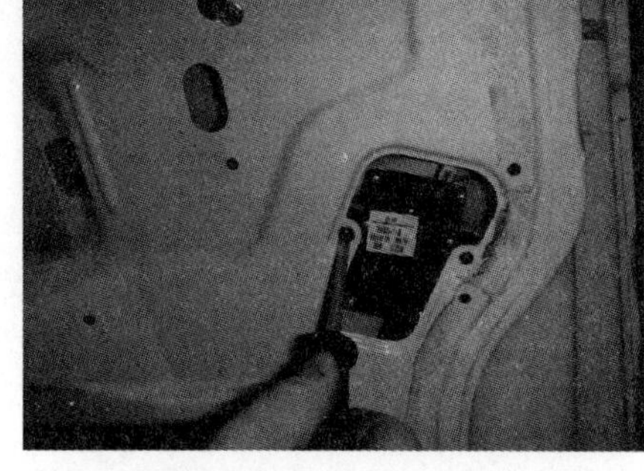

图 5-4-34 拆下中央集控门锁执行器

（31）将集控门锁拉杆与车门闭锁横拉杆从塑料连接件上分离并取出连接件，如图 5-4-35所示。注意连接件钩子的方向。

（32）拆卸玻璃升降器的紧固螺栓。通电降下玻璃，直至看到两个紧固螺栓，后拧松即可，如图 5-4-36 所示。

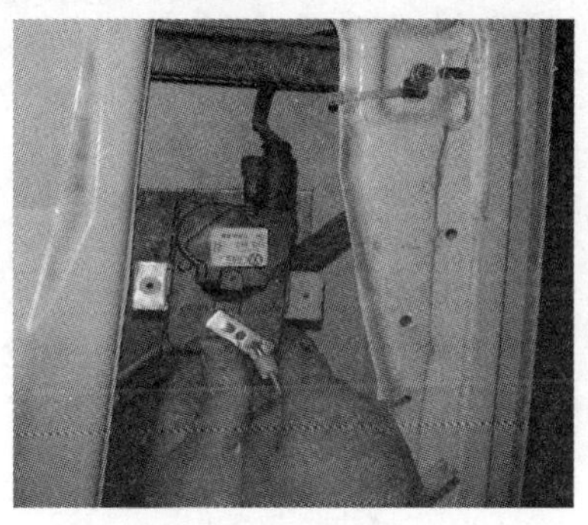

图 5-4-35 取出连接件

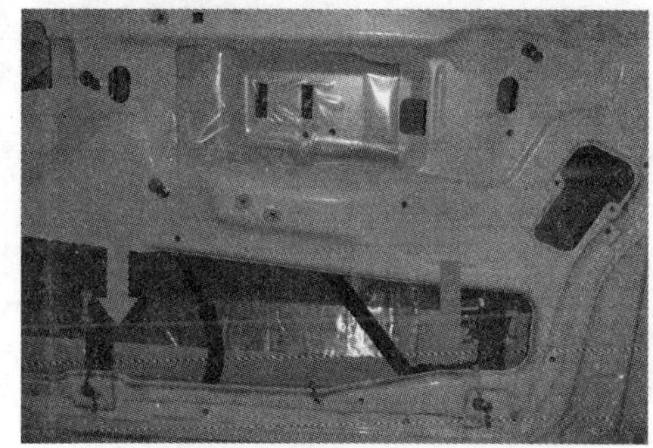

图 5-4-36 拆卸玻璃升降器的紧固螺栓

（33）拆下车门外侧导槽。此时应完全降下玻璃，后再次断开连接插头。用一字螺丝刀从导槽外边缘缝隙处撬起并往上提，如图 5-4-37 所示。

（34）取出前车门玻璃。抬高玻璃后侧，从槽中拆下玻璃前侧，抬起门窗玻璃，从车门外侧取出玻璃，如图 5-4-38 所示。

图 5-4-37 拆下车门外侧导槽

图 5-4-38 取出前车门玻璃

(35)拆卸电动玻璃升降器,如图 5-4-39 所示。旋出剩余玻璃升降器的固定螺栓,电动机的固定螺栓较其他的螺栓略长。

(36)取下电动玻璃升降器,如图 5-4-40 所示。斜方向取出玻璃升降器。

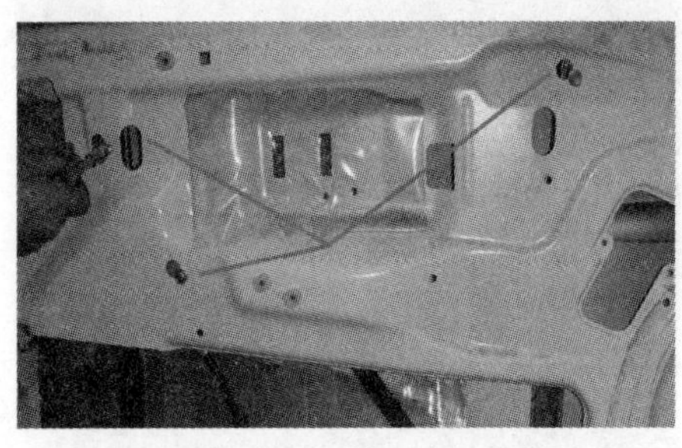

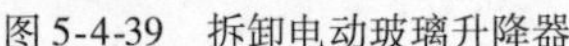
图 5-4-39　拆卸电动玻璃升降器

图 5-4-40　取下电动玻璃升降器

(37)撬出外后视镜内饰盖,如图 5-4-41 所示。用手撬出,注意不要损坏内饰的固定夹。

(38)旋出外后视镜固定螺栓,如图 5-4-42 所示。旋下固定螺栓及内饰固定卡。

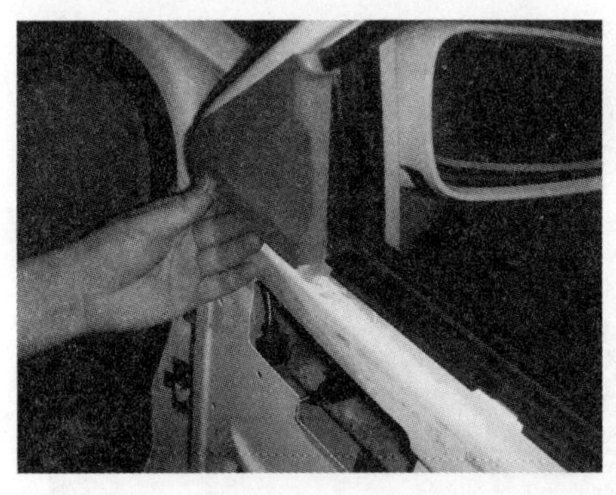

图 5-4-41　撬出外后视镜内饰盖

图 5-4-42　旋出外后视镜固定螺栓

(39)断开后视镜插头,如图 5-4-43 所示。按动插头的锁止舌,拔出后视镜插头。

(40)拆下后视镜。拉出后视镜线束,取下后视镜,如图 5-4-44 所示。

图 5-4-43　断开后视镜插头

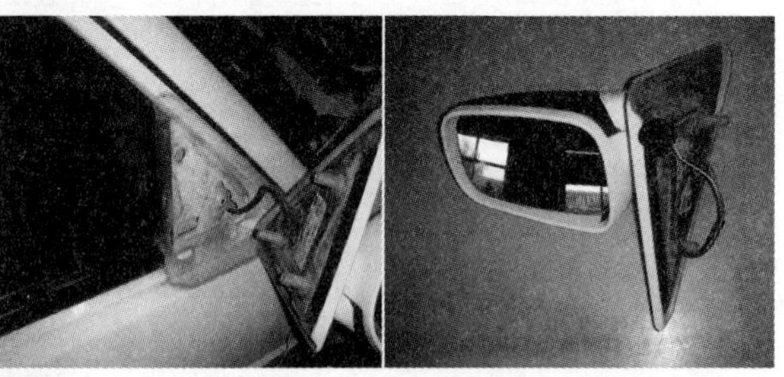

图 5-4-44　拆下后视镜

(41)将中控锁线束从车门内侧孔中拉出。慢慢拉出中控锁线束,如图 5-4-45 所示。

(42)拆下车门铰链螺栓,如图 5-4-46 所示。两人协同配合,一人扶住车门,一人旋出两个 15 号的螺栓。

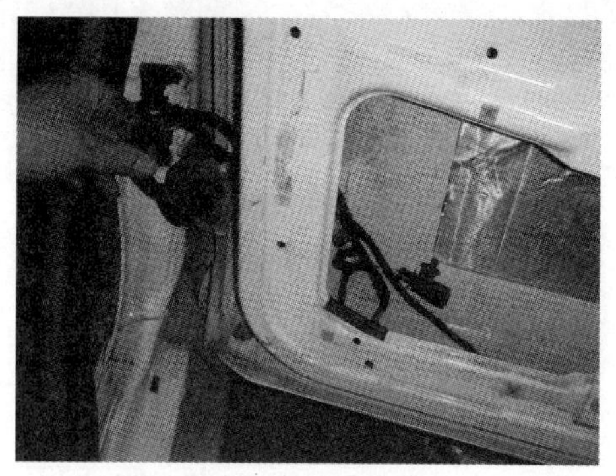

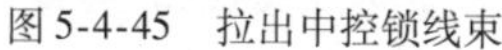

图5-4-45　拉出中控锁线束

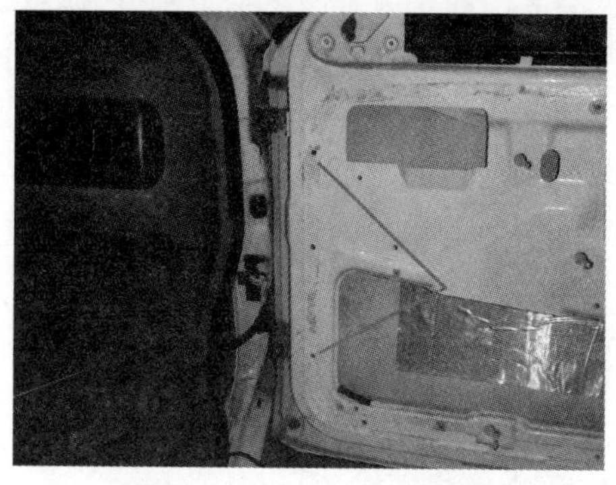

图5-4-46　拆下车门铰链螺栓

(43)取下车门,如图5-4-47所示。两人配合取下车门。

2. 右前门的装复

安装右前门时按拆卸的相反顺序进行装复,注意拆卸时的位置和痕迹,以便调整车门总成内各附件的位置,尤其是固定卡子的位置。安装车门铰链螺栓时注意要交替拧紧。

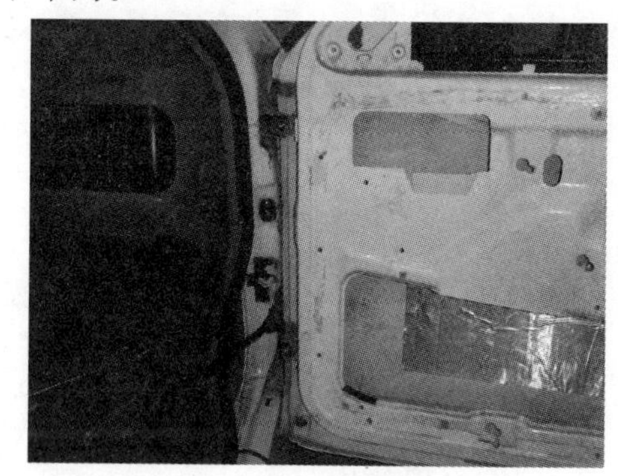

图5-4-47　取下车门

二、右前门的调整

安装车门时,要注意前后结构件的间隙,以及车门锁位。当车门与周边结构件间间隙不正确时,首先要考虑是否和铰链有关,如果间隙相等但车门开关困难,则应考虑锁位与锁扣之间是否错位。检查时,把门关上,检查门前后的间隙是否相等,门与车身线是否平行,从车门的侧面观察门是否有凹凸的现象等。当安装完毕后,还应观察车内门灯是否熄灭,如果没熄灭,则说明车门配合间隙是否有问题,否则要重新调整车门位置,如图5-4-48所示。

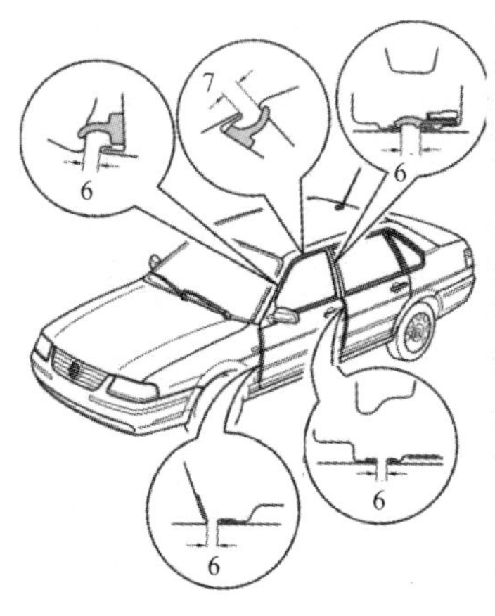

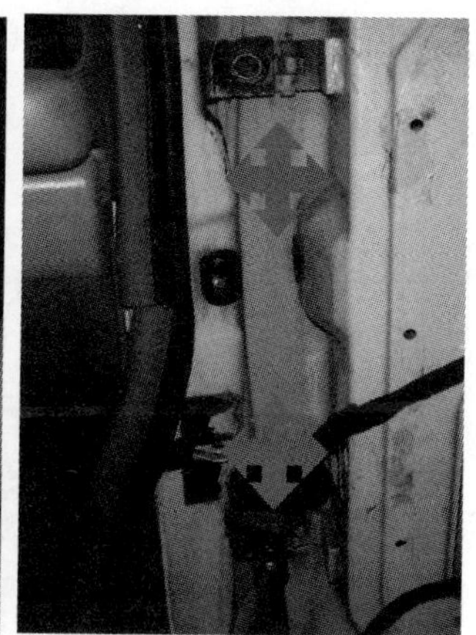

图5-4-48　车门间隙的调整

调整车门即是通过调整车门铰链、调整锁座的方式来对将车门进行调整。因为车门铰链与车门锁座可以在其加大的孔内移动，所以可以使车门在上下、前后及内外方向移动，以确保车门的安装位置。

(1)拧松铰链的紧固螺栓，将车门前后、上下调整，使它与车门框装配妥当。

(2)拧松锁座上的固定螺栓，将锁座向上下或向外调整至与车门锁对齐，啮合良好为止。

评价与反馈

一、学习效果评价

1. 判断题

(1)车门是一个独立的总成，一般是通过铰链将车门安装在车身上。 ( )

(2)车门的好坏，主要体现在车门的防撞性能、密封性能和开合便利性等。 ( )

(3)车门通过车门铰链与门柱相连，车门铰链通过螺栓连接或焊接方式固定在立柱或车门框上。 ( )

2. 选择题

(1)轿车的车门一般由门体、车门附件和( )三部分组成。

A. 车门铰链　　B. 内饰盖板　　C. 车门加强梁

(2)按车门的开闭方式可分为顺开式车门、( )、推拉式车门、上掀式、折叠式车门。

A. 逆开式　　B. 旋转式　　C. 滑动式

3. 简述题

(1)简述车门及附件的结构组成有哪些?

(2)简述车门调整的方法。

二、技能考核

车门及附件拆装与调整技能考核项目和分值见表5-4-1。

车门及附件拆装与调整技能考核表　　表5-4-1

考核时间	考 核 项 目	分值	自我评价	小组评价	教师评价
40min	安全、规范操作	20			
	车门的结构、组成	10			
	正确进行各车门的拆装	40			
	车门间隙的调整	10			
	整理工具	10			
	团队协作精神	10			
合 计		100			

焊接成形车门与一体成形车门的区别

很多人一直以来的思想就是：车门是否是焊接已经严重影响到整体车辆的安全，所以一致先入为主地认为一体成形的车门好过焊接成形的车门的安全性。但是，查阅相关资料后发现，影响整车安全的结构主要是车门的结构、车门内部的防撞梁和车辆B柱的坚固度。在汽车的侧面碰撞中，与车门内部的防撞梁的结构有很大的关系，目前还无确切实际数据表明车辆的焊接成形车门和一体成形车门到底哪种安全。因此我们在这里细述一下两者的区别。

首先一体成形车门是冲压成形的，钢材本身的强度才是安全的关键，钢材要延展性好才行，而提高延展性的前提是要降低钢的强度。从车门的形状看，车门成形是从外向内（对于安装后）冲压成形，然后包上车门钣金的。车窗窗框比较窄，一体成形的车门要在整块钢板上冲压掉窗玻璃的位置，而车门下部还要冲压出深度。这样就需要经过更多次的冲压工艺步骤，如果金属材料的延展性不好，就会造成局部变形区由于金属晶粒拉伸变形较大而强度下降。

而对于焊接成形车门，焊接位置并不一定造成金属强度下降，反倒是局部强度上升，但韧性会下降一些。不过如果焊接技术不好会造成局部脆硬，受到撞击变形较大时会容易出现断离。

一体成形车门优点是整体冲压成形，质量比分体冲压然后焊接成形的更容易控制，缺点是必须使用延展性好的钢板，而且冲压模具成本以及钢板用量比焊接成形的高；分体冲压然后焊接成形的车门，优点是模具以及钢板用量等方面的成本都会低一些，缺点是焊接工艺过程的质量控制比较难，因为车门钢板的厚度相对于焊接工艺来说有些偏薄，焊接工艺控制不好，会造成局部强度明显下降。

学习任务5　风窗玻璃拆装与调整

在行驶过程中，前方货车突然紧急制动，致使其所载货物掉落，掉落的货物正好砸中后车的发动机罩和前风窗玻璃，导致后车的前风窗玻璃严重破损，如图5-5-1所示，未造成人员伤亡，但需对前风窗玻璃进行拆装修复。

图5-5-1　前风窗玻璃损伤

学习目标

1. 能描述汽车玻璃的结构类型。
2. 会进行汽车风窗玻璃的拆装和调整。

建议学时:8 学时。

学习准备

一、知识准备

1. 汽车玻璃的类型

汽车玻璃是汽车车身附件中必不可少的,主要起到防护作用。常见的汽车玻璃有钢化玻璃、区域钢化玻璃、夹层玻璃、着色玻璃、带天线玻璃及除霜玻璃等。

夹层玻璃是指用一种透明可黏合性塑料膜贴在二层或三层玻璃之间,将塑料的强韧性和玻璃的坚硬性结合在一起,增加了玻璃的抗破碎能力。

钢化玻璃是指将普通玻璃淬火使内部组织形成一定的内应力,从而使玻璃的强度得到加强,在受到冲击破碎时,玻璃会分裂成带钝边的小碎块,对乘员不易造成伤害。

区域钢化玻璃是钢化玻璃的一种新品种,它经过特殊处理,能够在受到冲击破裂时,其玻璃的裂纹仍可以保持一定的清晰度,保证驾驶员的视野区域不受影响。

国家的法规规定汽车前风窗玻璃必须采用夹层玻璃,因为夹层玻璃安全破裂,在重球撞击下可能碎裂,但整块玻璃仍保持一体性,碎块和锋利的小碎片仍与中间膜粘在一起,为驾驶员和乘客提供了足够的安全,如图 5-5-2 所示。因此目前汽车前风窗玻璃主要采用夹层钢化玻璃和夹层区域钢化玻璃,其能承受较强的冲击力,能提供较大的安全性能。

a)夹层玻璃破碎前

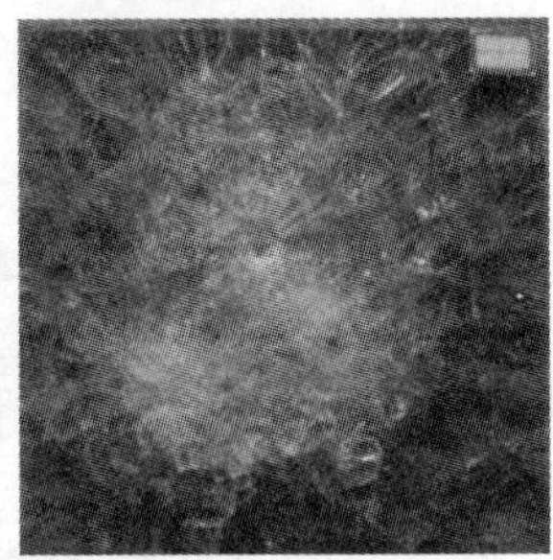
b)夹层玻璃破碎后

图 5-5-2　夹层玻璃

2. 风窗玻璃的固定方式

风窗玻璃的固定方式主要有两种,即胶粘法固定和橡胶条法固定,如图 5-5-3 所示。

胶粘固定法,一般多用于前风窗玻璃和全封闭车身的侧车窗,其中全封闭侧车窗玻璃多为中空式双层玻璃。当汽车发生碰撞事故时,可确保室内乘客不至于因强大惯性而被抛出窗外;可以弥补为扩大视野使窗柱变细所带来的刚度不足。

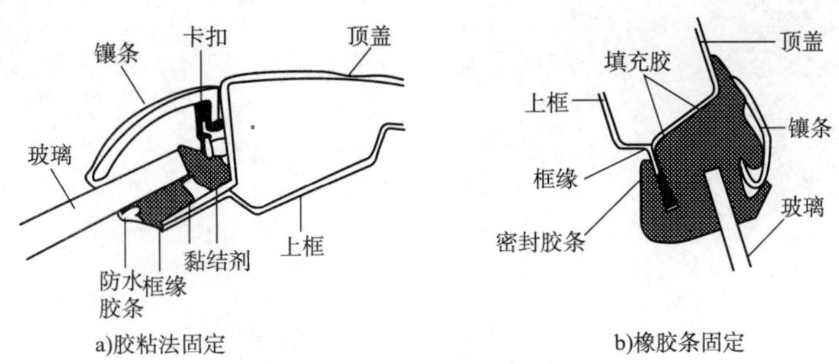

图 5-5-3　风窗玻璃的固定方式

防风雨橡胶密封条固定法，可用于前后风窗玻璃的装配，也可用于固定侧窗玻璃。具有足够弹性和强度的橡胶条介于玻璃与车身之间，不仅能消除玻璃与车身之间的装配间隙，而且还能减轻对玻璃的振动。用密封条固定方式一般用橡胶条法装配的汽车玻璃，也要用液体聚硫橡胶之类的玻璃密封剂，在橡胶条周围与车身及玻璃的接口处填充，这样可提高所装玻璃的密封性和可靠性。

3. 汽车风窗玻璃的功用

汽车玻璃不仅仅是遮风挡雨的工具，它与安全带、安全气囊合称为汽车安全保障三要素，共同保障驾驶员的安全。安装牢固的风窗玻璃可以在发生碰撞时有效支持安全气囊，限制前排乘员前移距离，降低乘员受到的伤害。同时风窗玻璃还起到支撑和加强车辆结构的作用，在碰撞时减小 A 柱变形，使车门能够自由打开。

二、工作场所

理论与实操教学一体化教室。

三、工作器材

汽车整车 2 辆、拆装工作台、工具 2 套。

计划与实施

在行驶过程中，前方货车所载货物掉落，砸伤了后车的前风窗玻璃，导致后车的前风窗玻璃严重破损，因此需现对破损的前风窗玻璃进行拆卸，而后再进行装复。

目前轿车的前风窗玻璃多是采用胶粘法进行固定的，因此我们以此为例进行讲解。

首先准备好开口扳手、套筒扳手、十字螺丝刀、抹布、胶带、吸盘、密封胶枪、切割刀、密封胶、风窗玻璃固定架、电动切割刀等工具。

1. 前风窗玻璃的拆卸

(1)打开发动机罩开启拉锁，如图 5-5-4 所示。用手轻轻向上拉动开启拉锁，可听到“啪”一声，即为开启。

(2)拆卸刮水器摇臂罩盖。用螺丝刀从缺口位置撬出两侧刮水器摇臂轴上的罩盖，如图 5-5-5 所示。

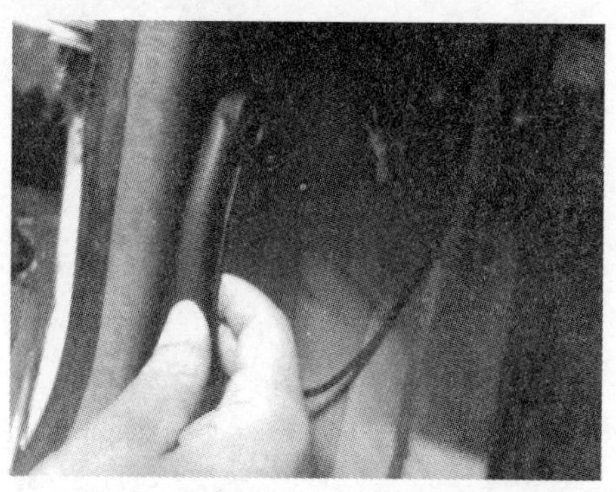

图 5-5-4　打开发动机罩开启拉锁

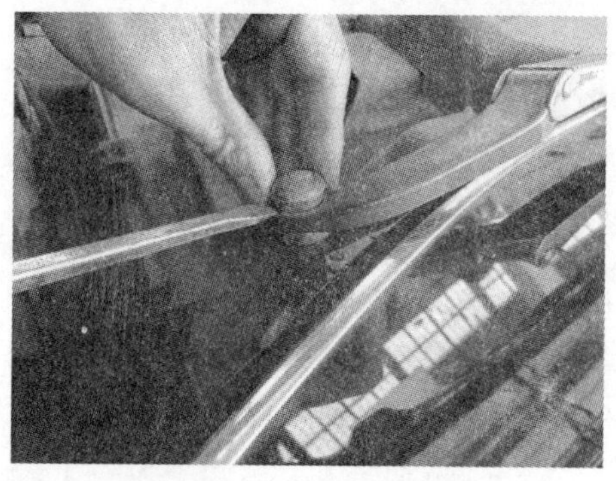

图 5-5-5　拆卸刮水器摇臂罩盖

(3)拆卸刮水器摇臂轴固定螺栓。用套筒扳手拆卸两侧的紧固螺栓,如图 5-5-6 所示。

(4)摇动刮水器摇臂,松动后取下摇臂,如图 5-5-7 所示。

注意:取下摇臂时需先将刮水器拉起,再从螺栓中取下。

图 5-5-6　拆卸刮水器摇臂轴固定螺栓

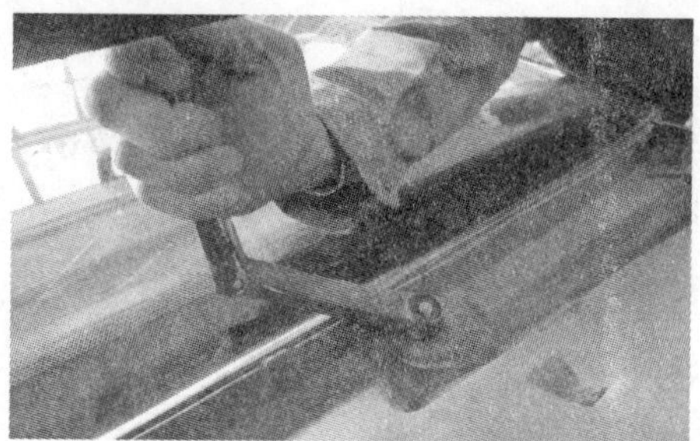

图 5-5-7　取下刮水器摇臂

(5)关上发动机罩。轻轻关上发动机罩,如图 5-5-8 所示。

(6)拆卸两侧前门柱上部饰板。用一字螺丝刀一次撬开各塑料卡子,如图 5-5-9 所示。

图 5-5-8　关上发动机罩

图 5-5-9　拆卸两侧前门柱上部饰板

(7)拆卸后视镜。按箭头方向向下压,取下后视镜,如图 5-5-10 所示。

(8)松开风窗玻璃的密封条,如图 5-5-11 所示。用塑料螺丝刀从玻璃凸缘处松开,然后拉出密封条即可。

(9)切割风窗玻璃密封胶,如图 5-5-12 所示。

图5-5-10　取下后视镜

图5-5-11　松开风窗玻璃的密封条

图5-5-12　用切割线进行切割

方法一:用切割线进行切割。从玻璃凸缘处装入,并拉进车门,让玻璃一周来回拉动切割线。注意:拉动时不要损伤车体表面。如需要可做保护措施。

方法二:用玻璃切割刀进行切割,如图5-5-13所示。用切割的刀具从上部开始,自上而下依次割开密封胶。注意:此类切割多用在有装饰的金属边风窗玻璃,同时切割时注意小心不要割伤手。

方法三:电动工具进行切割,如图5-5-14所示。选择合适的切割头和合适的速度。

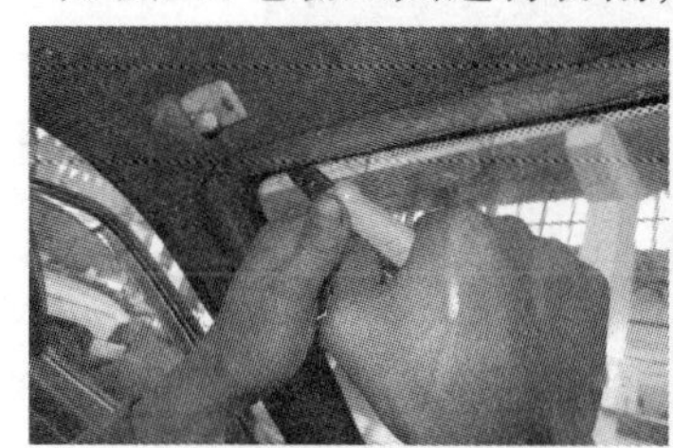

图5-5-13　用玻璃切割刀进行切割

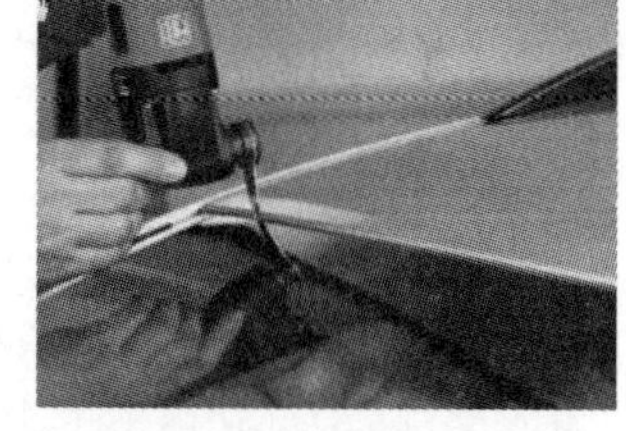

图5-5-14　电动工具进行切割

(10)取下风窗玻璃,如图5-5-15所示。两人配合取下或将稳定吸盘至于风窗玻璃外部中间位置,单人取下风窗玻璃。将取下的玻璃置于玻璃固定架或无钢圈的轮胎或软垫上。

图5-5-15　取下风窗玻璃

2. 前风窗玻璃的装复与调整

前风窗玻璃的装复顺序与拆卸顺序相反。需要注意以下不同之处：

（1）在拆卸下玻璃后，需对前风窗玻璃安装处和风窗玻璃上旧的密封胶进行清洁。方法是首先用切割刀对旧的密封胶进行切割，然后用抹布对风窗玻璃及其安装处进行清洁除尘。如图 5-5-16 所示。

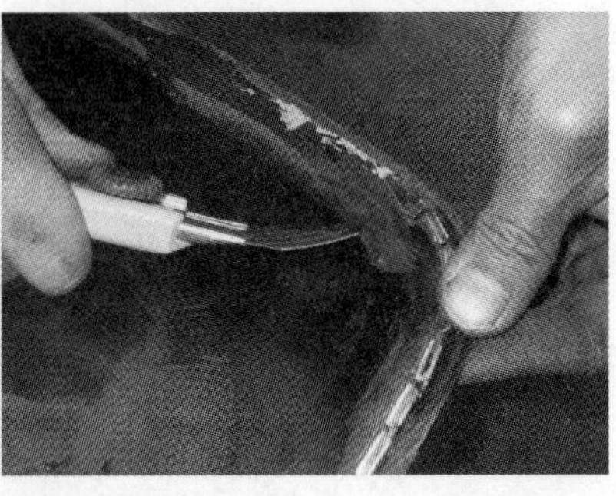

图 5-5-16　清除旧的密封条

（2）在轿车上前风窗玻璃的安装处（原始密封胶位置）施涂黏结剂。首先将密封胶枪的喷嘴上切割出一个斜口，目的利于施涂，在施涂时要自上而下垂直进行施涂，并注意手法上要直、稳、齐。如图 5-5-17 所示。

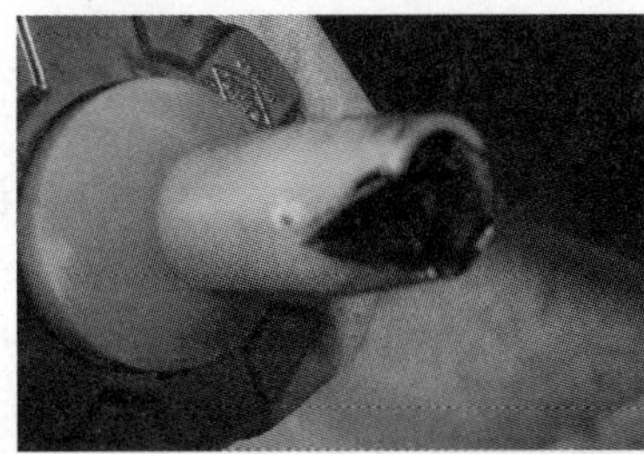

a)切割斜口

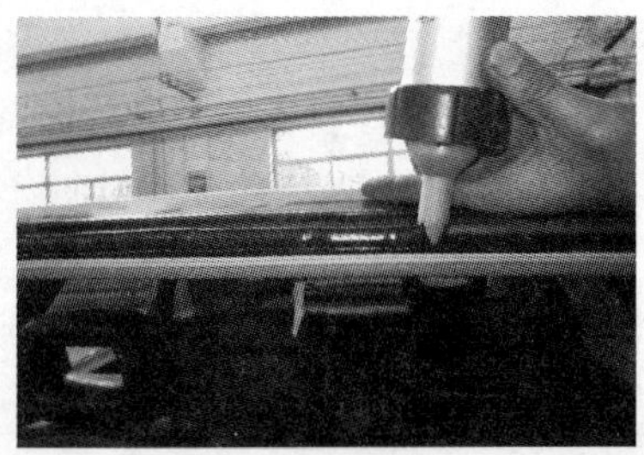

b)施涂密封黏结剂

图 5-5-17　施涂黏结剂

（3）安装前风窗玻璃。在安装时两人将风窗玻璃抬起至于安装位置上方，先将风窗玻璃的下端穿进发动机罩后端，并将其置于下部密封胶的上方，而后按风窗玻璃和车身上的参考记号为依据，从上部边缘轻轻将玻璃压入。用刮刀在玻璃边缘上涂抹黏结剂，用刮刀除去过量的或溢出的黏结剂，如图 5-5-18 所示。

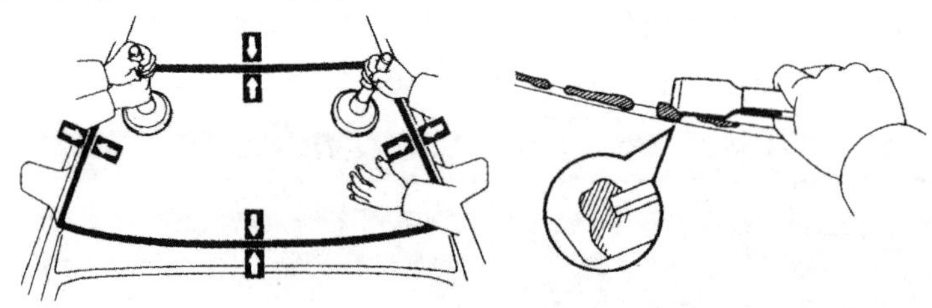

图 5-5-18　安装风窗玻璃

（4）安装状况检查。用柔和的水流检查安装情况。不要将水直接喷到新涂上的黏结剂上面。让水从玻璃边缘流过。如果发现泄漏，则在泄漏点涂上附加的黏结剂。一般情况下黏结剂在室温下硬化，需要 6 ~ 8h 以上。

一、学习效果评价

1. 选择题

(1)常见的汽车玻璃有钢化玻璃、(　　)、夹层玻璃、着色玻璃、带天线玻璃及除霜玻璃等。

A. 区域钢化玻璃　　B. 加热玻璃　　C. 变色玻璃

(2)风窗玻璃的固定方式主要有两种,一种是胶粘法固定,另外一种是(　　)固定。

A. 密封圈固定　　B. 卡扣固定　　C. 橡胶条法

(3)汽车玻璃与安全带、(　　)合称为汽车安全保障三要素。

A. 钥匙　　B. 安全气囊　　C. 门锁

2. 判断题

(1)橡胶条固定法具有足够弹性和强度的橡胶条介于玻璃与车身之间,不仅能消除玻璃与车身之间的装配间隙,而且还能减轻对玻璃的振动。　　(　　)

(2)风窗玻璃起到支撑和加强车辆结构的作用,在碰撞时减小A柱变形,使车门能够自由打开。　　(　　)

3. 简述题

(1)简述汽车前风窗玻璃的结构类型。

(2)简述前风窗玻璃的方法及其注意事项。

二、技能考核

风窗玻璃拆装与调整技能考核项目和分值见表5-5-1。

风窗玻璃拆装与调整技能考核表　　表5-5-1

考核时间	考　核　项　目	分值	自我评价	小组评价	教师评价
90min	安全、规范操作	20			
	前风窗玻璃的结构、组成和功用等知识的掌握	10			
	正确进行前风窗玻璃总成的拆卸	20			
	正确进行前风窗玻璃总成的安装	30			
	整理工具	10			
	团队协作精神	10			
合　计		100			

汽车前风窗玻璃的修复技术

汽车前风窗玻璃破碎的主要原因是前方车辆带起或遗洒的小石子打击到前风窗玻璃上

造成的，由于前风窗玻璃的安全夹层设计，一般会在风窗玻璃的外层玻璃上造成星形裂纹、牛眼型等破损。这些破损如果不进行相应的处理会在几小时到几个月的时间内扩展成长裂纹，导致风窗玻璃的完全损坏，给车主造成更大的损失。

对于车主来说，如果只是因为星形、牛眼、裂缝等轻微的损伤花上几百元甚至上万元而换去一块玻璃，确实有些浪费，也令很多车主头疼不已。而玻璃修复不但可以修复玻璃轻微损伤，甚至不用换玻璃，不用换膜，不但给车主省了钱，也带来了极大的便捷性。

传统的更换玻璃要经过拆卸、清洁、打胶、定位等多道复杂的工序，无法达到原有的状态，如安装不好还可能出现“漏风、漏雨、风噪增大”等隐患！而且工序复杂、时间长、费用高，一般前风窗玻璃至少300～500元，多则上万元。

玻璃修复技术采用当今最先进的真空压注技术，不但可以把裂痕修复得完美无瑕，而且价格便宜，几十分钟就可完成，省力更省钱，是玻璃轻微损伤的首选。其修复流程要经过烘干（间断性的烧烤），打眼，清洁处理（把钻过的玻璃碎渣和灰尘清理干净），抽真空（用专用工具把两玻璃中的空气抽掉），注入填满缝隙的树脂黏结剂，紫外线灯照射（胶在紫外线下快速凝固），最后抛光处理等七个过程。

修复玻璃前注意事项：

(1)如果发现玻璃破碎请不要打眼，如果打眼，修复完后会留下眼的痕迹。

(2)如果发现玻璃破碎请把前风窗玻璃位置的空调关掉，否则会让裂纹延伸。

(3)如果发现玻璃破碎，请尽量不要用水冲洗裂纹部位，会影响修复效果。

(4)如果发现玻璃破碎，最好用胶带把裂纹位置贴住，以免进灰尘。

(5)如果发现玻璃破碎，时间越短修复效果更完美。

(6)修复完后，二天内不要用水冲洗修复部位，二天内不要开修复玻璃部位的空调。

学习任务6　行李舱拆装与调整

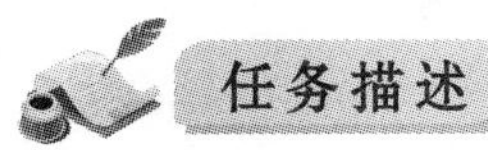

任务描述

事故车辆在进行倒车停车时，不小心撞到后方的电线杆上，导致该车的行李舱出现严重损伤变形（图5-6-1），需对行李舱进行拆装修复。

图5-6-1　行李舱损伤

学习目标

1. 能描述行李舱的结构组成。
2. 会进行行李舱的拆装和调整。

建议学时:8 学时。

学习准备

一、知识准备

行李舱是装载物品的空间,由行李舱组件与车身地板钣金件构成。行李舱基本位于轿车车身的后部,因此又俗称为后备厢、行李厢。三厢式轿车的行李舱是与乘客室分隔开的,两厢式轿车的行李舱是与乘客室相通且合二为一的,如图 5-6-2 所示。

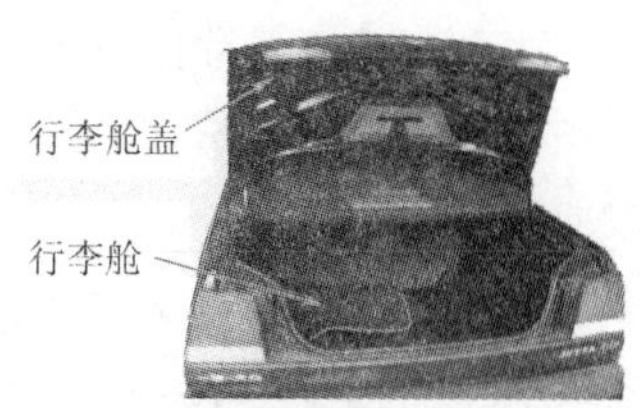

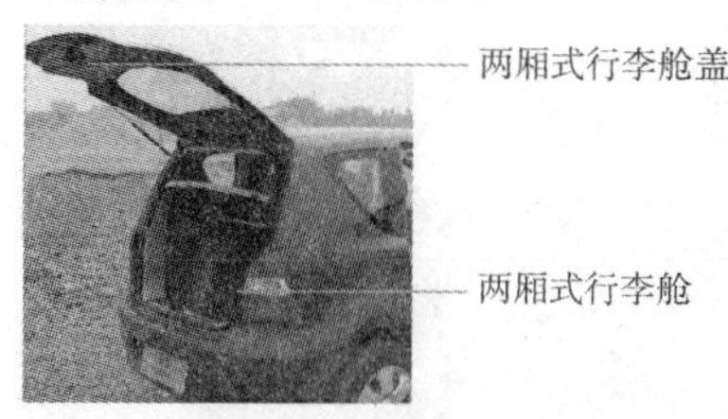

图 5-6-2　行李舱

无论哪种行李舱,其行李舱都是密封行李舱的关键部件,它是用两个冲压成形的冷轧钢板经折边、黏结制成的,行李舱的结构与发动机罩相同,都是由外板、衬板和加强梁组成。

1. 行李舱的结构组成

汽车行李舱主要由外板、内衬板和内衬板上的加强梁组成。如图 5-6-3 所示。内衬板和外板的四周采用折边连接方式,内衬板上的加强梁和支座是由点焊焊接于行李舱上,并用密封胶涂抹于内板和外板的间隙中,以增强行李舱总成的整体刚度和强度。

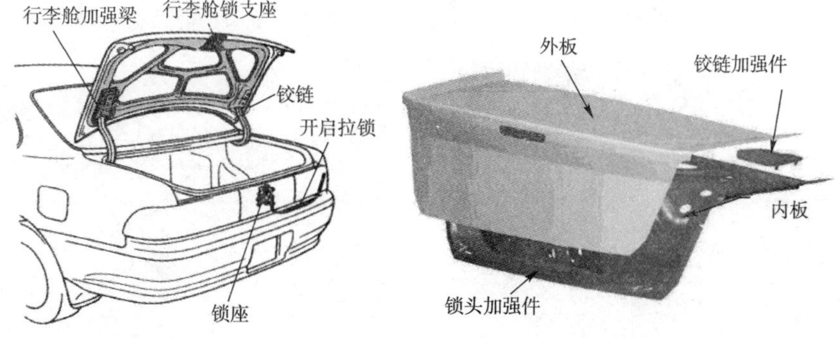

图 5-6-3　行李舱的结构

2. 行李舱的作用

行李舱是乘客放置随身携带小件行李的场所,要求防尘、防潮、防热,以保护其中的物品不受损坏。因此行李舱关闭后,需要起到以上作用,防止雨水、灰尘等异物进入行李舱,同时应具备良好的气密封性。

二、工作场所

理论与实操教学一体化教室。

三、工作器材

汽车整车 2 辆、拆装工作台、工具 2 套。

计划与实施

由于事故车辆在进行倒车停车时，不小心撞到后方的电线杆上，导致该车的行李舱出现严重损伤变形，需对行李舱进行拆装和调整。

首先准备好开口扳手、套筒扳手、一字螺丝刀、垫布、十字螺丝刀等工具。

1. 行李舱的拆卸

（1）打开行李舱，如图 5-6-4 所示。用手轻轻触动驾驶室仪表台中部的控制开关。

（2）抬起行李舱，如图 5-6-5 所示。双手轻轻抬起行李舱，并置于限位位置。

图 5-6-4　打开行李舱

图 5-6-5　抬起行李舱

（3）断开蓄电池连接线，如图 5-6-6 所示。用开口扳手先拆卸负极，后拆卸正极。

（4）拆下行李舱灯灯罩，如图 5-6-7 所示。在螺丝刀底部垫上软布，从灯罩的一侧撬出。

图 5-6-6　断开蓄电池连接线

图 5-6-7　拆下行李舱灯灯罩

（5）断开行李舱照明电路插头，如图 5-6-8 所示。拉出行李舱灯的线束，拔下行李舱灯的供电插头。

(6)拆卸两侧后尾灯,如图5-6-9所示。用套筒扳手拆卸两侧的后尾灯紧固螺栓。

注意:小心螺母不要掉落在内部。

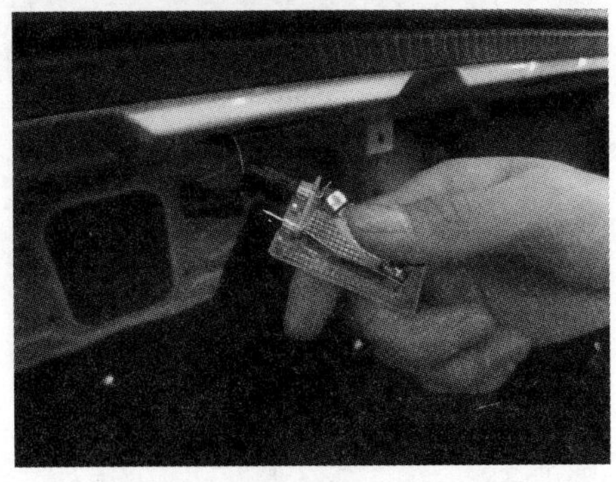

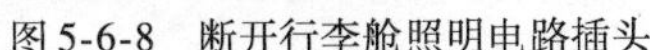

图5-6-8　断开行李舱照明电路插头

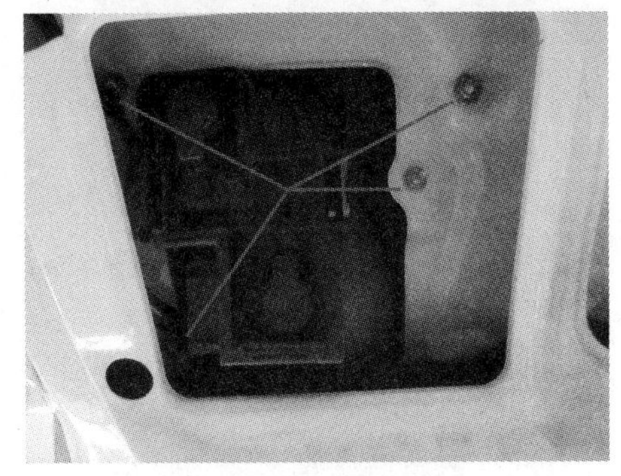

图5-6-9　拆卸两侧后尾灯

(7)拆卸行李舱盖品牌标志饰板两侧螺栓。用套筒扳手拆卸两侧的紧固螺栓,如图5-6-10所示。

(8)拔下后尾灯。推出后尾灯,拔下插头,取下后尾灯,如图5-6-11所示。

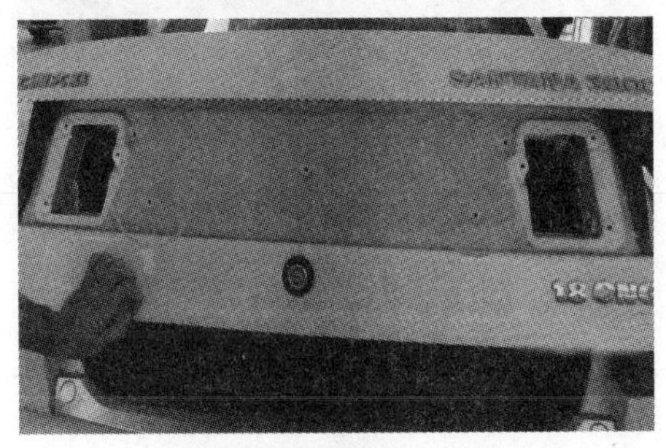

图5-6-10　拆卸两侧紧固螺栓

图5-6-11　取下后尾灯

(9)拆下行李舱锁饰板,如图5-6-12所示。用十字螺丝刀拆卸螺栓,取下饰板。

(10)断开行李舱锁调节电动机线束插头。用手按压卡舌,拔下插头,如图5-6-13所示。

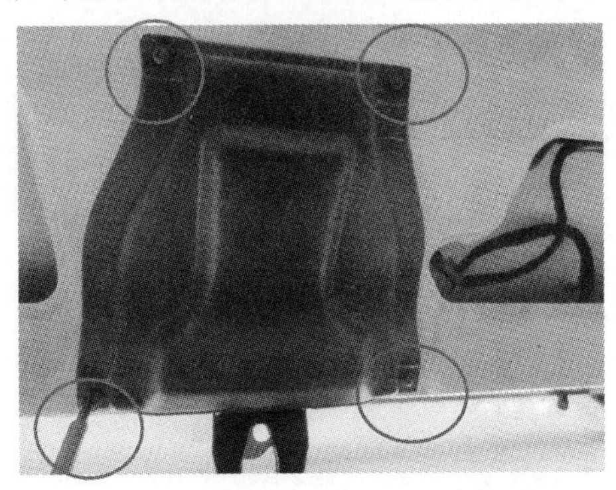

图5-6-12　拆下行李舱锁饰板

图5-6-13　拔下插头

(11)旋出行李舱锁紧固螺钉。用十字螺丝刀拆卸十字螺钉,如图5-6-14所示。

(12)拆卸行李舱锁柱。旋出紧固螺钉及锁柱,如图5-6-15所示。

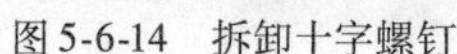
图 5-6-14　拆卸十字螺钉

图 5-6-15　拆卸行李舱锁柱

(13)拆卸行李舱盖品牌标志饰板,如图 5-6-16 所示。用套筒扳手拆卸中间的最后的紧固螺栓,并取下饰板。

(14)拆卸行李舱灯触控开关。用十字螺丝刀拆卸紧固螺钉,并拉出行李舱触控开关,如图 5-6-17 所示。

图 5-6-16　拆卸标志饰板

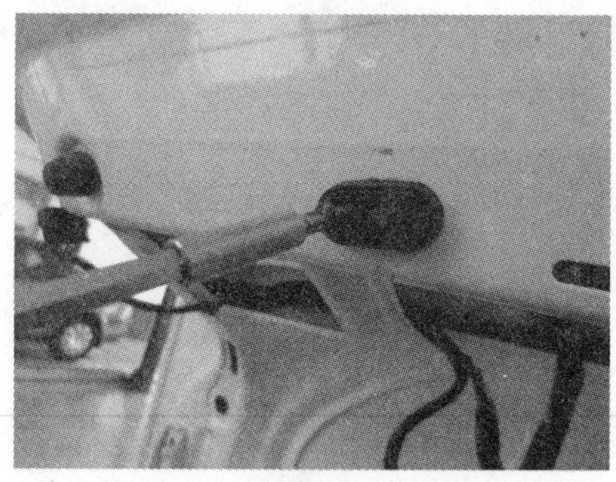

图 5-6-17　拆卸行李舱灯触控开关

(15)拔下行李舱灯触控开关插头,如图 5-6-18 所示。轻轻拔下插头,注意不要拉断线束。

(16)拔出行李舱总线束,如图 5-6-19 所示。拉出时剪断线束固定条,并小心不要损坏插头。

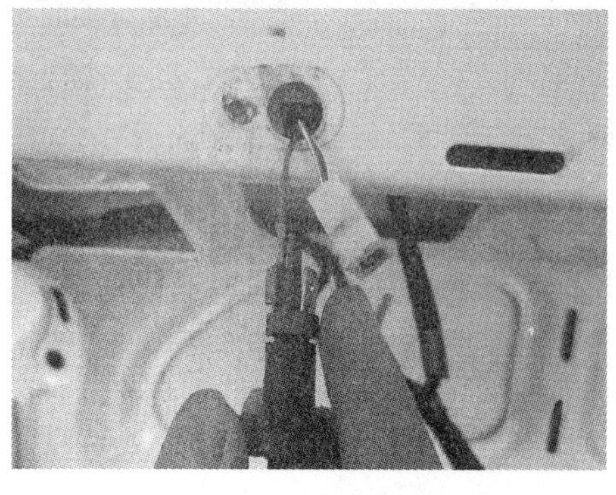

图 5-6-18　拔下行李舱灯触控开关插头

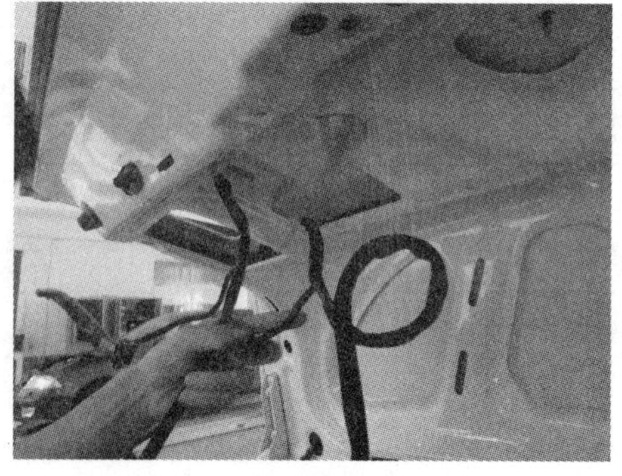

图 5-6-19　拔出行李舱总线束

(17)拆卸行李舱与铰链连接螺母,如图 5-6-20 所示。用快速套筒扳手拆卸每侧带垫片的螺母。注意拆卸时两人配合,防止行李舱掉落砸伤玻璃。

（18）取下行李舱，如图5-6-21所示。两人配合取下行李舱。

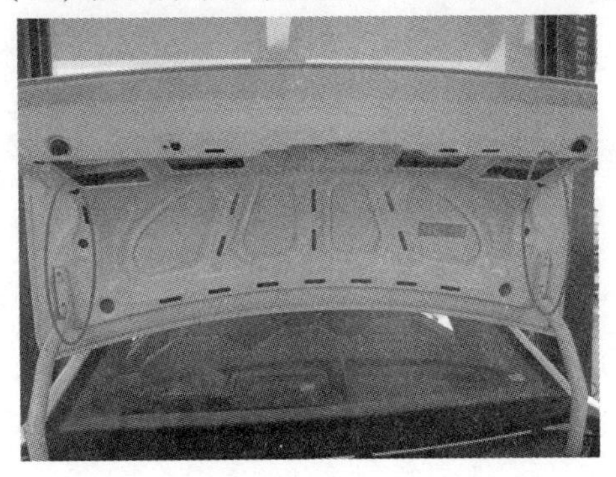
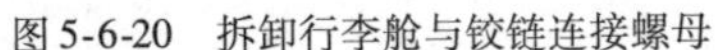

图5-6-20　拆卸行李舱与铰链连接螺母

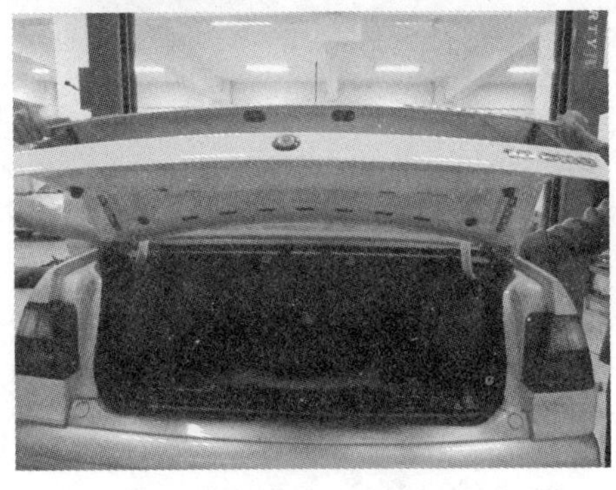

图5-6-21　取下行李舱

2. 行李舱的装复

安装行李舱时按拆卸的相反顺序进行装复，注意拆卸时的位置和痕迹，以便调整行李舱的间隙和位置。同时要注意，安装时要更换新的线束固定带和固定卡。

3. 行李舱的调整

行李舱的调整方法与发动机罩相似，通常也是采用调整行李舱铰链、行李舱锁扣和调整限位块的方式来调整行李舱的间隙。

（1）调整行李舱铰链的方式。与调整发动机罩铰链一样，在拧紧行李舱铰链螺栓之前，应先前后、左右调整行李舱，使行李舱合上后两侧分别与后侧围板之间的间隙保持一致。方法是稍稍松开铰链螺栓，左右移动行李舱，扣上行李舱后使其与左右后侧围板之间、行李舱尾灯与车身后尾灯之间的间隙各为4mm，使行李舱前端与后风窗玻璃之间的缝隙间距为7.2mm。然后慢慢关闭行李舱，并根据实际需要抬高或降低行李舱的后部，当间隙符合标准时，慢慢抬起行李舱并拧紧铰链紧固螺栓，如图5-6-22所示。

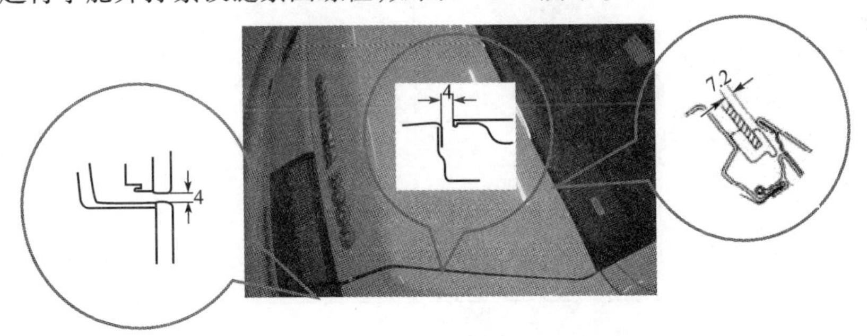

图5-6-22　行李舱的调整间隙

（2）调整行李舱限位块的方式。方法与调整发动机限位块的方法一样，同样是通过转动限位块，来调节行李舱与两后侧围板之间的相对高度。

（3）调整锁扣机构的方式。当慢慢合上行李舱时，锁扣与锁闩对正，行李舱应在正中，不偏向一边，否则要拧松其紧固螺栓，前后左右移动锁扣使之达到要求。如图5-6-23所示。

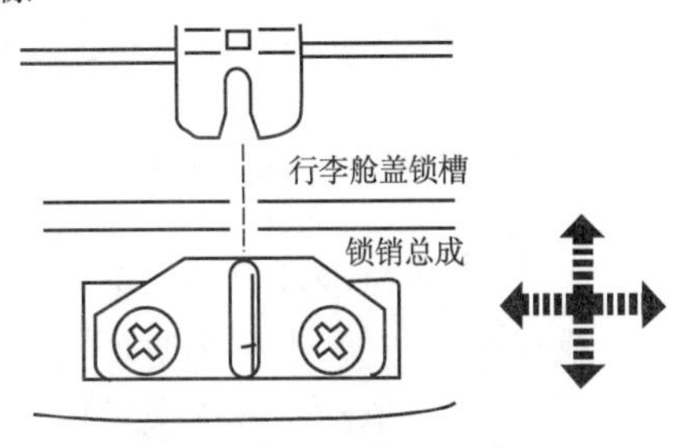

图5-6-23　行李舱锁的调整

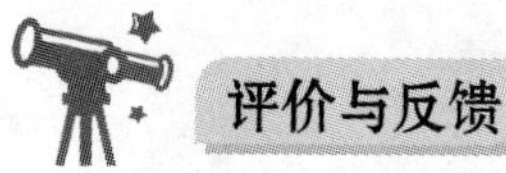

评价与反馈

一、学习效果评价

1. 选择题

(1)汽车行李舱主要包括外板、内衬板和(　　)上的加强梁。

A. 骨架　　B. 饰板　　C. 内衬板

(2)调节行李舱的高度可通过(　　)和(　　)两种形式。

A. 铰链螺栓　　B. 限位块　　C. 锤子敲击

2. 判断题

(1)行李舱是乘客放置随身携带小件行李的场所,要求防尘、防潮、防热,以保护其中的物品不受损坏。(　　)

(2)调节行李舱与两后侧围板之间的相对高度时可通过转动限位块来实现。(　　)

3. 简述题

(1)简述行李舱由哪些部件组成。

(2)更换新的行李舱时,发现行李舱变形后,应如何对其调整?

二、技能考核

行李舱拆装与调整技能考核项目和分值见表5-6-1。

行李舱拆装与调整技能考核表　　表5-6-1

考核时间	考　核　项　目	分值	自我评价	小组评价	教师评价
30min	安全、规范操作	20			
	行李舱的组成、作用	10			
	正确进行行李舱的拆装	30			
	行李舱的调整	20			
	整理工具	10			
	团队协作精神	10			
合　计		100			

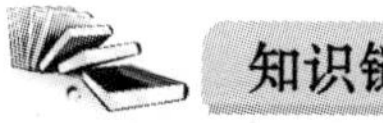

知识链接

行李舱开启方式

方式一:可自动开启的行李舱。

操作简单方便,许多奥迪车型可提供具有自动开启和关闭功能的行李舱,根据不同的车型,还可以提供电动式或机械式控制装置供客户选择。只需按动按钮即可启动,电动行李舱更方便装载物品,加强了身材矮小和残疾人使用的便捷性。根据不同的车型,只需按动驾驶员车门面板上的按钮、行李舱凹框把手内的软触按钮或中控锁遥控器，即可开启和关闭电动行李舱。如果想再次关闭行李舱，您只需要简单地按下行李舱盖内部的按钮。有些奥迪车型，可以选装机械式行李舱控制系统，此系统可以通过弹簧装置开启行李舱，并手动关闭行李舱。

方式二：以无接触的方式开启后行李舱。

当您一个人手里拿着公文包、商务手推车等一大堆东西站在新BMW7系后方，谁能帮您打开行李舱？别担心，您现在只需要做一个小动作：微微抬一下脚，行李舱的门会自动开启。同时，后行李舱将解锁并自动摆动打开。后保险杠面板中的不同高度处安装有多个用于检测人体的传感器，它们会记录胫骨与脚尖之间这一部位的运动，并向车载电脑发送开启信号。为了排除误导操作，只有系统通过无线电信号检测到抬脚的人携带有车钥匙时，才会打开后行李舱。

学习单元6　汽车钣金焊接及切割操作

学习任务1　气体保护焊操作

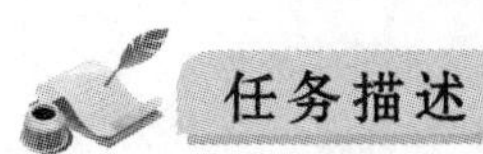

任务描述

在行驶过程中，车辆由于多种原因产生严重碰撞，导致车身损坏较严重，车身尺寸发生变化，如图6-1-1所示，需对车身进行测量，分析损坏程度，并对受损的车身骨架等进行拉伸校正、切割、更换、装配和焊接等拆装修复。现代汽车维修企业，已经将气体保护焊作为焊修的主要技术。

图6-1-1　前纵梁损伤

学习目标

1. 熟悉气体保护焊设备使用及参数调节。
2. 掌握气体保护焊的操作方法。

建议学时：8学时。

学习准备

一、知识准备

1. 气体保护焊的基本原理

用外加气体作为电弧介质并保护电弧和焊接区的电弧焊，称为气体保护电弧焊，也叫气体保护焊，简称气保焊。气体保护焊常用的气体有氩气、二氧化碳等以及它们的混合气，在车身修复中较好的气体是氩气占75%、二氧化碳占25%的混合气。焊接过程中，利用从喷嘴流出的气体，在电弧周围形成连续封闭的气体保护层，将空气与焊接区隔绝，使电极端部、弧柱区和熔池金属处于气体保护区内，防止空气及其他有害气体侵入熔滴和熔池，同时有效地促使电弧热量集中、燃烧稳定。

根据焊接时电极是否熔化，气体保护焊可以分为非熔化极气体保护焊和熔化极气体保护焊两类。非熔化极气体保护焊通常使用钨或钨合金作为不熔化的电极，氩气作为外加保护性气体，添加或者不添加填充焊丝进行焊接，如图6-1-2所示；而熔化极气体保护焊常用填充焊丝作为熔化电极，外加保护气体，如图6-1-3所示的二氧化碳气体保护焊。

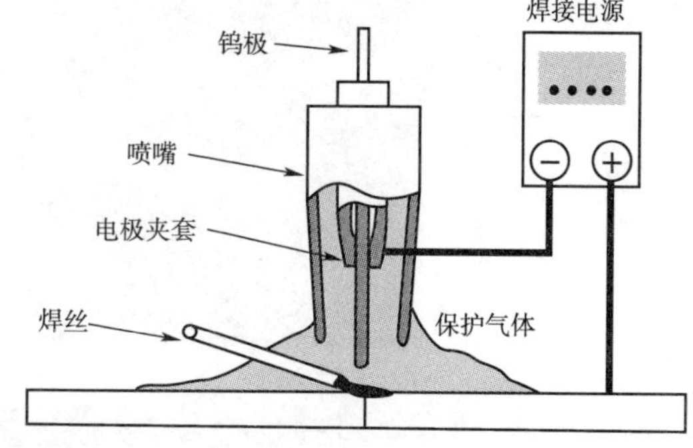

图6-1-2　非熔化极气体保护焊原理

气体保护焊是用二氧化碳（CO_2）气体作为保护气体，依靠焊丝与钣件间产生的电弧来熔化金属的一种电弧焊方法，简称CO_2焊。CO_2焊有自动和半自动两种，手工控制焊枪进行焊接的方法称为半自动焊。在此以半自动CO_2焊介绍气体保护焊的相关知识和操作技术。

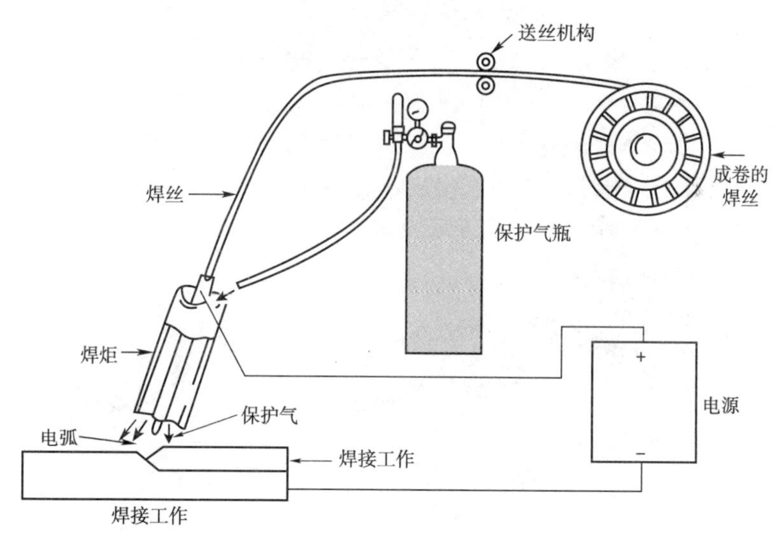

图6-1-3　CO_2气体保护焊原理

2. 气体保护焊的特点

气体保护焊优点是：操作简单且易掌握，焊接成本低、生产效率高、抗锈能力高、焊接变形小、冷裂倾向小、采用明弧焊、适用范围广。

气体保护焊缺点是：易产生飞溅、气孔、未熔合等焊接缺陷，焊接时不易观察焊缝熔池，很难用交流电源焊接或在有风的地方施焊，不能焊接容易氧化的有色金属材料。

由于CO_2焊的焊接过程是在氧化性气氛中进行的，因此冶金反应产生较多的CO气体，在电弧的高温下，反应产生的气体急剧膨胀，使熔滴破碎而引起金属飞溅。

3. 气体保护焊焊接设备

气体保护焊设备由焊接电源、焊枪、送丝机构、供气系统、控制系统组成,如图 6-1-4 所示。

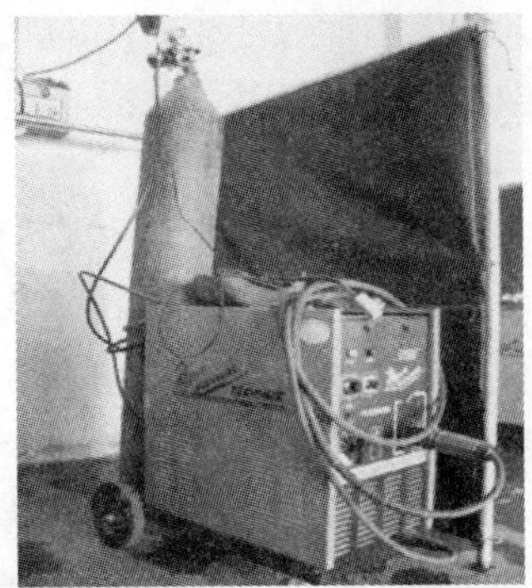
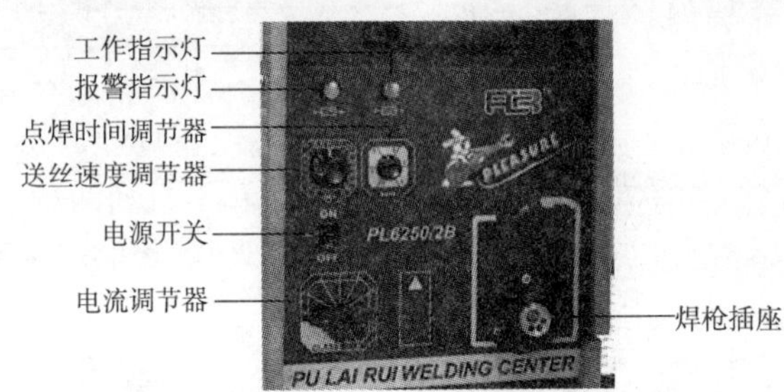

图 6-1-4　CO_2 焊接设备

(1)焊接电源。即气体保护焊焊机,为焊接提供所需的电流和电压。通常使用直流电源进行焊接,使用时应注意焊机上对焊枪、钣件接线位置的提示。

(2)焊枪。焊枪的主要作用是控制焊接回路的接通、断开、送气、送丝及稳定可靠地向焊丝导电,如图 6-1-5 所示。

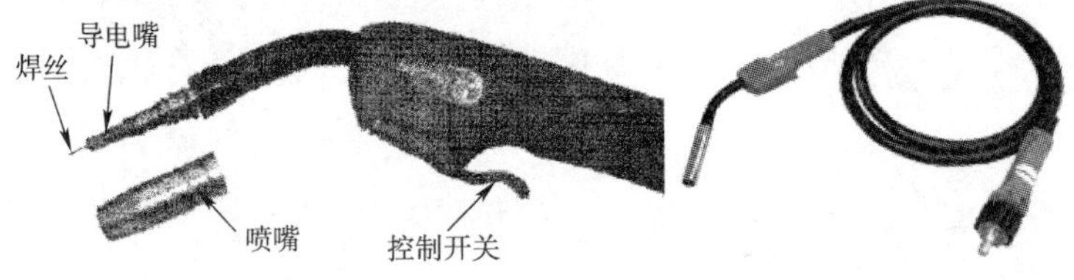

图 6-1-5　一体化焊枪

(3)送丝机构。送丝机构有拉丝式、推丝式和推拉式三种,常用的是推丝式,如图 6-1-6 所示。

图 6-1-6　送丝机构

(4)供气系统。气体保护焊供气系统由气瓶、预热器、减压器和流量计等组成,如图6-1-7所示。预热器的工作电压一般有36V、110V和220V三种,与焊机配套使用,不得混用以免烧坏。

(5)控制系统。气体保护焊控制系统主要对供气、送丝和送电装置进行控制。供气阀、送丝机、焊接电源都安装在焊机壳内部,通过电缆连接到焊枪手把上的接触式开关。压下开关就接通了电源回路,供气和送丝装置随即开始工作;松开开关后就切断了电源回路,各部分就停止工作。

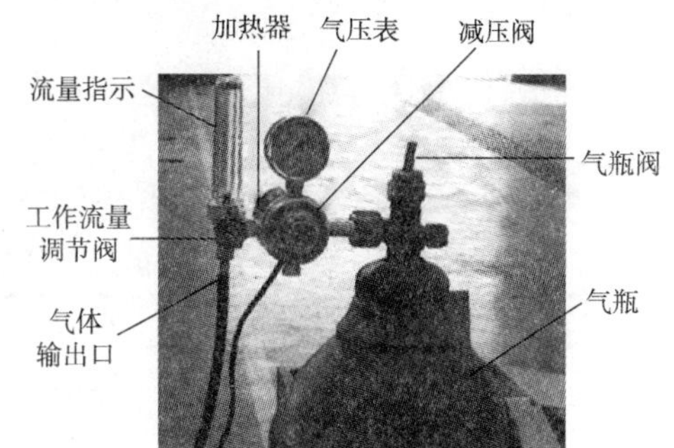

图6-1-7　CO_2供气系统

4. 气体保护焊的两种主要熔滴过渡形式

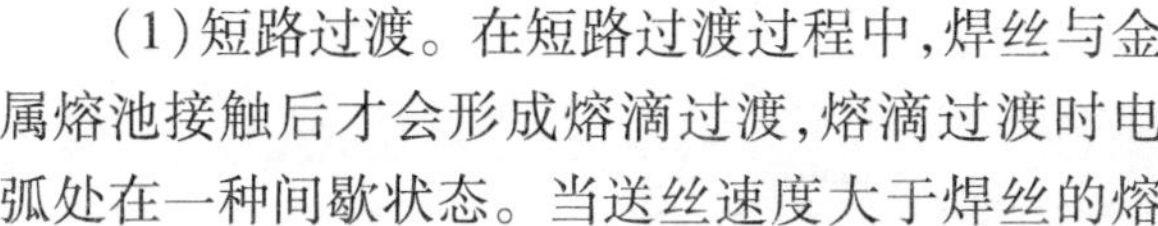

(1)短路过渡。在短路过渡过程中,焊丝与金属熔池接触后才会形成熔滴过渡,熔滴过渡时电弧处在一种间歇状态。当送丝速度大于焊丝的熔化速度时,焊丝接触到熔池形成短路状态,电流迅速增大,通过焊丝的热量迅速增加,同时,焊丝开始变形,在电磁力的作用下焊丝末端形成很细的颈部,最终在电流和电磁力的持续作用下焊丝末端颈部断开,形成熔滴进入熔池。这种过渡形式的热输入量低,熔池凝固较快,变形小,适合全位置和薄板焊接。如图6-1-8a)所示。

(2)滴状过渡。熔化的金属以大颗粒形式穿过电弧形成熔滴过渡,电流比短路过渡状态时的电流大,而且熔滴的尺寸往往是焊丝直径的2~4倍。熔滴过渡不是沿着电弧的轴线,而是在焊丝末端由于电弧力的影响向上挠曲,最后在熔滴的重力作用下掉入熔池中,或熔滴过大与熔池短路形成过渡。如图6-1-8b)所示。

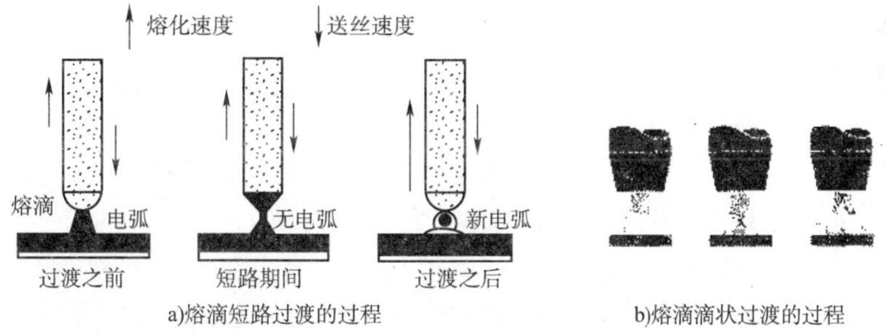

图6-1-8　熔滴过渡形式

5. 气体保护焊的焊接工艺参数

气体保护焊的规范参数包括电源极性、焊丝直径、电弧电压、焊接电流、气体流量、送丝速度、焊丝伸出长度等。

(1)电源极性。气体保护焊焊接一般材料时,采用直流反接,即焊枪接正极、钣件接负极。在大多数焊机上,都会对此做出明确的标识。

(2)焊丝直径。气体保护焊的焊丝直径一般根据钣件厚度和焊接位置选择。在汽车维修焊接中,常采用ϕ0.8mm的焊丝进行焊接。

(3)电弧电压和焊接电流。对于一定直径的焊丝来说,在气体保护焊中,采用较低的电弧电压,较小的焊接电流焊接时,焊丝熔化所形成的熔滴把母材和焊丝连接起来,呈短路状态称为短路过渡。大多数气体保护焊工艺都采用短路过渡焊接。当电弧电压较高、焊接电流较大时,熔滴呈小颗粒飞落称为颗粒过渡。$\phi0.6\sim\phi1.2$mm 的焊丝主要采用短路过渡,随着焊丝直径的增加,飞溅颗粒的数量就相应增加。当采用 $\phi1.6$mm 的焊丝时,飞溅就会非常严重。

焊接电流与电弧电压是关键的工艺参数。为了使焊缝成形良好、飞溅减少、减少焊接缺陷,电弧电压和焊接电流要相互匹配,通过改变送丝速度来调节焊接电流。飞溅最少时的典型工艺参数和生产所用的工艺参数范围详见表 6-1-1。

典型工艺参数和生产所用的工艺参数 表 6-1-1

参数 直径	典型工艺参数		生产工艺参数		短路过渡参数	
焊丝直径 (mm)	电弧电压 (V)	焊接电流 (A)	电弧电压 (V)	焊接电流 (A)	电弧电压 (V)	焊接电流 (A)
0.8	17 ~ 18	80 ~ 100	18 ~ 22	60 ~ 120	18 ~ 20	75 ~ 120
1.0	18 ~ 19	100 ~ 120	18 ~ 24	80 ~ 160	19 ~ 21	110 ~ 160
1.2	19 ~ 20	120 ~ 140	18 ~ 26	100 ~ 260	20 ~ 22	150 ~ 210
1.6	20 ~ 22	140 ~ 180	20 ~ 28	160 ~ 300	21 ~ 23	200 ~ 250

在小电流焊接时,电弧电压过高,金属飞溅将增多;电弧电压太低,则焊丝容易伸入熔池,使电弧不稳。在大电流焊接时,若电弧电压过大,则金属飞溅增多,容易产生气孔;电压太低,则电弧太短,使焊缝成形不良。

焊接电流和电压的调节是通过焊机面板上的"电流调节器"旋钮来实现的,挡位数字越大,焊接时的电流和电压就越大,如图 6-1-4 所示。

(4)气体流量。气体流量应根据焊接电流、焊接速度、焊丝伸出长度及喷嘴直径来选择,直径≤1mm 的焊丝相应流量为 5 ~ 15L/min,直径≥1mm 焊丝相应流量为 15 ~ 25L/min。

气体流量的调节方法为:逆时针方向打开气瓶上的总阀,然后逆时针打开流量计上的气体出口阀。流量计管内的小浮球对应的管壁上的数字,就是气体流量数值,需要加大就逆时针转动出口阀手轮,需要减小就顺时针转动出口阀手轮。

(5)送丝速度。CO_2焊接时,必须选用与焊接电流、电压相匹配的送丝速度,才能获得稳定的焊接过程,并控制焊缝的良好成形,可通过面板上的"送丝速度调节器"旋钮进行调节。旋钮对应的速度值越大,焊接时的送丝速度就越快,如图 6-1-4 所示。

(6)焊丝伸出长度。焊丝伸出长度是指焊接时焊丝伸出导电嘴的长度,它取决于焊丝直径。一般焊丝伸出长度以焊丝直径的 10 倍且不长于 15mm 为宜,如图 6-1-9 所示。

6. 焊接参数的判断与调节

(1)合理焊接规范的主要特征。

①焊缝成形好。

②焊接过程稳定,飞溅小。

③焊接时听到稳定而均匀的"噼啪"声音。

④焊接时看到焊机的电流表、电压表的指针稳定,摆动小。

(2)调整合理焊接规范的步骤。

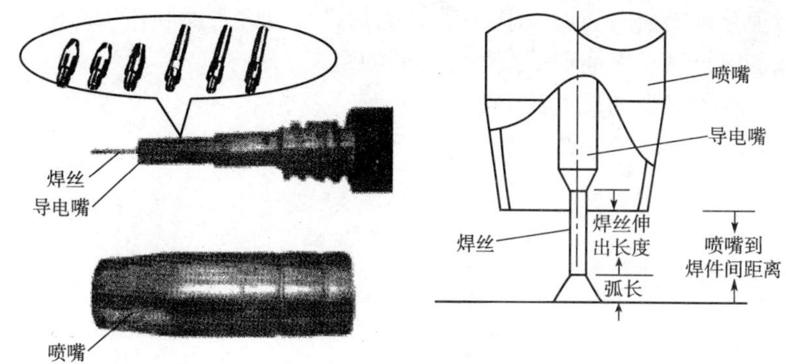

图 6-1-9　焊丝伸出长度和高度

①根据工件厚度、焊缝位置，选择焊丝直径、气体流量、焊接电流和送丝速度。

②在试板上试焊，根据选择的焊丝直径，细心调整焊接电流和送丝速度。

③根据试板上焊缝成形情况，适当调整焊接电流、送丝速度、气体流量，尽量调整到最佳焊接规范值。

④在工件上正式焊接过程中，应注意焊接回路接触电阻引起的电压降，及时调整焊接电压，确保焊接过程稳定。

7. 防堵剂

合理使用焊嘴防堵剂，可以有效避免飞溅物附着在喷嘴内壁导致喷嘴短路或保护气体流动不畅通，如图 6-1-10 所示。

图 6-1-10　焊嘴防堵剂

8. 常见焊接缺陷的产生原因及防止方法

(1)因设备原因产生的缺陷主要有以下几种：

①送丝不均匀：原因是焊丝盘制动轴太松或太紧、V 形槽太小或磨损太大、压紧轮压力太大或太小。防止方法是调整送丝轮及机构。

②焊丝打弯，送丝不畅：原因是进丝嘴孔太大、太小，或进丝嘴与送丝轮间距离太大，弹簧软管内径太大、太小或被脏物堵住，软管太短或太长。

③接触点经常变化、电弧不稳、焊缝不直：原因是导电嘴磨损或孔径太大，防止方法是检查导电嘴后进行更换。

④气体保护不好、产生气孔、电弧不匀或不稳定：原因是喷嘴被飞溅物堵死或松动、地线松动或接触处铁锈未除净。防止方法是清理喷嘴或旋紧喷嘴，检查处理地线松动，清除工件上的铁锈。

(2)因焊接方面产生的缺陷主要是气孔。

产生的原因有气体纯度不够、水冷式焊枪漏水、没有保护气体、有风或气体流量不合适、喷嘴被飞溅物堵塞、焊枪倾角太大、焊丝伸出长度太大或喷嘴位置太高、弹簧软管内孔堵塞。

防止方法：

①加热保护气体。

②加强熔池的保护，采取有效的防风、避风措施，并选择合适的气体流量。

③经常清理导电嘴表面和喷嘴内壁附着物，保持导电嘴表面和喷嘴内壁清洁。

④注意保持焊枪倾角以及喷嘴与焊件之间的距离。

⑤注意检查焊丝伸出的长度及位置。

⑥养成良好的定期维护设备习惯。

二、工作场所

理论与实操教学一体化教室。

三、工作器材

CO_2气体保护焊机、大力钳、锤子、尖嘴钳、划针、钢直尺等。

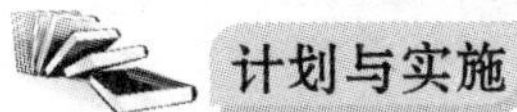

计划与实施

一、操作前准备

(1)工位准备。

工具设备准备：CO_2气体保护焊机、大力钳、锤子、尖嘴钳、划针、钢直尺等。

材料用品准备：钣件、废钣件、防堵剂、焊接手套、焊接面罩、棉纱手套、色笔等。

(2)安全检查。

①将焊机放置在工件附近，并确认焊机上的电源开关的位置处于断开状态。确保焊机有效接地，检查电缆是否完好无损，检查电源线、焊把线和地线连接处，确保牢固后才能送电、开启焊机电源。

注意：焊机所规定使用的电压应与电网电压一致。

②确保焊机和工件周围区域干燥，确保焊接操作区域附近没有易燃物质，必要时把现场的地面打扫干净。现场准备好灭火器材。

(3)设备检查。

①穿戴工作手套。

②打开配电箱开关，将焊机电源开关置于“开”，调整电流和送丝速度。

③打开气瓶阀，确认气瓶内的气体可供正常焊接。当气瓶内气体压力小于0.1MPa时，将不能满足焊接保护的要求，应及时更换。

将流量调节旋钮逆时针向“OPEN”方向旋转，直到流量指示管内浮球对应的指示数大约为所需要的数值。

④按一下焊枪开关，检查送气、送丝是否正常。确认正常后，松开加压螺杆，逆时针转动焊丝盘，收回焊丝以避免浪费。

⑤如果送丝速度不正常，注意检查焊丝在安装时，送丝轮的丝槽宽度是否与丝径吻合，加压螺杆压力是否合适。调整压力时，视焊丝直径大小，以送丝时焊丝无被卡现象为宜，如图6-1-11所示，图中调整到5和6之间。

(4)搭铁(接地线)。在合适位置将地线连接好。

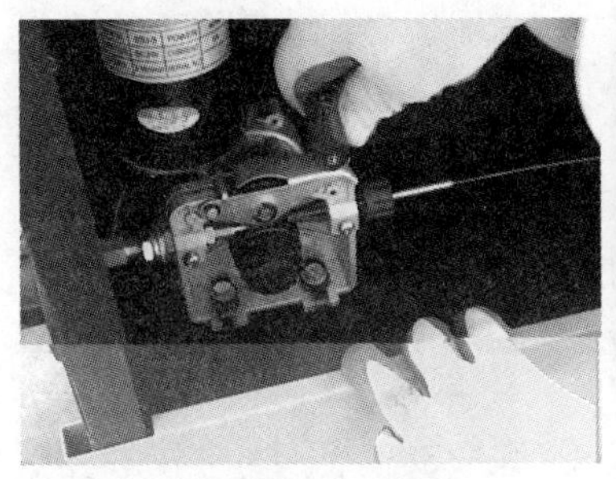
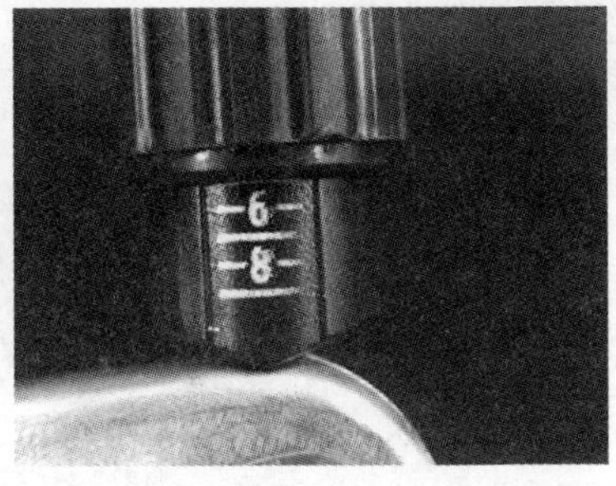

图 6-1-11　调整加压螺杆

(5)调节气体流量。调节 CO_2气体流量为 10 ~ 15L/min,如图 6-1-12 所示。

图 6-1-12　调整工作气体流量

(6)调整焊接参数,根据工件厚度适当调整焊接电流和送丝速度;根据焊接方法调整点焊时间,不是进行点焊时,点焊时间调为"0",如图 6-1-13 所示。

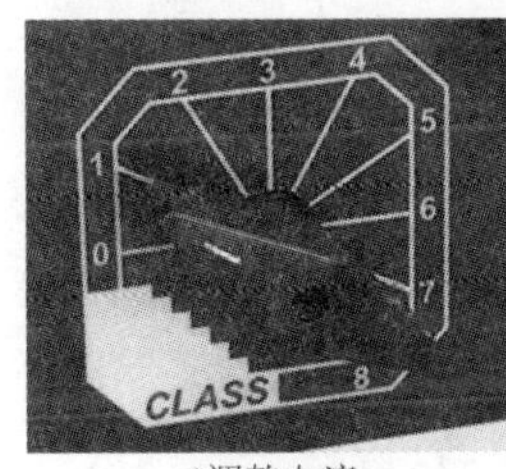

a)调整电流

b)调整送丝速度

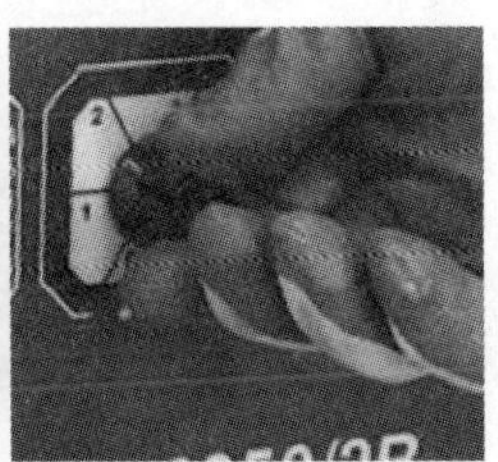

c)调整点焊时间

图 6-1-13　调整参数

(7)试焊。

①按要求穿戴焊接安全服、绝缘鞋和手套。

②清洁试焊的钣件(一般用废件),有必要时敲平以方便焊接,如图 6-1-14 所示。

③调整焊接台架固定钣件的横臂高度,立焊时一般与自己肩膀同高。

④使用大力钳、C 型钳等夹具将钣件夹紧,然后按焊接位置要求固定在焊接台架横臂上。如图 6-1-15 所示为立焊时的固定方法。

⑤清理焊枪,焊丝伸出喷嘴 3 ~ 5mm,并把过长的焊丝剪去,如图 6-1-16 所示。

⑥拿好或者戴好防护面罩,将喷嘴靠近钣件,焊丝对准焊缝,压下焊枪开关,开始试焊。焊丝与工件间的距离控制在 5mm 以内,如图 6-1-17 所示。

⑦试焊期间,要根据实际情况多次进行参数调整,直至得到符合要求的焊缝为止。

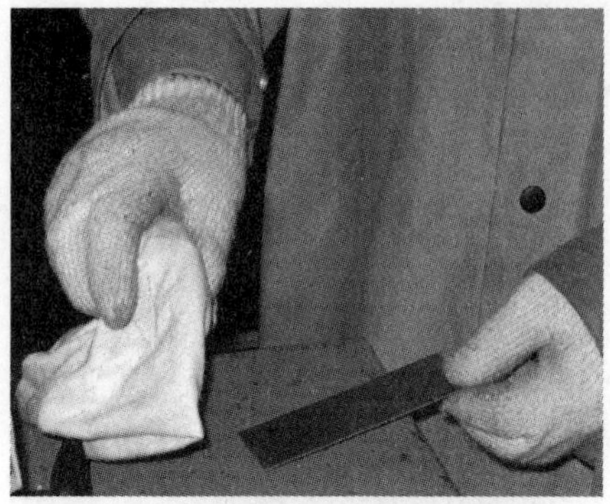

图 6-1-14　清洁钣件

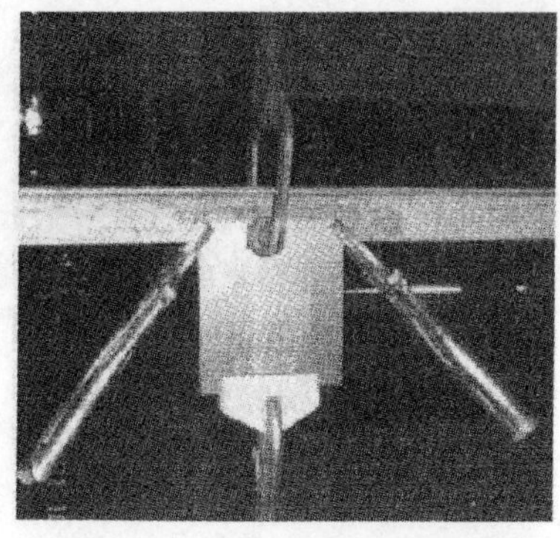

图 6-1-15　钣件固定在焊架横臂上

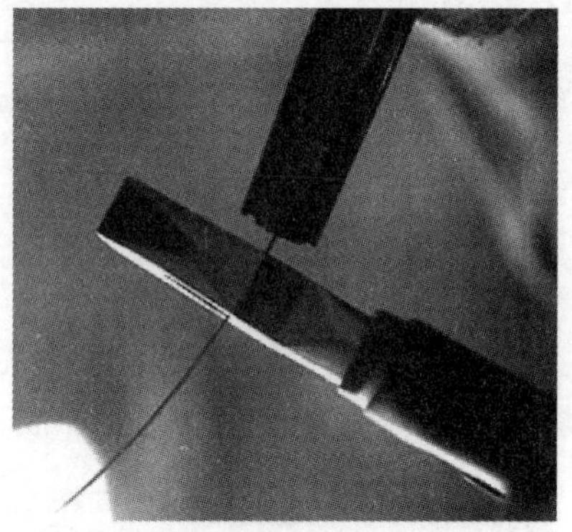

图 6-1-16　剪去过长的焊丝

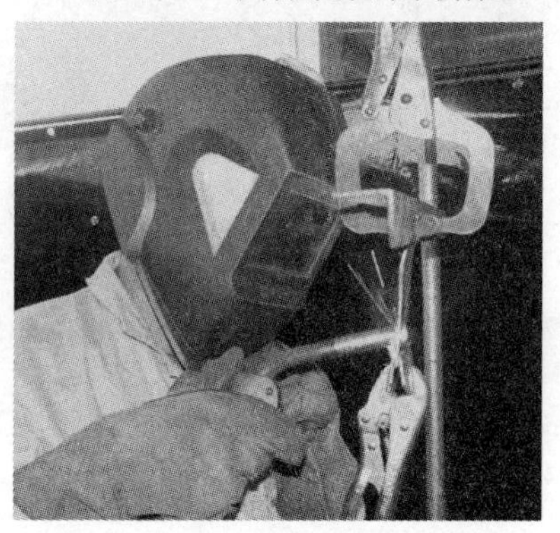

图 6-1-17　焊接

(8)正式焊接。

①清洁钣件。

②按要求对焊片进行测量、划线。

③如试焊一样,把钣件装夹好,利用试焊后调节好的参数进行焊接。

图 6-1-18　将送丝速度调“0”

(9)焊接结束。松开焊枪开关,焊接电弧停止,焊接操作结束。此时不能马上提起焊枪,应保持焊接时的状态 2s 左右,以保护收弧处。

(10)在焊接过程中,应当经常清除黏附在导电嘴、喷嘴内壁的飞溅物,以避免焊嘴被堵塞而导致的焊缝缺陷,清理后并涂抹一些防堵剂。

(11)焊接完毕后,应先关闭 CO_2 气源总阀,将送丝速度调整为“0”,压下焊枪开关放尽减压器及焊机供气阀内的剩余气体,再关闭焊机电源和减压器工作阀门,如图 6-1-18 所示。

(12)收回焊枪和地线并整理好,及时清理操作现场。

二、各种位置焊接的操作训练

1. 平焊(平敷焊/平对接焊/平搭接焊)操作方法

平焊一般采用蹲位、左向焊法。焊接时,焊枪做直线运动,不作左右摆动。焊枪向焊接方向的移动应缓慢、稳定。采用断弧焊方法焊接薄板时，每一个焊点完成后，焊枪移动的距离应尽量保持均匀，以保证焊缝的连续性。

（1）平焊操作姿势。平焊常用站、坐、蹲等姿势，一般采用蹲位姿态，操作姿势如图6-1-19所示。

a)站立平焊　　b)坐位平焊　　c)蹲位平焊

图6-1-19　平焊的操作姿势

（2）平焊焊枪角度。平焊操作时可以采用左向焊法或者右向焊法。平焊焊枪角度如图6-1-20 所示。焊枪角度对左向焊法和右向焊法焊缝影响如图6-1-21 所示。

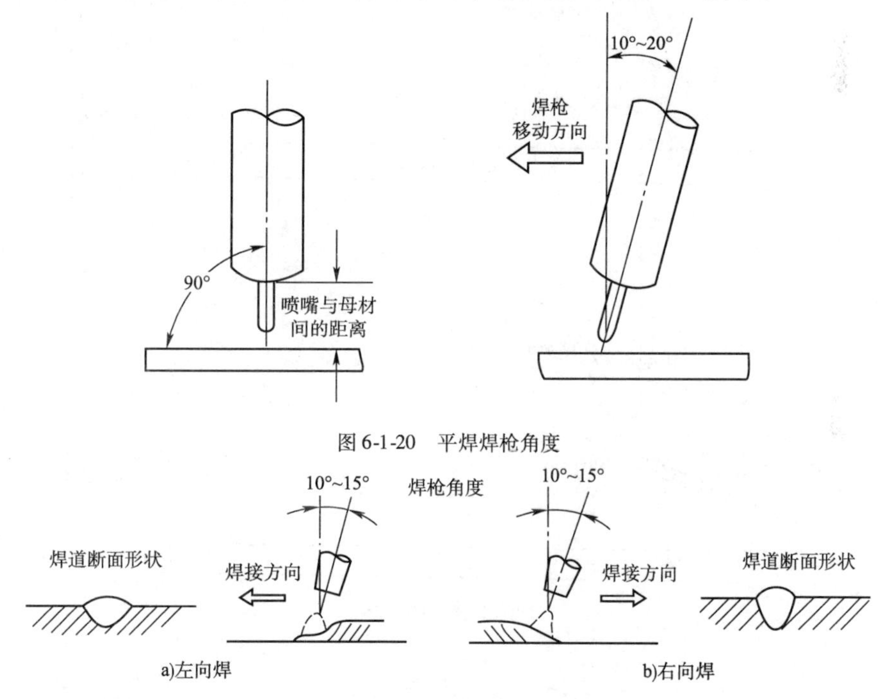

图6-1-20　平焊焊枪角度

a)左向焊　　b)右向焊

图6-1-21　焊枪角度对左向焊法和右向焊法焊缝影响

（3）平焊操作要领。

①控制电弧及焊点。首先调试好焊接工艺参数，然后在钣件左端焊缝起始处引燃电弧，经过0.5～1s 的时间形成第一个焊点，然后松开开关熄弧。重复此动作并开始向右焊接，焊枪在焊缝方向从左向右小幅度移动，不做两侧的横向摆动。在焊接和移动过程中，要严格保持焊枪喷嘴与钣件之间的距离，不要随意抬起焊枪，以保证焊丝伸出长度不变，同时使焊缝获得良好、持续的气体保护。

②控制熔池的大小。熔池的大小决定背部焊缝的宽度和余高，要求焊接过程中严格控制熔池直径。若熔池太小，则根部熔合不好；若熔池太大，则根部焊道变宽和变高，容易引起

烧穿和产生焊瘤。要求焊接过程中仔细观察熔池大小,并根据熔池直径的变化、工件温度的变化情况,及时调整焊接时间和焊接速度。施焊中要保持熔池直径不变,才能熟练地掌握单面焊双面成形操作技术,获得宽窄与高低均匀的背部焊道。

如图 6-1-22 所示,控制熔池大小及焊缝成形的要点有以下三方面:

a. 控制好每一次焊接的持续时间。焊接持续时间长,则焊点面积大、熔池温度高,容易导致钣件被烧穿;时间短则熔池来不及成形,导致背面焊缝不成形。

b. 控制好两次焊接之间的时间间隔。间隔时间太短会使钣件温度过高,导致钣件烧穿;间隔时间太长会使钣件温度太低,导致起弧不顺利,焊点熔合不良。

c. 控制好每次焊点完成后的移动距离。移动距离太小会导致焊缝堆积过高、焊丝回烧损坏导电嘴;移动距离太大会导致焊缝连续性差,甚至不能形成完整的焊缝。

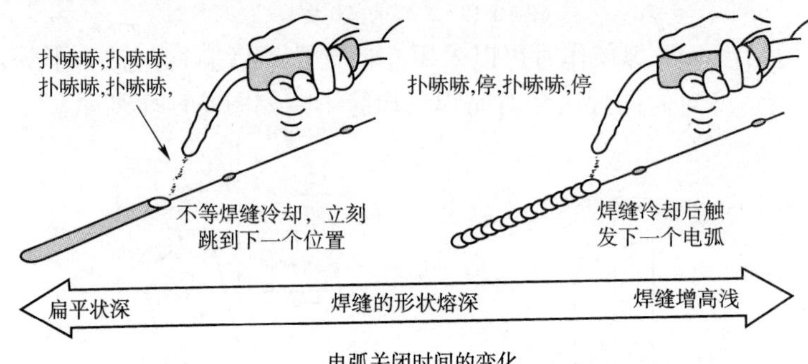

电弧关闭时间的变化

电弧连通时间的变化

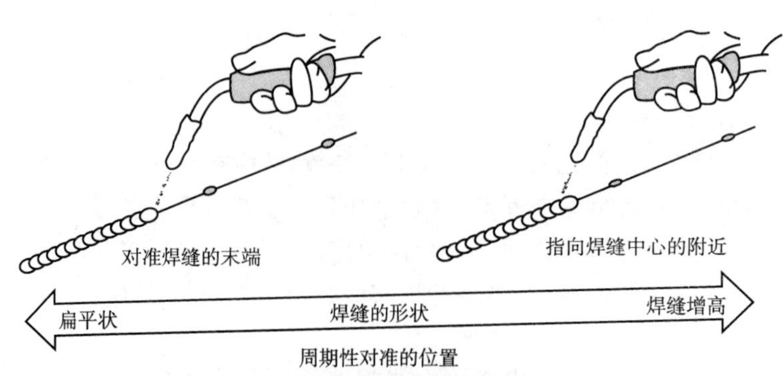

周期性对准的位置

图 6-1-22　气体保护焊焊接操作

③保证焊缝两侧的熔合。焊接过程中注意观察钣件表面的熔合情况，依靠电弧在钣件表面的停留，保证两钣件熔化并与熔池边缘熔合在一起。

④控制喷嘴的高度。焊接过程中，始终保持喷嘴与钣件表面有5～8mm的距离，并确保焊丝伸出长度不超过焊丝直径的10倍。

2. 立焊（立敷焊/立对接焊/立搭接焊）操作方法

（1）立焊操作姿势。一般采用蹲姿，使用头戴式面罩时，可以采用双手握枪的操作动作，如图6-1-23所示。

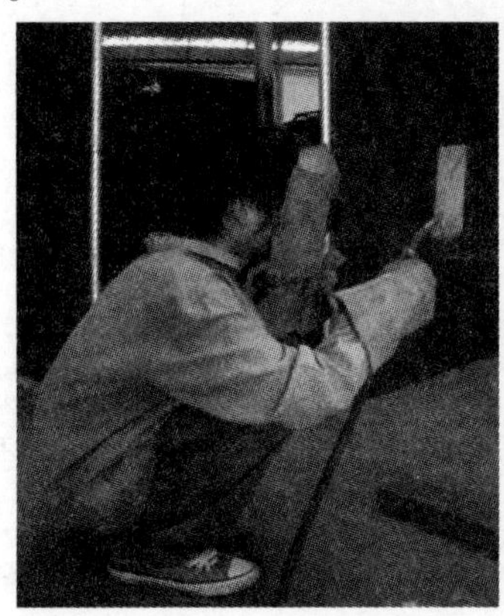
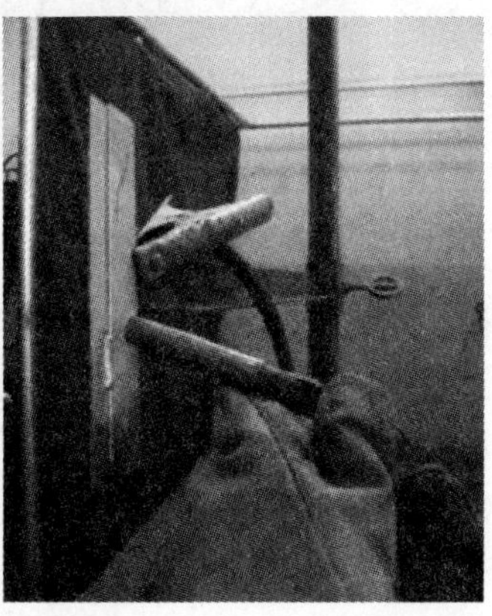

图6-1-23　立焊操作方法

（2）立焊焊枪角度。CO_2立焊有向上立焊和向下立焊两种方法，焊枪角度如图6-1-24所示。一般采用向下立焊的焊接方法。

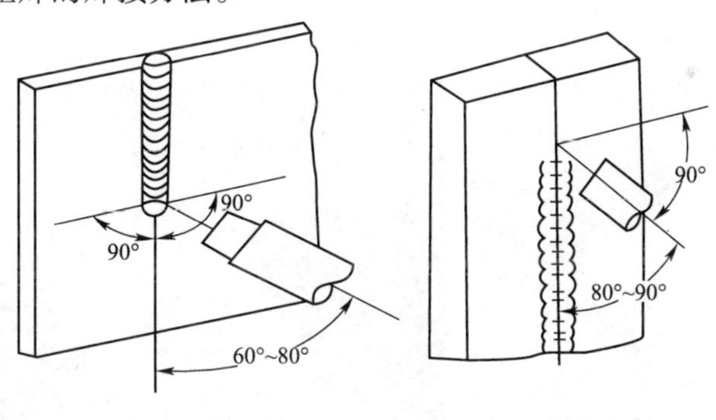

a)向下立焊时的焊枪角度　　b)向上立焊时的焊枪角度

图6-1-24　立焊方法

（3）立焊操作要领。

①控制电弧及焊点。首先调试好焊接工艺参数，然后在钣件起焊端焊缝起始处引燃电弧，经过0.5～1s的时间形成第一个焊点，然后松开开关熄弧。重复此动作并开始向上或向下焊接，焊枪在焊缝方向上作小幅度移动，不做左右方向上的摆动。

②控制熔池的大小、保证焊缝两侧的熔合、操作要求等与平焊相同。

③控制喷嘴的高度。焊接过程中，始终保持喷嘴与钣件表面有4～5mm的距离，并确保焊丝伸出长度不超过焊丝直径的10倍。

3. 横焊（横敷焊/横对接焊/横搭接焊）操作方法

（1）横焊操作姿势。一般采用蹲姿，姿势与立焊相同，使用头戴式面罩时，可以采用双手握枪的操作动作，如图 6-1-25 所示。

(2)横焊焊枪角度。横焊时，一般厚板采用左焊法，薄板采用右焊法，焊枪角度如图 6-1-26所示。

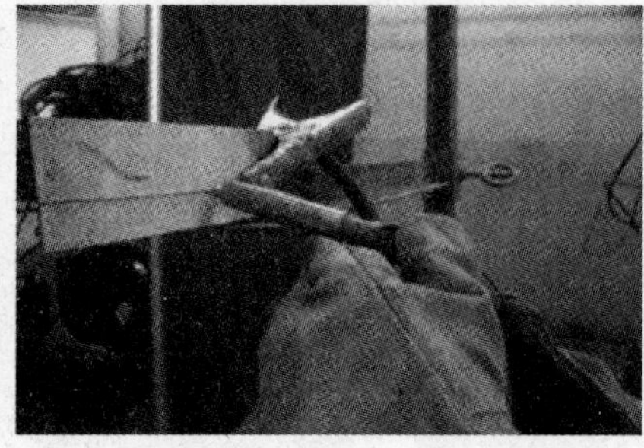

图 6-1-25　横焊操作方法

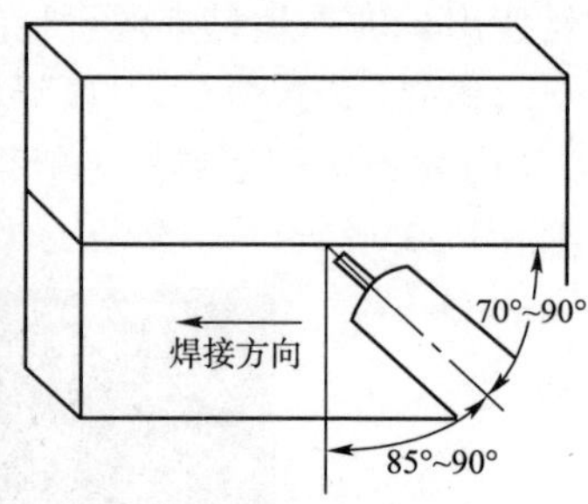

图 6-1-26　横焊时焊枪的角度

(3)横焊操作要领。

①控制电弧及焊点。首先调试好焊接工艺参数，然后在钣件右端焊缝起始处引燃电弧，经过 0.5 ~ 1s 的时间形成第一个焊点，然后松开开关熄弧。重复此动作并开始向左焊接，焊枪在焊缝方向上作小幅度移动，不做上下方向上的摆动。

②控制熔池的大小、保证焊缝两侧的熔合、控制喷嘴与钣件间的距离等操作要求与立焊时相同。

4. 仰焊(仰敷焊/仰对接焊/仰搭接焊)操作方法

(1)仰焊操作姿势。仰焊也叫抬头焊，一般采用蹲姿或站姿，使用头戴式面罩时，也可以采用双手握枪的操作动作，如图 6-1-27 所示。

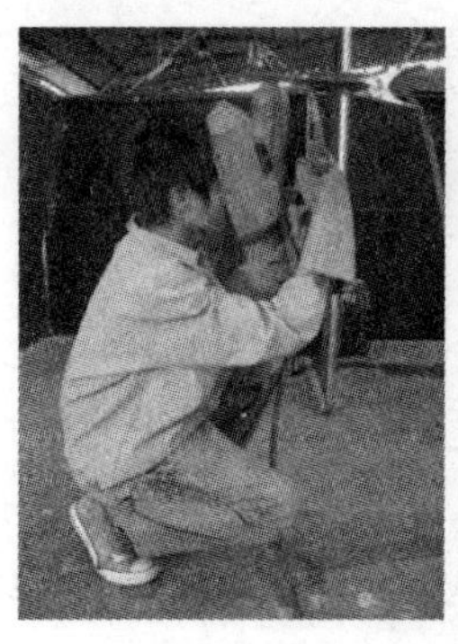

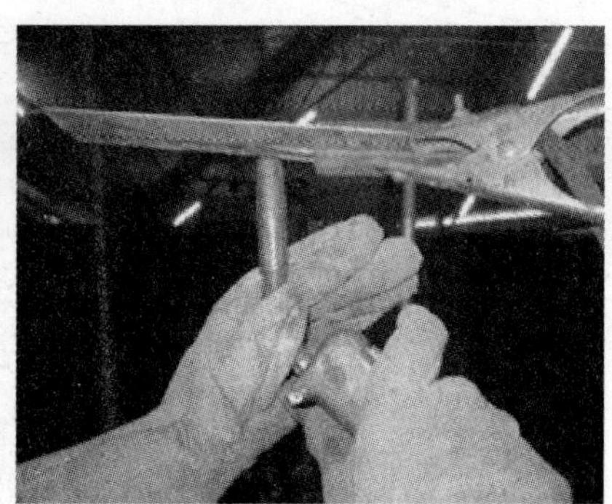

图 6-1-27　仰焊操作方法

(2)仰焊焊枪角度。仰焊时一般采用从远端到近端的焊法，焊枪角度如图 6-1-28 所示。

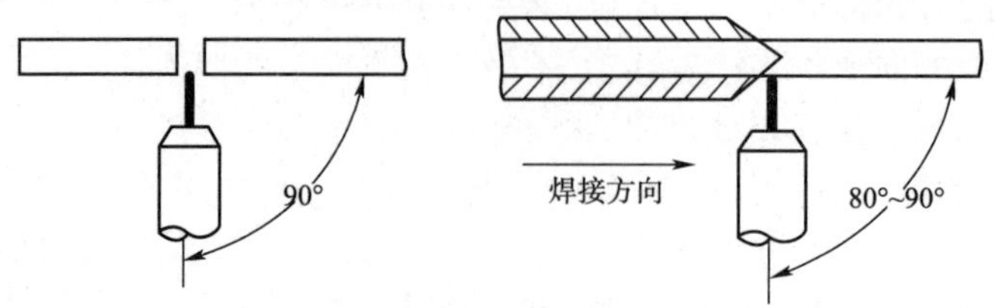

图 6-1-28　平面仰焊时焊枪的角度与位置

(3)仰焊操作要领。

①控制电弧及焊点。首先调试好焊接工艺参数,然后在钣件远端焊缝起始处引燃电弧,经过0.5～1s的时间形成第一个焊点,然后松开开关熄弧。重复此动作并开始向近端焊接,焊枪在焊缝方向上作从远向近的小幅度移动,不做左右方向上的摆动。

②控制熔池的大小、保证焊缝两侧的熔合、控制喷嘴与钣件间的距离与立焊相同。

5.塞焊操作方法

在汽车钣金修理中,CO_2塞焊用来代替汽车制造厂所用的点焊,可用于车身任何点焊部位的焊接维修。塞焊的强度很高,适用于承载的结构件,也可用于外围装饰板和薄板件的焊接维修。塞焊是点焊的一种形式,基本上为透孔点焊,即塞焊之前需要先在外侧焊板上钻或冲出孔来。焊接时应将两焊板夹紧,焊枪应垂直于焊板正面,将焊丝插入孔内,短暂地按下开关激发电弧,维持电弧1～2s时间并绕孔边画圆,以便焊丝在孔内形成熔池,然后松开开关,让熔池在气体保护范围内冷却凝固。

(1)塞焊操作姿势与焊枪角度。一般采用蹲姿,平、立、横、仰塞焊时的焊枪角度与相应位置对接焊时相同。

(2)塞焊操作要领。控制电弧及焊点:首先调试好焊接工艺参数,然后在塞孔中部引燃电弧,经过1～2s的时间并绕孔边画圆形成焊点,最后松开开关熄弧。

焊接操作:塞焊孔径一般为5～10mm。塞焊孔较大时,焊枪应沿孔缘缓慢地作圆周移动,呈空心圆形式进行填充;对于小塞焊孔,焊接时焊枪最好对准孔的中心固定不动。在进行塞焊时,应将焊枪与钣件母材靠近些,一般距离不超过10mm,这样可以改善焊接质量;应熔透到下层板内,如果焊点处背面有圆形凸起,则说明熔透良好。

评价与反馈

一、学习效果评价

1.选择题

(1)气体保护焊机最常用的送丝机构类型是(　　)。

A.拉丝式　　B.推丝式　　C.推拉丝式

(2)气体保护焊时,焊丝伸出长度由焊丝直径决定,一般焊丝伸出长度为焊丝直径的(　　)倍。

A.5　　B.10　　C.15

(3)二氧化碳焊的电源极性应采用(　　)。

A.直流正接　　B.直流反接　　C.交流电源

(4)汽车维修焊接中,常用直径(　　)mm的焊丝进行焊接施工。

A.0.6　　B.0.8　　C.1.0

(5)二氧化碳焊时常见的焊缝缺陷是(　　)。

A.裂纹　　B.气孔　　C.夹渣

2. 判断题

(1)气保焊焊丝直径根据焊件厚度、焊接直径和生产率要求等来选择。 (　　)

(2)二氧化碳气瓶内的气体压力降至小于1MPa时,应停止使用。 (　　)

(3)国家规定二氧化碳气瓶颜色应涂为乳白色。 (　　)

(4)按规定灌装后,二氧化碳气瓶内装的全部是气体。 (　　)

(5)气体保护焊是明弧焊,因而便于观察熔池。 (　　)

(6)气体保护焊适合于全位置焊接。 (　　)

3. 简述题

(1) CO_2气体保护焊有何优缺点?

(2)在车身修理中, CO_2气体保护焊常用哪些焊接方式?

(3) CO_2 气体保护焊有哪些重要的焊接参数需要十分熟悉?

(4)为什么说 CO_2气体保护焊是在现代车身钣金修理中用得最广泛的一种焊接?

(5)比较氧-乙炔焊火焰温度,说明为什么 CO_2气体保护焊适用在现代车身修理中。

(6)常用的 CO_2 气体保护焊破坏性试验有哪些? 如何操作?

(7)简述 CO_2 气体保护焊的焊接原理。

(8)为什么 CO_2 气体保护焊也要单面焊双面成形?

二、技能考核

气体保护焊操作技能考核项目和分值见表6-1-2。

气体保护焊操作技能考核表　　表6-1-2

考核时间	考核项目	分值	自我评价	小组评价	教师评价
20min	安全、规范操作	20			
	焊接参数的调节	10			
	正确进行焊接操作	40			
	整理工具	20			
	团队协作精神	10			
合计		100			

CO_2气体保护焊的破坏性试验质量要求

(1)搭焊撕裂破坏后,上面的焊片必须有与焊疤长度相等的缺口,如图6-1-29所示。

(2)对接焊撕裂破坏后,下面的焊片必须有与焊疤长度相等的孔,如图6-1-30所示。

(3)塞焊扭曲破坏后,下面的焊片必须有直径≥9mm的孔,如图6-1-31所示。

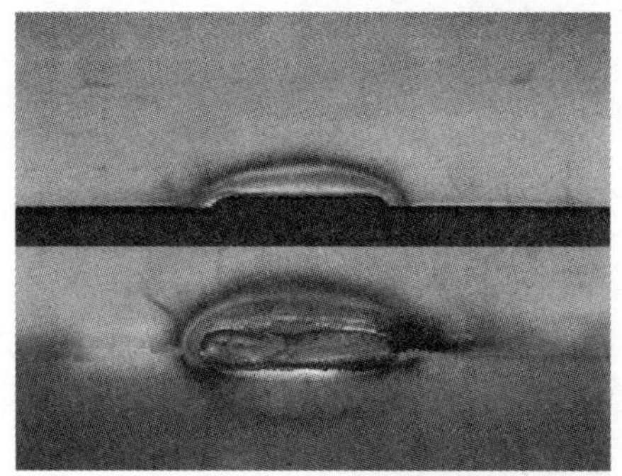

图 6-1-29　搭焊撕裂破坏

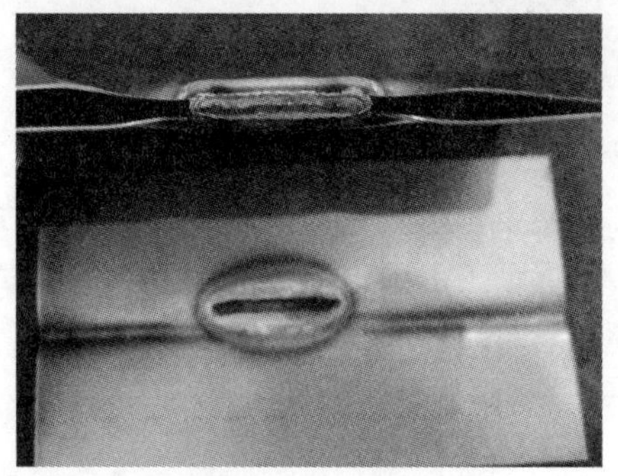

图 6-1-30　对接焊撕裂破坏

图 6-1-31　塞焊扭曲破坏

学习任务 2　手工电弧焊操作

任务描述

在行驶过程中，车辆由于多种原因产生严重碰撞，导致车身损坏较严重，如图 6-2-1 所示，需对车身受损的车身骨架进行切割更换，重新通过焊接来连接。手工电弧焊作为常用的焊接方式，在大型汽车维修中还有用武之地，如车架大梁的损坏修复。在此重点学习手工电弧焊点焊操作，连续焊可在此基础上增加直线方向的运条动作即可。

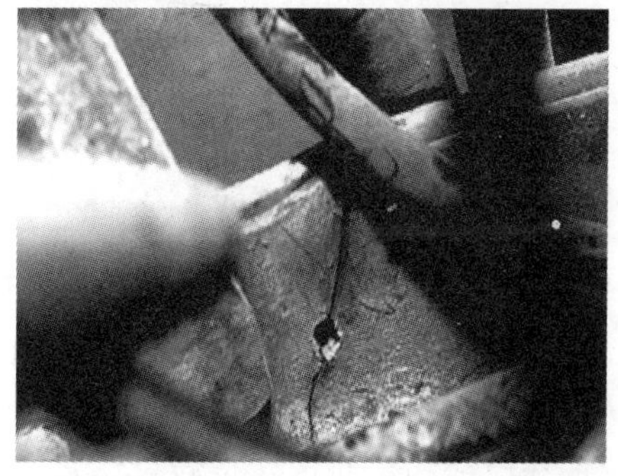

图 6-2-1　自卸车大梁断裂

学习目标

1. 熟悉手工电弧焊设备使用及参数调节。

2. 掌握手工电弧焊引弧及点焊的操作方法。

建议学时:8 学时。

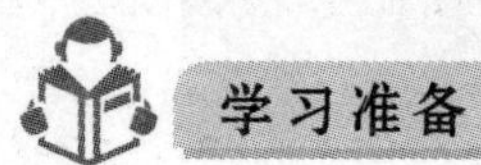

学习准备

一、知识准备

1. 手工电弧焊的基本原理

手工电弧焊是用手工操作焊条进行焊接的电弧焊方法,简称手弧焊,它利用焊机提供的焊接电流在焊条与钣件之间产生的电弧的热量,使焊条金属与母材熔化形成焊缝。手工电弧焊原理如图 6-2-2 所示,焊条熔化和焊缝形成的过程如图 6-2-3 所示。

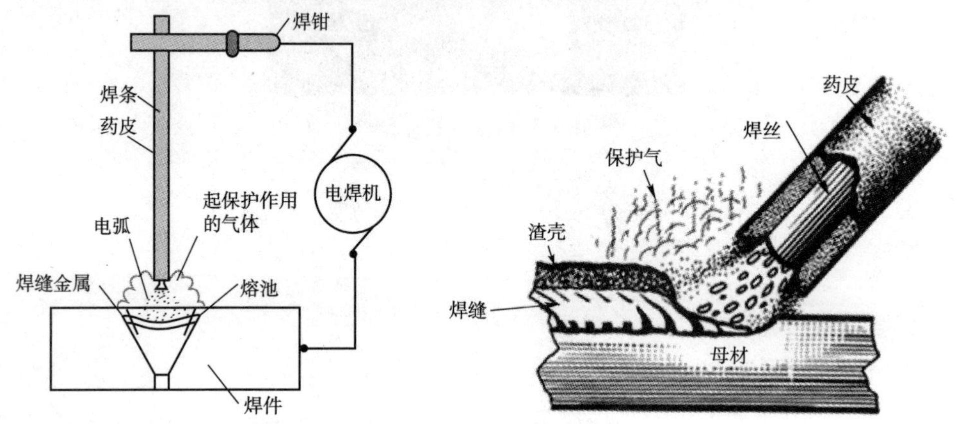

图 6-2-2　手工电弧焊原理图　　图 6-2-3　焊条熔化及焊缝形成过程

焊接时,被焊金属为一电极,焊条为另一电极,被焊金属称为钣件或母材。焊接时因电弧的高温和吹力作用使钣件局部熔化,在被焊金属上形成一个椭圆形充满液体金属的凹坑,这个凹坑称为熔池,随着焊条的移动熔池冷却凝固后形成焊缝。焊缝表面覆盖的、主要是由熔化的焊条药皮形成的黑色渣壳称为熔渣。焊条熔化末端到熔池表面的距离称为电弧长度。从钣件表面至熔池底部距离称为熔透深度。

2. 焊接电弧

(1)焊接电弧的概念。焊接电弧是由焊接电源供给的、在电极与钣件间气体介质中产生的强烈而持久的放电现象。焊接电弧温度高达 5730 ~ 7730℃,能有效地将电能转变为热能、光能和机械能,从而熔化金属并进行焊接。

(2)焊接电弧的产生过程。在焊接时,通常先将焊条的末端与钣件表面相接触. 然后很快地将焊条拉开,使之保持 3 ~ 4mm 的间隙,则电弧就在这个间隙中引燃了。这是由于焊条与钣件接触瞬间造成短路，产生很大的电流，某些接触点上的电流密度非常大，产生大量的电阻热，使接触部分的金属温度急剧升高而熔化，甚至部分发生蒸发。在稍微提开焊条的瞬间，大量电流只能从熔化金属的细颈处通过，则电流密度进一步增大，电阻热使得细颈处的液态金属温度猛烈升高，致使两极间液态金属迅速分开。此时由于强大的短路电流及金属蒸气的存在，焊条端部的温度已升得很高，在热能和电场力的作用下，带电的高温空气、金属和焊条药皮的蒸气发生电离，这时便出现了电子放射。由于电离和电子放射的综合作用，电弧便被引燃了。

焊接电弧在焊条与钣件之间维持稳定燃烧的条件有两个：一是焊机保持正常工作状态，即持续向焊条和钣件供电；二是焊条熔化末端与钣件间保持合适的距离，即电弧长度不能太短或者太长。

3. 焊条

(1)焊条是指涂有药皮的供手工电弧焊用的熔化电极，如图6-2-4所示。焊条燃烧如图6-2-5所示。

图6-2-4　焊条

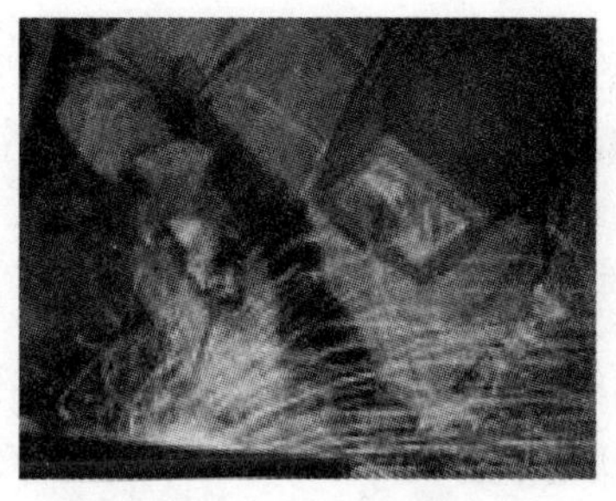
图6-2-5　焊条燃烧

手工电弧焊，焊条既作为电极，又在熔化后作为填充金属进入熔池，与母材金属熔合形成焊缝金属。焊条的药皮熔化后成为熔渣，起着隔离、清除、保护作用。由此可知，焊条不但影响电弧的稳定性，还直接影响焊缝金属的化学成分和力学性能。

(2)焊条由焊芯和药皮组成。焊芯：被药皮包裹着的金属称为焊芯，它是通过特殊冶炼而成的钢丝。

药皮：指压涂在焊芯上的涂层。药皮通常是由各种矿石粉、铁合金粉和有机物、化工产品等混合而成。

(3)焊条的规格。焊条以焊芯的直径为公称直径，根据焊芯材质和直径决定焊条的长度。不同类别焊条的规格及相应焊接参数见表6-2-1和表6-2-2。

焊条直径选择的参考数据　　表6-2-1

钣件厚度(mm)	2	3~5	6~12	<12
焊条直径(mm)	2.5	3.2	4.0	5.0

焊接工艺参数　　表6-2-2

焊条直径(mm)	1.6	2.5	3.2	4.0
焊接电流(A)	25~40	50~85	80~130	160~210

4. 手工电弧焊机

常用的手工电弧焊机有交流弧焊机、旋转式直流弧焊机和整流式直流弧焊机三种。

交流弧焊机主要有动铁芯式、同体式和动圈式三种。

旋转式直流弧焊机是一种专供电弧焊用的特殊形式的发电设备，由发电机和原动机两部分组成。原动机可以是电动机或内燃机，在工厂中常见的是用电动机驱动。直流弧焊机除了具有产生直流电的功能外，还具有满足焊接工艺所要求的性能。内燃直流弧焊机如图6-2-6所示。

整流式直流弧焊机由主变压器、整流器组、调节装置和冷却风扇等装置组成。这类焊机由于多采用硅整流元件进行整流，又称为硅整流焊机。

上述三种手工电弧焊机，一般用途时常使用交流电弧焊机。下面重点介绍交流电弧焊机及辅助设备。

（1）基本组成。交流电弧焊机是一个结构特殊的降压变压器，属于铁芯磁式类型。焊机内部铁芯由两侧的静铁芯和中间的动铁芯组成，外部有机壳、提手、焊机开关和接线柱。辅助组成部分有焊机电源线、焊接电缆线、电焊钳、地线夹，配套器具有焊接面罩、焊条和焊工手套。

基本组成如图6-2-7所示。

图6-2-6　内燃直流弧焊机

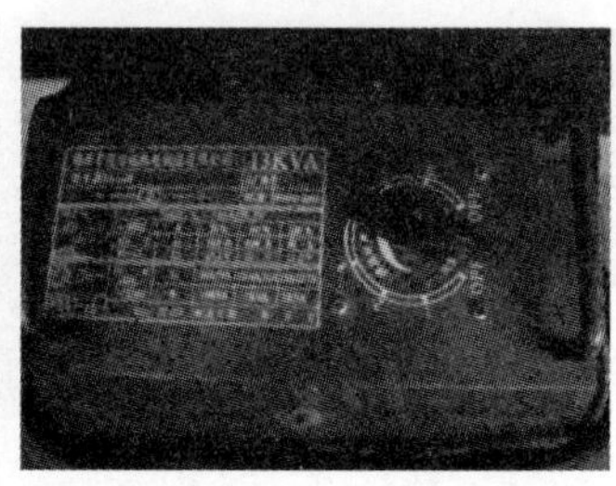

图6-2-7　交流电弧焊机及配件

（2）焊机电流输入端与输出端。交流电弧焊机通常使用220V和380V两种输入电流，焊机侧面上有相应的接线端和标识，如图6-2-8所示；在相对的侧面上有电流输出端，分别是焊钳电缆和地线电缆的接头，也有相应的接线标注。各电缆端头用接线耳夹紧，并用螺母紧固在接线端头上，如图6-2-9所示。

使用前，必须确认各接线点无误接，尤其是输入电压接头，输入电压接头间的电压值必须与电网电压一致。同时，必须确认机壳已经有效接地，如图6-2-8中机壳左侧的电线即为接地线。

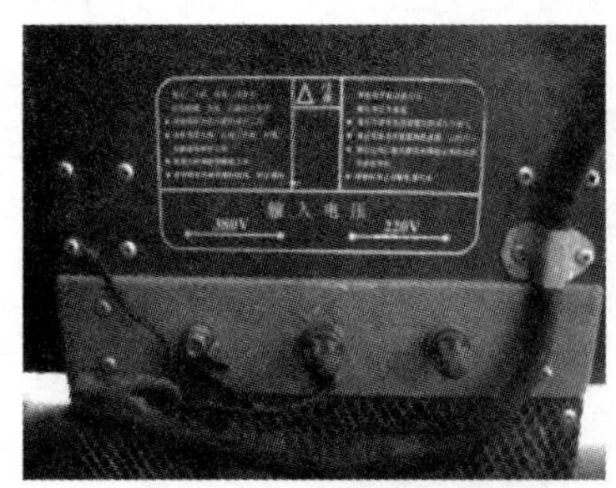

图6-2-8　电流输入端

图6-2-9　电流输出端

5. 手工电弧焊常用工器具

手工电弧焊常用工器具有敲渣锤、手套、面罩与黑玻璃、护目镜等，如图6-2-10所示。

(1)敲渣锤和钢丝刷的作用主要是清理焊缝表面、焊缝层间的焊渣及钣件上的铁锈、油污。敲渣锤的两端可根据实际情况磨成圆锥形或扁铲形等。

(2)焊工长皮手套由牛皮制成，具有绝缘、隔热等保护作用。

(3)面罩是用来防止焊接时的飞溅金属、强烈弧光、熔池和钣件的高温对焊工面部及颈部灼伤的一种遮蔽工具，有手持式和头戴式两种。黑玻璃又称护目玻璃，其作用是减弱弧光的强度，并过滤红外线和紫外线，使焊工在操作时既能观察熔池，又能免受弧光灼伤。黑玻璃按其颜色探浅分为6个型号，即7～12号，号数越大，颜色越深。为防止黑玻璃片被飞溅金属损坏，应在黑玻璃片前后各放一块白玻璃，前向的白玻璃片可随时更换。

(4)护目镜为无色平光镜，主要用于防止高温飞溅物溅入眼睛，镜片宜采用树脂制造。

6. 焊接质量检验基础

图6-2-11所示是不同操作者完成的焊缝。由于操作者听课和训练的认真程度不同，焊缝外观也不一样，除A焊缝成形较好外，其余焊缝存在各种缺陷。

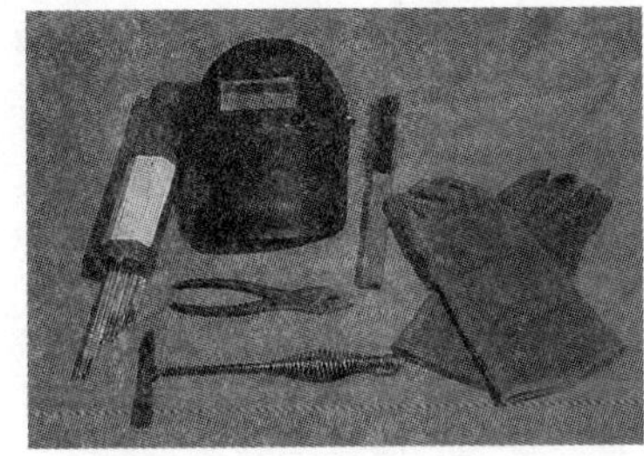

图6-2-10　手工电弧焊常用辅助工器具

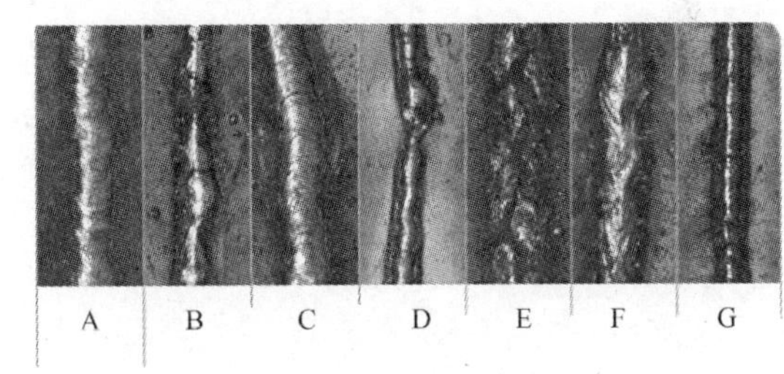

图6-2-11　手工电弧焊焊缝成形质量比较

焊缝中产生的不符合设计或工艺文件要求的缺陷叫焊接缺陷，主要有外形尺寸不符合要求、咬边、塌陷与烧穿、焊瘤、夹渣、未焊透与未熔合、气孔、裂纹等形式。

(1)焊缝外形尺寸不符合要求。主要表现为焊缝成形不良，焊缝不直，焊缝太宽、太窄，焊缝表面高低不平，焊波不均匀，焊缝余高过高或过低。

(2)咬边。由于焊接规范不正确或者操作工艺不当，熔化形成凹陷或沟槽缺陷称为咬边。咬边减小了焊缝的有效截面，降低了接头的强度。

(3)弧坑。焊后在焊缝表面或焊缝背面形成的低于母材表面的局部低陷部分，叫弧坑。弧坑的出现不仅影响焊缝的外观，使该处的强度严重降低，同时在弧坑内很容易产生气孔、夹渣和微小裂纹等缺陷。

(4)塌陷与烧穿。塌陷指焊缝金属透过背面而使上面凹陷背面凸出的缺陷，烧穿则是直接将钣件烧透形成孔洞。塌陷与烧穿等缺陷，不仅影响焊缝外观，而且使该处的焊缝强度显著降低，还可能造成根部凸瘤。

(5)焊瘤。在焊接过程中，熔化金属流淌到焊缝之外未熔化的母材上所形成的金属瘤叫焊瘤。焊瘤不仅影响焊缝外表的美观，而且焊瘤覆盖下的母材常有未焊透等缺陷。

(6)夹渣。焊后残留在焊缝中难以甚至无法清除的熔渣称为夹渣。夹渣对接头的性能影响比较大，因为夹渣多数呈不规则状，会降低焊缝的塑性和韧性，其尖角会引起很大的应力集中,尖角顶点常导致裂纹产生,焊缝中的针形氧化物和磷化物夹渣会使焊缝金属变脆,降低力学性能,氧化铁及硫化铁夹渣容易使焊缝产生脆性。

(7)未焊透与未熔合。母材和焊缝金属之间或焊缝金属相互之间局部未熔合而留下的空隙称为未焊透。熔焊时,焊道与母材之间或焊道与焊道之间未完全熔化结合的部分称为未熔合。在焊接过程中出现未焊透或未熔合等现象,不仅使焊接接头力学性能降低,而且在缺口和端部形成应力集中点,承载后往往会引起裂纹。

(8)气孔。在焊接过程中,熔池金属中的气体在金属冷却以前,未能来得及逸出,而在焊缝金属中所形成的孔穴,称为气孔。气孔也会严重降低焊缝的强度。

(9)裂纹。在焊缝或热影响区因开裂而形成的缝隙称为焊接裂纹。焊接裂纹是一种危害最大的缺陷,不仅降低焊接接头的强度,还会引起应力集中,使焊接结构承载后造成断裂,使产品报废,甚至会引起严重的事故。

二、工作场所

理论与实操教学一体化教室。

三、工作器材

手工电弧焊机、焊接服、焊接手套、焊条、焊接工作台等若干套。

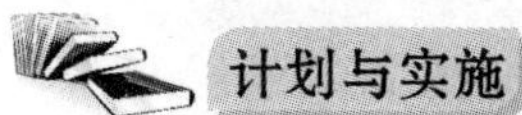

计划与实施

一、操作前安全检查

(1)确保焊机和工件周围区域干燥,焊接操作区域附近没有易燃物质,必要时把现场的地面打扫干净。现场要准备好灭火器材。

(2)将焊机放置在工件附近,并确定交流电开关的位置以防备突发事件。确保焊机接地良好,检查电缆是否完好无损,电源线、焊把线和地线连接是否牢固后才能送电。

注意:电源电压和焊机所规定的电压应保持一致。

(3)将地线连接到钣件上,设置适当的极性和焊接电流,并根据工作要求,选择适当的焊条。

(4)戴穿好焊接安全服、帽子、绝缘鞋和手套。焊接开始就应该带防护眼镜,并一直与防护面罩一起使用。

(5)通电前焊钳不能放在工作台、焊机及钣件上,以免造成短路。

(6)开启焊机,将焊条夹入焊钳,拿好防护面罩,在试焊板上进行划擦或敲击,确认焊机能够进行正常的起弧工作。

二、焊接电流的判断

焊接电流选择经验公式为:

$$I_{H} = (30 \sim 50)d$$

式中：I_H——焊接电流，A；

d——焊条直径，mm。

先根据以上经验公式确定一个数值，再进行实地调试。大电流虽然能提高工作效率，但过大会出现咬边、焊瘤、烧穿等焊缝缺陷；过小不但会降低工作效率还会造成夹渣、未焊透等缺陷，以上两者都会使焊接接头的力学性能下降。电流参数是否合适主要按以下表现判断：

(1)电流偏大时，焊接爆裂声、飞溅大。薄板焊接时易产生烧穿，厚板连续焊接时焊条易发红。

(2)电流偏小时，起弧时易出现粘连现象，熔化的铁水熔合不良，熔渣与铁水难以分辨，会产生未焊透、夹渣等缺陷。

(3)使用合适的电流焊接，焊缝过渡好，飞溅少，焊缝或焊点成形良好。

三、引弧操作要领

1. 操作姿势

操作姿势一般采用蹲姿，两脚分开与肩同宽，自然下蹲，将身体重心放在两腿之间，如图6-2-12所示。

图6-2-12　手工电弧焊蹲式操作姿势

2. 引弧方法

常用的手工电弧焊引弧方法有以下两种：

(1)划擦法引弧，适应于初学者，方法如同划火柴，焊条的滑行长度不得超过10mm。

(2)直击法引弧，适应于熟练者，方法是将焊条直接碰击工件，出现弧光后迅速垂直提起焊条，完成引弧动作。这种方法不易掌握，操作时易出现粘焊条现象，所以要进行多次练习。

两种方法都是使焊条末端与工件表面接触形成短路，然后迅速将焊条向上提起一段距离(2～4mm)，即可引燃并保持稳定的电弧。应当注意，焊条不能提得太高，否则电弧易熄灭。两种引弧方法如图6-2-13所示。

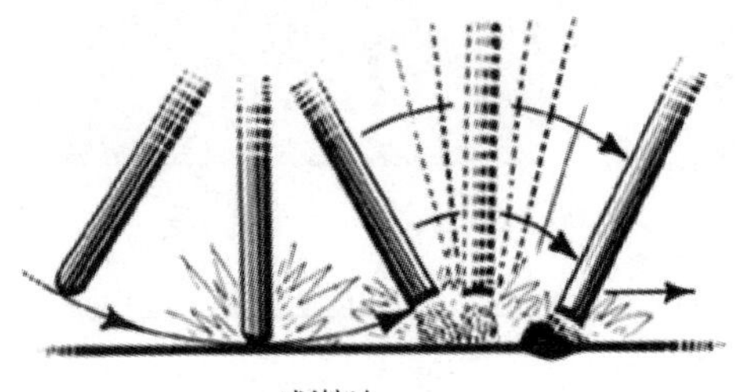

a)划擦法

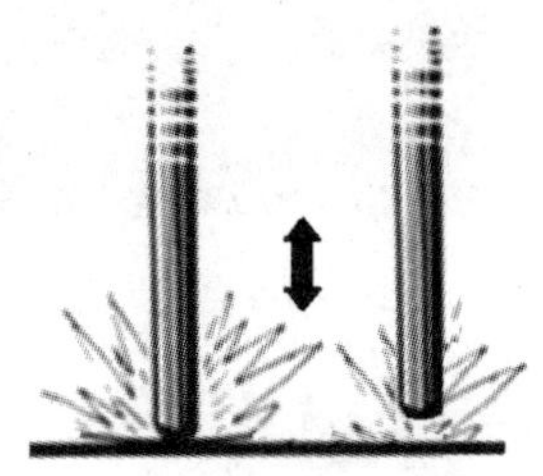

b)直击法

图6-2-13　划擦法与直击法

操作方法：调节好焊接电流后，用焊接面罩遮挡住面部，将焊条对准工件按划火柴的方法划擦工件的某处使其引燃电弧，待掌握之后再练习直击引弧法。当两种方法都掌握好后再练习定点点焊，也就是在工件上预先指定好某点的位置进行点焊操作，这个方法主要是训练引弧及焊接位置的准确性。

引弧时的注意事项:引弧前,如果焊条端部有药皮套筒,可以用戴着手套的手将套筒去除,这样引弧就较为快捷。焊条末端与工件接触时间不能太长,以免焊条粘连在钣件上。若在引弧时发生粘焊条现象应立即左右大范围摆动焊条,使焊条端部与钣件脱离。如还不奏效,应立即将焊钳与工件脱开,以免烧毁焊机。

四、点焊操作要领

需要注意的是,在进行点焊操作前,应先用与钣件同厚度的废板进行焊接电流的调节与确认,以便得到合适的焊接工作电流。

1. 引弧的操作步骤

(1)握紧焊把。将右手虎口对准焊钳夹缝,使用拇指控制焊条夹柄,用其余手指以抓握方式握紧手柄。

(2)夹持焊条。右手拇指压下焊条夹柄、打开焊钳,左手拿起焊条,将焊条夹紧在焊条槽里,如图 6-2-14 所示。

(3)使用焊接面罩。左手拿起焊接面罩,高度以墨镜片与眼睛平齐为准,眼睛、墨镜片与钣件应在同一直线方向上。

(4)引弧准备。将焊条靠近钣件,焊条与钣件成 70°~80°夹角,并与钣件保持 10mm 高度的距离。

(5)引弧操作。右手上臂紧贴大腿外侧,用面罩挡住眼睛,从右手手腕处发力,使用划擦法或直击法起弧。操作规范如图 6-2-15 所示。

图 6-2-14 夹持焊条的操作

图 6-2-15 焊接操作准备动作

图 6-2-16 焊接电弧

(6)在焊接工作点引弧成功后压低电弧,通过焊接面罩进行观察,使电弧长度保持在 4mm 以内。判断方法为焊条前端与钣件有碰触感、电弧集中无飘散现象、熔化的铁水与覆盖在熔池表面的熔渣之间有清晰的分界线。焊接电弧长度判断如图 6-2-16 所示。

(7)摆动或者不摆动,保持电弧在起弧点原地燃烧 0.5~1s 后,手腕发力向上提起电焊钳,焊条熔化末端与钣件间的距离超过 10mm 时,电弧熄灭。钣件上的熔池冷却、凝固，在工件上形成一个直径5～8mm、厚度1～1.5mm的焊点。这样就完成了一次点焊的操作动作。

(8)将焊条向焊接方向平移2～3mm，进行下一次点焊操作，形成一个与上一个焊点部分重叠的新焊点。重复以上动作，直到形成一条长度不小于100mm的焊缝。

(9)依据以上方法，依次在平、立、横、仰位置上练习点焊操作技术，各位置点焊操作的手法相同，关键是要调整并保持好焊条的角度。

2. 平对接/平搭接点焊操作训练

采用蹲式操作，钣件平放在高于地面100mm的位置，焊条与钣件保持垂直状态或向焊接前进方向倾斜10°～20°，如图6-2-17所示。

图6-2-17　平对接/平搭接点焊操作

3. 立对接/立搭接点焊操作

立焊操作比平焊操作困难，主要原因是溶池及熔滴在重力作用下易下淌，飞溅物较多、操作时如果不按照规定穿戴劳保用品，易被高温飞溅物烫伤。蹲式操作时由于有依托，较易掌握，也较省力，故采用蹲式操作姿势。操作时大臂可轻轻地贴在肋部、大腿、膝盖等位置，随着焊条的熔化和缩短，胳膊自然前伸，起到调节作用。钣件位置与操作者的眼睛等高，焊条与钣件的左右两侧成90°夹角、与铅垂线方向成75°～85°夹角，如图6-2-18所示。

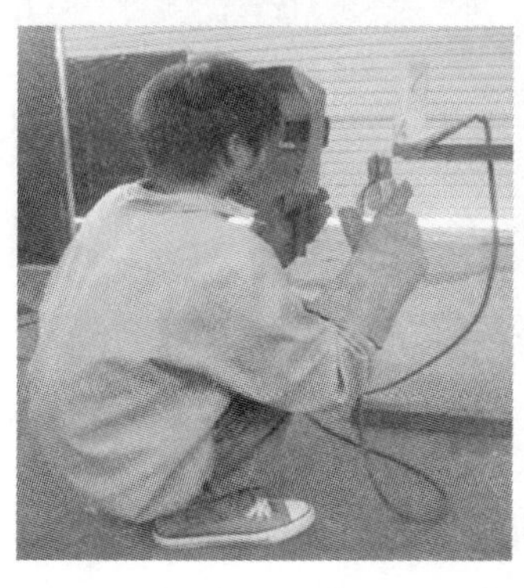

图6-2-18　立对接/立搭接点焊操作

4. 横对接/横搭接点焊操作

横焊操作时，由于熔化金属受重力作用，有下淌倾向，使焊点上边出现咬边，下边出现焊瘤、熔合不良、未焊透、夹渣等缺陷。施焊时应从左侧向右侧施焊，为克服重力作用的影响，要保持合适的焊条角度和运条方法，采用较小的焊条直径和焊接电流，短弧焊接，以保证焊接质量。焊接时,钣件位置与操作者的眼睛等高,焊条与铅垂线方向成75°~85°夹角、向焊接方向倾斜5°~10°,如图6-2-19所示。

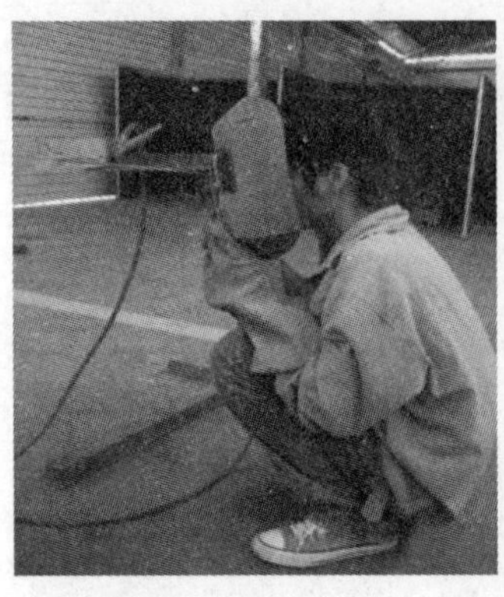
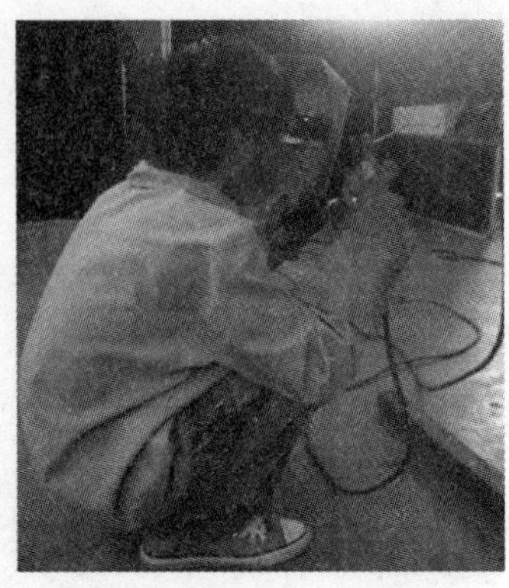

图6-2-19　横对接/横搭接点焊操作

5. 仰对接/仰搭接点焊操作

仰焊的难度最大。由于重力作用,熔化金属与熔渣坠落倾向很大,同时重力会阻碍熔滴过渡,因此一定要进行短弧操作。焊接电流一般比平焊时小10%~15%,同时还应注意控制熔池体积和温度,电弧停留时间要短一点。操作时,视线要选择最佳位置,下蹲并保证上半身稳定,要由远而近地运条。钣件位置在操作者的头顶斜上方200mm处,焊条向焊接方向倾斜5°~10°,如图6-2-20所示。

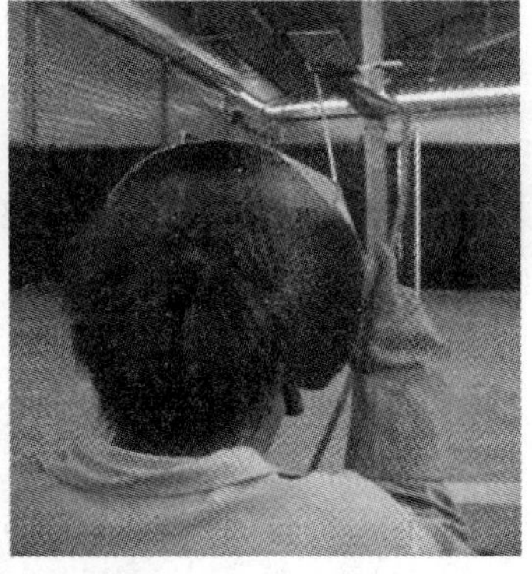

图6-2-20　仰对接/仰搭接点焊操作

6. 操作项目要求

(1)单点点焊操作训练。每组训练时,要求每人在钣件上完成8~10个焊点的操作,各焊点之间的距离为20mm×20mm。图6-2-21所示为敲去表面熔渣后的焊点效果。

(2)对接/搭接点焊操作训练。使用两件100mm×40mm×2mm的钣件进行平、立、横、仰位置的对接/搭接点焊操作,要求单面焊双面成形,效果如图6-2-22所示。

(3)连续点焊操作训练。点焊操作训练完成后,可根据教学任务情况安排焊缝成形训练,即通过连续的点焊及移动,使焊点形成一段焊缝。图6-2-23所示即为连续点焊形成的正、背面焊缝,单面焊双面成形。

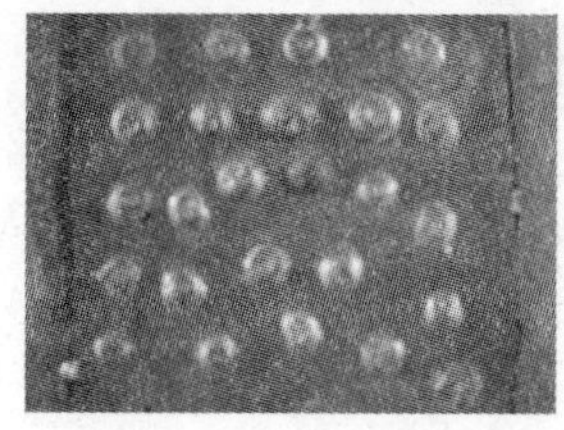

图6-2-21　手工电弧焊点焊训练操作效果

a)正面

b)背面

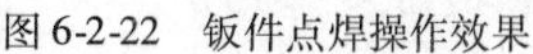

图6-2-22　钣件点焊操作效果

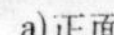

a)正面

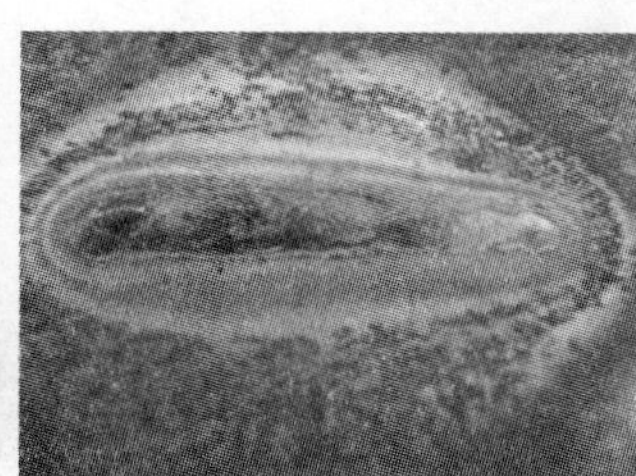

b)背面

图6-2-23　连续点焊形成的焊缝(单面焊双面成形)

评价与反馈

一、学习效果评价

1. 选择题

(1)焊条的公称直径是以(　　)来表示的。

A. 药皮厚度　　B. 焊芯直径　　C. 焊芯直径与药皮厚度之和

(2)焊接过程当中需要焊工调节的参数是(　　)。

A. 焊接电源　　B. 药皮类型　　C. 焊接电流

(3)焊条熔化末端到熔池表面的距离称为(　　)。

A. 电弧长度　　B. 焊条伸出长度　　C. 焊接长度

(4)焊接过程中,熔化金属自坡口背面流出,形成穿孔的缺陷称为(　　)。

A. 未焊透　　B. 未焊满　　C. 烧穿

(5)手工电弧焊是利用(　　)的热量,使焊条金属与母材熔化形成焊缝。

A. 电弧　　B. 化学反应　　C. 火焰

(6)手工电弧焊采用(　　)作为熔化电极。

A. 焊丝　　B. 焊条　　C. 焊锡

2. 判断题

(1)焊接电流是手工电弧焊中最重要的工艺参数。　　(　　)

(2)焊工在更换焊条时可以赤手操作。　　(　　)

(3)焊接时为了看清熔池,应尽量采用长弧焊接。　　(　　)

(4)空载电压高则引弧容易,因此电弧焊的空载电压越高越好。　　(　　)

(5)由于焊接规范不正确或者操作工艺不当,焊缝边缘熔化形成的凹陷或沟槽缺陷称为咬边。 (   )

(6)焊条的公称直径是以焊芯直径来表示的。 (   )

3. 简述题

(1)什么叫手工电弧焊?其有何应用特点?

(2)手工电弧焊的焊机有哪些?

(3)手工电弧焊的引弧方法有哪些?如何操作?

(4)手工电弧焊的劳保用品有什么?

(5)按照焊接位置来分,手工电弧焊有几种焊接方法?

(6)如何实现单面焊双面成形?

二、技能考核

手工电弧焊操作技能考核项目和分值见表6-2-3。

手工电弧焊操作技能考核表　　表6-2-3

考核时间	考　核　项　目	分值	自我评价	小组评价	教师评价
20min	安全、规范操作	20			
	焊接参数的调节	10			
	正确进行焊接操作	40			
	整理工具	20			
	团队协作精神	10			
合　计		100			

知识链接

手工电弧焊有什么应用特点

手工电弧焊,简称手弧焊,设备简单,操作方便灵活,适应性强。它适用于厚度2mm以上的各种金属材料和各种形状结构的焊接,尤其适于结构形状复杂、焊缝短或弯曲的钣件和各种不同空间位置的焊缝焊接。

学习任务3　电阻点焊操作

任务描述

电阻点焊是承载式车身在制造中应用最广泛的焊接方法,在一部汽车的车身部件里有几千个电阻点焊点,占车身全部焊接部位的90%以上。在车身修复中,立柱、车顶、门槛和散热器框架等位置的钣件更换都可以利用电阻点焊进行快速焊接,如图6-3-1所示。

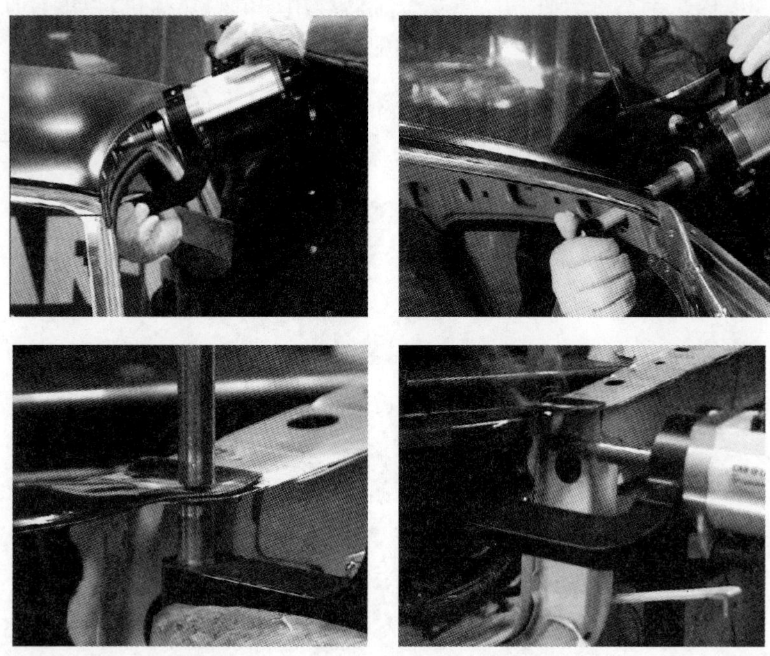

图 6-3-1　电阻点焊在车身修复中的应用

学习目标

1. 熟悉电阻点焊概念、设备组成及工作原理。
2. 能掌握电阻点焊的操作方法。

建议学时:8 学时。

学习准备

一、知识准备

1. 电阻点焊的概念及原理

电阻点焊简称点焊,属于压力焊,它是利用焊钳两极之间低压电流流过两块金属产生的电阻热和焊接电极的挤压力来实现金属板材的焊接。

电阻点焊有低电压高电流的电特性,焊接时的工作电压只有 10V 左右,甚至 2 ~ 5V,而工作电流往往达到 7000A 以上,所以焊接时要注意保护好电极头和电阻点焊机,输入电流要达到 40A 以上。

2. 电阻点焊机的组成

专业电阻点焊机有挤压式和气动式两种,它们除了施加压力的方法不同,其他方面都一样。挤压式电阻点焊机利用施力杠杆,气动式电阻点焊机则是利用气动泵进行施加压力。

气动电阻点焊机主要由变压器、时间和电流控制器、气动装置及焊钳组成。焊钳又称焊枪,有电极臂和电极头与其配合使用。汽车钣金修理用的电阻点焊机,也能轻而易举的做车身修复机的工作,所以也会配备修理凹陷用的配件,如图 6-3-2 所示。

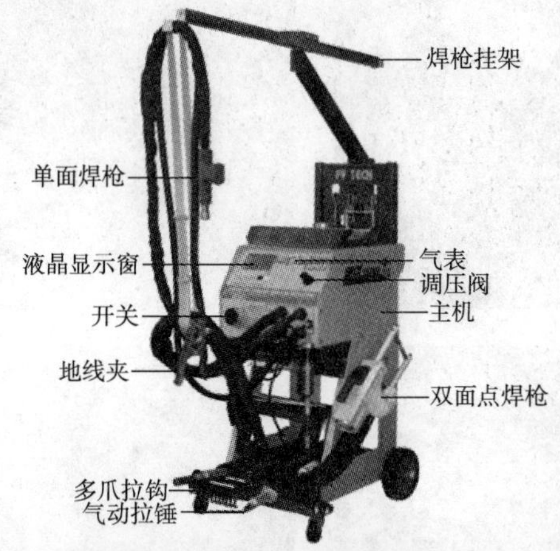

图 6-3-2　电阻点焊机的组成

3. 电阻点焊焊接质量影响因素

在使用电阻点焊设备进行焊接时,压力、电流和焊接时间这三个参数必须相互协调,才能保证焊接的质量和足够的焊接强度。

(1)压力。压力太大会使焊钳电极压入钣件熔化部位,使压痕过深,钣件变薄,降低了焊接质量;压力太小会产生焊接飞溅,使焊接部出现裂纹和气孔。压力的开、关、大、小,可以通过调压阀来控制。压力与焊接强度关系如图 6-3-3 所示。

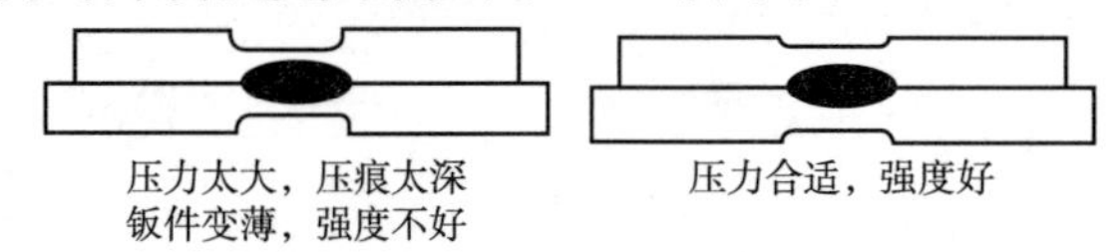

图 6-3-3　压力与焊接强度关系

(2)电流。在焊接时,焊接电流流过电极,流入金属钣件,在被挤压处产生很高的温度,能使金属瞬间熔化并熔合在一起。电流太大,容易造成焊点被“烧糊”,也容易产生焊接飞溅;电流太小,电阻热产生的温度低,焊点金属的熔合程度差,焊点强度达不到要求。

(3)焊接时间。焊接时间太短,焊点的熔合程度不足,达不到强度要求;时间过长会使焊点过小,外形变差,也会产生“烧糊”现象。

(4)电阻点焊的相关参数。

①电极头直径。一般情况,电极头直径增大,焊点直径就减小,反之电极头直径减小,焊点直径就增大。但电极头小到一定的程度,焊点尺寸就不会再增大,电极头直径,可按照下

面的经验公式来确定：

$$D = 2T + 3$$

式中：D——电极头直径，mm；

T——焊接的钣件厚度，mm。

②焊点数量。因为车身修理厂用的电阻点焊机功率一般都比汽车制造厂的要小，因此在车身修理中进行的电阻点焊，焊点数量应当比原有焊点多 30%，如图 6-3-4 所示。特别是在去除原来电阻点焊焊点的钣件上，用电阻点焊焊修时，为了保证连接钣件的强度，更加要注意焊点的数量。

③焊点最小间距和边缘距离。焊点间距是指两个电阻点焊焊点熔核之间的距离。焊点间距减小，焊点数就增加，钣件连接强度也会增强。但当焊点间距小到一定程度后继续减小，钣件的连接强度就不会再增大，因为电流被前面的焊点分流，严重削弱了焊接电流，不能保证有足够的电阻热来产生足够的温度熔化金属，如图 6-3-5 所示。

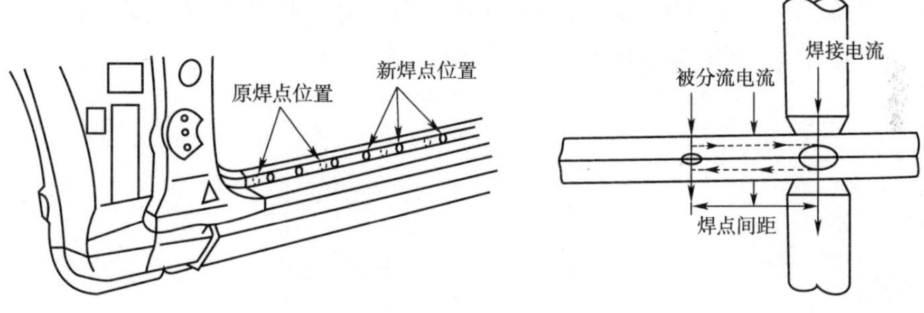

图 6-3-4　焊点数量　　　　图 6-3-5　分流电流

边缘距离是指电阻点焊焊点离钣件边缘的距离。边缘距离太小，容易引起钣件变形，也无法保证焊接强度。焊点间距和边缘距离的选择见表 6-3-1。

焊点间距和边缘距离的选择（单位：mm）　　表 6-3-1

板厚 t	焊点间距 S	边缘距离 P
0.4	≥11	≥5
0.8	≥14	≥5
1.0	≥17	≥6
1.2	≥22	≥7
1.6	≥30	≥8

t
P
P
S
P

二、工作场所

理论与实操教学一体化教室。

三、工作器材

电阻点焊机、大力钳、锤子、尖嘴钳、划针、钢直尺等。

计划与实施

一、正确选择电极臂和电极头

根据车身修理需要使用电阻点焊的具体部位，正确选择合适形状和长度的电极臂和电极头，只有这样才能对这些部位进行电阻点焊，并且方便地进行操作。

二、正确调整电极臂和电极头

在调整时，首先调整电极臂，使它安装在焊钳上时尽可能伸出短一些，这样可以使焊接压力最大、最稳。调整电极头时，要使上下两个电极头相互对准在同一轴线上，可用一孔径与电极头吻合的套筒辅助快速调整，如图6-3-6所示。

电极头错位会引起焊接压力不够，造成电流不足，降低焊接强度。调整好后，要把电极臂和电极头固定好，以免在操作时因松动而影响焊接。

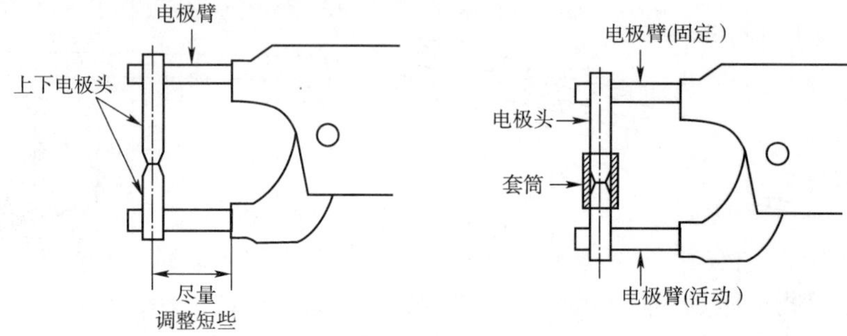

图6-3-6　电极臂和电极头的调整

三、钣件准备

(1)清洁钣件。把焊接部位表面上的涂料、铁锈、油污及其他影响到电流强度的污物彻底去除干净。如果钣件是镀锌钢板，锌层应该保留，如图6-3-7所示。

注意：在钣金修理时，对普通钢板进行电阻点焊前，除锈、除油后，在焊接部位应该先喷涂透焊防腐涂料(导电漆)，如图6-3-8所示。

图6-3-7　清洁钣件

图6-3-8　透焊防腐涂料

(2)划线。按照技术要求进行划线，并注意符合焊点最小间距和边缘距离的要求，如图图6-3-9所示。

(3)固定钣件。把两块或三块钣件表面整平，叠加起来并根据要求调整，使用大力钳夹紧，消除它们之间的间隙。如果钣件间存在间隙，会使电流导通不良，焊接强度降低。然后根据焊接方式是平焊，还是立焊、仰焊的要求装夹钣件到焊接工作台架的横臂上。如图6-3-10所示。

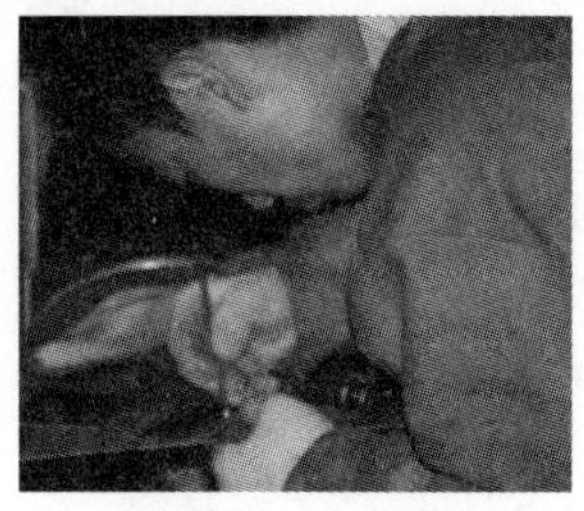

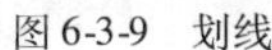
图6-3-9　划线

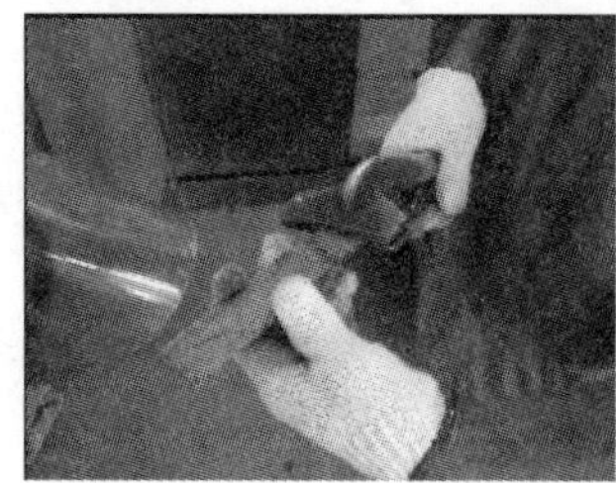

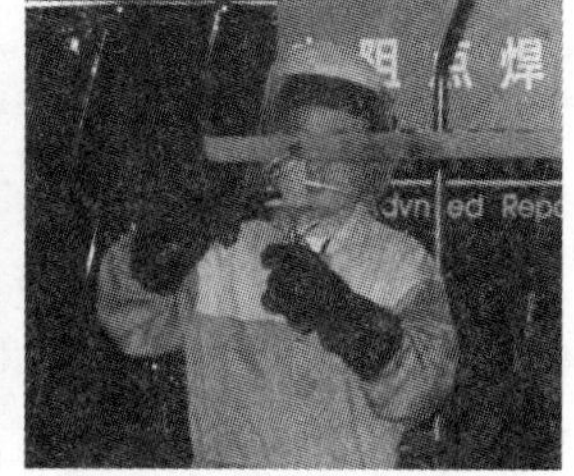

图6-3-10　固定钣件

四、功能选择和参数调节

汽车钣金修理用的电阻点焊机是多功能的设备，在此选择双面电阻点焊功能。根据钣件的厚度，选择相应的厚度等级并调整好焊接电流、时间、气压的大小等参数。如图6-3-11所示，显示屏显示功能为双面电阻点焊、钣件总厚度为2mm、焊接电流为81%、焊接时间为0.42s。

五、焊接

把焊钳电极头放到钣件上，并使固定电极臂上的电极头接触到钣件。电极头与钣件表面保持垂直，否则电流会减弱，导致焊接强度不够。先按下焊钳上的压力开关对钣件施加压力，再按下焊接开关即可焊接。

注意：有些电阻点焊机焊钳上只有一个开关。对于三层或更多层重叠的电阻点焊，应采用多次焊接方法或者增大焊接电流和焊接时间。

根据焊接位置可分为平焊、立焊和仰焊三种，如图6-3-12所示。

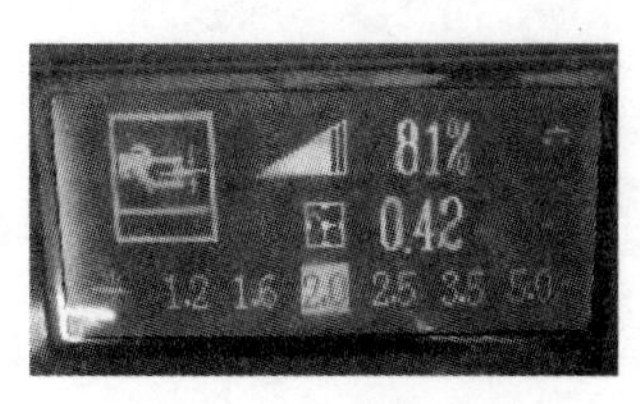

图6-3-11　功能选择和参数调节

a)平焊

b)立焊

c)仰焊

图6-3-12　各种焊接位置

评价与反馈

一、学习效果评价

1. 选择题

(1)焊点间距是指(　　)电阻点焊焊点熔核之间的距离。

A. 两个　　　　　　　B. 三个　　　　　　　C. 四个

(2)电极头错位会引起焊接压力不够,造成(　　)不足,降低焊接强度。

A. 电压　　　　　　　B. 电流　　　　　　　C. 电阻

(3)根据焊接位置可分为平焊、(　　)和仰焊三种。

A. 气焊　　　　　　　B. 横焊　　　　　　　C. 立焊

2. 判断题

(1)一般情况,电极头直径增大,焊点直径就减小,反之电极头直径减小,焊点直径就增大。　(　　)

(2)在使用电阻点焊焊机时,压力、电流和焊接时间这三个参数必须相互协调,才能保证焊接的质量和足够的焊接强度。　(　　)

(3)压力太大会使焊钳电极压入钣件熔化部位,使压痕过深,钣件变薄,提高了焊接质量。　(　　)

3. 简述题

(1)电阻点焊的焊接原理是什么?

(2)电阻点焊质量影响因素有哪些?

(3)阐述电阻点焊工艺的步骤。

(4)电阻点焊的注意事项有哪些?

(5)电阻点焊的质量检查有哪些?

二、技能考核

电阻点焊操作技能考核项目和分值见表6-3-2。

电阻点焊操作技能考核表　　　　表6-3-2

考核时间	考核项目	分值	自我评价	小组评价	教师评价
30min	安全、规范操作	20			
	电阻点焊机的组成和相关主要参数等知识的掌握	10			
	正确选择和调整电极臂和电极头	10			
	焊接无质量缺陷问题	40			
	整理工具	10			
	团队协作精神	10			
合计		100			

知识链接

一、电阻点焊的注意事项

(1)焊接时要注意焊接顺序,不能只沿一条直线一个方向的顺序焊接,应采用如图6-3-13所示的正确焊接顺序进行,这样才能减小钣件的焊接变形。

(2)在转角部位,比如前立柱和中立柱的上角,后翼子板的前上角,前、后窗框的转角处进行电阻点焊时,应该避开转角半径区域进行焊接,否则会因应力集中而产生裂缝。如图6-3-14所示。

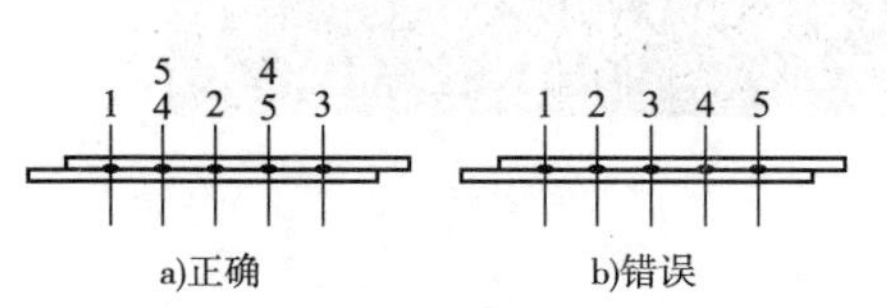

图6-3-13　焊接顺序

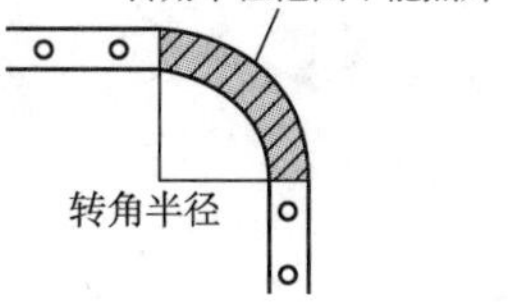

转角半径范围不能点焊

转角半径

图6-3-14　焊接转角部位的正确方法

(3)如果电极头过热变色,应停下来冷却后才能继续焊接。

(4)在进行电阻点焊时,必须先用与所修理的钣件相同的材料进行试焊,通过质量检验合格以后再用相同参数进行所需焊修钣件的焊接。

二、电阻点焊的质量检查方法

电阻点焊质量的检验,是保证车身修理后汽车安全性能和其他工作性能得到完全恢复的基础,检验方法有外观检验、破坏性试验检验和非破坏性试验检验三种方法。

1. 外观检验

(1)良好的焊点表面对于上下钣件凹陷应为同心圆,不能偏斜,焊点直径应与电极头部直径相同,焊点的压痕凹陷深度不得超过钣件板材厚度的一半,如图6-3-15所示。

(2)良好的焊点表面不能有气孔和焊接飞溅物。如果手套在钣件表面上擦过时被刮住,则表明飞溅太严重。

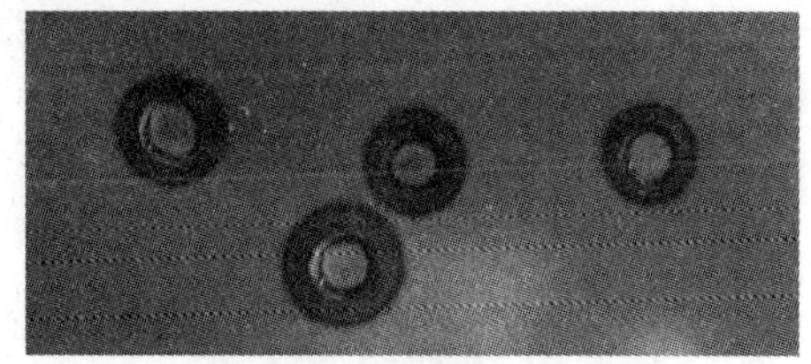

图6-3-15　外观检验

(3)在车身修理中,电阻点焊的钣件要整平后才能焊接,不能在原焊点上进行电阻点焊,焊点位置、焊点数量、焊点间距应符合电阻点焊规范,焊点应处于翻边的中间,并且要均匀分布。

2. 破坏性试验检验

破坏性试验可以证明良好焊点的焊接强度高于母材的强度,常用方法是拉裂试验和扭转试验。破坏性试验在试焊过程中进行,但试焊的材料必须与待焊的钣件材质相同,厚度相同。

(1)扭转试验。把两块钣件直角交错叠加起来进行试焊,然后施加扭转力,如果有一钣件能从焊点位置整齐断开,呈现与电极头直径相同的孔,另一钣件在焊点位置留有与电极头相同直径的金属圆颗粒,则焊接质量合格;如果两块金属板在电阻点焊位置分离后没有孔或者孔太小,则说明焊接质量较差,如图6-3-16所示。

(2)拉裂试验。将焊好的试件竖着夹紧在台虎钳上,注意夹紧位置应是紧靠焊点的下方,将扁冲在焊点旁边打入,使两板分离;也可以用大力钳来施加拉力把钣件拉开。合格的焊点应该在两块板中的一块上拉出一个比扭转试验稍大的孔洞来,如图6-3-17所示。

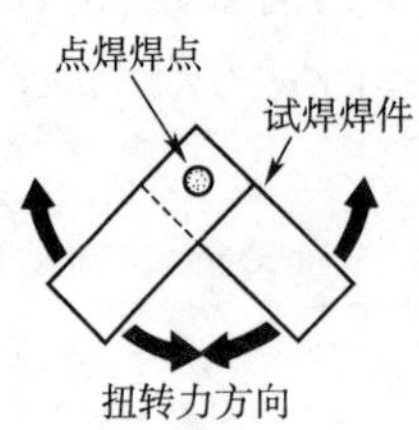

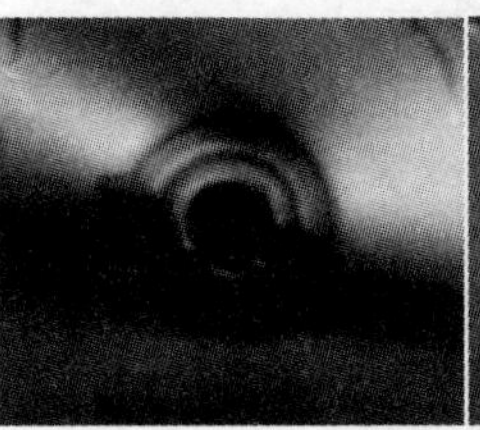
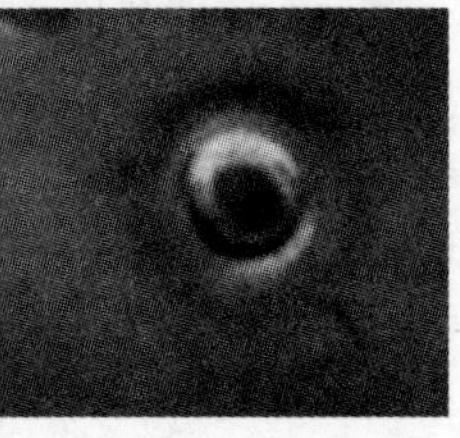

图 6-3-16　扭转试验

(3)非破坏性试验。非破坏性试验是在焊接车身钣件时,就在钣件上进行的方法。用手锤将錾子打入两焊点之间,当钣件厚度约为 0.8mm,两层板材之间形成的间隙达到 3.2 ~ 4.0mm 时,焊点保持正常,则说明焊接质量合格;如果两焊点断开,则说明焊接质量有问题。注意试验完毕后要使用手工校正方法将钣件重新整平,如图 6-3-18 所示。

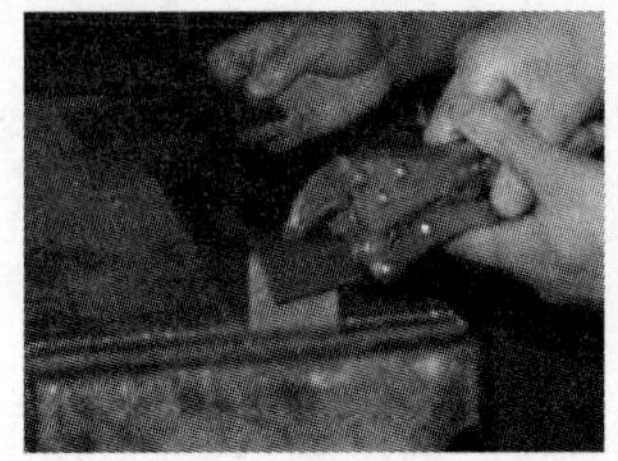

图 6-3-17　拉裂试验

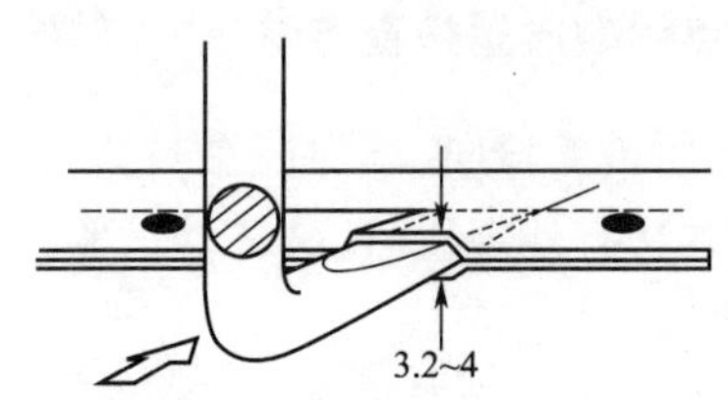

图 6-3-18　非破坏性试验

学习任务 4　氧-乙炔焊操作

任务描述

汽车在长期使用过程中,汽车排气管消声器因为锈蚀产生裂纹或穿孔的情况、汽车车身有些使用低碳钢板制造的覆盖件在切割更换时,可使用氧-乙炔焊火焰进行焊补。排气管消声器锈蚀如图 6-4-1 所示。

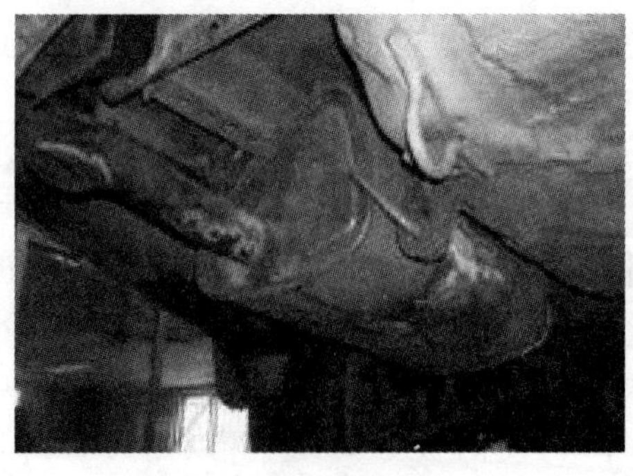

图 6-4-1　排气消声器锈蚀

学习目标

1. 熟悉氧-乙炔焊设备各部分的名称及作用。
2. 掌握氧-乙炔火焰的焊接操作方法。

建议学时:8 学时。

学习准备

一、知识准备

1. 氧-乙炔焊的工作原理

氧-乙炔焊是利用氧气和乙炔气体按一定比例均匀混合燃烧的热量,把金属加热熔化,焊接在一起的焊接方法。

2. 氧-乙炔焊设备各组成部分的名称,如图 6-4-2 所示。

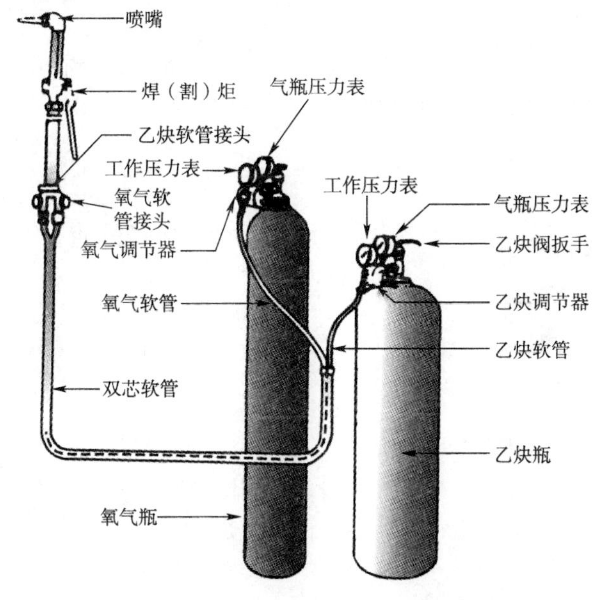

图 6-4-2 氧-乙炔焊设备组成示意图

(1)氧气瓶。氧气瓶是一种储存和运输氧气的高压容器,瓶内最高压力一般为 15MPa。

(2)乙炔瓶。乙炔瓶是一种储存和运输乙炔的压力容器,瓶内工作压力一般为 1.5MPa。

(3)乙炔回火防止器。乙炔回火防止器的作用是当焊炬或割炬发生回火时,可防止火焰倒流入乙炔发生器或乙炔瓶内,或阻止火焰在乙炔管道内燃烧,从而保障乙炔发生器或乙炔瓶等安全。乙炔瓶必须安装回火防止器,安装在乙炔压力表后接管线处。乙炔回火防止器如图 6-4-3 所示。

图 6-4-3 乙炔回火防止器

(4)减压器。减压器的作用是把储存在气瓶内较高压力的气体降为低压力气体。氧气的工作压力一般要求为 0. 4MPa,如图 6-4-4 所示;乙炔的工作压力一般为 0. 04MPa,如图 6-4-5 所示。

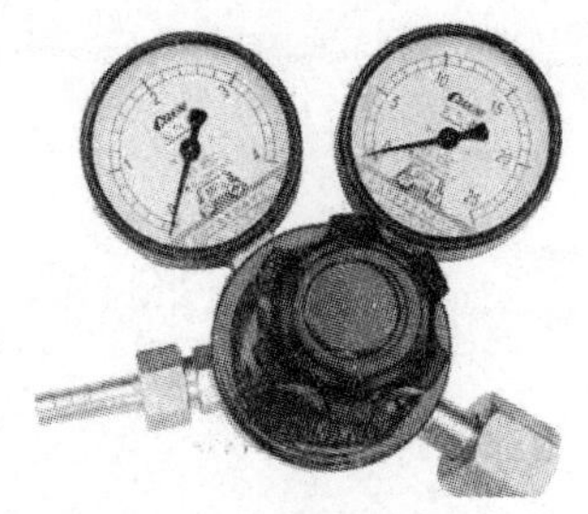

图 6-4-4　氧气减压器

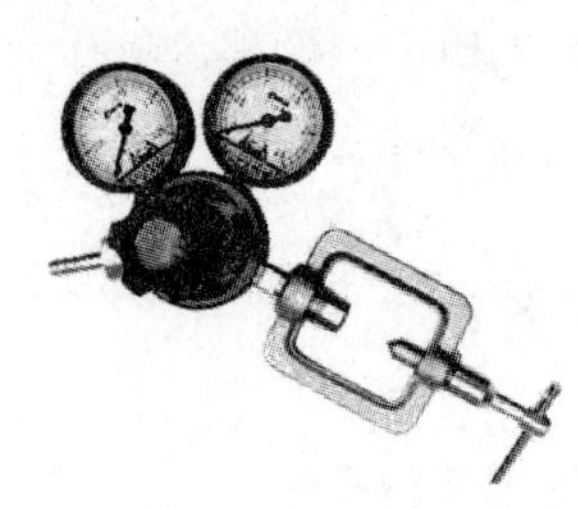

图 6-4-5　乙炔减压器

(5)焊炬。

①焊炬的作用。焊炬的作用是将可燃气体和氧气按一定比例均匀混合,以一定的速度从喷嘴喷出,形成一定能率、一定成分、一定形状适合焊接要求和稳定燃烧的火焰。

②焊炬的型号。国产常用的焊炬型号有 H01-6、H01-12、H01-20、H02-1,如图 6-4-6 所示。焊嘴规格有 1、2、3、4、5 号。

③焊炬的结构。射吸式焊炬主要由主体、乙炔调节阀、氧气调节阀、喷嘴、射吸管、混合气管、焊嘴、手柄、乙炔管接头和氧气管接头组成,如图 6-4-7 所示。

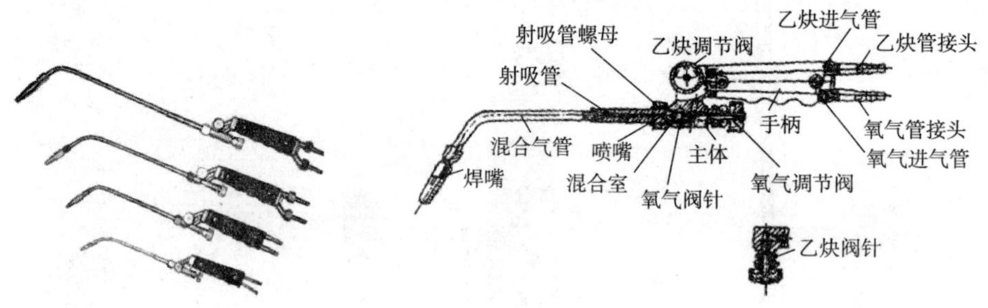

图 6-4-6　各种型号的焊炬　　图 6-4-7　射吸式焊炬的结构

④焊炬的工作原理。先打开氧气调节阀,再打开乙炔调节阀,氧气与乙炔在混合室中按一定的比例混合,然后从喷嘴喷出,经混合气管到达焊嘴。

3. 氧-乙炔火焰

(1)氧-乙炔火焰种类。按氧气与乙炔混合比不同,可得到三种不同性质的火焰:中性焰,也称标准火焰,氧气与乙炔比例为 1∶1,如氧气有杂质,则比例为 1. 1∶1 ~1. 3∶1;碳化焰,也称还原焰,氧气与乙炔比例小于 1∶1;氧化焰,氧气与乙炔比例大于 1. 3∶1。各种火焰如图 6-4-8 所示。

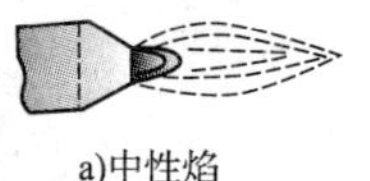

a)中性焰

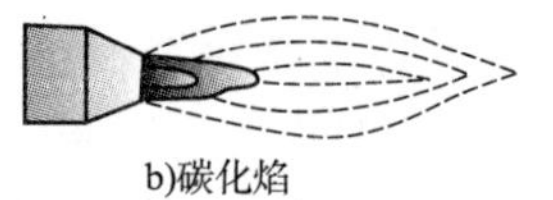

b)碳化焰

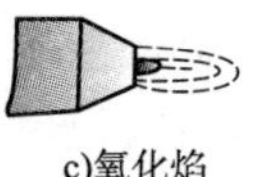

c)氧化焰

图 6-4-8　氧-乙炔火焰

氧-乙炔焊火焰的特性见表 6-4-1。

氧-乙炔火焰的特性　　表6-4-1

种类 颜色 区域和用途	中性焰	碳化焰	氧化焰
焰芯	色蓝白而明亮	呈蓝白色	呈蓝紫色(淡蓝色)
内焰	呈蓝白色,轻微闪动,中等长,难分辨	呈淡蓝色,最长,与内外焰分明	呈淡紫色,最短,已看不清
外焰	淡橘红色	呈橘红色	呈蓝紫色
火焰用途	适用焊接低、中碳钢,纯铜、青铜等	适用焊接高碳钢、铸铁等	适用焊接黄铜、镀锌铁皮、锰钢等
	中性焰和轻微氧化焰适用于焊接不锈钢、铝及其合金		

(2)氧-乙炔焰的点火、调节和熄灭方法。

①点火。应先将焊炬上氧气调节阀稍微打开,然后再稍打开乙炔调节阀,待混合气从焊嘴喷出,即可点火。点火时要注意安全,拿火源的手从焊嘴侧后面接近焊嘴,不可将手正对着焊嘴,也不可将焊嘴指向他人或可燃物。点火时如果火焰冲出很远后自己熄灭,说明乙炔气开得过大;如果出现连续的“放炮”现象,说明乙炔不纯或乙炔量不够。

②调节火焰。点火后,根据氧-乙炔火焰的特性,将氧气调节阀和乙炔调节阀适当开大或缩小,得到中性焰;在中性焰基础上再增加氧气量或者减少乙炔量,便得到氧化焰,氧气流量较大时会并发出“嘶嘶”声;在中性焰基础上减少氧气量或者增大乙炔量,使外焰明显伸长便得到碳化焰。

如果火焰形状歪斜或发出“吱吱”声,说明焊嘴粘有杂质,应立即熄灭,清除干净焊嘴。

③熄灭火焰。应先关闭乙炔调节阀,再关闭氧气调节阀。如果关火时出现“炭黑烟”,那是因为先关闭氧气调节阀,后关闭乙炔调节阀,使乙炔燃烧不充分造成的。

4. 氧-乙炔焊相关参数

(1)焊丝直径与钣件厚度的关系:钣件的厚度越厚,焊丝的直径越大,见表6-4-2。

焊丝直径与工件厚度的关系　　表6-4-2

工件厚度(mm)	1.0~2.0	2.0~3.0	3.0~4.0	5.0~10	10~20
焊丝直径(mm)	1.0~2.0 或不加焊丝	2.0~3.0	3.0~4.0	3.0~4.0	5.0~6.0

(2)焊接钢材厚度和焊嘴型号的关系:工件的厚度越厚,焊嘴就越大,见表6-4-3。

焊接钢材厚度和焊嘴型号的关系　　表6-4-3

焊嘴型号	1	2	3	4	5
工件厚度(mm)	<1.5	1~3	2~4	4~7	7~11

(3)焊嘴与工件的夹角关系,如图6-4-9所示:工件的厚度越厚,夹角就越大,见表6-4-4。

焊嘴与工件的夹角关系　　表6-4-4

夹角 θ(°)	30	40	50	60
工件厚度(mm)	1~3	3~5	5~7	7~10

(4)钣件厚度与倾角的关系:钣件厚度越大,倾角越大,熔池的温度越高,如图6-4-10所示。

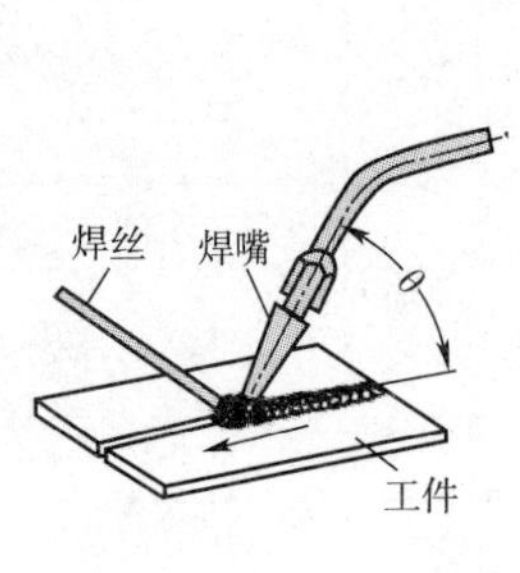

图 6-4-9　氧-乙炔焊

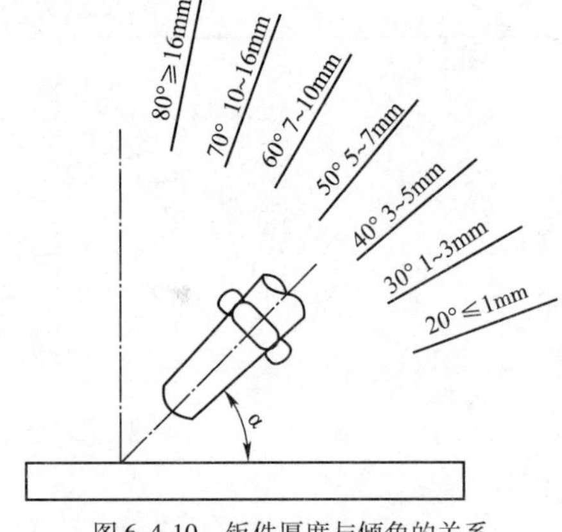

图 6-4-10　钣件厚度与倾角的关系

5. 操作技巧

按氧-乙炔焊技术要求，要根据实际工作情况，正确选择操作焊嘴角度、火焰高度、加热温度、焊接速度和焊丝加入方法。

(1)焊嘴角度。焊嘴与工件的夹角为 40°左右。刚开始，起焊预热时，倾角大些，为 80° ~ 90°。当熔池温度大时，倾角减小些，为 20° ~ 30°。

(2)火焰高度。焰芯的端部离工件表面 3 ~ 4mm，此时温度高，加热快，力学性能好。

(3)加热温度。加热温度能使工件金属加热到熔化，形成熔池。加热温度要合适，太高易烧穿钣件，太低不能熔化金属，影响焊接。

(4)焊丝加入。形成熔池后，加入焊丝，焊丝位于焰芯前 2 ~ 4mm。

(5)焊接速度。根据焊接的宽度要求而定，控制焊接速度，使熔池宽度一样，均匀地向前移动。

(6)焊嘴的运动方式，如图 6-4-11 所示。

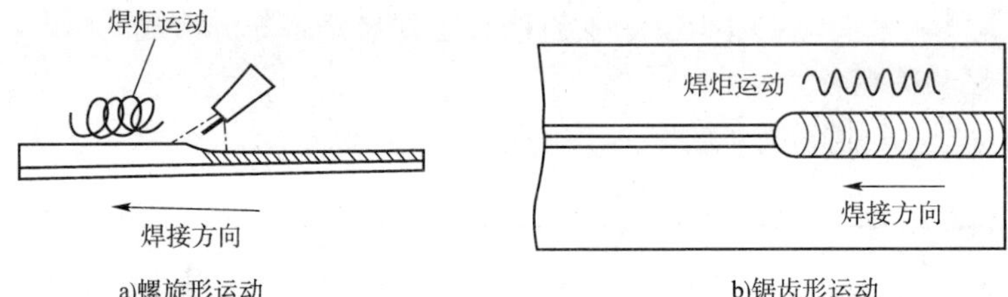

a)螺旋形运动　　b)锯齿形运动

图 6-4-11　焊接时的焊嘴运动

焊嘴和焊丝的运动包括以下三个动作：

①沿焊缝方向移动，不断熔化钣件及焊丝，以形成焊缝。

②焊嘴沿焊缝做小范围横向锯齿形摆动或螺旋形画圈，充分加热钣件并控制焊缝的宽度。

③焊丝在垂直焊缝的方向上不断向下送进，以调节熔池热量和焊丝的填充量。

6. 氧-乙炔焊常见的缺陷

氧-乙炔焊常见缺陷有：未焊透、焊穿、裂纹、焊瘤、气泡、凹坑、错边，余高，宽度，尺寸不符合要求等质量问题。

二、工作场所

理论与实操教学一体化教室。

三、工作器材

氧乙炔焊、大力钳、铁皮、锤子、尖嘴钳、划针、弯剪刀、钢直尺等。

计划与实施

一、基本操作程序

(1)工位准备。

①准备好墨镜、打火机、铁皮剪刀、焊工手套、锤子、锉刀、钢丝钳、活动扳手、通针、钢丝刷、钢直尺等工具。

②剪好两块100mm×40mm×0.8mm铁皮,或者可利用的废铁皮。

(2)安全检查。

①仔细检查气瓶送气管道有无磨损、扎伤、刺孔、老化裂纹、堵塞,连接是否严密,发现有上述情况应及时修理或更换;检查焊炬及氧气表、乙炔表是否正常,连接处是否紧密。焊接中,也应经常检查各部位工作是否正常。

②夏季应将气瓶放置阴凉处。

③氧气瓶和乙炔瓶与明火作业点应符合安全距离。

④工作地点附近不得有易燃易爆物品。

⑤工作场地要保持整齐清洁,克服杂乱无章的现象。

(3)按规定穿戴好墨镜、工作服、工作鞋、手套等。

(4)打开氧气瓶和乙炔瓶,调节气体压力。

①逆时针转动打开氧气瓶总阀开关,顺时针转动打开氧气减压器工作阀开关,调整压力到0.4MPa。

②逆时针转动打开乙炔瓶总阀开关,顺时针转动打开乙炔减压器工作阀开关,调整压力到0.04MPa。

(5)点火。将焊炬氧气调节阀稍微打开,然后再稍开乙炔调节阀,待混合气从焊嘴喷出,即可点火。

(6)调节焊接火焰为中性焰。将氧气调节阀逐渐开大,使火焰的内外焰、焰芯轮廓明显,火焰则为中性焰。

(7)试火。用相同材质的材料进行焊接,调节合适的火焰能率。

(8)焊接。根据要求进行各种焊接。

(9)熄火。焊接工作完成后,先关闭乙炔阀门,再关闭氧气阀门。

(10)关气及整理工位。

①关闭乙炔气。先关闭乙炔瓶总阀,再在焊炬上放掉管路中乙炔气,然后关闭焊炬及乙炔压力表上工作阀门

②关闭氧气。先关闭氧气瓶总阀,再在焊炬上放掉管路中氧气,然后关闭焊炬及氧气压力表上工作阀门。

把乙炔气和氧气开关取下，放到工具柜中；把橡胶管和焊炬整理好；清洁工位。

二、各种位置焊接的操作技术要点及注意事项

1. 平焊（图 6-4-12）

图 6-4-12　平焊法

（1）将两块 100mm × 40mm × 0. 8mm 铁皮工件对/搭接，定位焊接两端，如图 6-4-13 所示。

（2）用小锤镐击铁皮工件平整好凸起的表面。

（3）采用左向焊法，从右往左方向焊接。起焊时，先预热，火焰焰芯与工件表面保持 3 ~ 4mm，焊嘴与工件倾角大些，一般为 80° ~ 90°；焊接过程中，当焊接处熔化形成熔池后，焊嘴与工件倾角小些，多为 30° ~ 45°，如图 6-4-14 所示。

（4）当焊接处熔化并形成熔池后，把焊丝加入熔池内，焊丝位于焰芯前 2 ~ 4mm，焊丝与焊嘴夹角为 90° ~ 100°。

图 6-4-13　先定位焊接两端

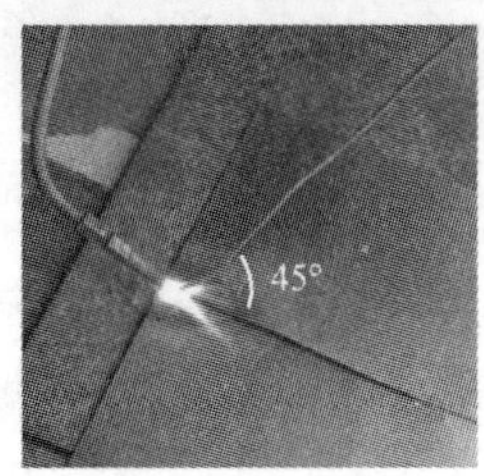

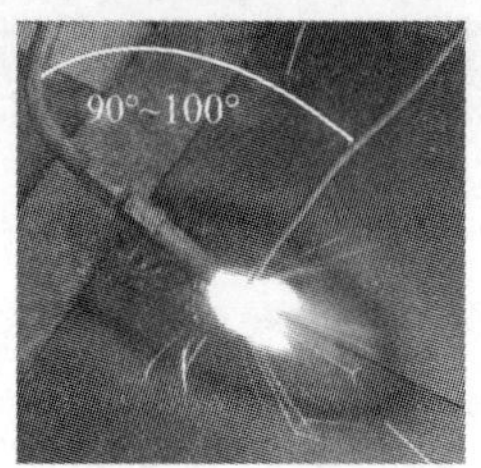

图 6-4-14　左向平焊

（5）焊接速度要在保持焊缝宽度一样的前提下，均匀向前移动。

（6）当焊丝粘在熔池边沿时，不要用力扳焊丝，应将焊嘴移向粘住区，集中加热粘住的地方，使焊丝脱离。

（7）在焊接过程中，当发现熔池突然变大时，加大焊接速度，以免烧穿；当钣件被烧穿时，应迅速抬高火焰，并多加焊丝，将穿孔填满，再继续焊接。

（8）当发现熔池过小或不能形成熔池，焊丝熔滴凸起不能与钣件熔合时，应降低焊接速度，焊嘴倾角增大，待形成正常熔池后再向前焊接。

（9）当发现熔池有气泡，出现火花飞溅或熔池沸腾现象时，应调整火焰性质，调为中性焰，然后再继续焊接。

(10)当熔池内液态金属被吹出,应调整火焰与熔池的距离或把火焰的火力调小些。

(11)收尾时,焊嘴与工件倾角20°~30°,适当多填一些焊丝。

2. 横焊(图6-4-15)

(1)使用火力小些的火焰:先关小氧气调节阀,再关小乙炔调节阀。目的是保证既能焊透,又不能使熔池金属下淌。

(2)焊嘴应向上倾斜,与钣件的夹角保持65°~75°。利用火焰吹力托住熔池金属。

(3)为防止火焰烧手,可将焊丝前端50~100mm处弯成45°~60°角,手持的一端宜垂直向下。

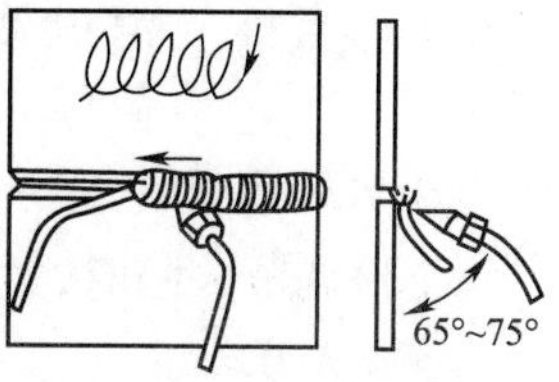

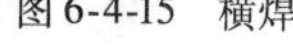
图6-4-15　横焊

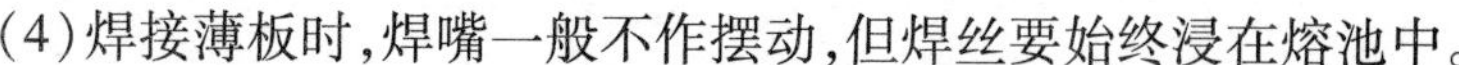

(4)焊接薄板时,焊嘴一般不作摆动,但焊丝要始终浸在熔池中。

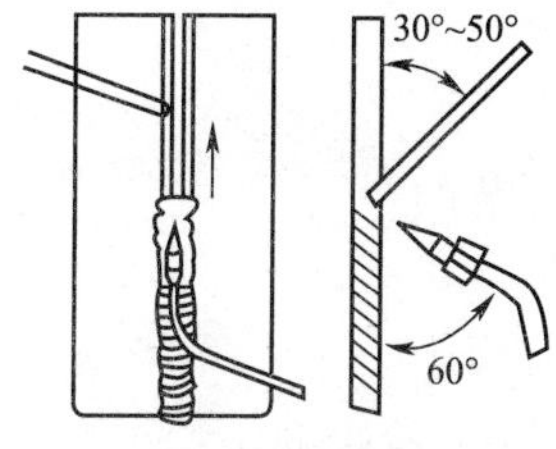

图6-4-16　立焊

3. 立焊(图6-4-16)

(1)焊嘴应向上倾斜,与钣件约成60°夹角,借助火焰气流的吹力托住熔池,目的是不使熔化金属下淌。

(2)使用火焰的火力比平焊的小15%:先关小氧气调节阀,再关小乙炔调节阀。目的是不要使熔池面积过大、过深。

(3)一般情况下,焊嘴仅作上下跳动,目的是使熔池有冷却的时机;焊丝则在火焰气流范围内作环形运动,将熔化金属一层层均匀地堆起来。

(4)若操作不当,造成熔池金属下淌,应立即将火焰向上提起,待熔池温度降低后,再继续进行焊接。

4. 仰焊(图6-4-17)

(1)使用火焰的火力小些:先关小氧气调节阀,再关小乙炔调节阀。温度过高,熔化金属容易下坠,甚至滴落;温度过低,就会出现未熔透或夹渣等缺陷。

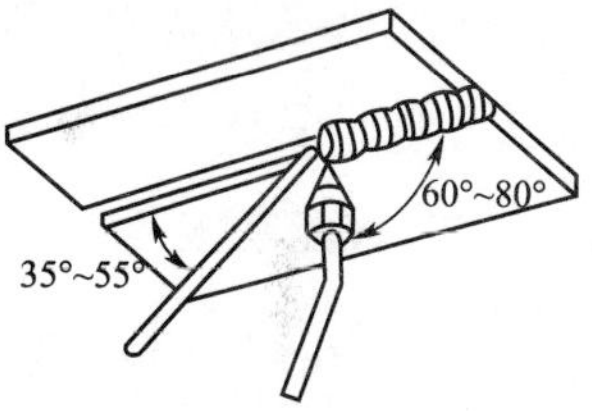

图6-4-17　仰焊

(2)选用较细的焊丝,利用薄层堆敷。当焊接开坡口或较厚钣件时,宜采用多层焊。第一层焊要焊透;第二层(或最后一层)主要使焊缝两侧熔合良好,形成均匀整齐的波纹焊缝。多层焊是仰焊中防止熔池金属下坠的有效方法。

(3)对接接头仰焊时,焊嘴与钣件夹角为60°~80°,焊丝与钣件夹角为35°~55°。用焊丝挡住部分火焰,使熔池保持适当的温度。焊嘴可作不间断的扁圆形左右摆动,焊丝应作月牙形(或锯齿形)运动,并将其始终浸在熔池内。

(4)仰焊时应注意操作姿势,防止飞溅的金属微粒和熔滴烫伤脸部及身体。

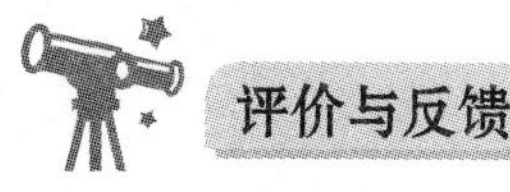

评价与反馈

一、学习效果评价

1. 选择题

(1)当汽车燃油箱锈蚀范围很大或产生裂纹的情况下,宜用氧-乙炔焊进行焊修或

(　　)作业。

A. 修复　　B. 贴补　　C. 挖补

(2)当排气消声器锈蚀范围较小时,程度又较轻时,也可用氧-乙炔气焊方法进行(　　)。

A. 焊接　　B. 挖补　　C. 贴补

(3)调节火焰时,氧气的减压器的工作压力一般要求为(　　)MPa。

A. 0.4　　B. 0.04　　C. 4

(4)调节火焰时,乙炔的减压器的工作压力一般要求为(　　)MPa。

A. 0.4　　B. 4　　C. 0.04

(5)焊嘴号码有1、2、3、(　　)。

A. 4　　B. 5　　C. 6

2. 判断题

(1)熄灭氧-乙炔焊的火焰时,应先关闭乙炔调节阀,再关闭氧气调节阀。(　　)

(2)钣件的厚度越厚,焊丝的直径越小。(　　)

(3)工件的厚度越厚,焊嘴就越大。(　　)

(4)逆时针转动打开乙炔瓶总阀开关,顺时针转动打开乙炔减压器工作阀开关,调整压力到0.04MPa。(　　)

3. 简述题

(1)简述氧-乙炔焊的工作原理?

(2)氧-乙炔焊设备组成主要有哪些部分?

(3)简述氧-乙炔焊要注意哪些安全事项?

二、技能考核

氧-乙炔焊操作技能考核项目和分值见表6-4-5。

氧-乙炔焊操作技能考核表　　表6-4-5

考核时间	考　核　项　目	分值	自我评价	小组评价	教师评价
30min	安全、规范操作	20			
	氧-乙炔焊设备的组成、功用和相关主要参数等知识的掌握	10			
	正确调节火焰和规范操作焊接	10			
	焊接无质量缺陷问题	40			
	整理工具	10			
	团队协作精神	10			
合　计		100			

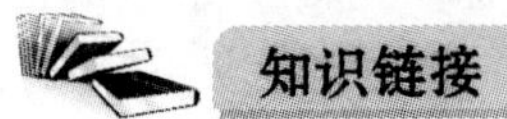

修复汽车翼子板裂纹的方法

如果确实知道材料是低碳钢或者车身维修手册允许，可以采用气焊对汽车翼子板裂纹进行焊接修复。修复步骤如下：

（1）用氧-乙炔焊修复车身钣金件时，应选用 HO-06 型焊炬配以 3 号焊嘴，使用直径为 2 ~ 2.5mm 的低碳钢焊丝，火焰调整为中性焰。

（2）施焊前将裂纹变形的金属板复位、对齐。

（3）焊接。

①如果是焊长裂纹，先将端部固定焊上一点。对裂纹的焊接遵循“由内向外”的原则，即从裂纹的止点起焊，逐渐将焊道引向裂纹的另一端。操作顺序、要领如图 6-4-18 所示，其中的数字表示“暂焊”顺序。

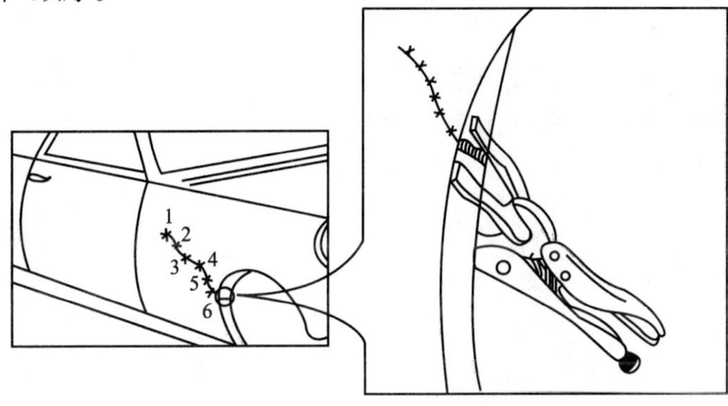

图 6-4-18　汽车翼子板裂纹的焊接

②当裂纹较短时，可沿裂纹走向一次焊到边缘。当裂纹较长时，也应按 50mm 的间距先行定位焊接。

（4）焊接过程中，如发现构件裂纹两侧的金属板件错位，应借助锤子、垫铁等工具将其敲平、理齐。

（5）在一块较大金属板上焊接单一裂缝时，可以用湿布或湿棉纱等围住焊缝后再施工，防止氧-乙炔焊对周围金属产生热影响，

（6）焊接修补后于焊缝的内侧垫上垫铁，用平锤沿焊缝轻轻敲击一遍，以消除焊接造成的残余内应力。

学习任务5　氧-乙炔切割操作

在汽车钣金作业过程中，有些钣件必须从车身上切割下来进行修复或更换，在判明其是

低碳钢板时,可以使用氧-乙炔切割;为了方便钣件与车身分离,在保证保留有足够余量的情况下,可以使用氧-乙炔切割进行粗切割;在汽车报废场对旧汽车进行解体时也常使用氧-乙炔切割,如图6-5-1所示。

图6-5-1 报废车解体

学习目标

1. 熟悉氧-乙炔切割的工艺参数及注意事项。
2. 能熟练进行各种板材的氧-乙炔切割操作。

建议学时:8学时。

学习准备

一、知识准备

1. 气割的工作原理

气割是利用可燃气体与氧气混合燃烧的火焰热能将工件切割处加热到一定温度后,燃烧金属,然后利用高压氧气流把燃烧状态的金属氧化物吹掉,从而实现切割的一种加工方法。金属的气割过程实质是铁在纯氧中的燃烧过程,而不是熔化过程。

2. 气割设备

气割的设备与气焊基本相同,都有氧气瓶、乙炔瓶、回火防止器等,只要把气焊的焊炬换为割炬即可进行气割工作,它们的连接方法也一样。

3. 割炬的作用、型号、结构与工作原理

(1)割炬的作用。割炬是使乙炔与氧气按一定比例和方式混合,形成一定能率和形状的预热火焰,并能在预热火焰中心喷出较高压力的切割氧气流,以便进行气割。

(2)割炬的型号。国产常用的焊炬型号有G01-30、G01-100、G01-300、GD1-100,如图6-5-2所示。焊嘴规格1、2、3、4号。

(3)割炬的结构。射吸式割炬主要由主体、乙炔调节阀、预热氧气调节阀、切割氧气调节阀、喷嘴、射吸管、混合气管、切割氧气管、割嘴、手柄、乙炔管接头和氧气管接头等组成,如图6-5-3所示。

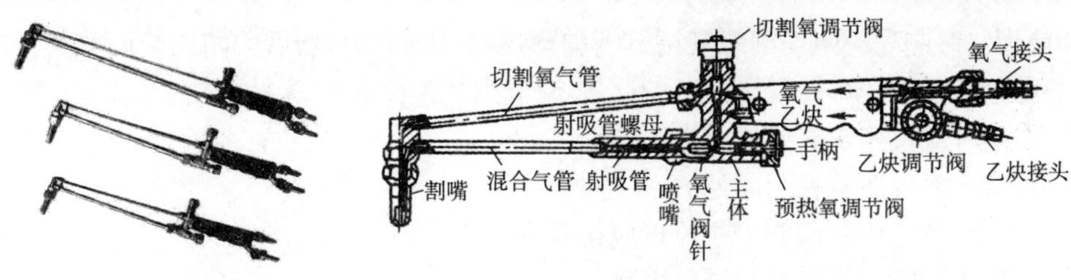

图6-5-2　各种型号的割炬　　　图6-5-3　割炬的结构

(4)割炬的工作原理。气割时,先稍打开预热氧气调节阀,再开乙炔调节阀并立即点火,然后增大预热氧气流量,调节成正常火焰后,对钣件进行预热,待钣件的切割部位加热到燃点后,随即开启切割氧气调节阀,此时高速氧气流将被切割处金属剧烈氧化并吹除,随着割炬的移动,完成气割过程。

4. 气割参数

(1)气割气体压力。被割工件越厚,割炬型号、割嘴型号、气体压力均应增大,见表6-5-1。

气割参数关系　　表6-5-1

板材厚度(mm)	割炬型号	割嘴号码	氧气压力(MPa)	乙炔压力(MPa)
4.0	G01-30	1	0.3～0.4	0.001～0.12
4～10	G01-30	1～2	0.4～0.5	0.001～0.12

(2)气割速度。割件越厚,气割速度越慢;相反,割件越薄,则气割速度越快。

(3)预热火焰。应采用中性焰或轻微氧化焰。

(4)割嘴与工件间的倾斜角。割嘴与工件间的倾斜角度关系,见表6-5-2。

割嘴与工件间倾斜角度关系　　表6-5-2

板材厚度(mm)	<4	4～20	20～30	>30
倾斜角(°)	25～45	20～30	90	前倾20～30

(5)割嘴与工件表面的距离。气割薄板时,割嘴与工件表面的距离可以大一些。一般选择火焰焰芯离工件表面距离在3～5mm的范围,如图6-5-4所示。

5. 气割常见缺陷

气割常见缺陷有:割不穿、黏渣、变形、边缘熔化、表面粗糙、割缝不整齐等质量问题。

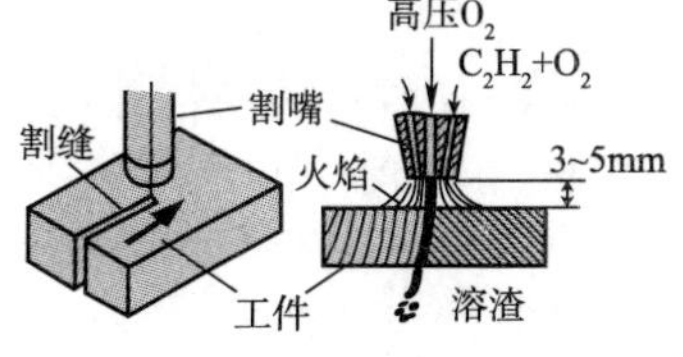

图6-5-4　割嘴与工件表面的距离

6. 气割操作安全事项

(1)气割前,应清除工件表面的污垢、油漆、氧化皮等。工件应垫高、垫平,距离地面并保持一定高度,以利于氧化铁渣吹出。切勿在离水泥地面很近的位置气割,防止水泥爆溅伤人。

(2)气割前,应仔细检查气瓶送气管道有无磨损、扎伤、刺孔、老化裂纹、堵塞,连接是否严密,发现有上述情况应及时修理或更换;检查焊炬及氧气表、乙炔表是否正常,连接处是否紧密。

(3)割炬通道应经常保持清洁、光滑、孔道内的污物及黏附在割嘴表面的金属微粒应随时用通针清除干净。

(4)回火时,应先关闭切割氧气调节阀和预热氧气调节阀,然后关闭乙炔调节阀;停止工作时,先关闭切割氧气调节阀,然后关闭乙炔调节阀及预热氧气调节阀。

(5)切割时应按规定穿戴好个人防护用品。

(6)夏季应将气瓶放置阴凉处。

(7)氧气瓶和乙炔瓶与明火作业点应符合安全距离。

(8)工作地点附近不得有易燃易爆物品。

(9)切割中应经常检查各部位工作是否正常,切割完毕,应按规定关好各种开关。

(10)工作场地要保持整齐清洁,克服杂乱无章的现象。

二、工作场所

理论与实操教学一体化教室。

三、工作器材

氧乙炔焊、割嘴、大力钳、铁板、手锤、尖嘴钳、划针、钢直尺等。

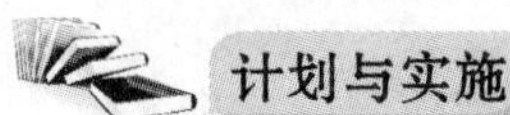

计划与实施

一、工位准备

(1)焊接前准备好墨镜、手套、工作服、打火机、錾子、锤子、锉刀、钢丝钳、活动扳手、卡子、钢丝刷、通针、钢直尺、工作台等工具。

(2)准备好切割材料。

二、穿戴好劳保用品

主要穿戴墨镜、手套、工作服等。

三、调节气体压力

(1)逆时针转动打开氧气瓶总阀开关,顺时针转动打开氧气减压器工作阀开关,调整压力到0.4MPa。

(2)逆时针转动打开乙炔瓶总阀开关,顺时针转动打开乙炔减压器工作阀开关,调整压力到0.04MPa。

四、点火

气割时,先稍打开预热氧气调节阀,再开乙炔调节阀,并立即点火。

五、调节火焰为中性焰

点火后,增大预热氧气流量,调节成正常的中性焰。

六、调整气割姿势

(1)双脚成八字形蹲在工件切割线一侧,脚跟着地蹲稳,右臂先靠住右膝盖,左臂悬空在两膝之间，保证移动割炬方便。

（2）右手握住割炬把手，并用拇指和食指把住下面的预热氧气调节阀，便于随时调整预热火焰，并可在回火时及时切断氧气。左手拇指和食指把住切割氧气调节阀。其余手指托住射吸管，保持割炬端平，并掌握好移动方向。

（3）上身不能弯得太低，呼吸要均匀，眼睛注视割嘴和割件，重点要注视割口前面的割样线。为便于观察，通常从右向左切割。气割操作姿势如图6-5-5所示。

七、气割过程

1. 预热

先在切割线的端头（工件的边缘）预热，使其温度达到燃烧温度（呈红色），如图6-5-6所示。

图6-5-5　气割操作姿势

图6-5-6　预热

2. 切割

慢慢开启切割氧气调节阀，当看到氧化铁渣被切割氧气流吹掉，便逐渐加大切割氧气流，待听到割件下面"啪啪"的声响，说明工件已被割穿。在切割过程中，割炬移动要均匀。薄钢板切割的速度要尽可能快，如图6-5-7所示。

图6-5-7　切割

3. 移位

气割较长割线时，一次割300～500mm后，需移动操作位置。此时关闭切割氧气调节阀，将割炬火焰离开工件后，再移动身体位置。若续割薄板时，可先开切割氧气调节阀，再将割炬的火焰对准续割处切割。

4. 终割

（1）气割临近终点时，割嘴应向气割方向后倾一定角度，使钢板下部提前割穿，并注意余料下落位置，然后将钢板全部割穿，这样收尾的割缝较平整。

(2)气割完毕后，应迅速关闭切割氧气调节阀，并将割炬拿起，再关闭乙炔调节阀，最后关闭预热氧气调节阀。

5.7S

按照7S要求，收拾、整理及清洁工具和设备，清洁工位及车间卫生。

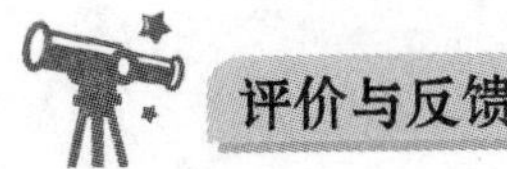

评价与反馈

一、学习效果评价

1.选择题

(1)割炬的型号有G01-30、G01-100、(　　)、GD1-100。

A.G01-200　　B.G01-300　　C.G01-400

(2)气割较长割线时，一次割(　　)后，需移动操作位置。

A.200～250mm　　B.300～500mm　　C.550～650mm

2.判断题

(1)被割工件越厚，割炬型号、割嘴型号、气体压力均应增大。(　　)

(2)气割薄板时，割嘴与工件表面的距离可以小一些。(　　)

3.简述题

(1)气焊与气割安全特点是什么？

(2)气割操作时要注意哪些安全事项？

(3)气割时什么时候打开高压氧气阀？

(4)汽车钣金维修时可以用气割切割车身吗？为什么？

二、技能考核

氧-乙炔切割操作技能考核项目和分值见表6-5-3。

氧-乙炔切割操作技能考核表　　表6-5-3

考核时间	考核项目	分值	自我评价	小组评价	教师评价
30min	安全、规范操作	20			
	氧-乙炔气割设备的组成、功用和相关主要参数等知识的掌握	10			
	正确调节火陷和规范操作焊接	10			
	焊接无质量缺陷问题	40			
	整理工具	10			
	团队协作精神	10			
合计		100			

知识链接

为什么现代车身修复中不建议使用氧-乙炔切割车身钣件,有的车身修复手册甚至明确禁止使用?

主要因为氧-乙炔火焰温度较低,在切割车身钣件时,需要切割时间相对较长,在切割过程中大量的热量很容易从切割部位传到钢板各处,对低碳钢板金属内部结构影响不大,但对高强度钢板金属内部结构影响极大,造成高强度钢板强度严重下降。现代汽车,特别是乘用车越来越多的使用了高强度钢板,使用氧-乙炔切割车身钣件,降低了高强度钢板强度,从而也降低了车身强度。

学习任务6　等离子切割操作

任务描述

在汽车钣金作业过程中,有些钣件必须从车身上切割下来进行修复或更换,使用等离子切割机能快速完成切割的工作。尤其是在车身上不方便使用焊点去除钻转除的焊点或难以用砂轮机打磨掉的焊缝,使用等离子切割机进行切割更加快捷,如图6-6-1所示。

a)切割焊点　　b)切割钣件

图6-6-1　等离子切割在汽车钣金作业中的应用

学习目标

1. 熟悉等离子切割机的组成和切割工艺参数。
2. 能熟练进行各种位置的等离子切割操作。

建议学时:8学时。

学习准备

一、知识准备

1. 等离子切割的应用

等离子切割由于切割效率高、损耗低、适用范围广等优点,已广泛应用于工程建设、制造等行业，在汽车钣金修理中应用也越来越广泛。

2. 等离子切割机的组成

等离子切割机主要由切割电源、切割电缆和割枪、搭铁线和搭铁、过滤减压阀等组成，割枪又由保护罩、导电喷嘴、气体分配器、电极和枪体等组成，如图 6-6-2 所示。

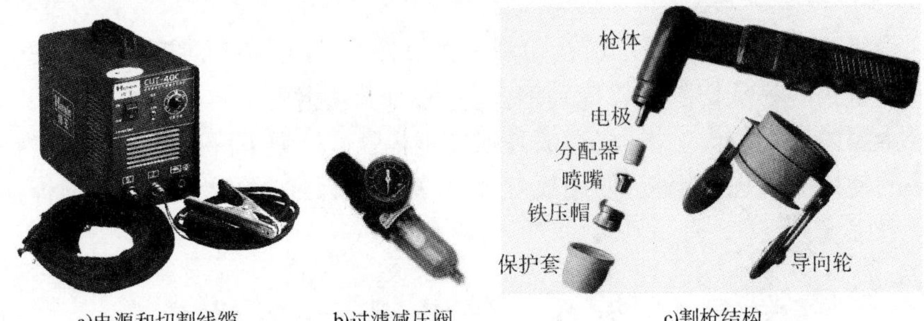

a)电源和切割线缆　b)过滤减压阀　c)割枪结构

图 6-6-2　等离子切割机的组成

3. 等离子切割机工作技术参数

等离子切割机工作技术参数，见表 6-6-1。

等离子切割机工作技术参数　表 6-6-1

项目＼机型	CUT30	CUT40	CUT60	CUT70	CUT100
供电(V)	220			380	
喷嘴孔径(mm)	1.0	1.0	1.2	1.3	1.4
气压(10^5Pa)	4	4.5	5	5.5	6
切割厚度(mm)	1 ~ 8	1 ~ 12	1 ~ 23	1 ~ 25	1 ~ 35

4. 等离子切割的原理

等离子切割是利用极细且高温的等离子弧，使局部金属迅速熔化，再利用高压气流把熔化的金属吹走的切割方法。

通常把未经压缩的电弧称为自由弧，如手工电弧焊、气体保护焊产生的电弧，它的导电气体没有完全电离，电弧的温度为 6000 ~ 8000℃。通过气压、电压和磁场的作用，可以把自由弧压缩成等离子弧。等离子弧的导电截面小，能量集中，弧柱中气体几乎全部达到离子状态，电弧温度可高达 15000 ~ 30000℃，能使金属等物体迅速燃烧、熔化。

5. 等离子切割的起弧方式

等离子切割一般有两种起弧方式。

(1)接触式起弧方式。即把与电极针绝缘的喷嘴贴在工件(连接切割电源正端)上，然后把高频高压电流加到连接电源负端的电极针(钨针)，使极针喷出电弧，电弧在电压、气压、磁场作用下形成等离子弧，通过大电流维持等离子弧稳定燃烧，然后稍抬高喷嘴(避免炽热的工件损坏喷嘴)，开始切割，如图 6-6-3 所示。这种切割方式多适用于小功率的切割机。

(2)转移弧式(维弧式)起弧方式。即把电源正端通过一定的电阻和继电器开关连接到喷嘴上，使得电极针与喷嘴间形成电弧(由于有电阻限流，电弧较小)，然后把喷嘴靠近直接连接电源正端的工件上,极针与工件间便形成能量更大的电弧,电弧被压缩后形成等离子弧,而喷嘴与电源正端的连接被断开,开始切割,如图6-6-4所示。

转移弧式切割方式可以避免电弧在气压的作用下偏离喷嘴中心而损坏喷嘴。此种方式适用于大功率切割机。

警告:在检查等离子切割枪是否接通压缩气时,千万不能用手挡在切割枪口来检查,因为转移弧式(维弧式)起弧方式不用搭铁就能产生电弧。

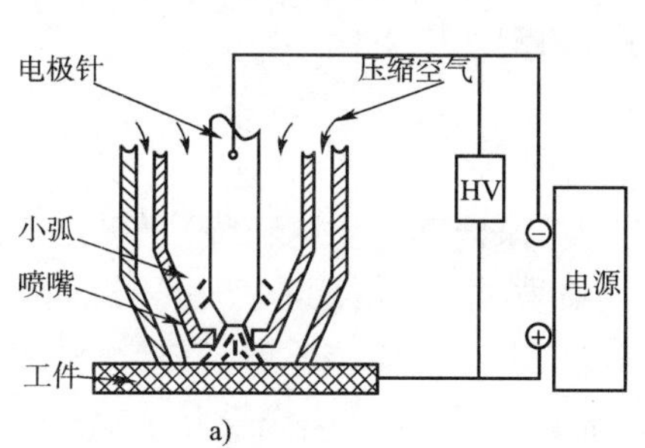

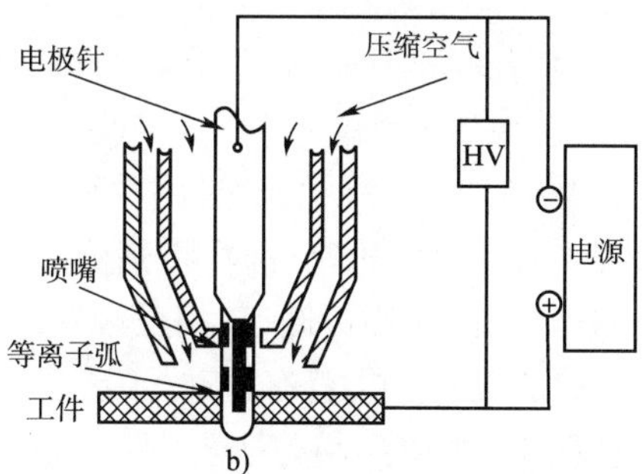

图6-6-3 接触式起弧

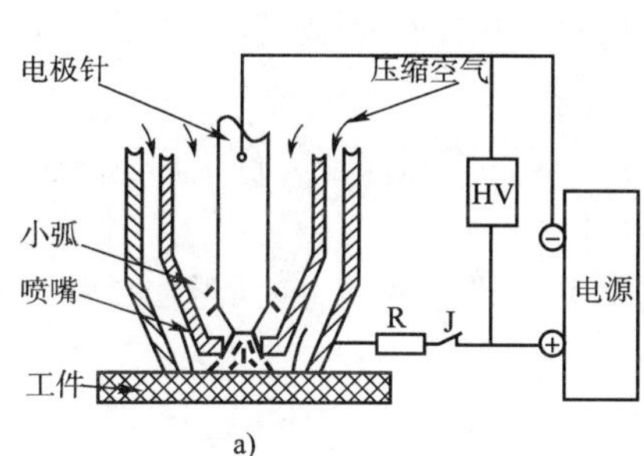

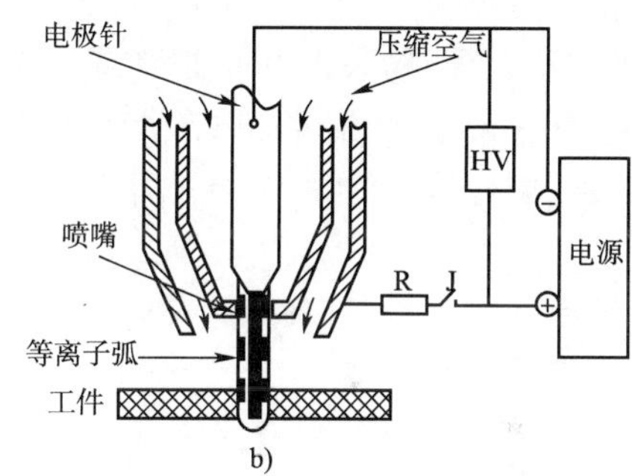

图6-6-4 转移弧式(维弧式)起弧

6. 等离子切割工艺参数

各种等离子切割工艺参数,直接影响切割过程的稳定性、切割质量和效果。

(1)空载电压和弧柱电压。等离子切割电源,必须具有足够高的空载电压,才容易引弧和使等离子弧稳定燃烧。空载电压一般为120~600V,而弧柱电压一般为空载电压的一半。提高弧柱电压,能明显地增加等离子弧的功率,因而能提高切割速度和切割更大厚度的金属板材。弧柱电压往往通过调节气体流量和加大电极内缩量来达到,但弧柱电压不能超过空载电压的65%,否则会使等离子弧不稳定。

(2)切割电流。增加切割电流同样能提高等离子弧的功率,但它受到最大允许电流的限制,否则会使等离子弧柱变粗、割缝宽度增加、电极寿命下降。

(3)气体流量。增加气体流量既能提高弧柱电压,又能增强对弧柱的压缩作用而使等离子弧能量更加集中、喷射力更强,从而提高切割速度和质量。但气体流量过大,反而会使弧柱变短,损失的热量增加,使切割能力减弱,严重时会导致切割过程不能正常进行。

(4)电极内缩量。内缩量是指电极到割嘴端面的距离,合适的距离可以使电弧在割嘴内得到良好的压缩,获得能量集中、温度高的等离子弧而进行有效的切割。距离过大或过小,会使电极严重烧损、割嘴烧坏和切割能力下降。内缩量一般取 8 ~ 11mm。

(5)割嘴高度。割嘴高度是指割嘴端面至被割工件表面的距离。该距离一般为 4 ~ 10mm,小功率设备为 1 ~ 2mm。它与电极内缩量一样,距离要合适才能充分发挥等离子弧的切割效率,否则会使切割效率和切割质量下降或使割嘴烧坏。

(6)切割速度。以上各种因素直接影响等离子弧的压缩效应,也就是影响等离子弧的温度和能量密度,而等离子弧的温度、能量决定着切割速度,所以以上的各种因素均与切割速度有关。在保证切割质量的前提下,应尽可能地提高切割速度,这不仅能提高生产率,而且能减少被割零件的变形量和割缝区的热影响区域;若切割速度太慢,其效果相反,而且会使黏渣增加,切割质量下降。

(7)割枪的安装、维护及零件更换方法。

①安装或更换割枪零件时,将割枪头朝上,然后按"保护罩→导电喷嘴→气体分配器→电极→割枪体"的顺序拆卸,按相反顺序装配。安装喷嘴时,要保持与电极的同心度。保护罩要拧紧,喷嘴要压紧,若有松动,不能切割。

②合理使用割枪,将喷嘴与工件接触后再引弧;而切割结束时,应先松开手把按钮断弧,再将割枪从工件表面移开,这样可延长零件的使用寿命。当喷嘴因中心孔变大而影响切割质量时应及时更换。

③电极中心凹陷深达 2mm 以上或不能引弧时,可将电极反向安装或更换。

④发现保护罩、分配器裂开或严重损坏时应及时更换。

⑤发现割枪体的绝缘、人造革外套、电缆线绝缘层、气管等部件损坏破裂时,应及时修复或更换。

⑥若要卸下割枪,将割枪的人造革外套后退,拆开开关连接接线,向后退出手把,再拆割枪体的连接接头。

⑦有 O 形密封圈的割枪,在密封圈上涂少许凡士林,可延长密封圈使用时间。

二、工作场所

理论与实操教学一体化教室。

三、工作器材

等离子切割机、大力钳、手锤、尖嘴钳、划针、钢直尺等。

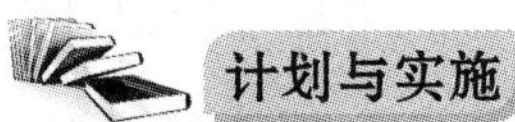

计划与实施

一、准备工作

准备设备工具及用品:等离子切割机、待切割的钣件、焊工手套、焊接面罩、划线工具、粉笔等。检查等离子切割设备的电线电缆是否有绝缘层破损现象,设备电源开关是否在关闭位置,割枪是否完好,插座、接头是否接触不良;检查切割区域附近是否有易燃易爆物品。及时处理,保证操作的安全。

二、操作步骤

1. 清洁和划线

清洁待切割的钣件，并根据需要划线。划线如图 6-6-5 所示。

2. 搭铁

把等离子切割机的搭铁线与待切割的钣件搭接，并检查搭接是否牢靠，如图 6-6-6 所示。

图 6-6-5　划线

图 6-6-6　搭铁(接地线)

3. 接通气路

用气管把等离子切割机的气源接头与高压气源接通，检查管路是否通畅，过滤减压阀的积水过多必须进行排放，如图 6-6-7 所示。

4. 接通电源

接通电源后，把等离了切割机的电源开关打开，如图 6-6-8 所示。

5. 选择切割参数

根据工件的厚度，选择相应的切割电流，如图 6-6-9 所示。

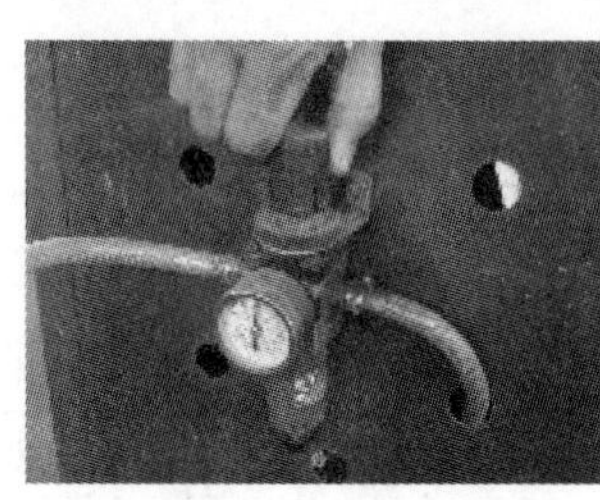

图 6-6-7　调节压力

图 6-6-8　打开开关

图 6-6-9　选择电流

6. 切割

把割枪靠近工件，割嘴与工件之间距离 1 ~ 2mm，按下开关引弧，然后按照划定路线平稳移动，就能进行切割。根据切割位置分为平割、立割和仰割三种，如图 6-6-10 所示。

7. 操作结束

操作结束后，关闭电源和气源，清洁工位和整理工具与设备。

a)平割

b)立割

c)仰割

图6-6-10 切割

评价与反馈

一、学习效果评价

1.选择题

(1)等离子切割属于(　　)。

A.气割　　B.氧割　　C.电弧切割

(2)等离子切割的引弧方式有(　　)种。

A.2　　B.3　　C.1

(3)等离子切割的电弧温度可以达到(　　)℃。

A.8000　　B.30000　　C.3000

2.判断题

(1)常见的等离子切割机可以切割钢板。(　　)

(2)常见的等离子切割机可以切割塑料板。(　　)

(3)常见的等离子切割机可以切割铝板。(　　)

3.简述题

(1)等离子切割的切割原理是什么?

(2)等离子切割的工艺参数有哪些?

(3)等离子切割的工艺流程是什么?

二、技能考核

等离子切割操作技能考核项目和分值见表6-6-2。

等离子切割操作技能考核表　　表6-6-2

考核时间	考　核　项　目	分值	自我评价	小组评价	教师评价
30min	安全、规范操作	20			
	等离子切割组成和功用等知识的掌握	10			
	正确进行等离子切割钣件	40			
	等离子切割机割枪的耗材的更换	10			
	整理工具	10			
	团队协作精神	10			
合　计		100			

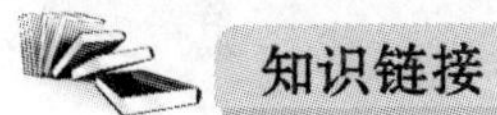

知识链接

等离子切割和气体火焰切割的比较

1. 切割材料广泛

等离子切割用于可作为导体的金属切割，如低碳钢、铜、不锈钢和铝材等；气体火焰切割，只能切割可以用氧化技术处理的黑色金属。

2. 效率高，成本低

等离子切割可使用压缩空气来进行，使用中无须更换气体。

3. 适合高强度钢钣件的切割

等离子弧温度高达15000～30000℃，可以瞬间把切割部位的金属材料燃烧、熔化，避免了金属材料对热量的吸收和扩散；而气体火焰切割的火焰温度只有3000℃左右，切割时金属材料有太多的时间来吸收和传递热量，导致切割后钢板的力学性能下降。

学习单元7　汽车覆盖件整形

学习任务1　车门板损伤修复

任务描述

事故车辆经十字路口转弯时，与直行车辆发生刮擦现象。导致事故车辆车门轻微受损(图7-1-1、图7-1-2)，需对车门进行整形处理。

图7-1-1　车身碰撞损坏严重的板件需更换

图7-1-2　车身碰撞损坏轻度的板件

学习目标

1. 了解汽车车门板覆盖件的作用。
2. 掌握受损面积较小车门覆盖件修理工艺过程，能进行正确修理工艺操作。

建议学时：8学时。

学习准备

一、知识准备

1. 概述

轿车大多采用整体式车身，当车身损坏，需对其进行钣喷加工处理，消除金属板上的凸起、凹坑和折皱。如车门、翼子板等覆盖件部件的外板损坏，根据损坏情况判定是更换总成

(部件)、还是整平修理。如果损坏较轻,可以整平、拉伸复原。如果撞击处加工硬化的程度高、从面板背面不易修理以及门框损坏严重,影响车身出产参数的情况下,则需要整体更换。如果损伤未影响到内部整体式车身结构的情况下,则只需更换外部面板。如维修不当,不仅影响美观,而且还会影响到车辆的使用寿命,甚至给车辆埋下安全隐患。例如车辆在使用过程中出现的渗水、漏风、进灰尘、异响等故障,多数情况是因为钢板修复不到位造成的。

2. 作用

车门是一个综合的转动部件,和车厢一起构成乘员的周围空间范围,应具有足够大的强度、刚度和良好的振动特性,以满足车门闭合时耐冲击性及与侧碰时的耐撞性等各项性能的要求。而车门覆盖件是通过电阻点焊焊接、折边、车体密封胶等方法连接起来的,用于车身外部表面防止内部构件腐蚀、防漏,起到整体外观美化的效果。

3. 组成

车门基本构造由门外板、门内板、上加强板、下加强板、门锁加强板、铰链加强板、铰链和防撞梁等组成,门外板、门内板和加强板都由薄板冲压成形,并通过焊接连成一个整体的受力结构,如图7-1-3所示。

4. 外形修复机

对车身板件上不容易使用手工工具进行操作时,最好的工具是使用图7-1-4所示的具有电流调整性能的外形修复机,它可以很轻松地把板件上的凹陷拉出来。外形修复机可以焊接垫圈、焊钉、螺柱、星形焊片等进行拉伸操作,还可以使用铜触头和碳棒进行收缩操作。

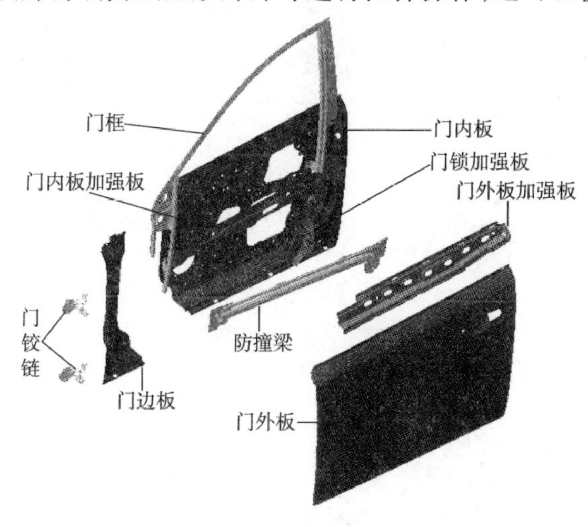

图7-1-3　车门结构图

图7-1-4　XC-SB5000多功能外形修复机

外形修复机的电源是220V,通过内部的变压器转换成10V左右的直流电。主机上有2条输出电缆线,一条为焊枪电缆,另一条为搭铁电缆,在工作时两条电缆形成一个回路。把搭铁连接到工件上,焊枪通过垫圈等介子把电流导通到面板的某一部分上,由于电流达到3500A左右,垫圈接触面板的部位产生巨大的电阻热,使温度能够熔化钢铁,熔化的垫圈就焊接到面板上了

外形修复机的使用方法:

(1)首先用主机的转换开关选择自己所需要的作业方式。

(2)然后,把搭铁线连接到离损伤部位较近的地方。连接的时候要注意是否会影响操作或影响之后的涂装作业。

(3)连接的方法是用搭铁的夹钳夹住面板或在面板上直接把接地线焊接上去。因为涂层不导电,面板上连接搭铁的部位涂层都要打磨掉。如果是完全未损伤的面板,最好避免使用焊接修复。

(4)需要焊接垫圈的损伤部位也要把涂层打磨掉。

(5)把垫圈安装到焊枪上,焊枪的触头一般有磁性可以吸住垫圈。把垫圈抵在面板上,不需要用过大的力去按,力太弱也焊接不好,要掌握好一个好的力度。

(6)按下焊枪的开关,通电后垫圈就焊接在面板上了。然后就可以使用拉出器对面板凹陷进行拉伸修复。

(7)使用过的垫圈拆除时,用钳子夹住后,左右拧就可以轻松拆下来。如果不容易拆下时,主要是因为电流过大导致的。垫圈可以反复使用多次,如果沾上了焊接时的金属碎屑或氧化物的话,就不好焊接。要用锉刀磨好,露出它金属本色。

(8)拉伸修复操作完成后,在盘式打磨机上装上打磨纸,轻轻地对金属面进行整体打磨,把焊接印打磨好。

(9)最后把面板上去除涂层的部分进行防腐处理,注意面板焊点的反面和搭铁部位也要进行处理。

二、工作场所

理论与实操教学一体化教室。

三、工作器材

汽车整车、车板、外形修复机、工作台、常用工具等若干。

计划与实施

一、穿戴防护

(1)2 号将桌上的防护用品(防尘口罩)递给 1 号,如图 7-1-5 所示。

提示:防尘口罩要与面部完全贴合,防止灰尘进入呼吸道系统。防尘口罩的主要作用为过滤空气中的尘埃。

(2)1 号佩戴防护用品(防尘口罩),如图 7-1-6 所示。

提示:扳开防尘口罩上的铝片,拉起下皮绳套入头中,拉起上皮绳套入头上,用手按住整个口罩,使口罩于面部完全接触。

(3)2 号将桌上的防护用品(防尘眼镜)递给 1 号,如图 7-1-7 所示。

提示:防尘眼镜是在打磨旧漆膜时使用,打磨时有较多灰尘,防止灰尘进入眼部。

(4)1 号佩戴防护用品(防尘眼镜),如图 7-1-8 所示。

图 7-1-5　2 号将防尘口罩递给 1 号

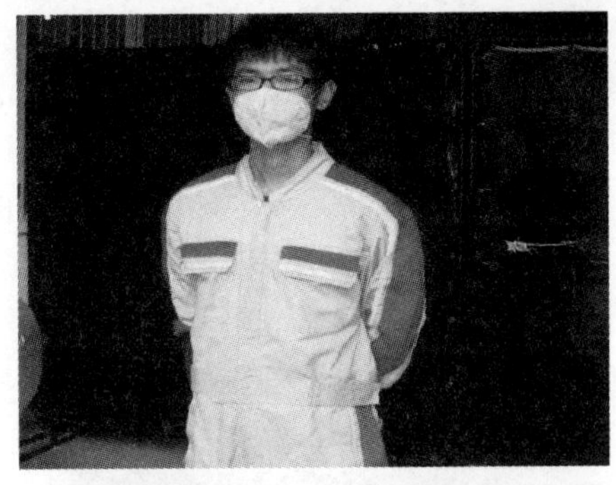

图 7-1-6　1 号佩戴防尘口罩

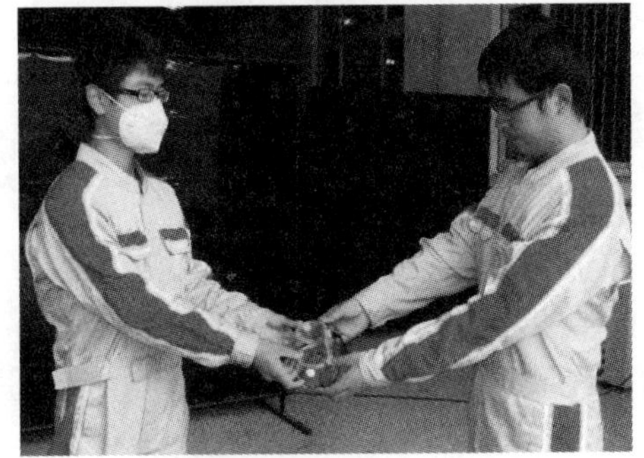

图 7-1-7　2 号将防尘眼镜递给 1 号

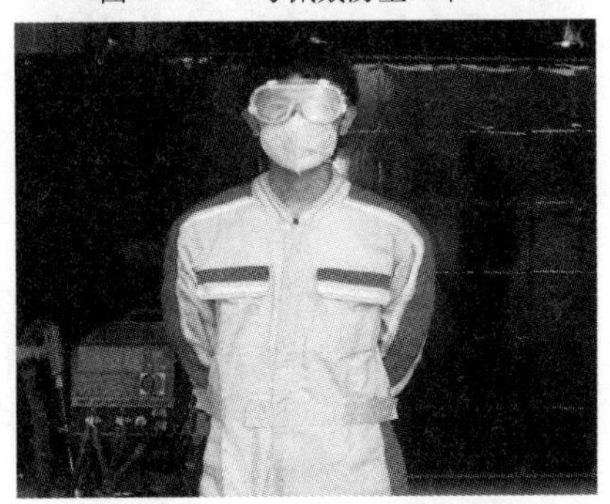

图 7-1-8　1 号佩戴防尘眼镜

提示：拉起防尘眼镜皮绳，并套入头中，皮绳要卡于耳朵上方的位置。眼镜鼻子位置要略扣于防尘口罩上，防止防尘眼镜因密封不好而起雾。

(5)2 号将桌上的防护用品(棉丝手套)递给 1 号，如图 7-1-9 所示。

提示：棉丝手套主要是防止手在操作过程中，因毛刺、焊接点锋口、电弧热等使手受伤。

(6)1 号佩戴防护用品(棉丝手套)，如图 7-1-10 所示。

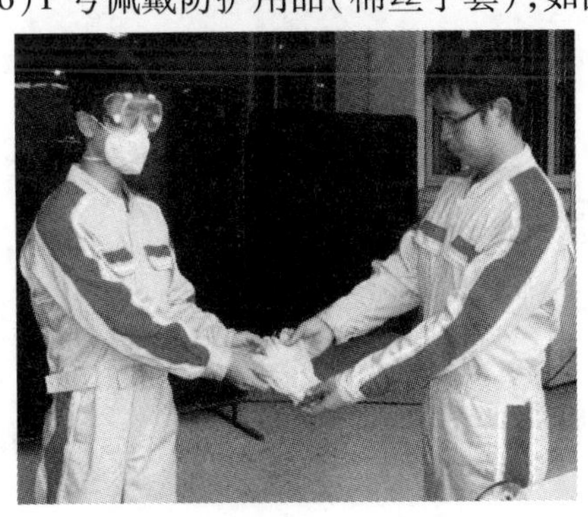

图 7-1-9　2 号将棉丝手套递给 1 号

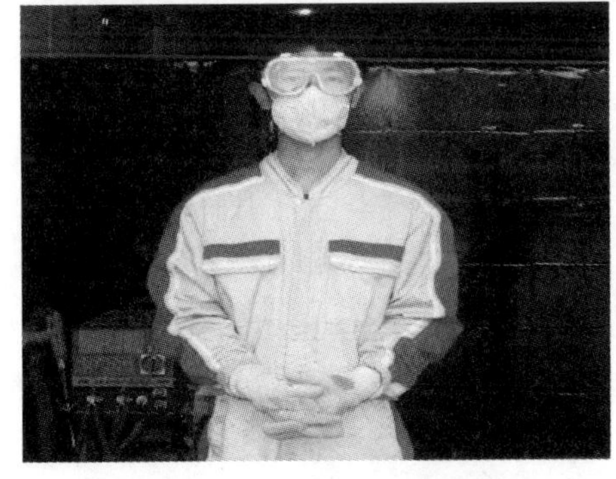

图 7-1-10　1 号佩戴棉丝手套

提示：拉起手套边缘，将五个手指伸入手套中，用另一个手在腕部处用力往上提，两个手都套好后，十指交叉用力互顶(使手套与手部完全贴合)。

二、判断损伤区域

(1)1 号用目测法，判断损伤区域。一个手扶住门板边缘，另一个手与眼睛配合，观察损伤面上、下的受损面积，如图 7-1-11 所示。

提示：目测法判断损伤区域主要从侧面，通过旧漆膜的反光面判断上、下高度方向的损伤情况。

(2)2 号将钢直尺和记号笔递给 1 号，如图 7-1-12 所示。

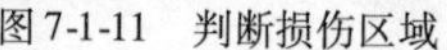
图 7-1-11　判断损伤区域

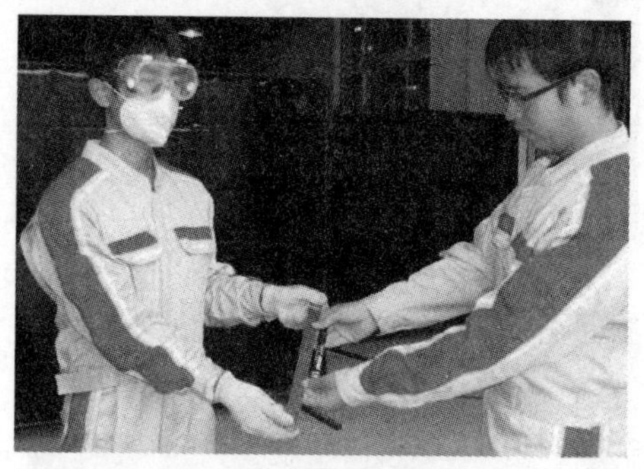

图 7-1-12　2 号将钢直尺和记号笔递给 1 号

提示：钢直尺和记号笔在直尺判断法时使用。

(3)1 号使用钢直尺和记号笔量出水平方向的变形量，并确定受损区域的打磨范围，做好记号。量出受损面积的长、宽、高尺寸，并确定受损面积一倍的大小，做区域拉伸处理，如图 7-1-13 所示。

提示：直尺判断法只能判断水平方向的受损范围，不能判断高度方向的受损范围。

(4)1 号将受损区域长、高方向的 4 个点连成相对规则的形状，并将预拉伸区域的点也连成相对规则的形状，如图 7-1-14 所示。

图 7-1-13　直尺判断法判断受损区域

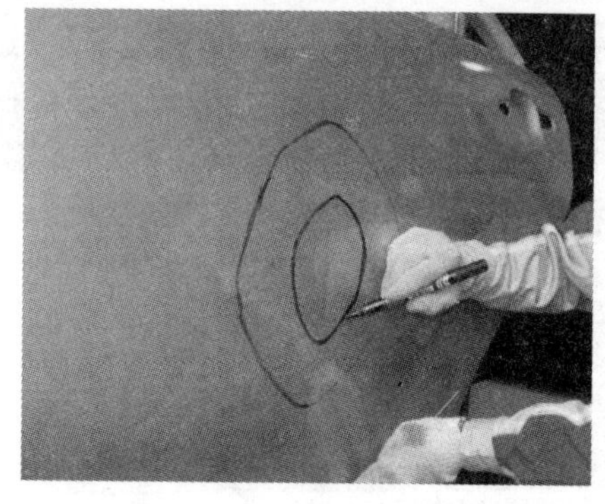

图 7-1-14　损伤区域和预拉伸区域

提示：损伤区域和预拉伸区域都需进行裸金属打磨处理，拉伸施工时，可适当操作在拉伸区域范围。预拉伸区域也是为方便下道防锈处理和原子灰刮涂处理预留位置。

三、打磨旧漆膜

(1)2 号将气动自吸式单作用研磨机递给 1 号，如图 7-1-15 所示。

提示：①研磨机用于较大面积的油漆和腻子的研磨，在运行中能通过后排气的方式将研磨过程中产生的粉尘吸入工具附带的集尘袋中。

②研磨旧漆膜使用 60 号砂纸。

(2)1号站立时将研磨机吸尘管拉直,并将吸尘管背于肩上,使吸尘袋自然垂于背后。成半蹲式从外形修复机边拿起空气管快速接头,如图7-1-16所示。

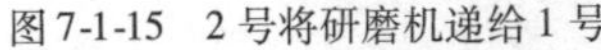

图7-1-15　2号将研磨机递给1号

图7-1-16　1号拿起空气管快速接头

(3)1号将气动自吸式研磨机接上气路快速接头,如图7-1-17所示。

提示:一手张开握住气动自吸式研磨机,另一手将气路快速接口对准研磨机快速接,用力往里按(气体压力较大,接入时要稳、准)。

(4)1号使用自吸式研磨机,打磨受损区域和预拉伸区域,如图7-1-18所示。

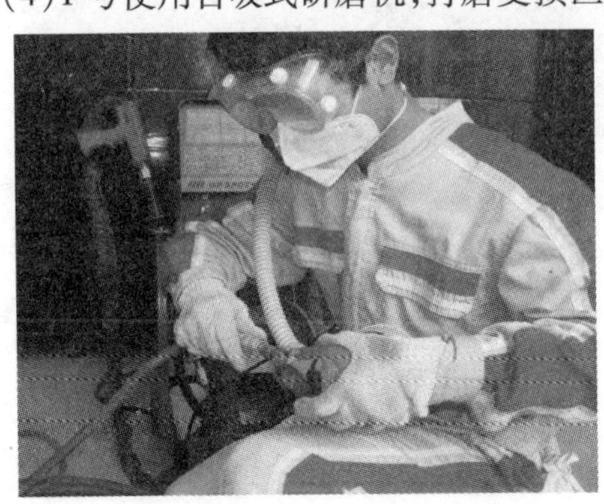

图7-1-17　1号接上气路快速接头

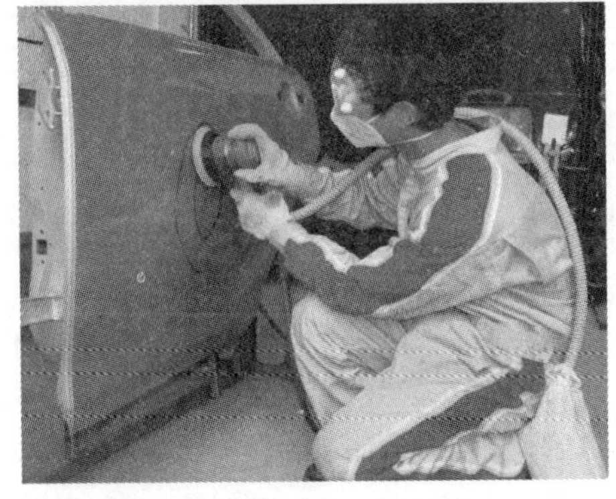

图7-1-18　打磨受损区域和预拉伸区域

提示:将气动自吸式研磨机轻压于门板打磨区域,翘起研磨机盘5°~10°,先打磨预拉伸区域边缘至裸金属。移动速度要均匀,不能停滞在一个部位反复打磨,使铁板发热变形。不能用力过猛按在门板上,使门产生再次变形。

(5)打磨区域整体效果示意图,如图7-1-19所示。

提示:打磨后的效果图,打磨出来的面积要达到受损中心一倍以上(例如:受损长度为80mm,高度方向应达到240mm,宽度方向应达到160mm)。

(6)打磨区域边缘羽状边示意图,如图7-1-20所示。

提示:羽状边是为下道工序原子灰刮涂预留处理区域,宽度应控制在3~5mm。

(7)2号将气动带式研磨机递给1号,如图7-1-21所示。

提示:①气动带式研磨机用于研磨较深的旧漆膜部位。

②气动带式研磨机在打磨时易将金属板面磨薄,不适合大面积研磨。

(8)1号将气动带式研磨机接上气路快速接头,如图7-1-22所示。

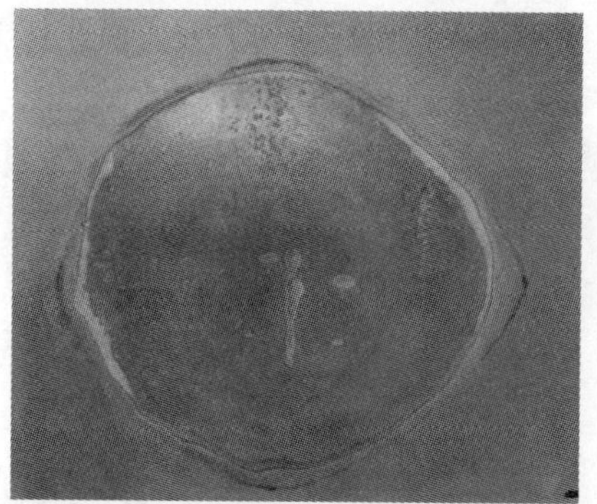

图 7-1-19　打磨区域整体效果图

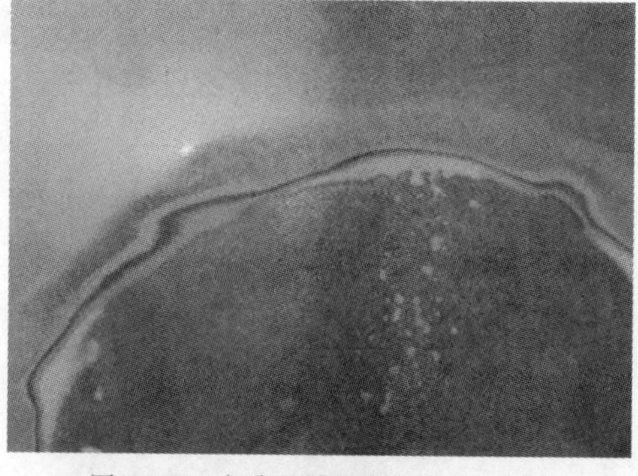

图 7-1-20　打磨区域边缘羽状边示意图

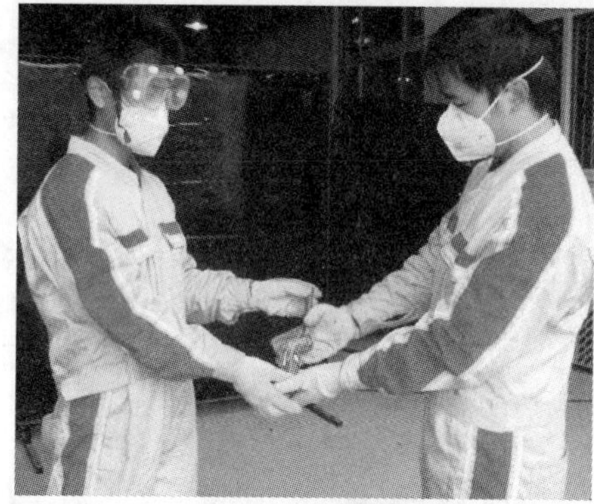

图 7-1-21　2 号将气动带研磨机递给 1 号

图 7-1-22　1 号将研磨机接上气路快速接头

提示:①一手张开握住气动带式研磨机,另一手将气路快速接口对准研磨机快速接,用力往里按(气体压力较大,接入时要稳、准)。

②气动带式研磨机转速较快,容易将板件铁皮磨薄,移动速度比盘式研磨机快。

(9)1 号使用气动带式研磨机打磨凹陷部位,如图 7-1-23 所示。

提示:①研磨机于门板表面夹角应控制在 30°~45°,保证磨削力度。

②研磨时,力度控制要适度,研磨机与钣件接触即可,不可用力按在钣件上。

③气动带式研磨机有方向,打磨时,带轮转动为顺时针方向(有些研磨机标有向上标记或带轮转动方向标记)。

(10)门板打磨后效果示意图,如图 7-1-24 所示。

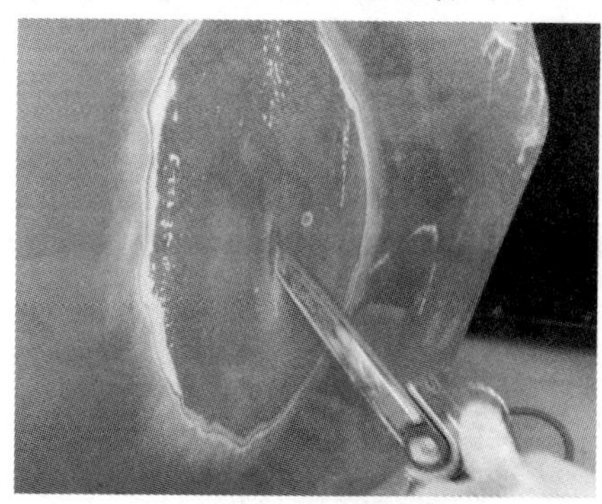

图 7-1-23　研磨凹陷部位

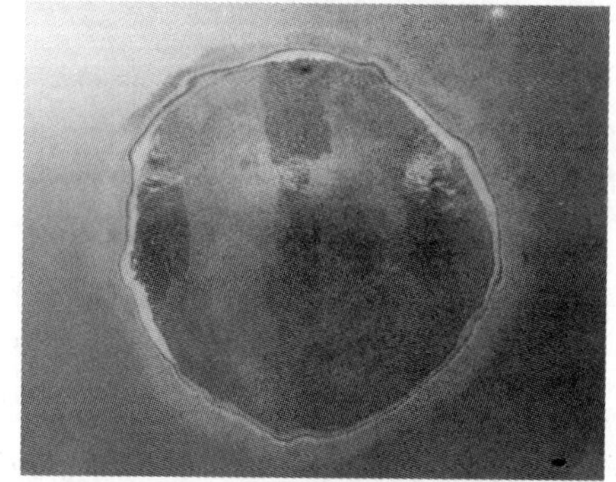

图 7-1-24　门板研磨后效果示意图

提示:门板打磨后表面要无旧漆膜,完全露出裸金属,以防止拉伸过程中,产生脱焊现象。

四、清洁

(1)2 号将气枪递给 1 号,如图 7-1-25 所示。

提示:门板裸金属表面旧漆膜及尘埃等需用气枪吹净,防止拉伸过程中,产生脱焊现象。

(2)1 号将气枪接上气路快速接头,如图 7-1-26 所示。

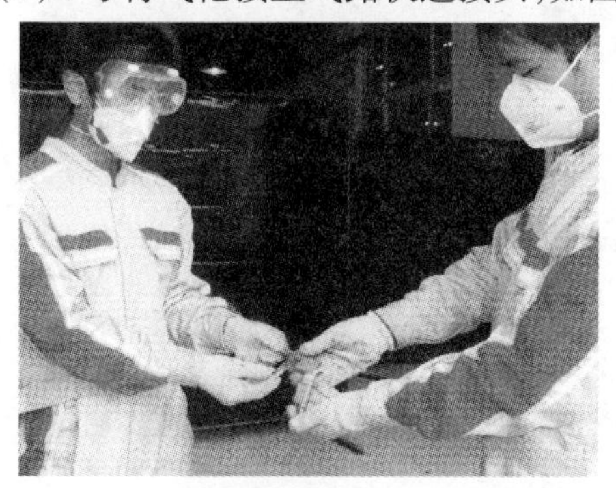

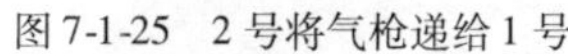

图 7-1-25　2 号将气枪递给 1 号

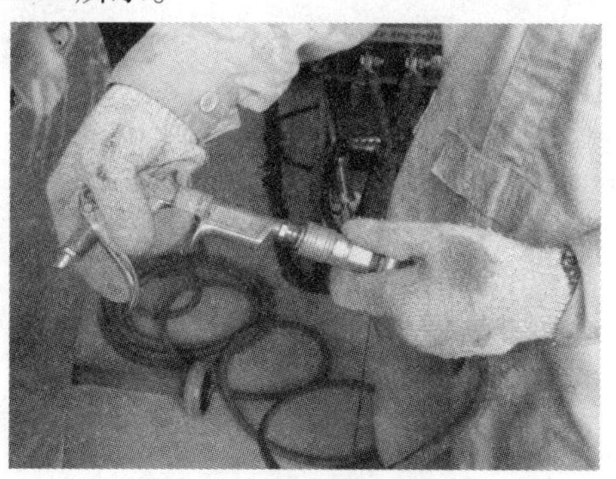

图 7-1-26　将气枪接上气路快速接头

提示:一手张开握住气枪,另一手将气路快速接头对准研磨机快速接,用力往里按(气体压力较大,接入时要稳、准)。

(3)1 号一手握气枪,另一手从背后裤袋取出清洁布,如图 7-1-27 所示。

(4)1 号使用气枪和清洁布,清洁门板裸金属表面,如图 7-1-28 所示。

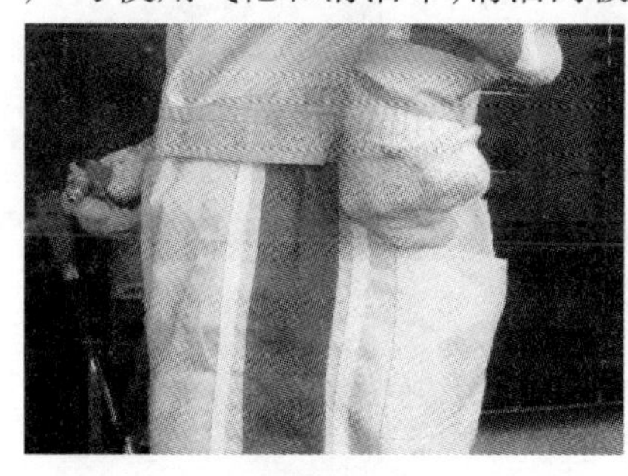

图 7-1-27　取出清洁布

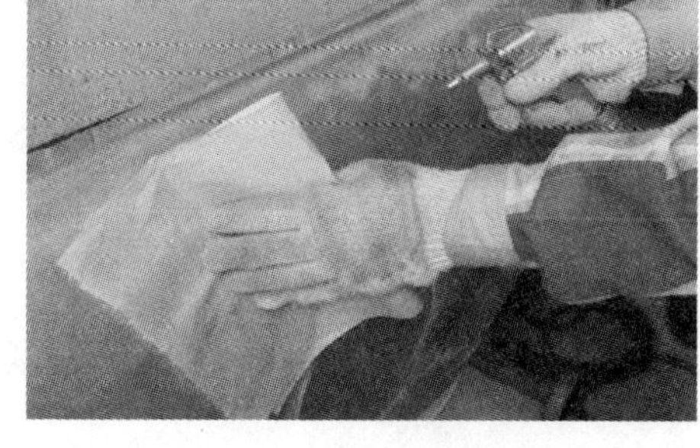

图 7-1-28　清洁门板裸金属表面

提示:①一手按住气枪,利用压缩空气将旧漆膜吹于清洁布上。另一手按住清洁布,在整扇门板上快速移动,擦拭留于门板的旧漆膜。

②气枪与门板成 30°～45°夹角,保证旧漆膜沾附于清洁布上,防止过多颗粒飞扬在空气当中。

五、拉伸

(1)换护目镜,如图 7-1-29 所示。

提示:1 号将防尘眼镜递给 2 号,2 号将防尘眼镜摆放在工作平台上,并将护目镜递给 1 号。

(2)1 号配戴护目镜,如图 7-1-30 所示。

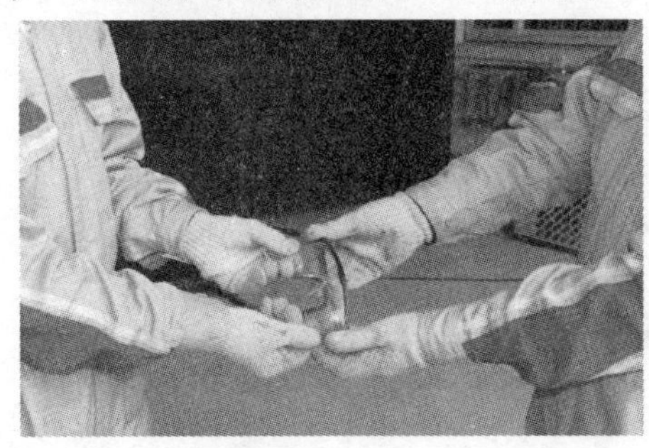

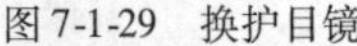
图 7-1-29　换护目镜

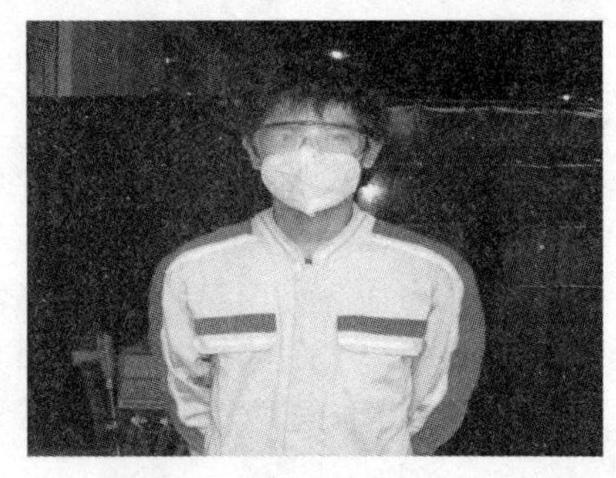

图 7-1-30　1 号配戴护目镜

提示:将护目镜两卡脚扳开,夹于耳朵根,护目镜鼻子部位要略扣于防尘口罩上方,防止起雾。

(3)2 号将划线工具(划针)和钢直尺递给 1 号,如图 7-1-31 所示。

提示:拉伸辅助划线(针对初学者拉不准点,熟练后可不进行此步操作)。

(4)1 号用钢直尺测量出受损区域的范围,将受损区域分成若干条直线,每条直线间距为 10mm 左右,并用划针画出直线,如图 7-1-32 所示。

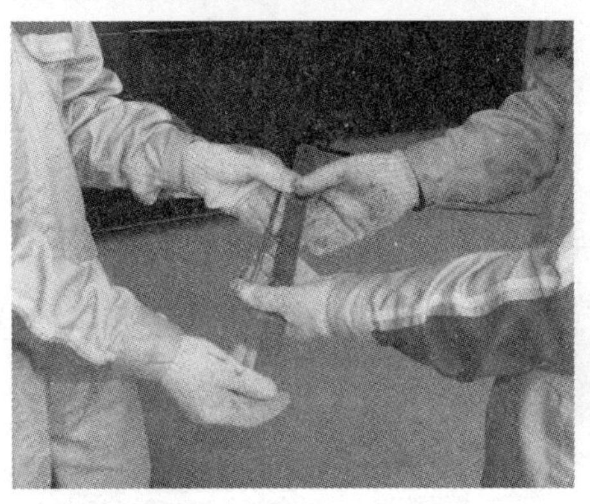

图 7-1-31　2 号将划针和钢直尺递给 1 号

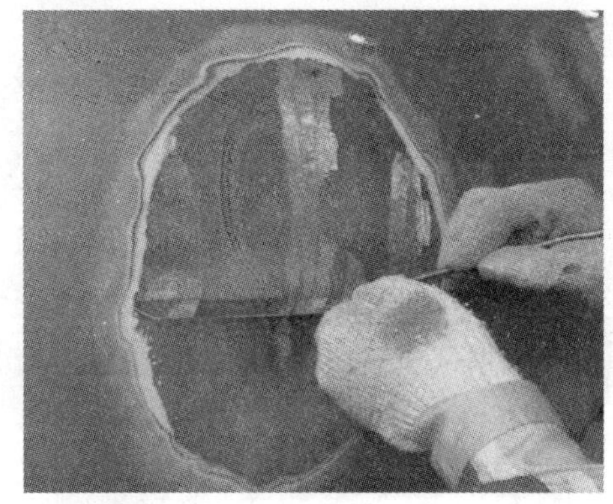

图 7-1-32　用钢直尺测量受损区域

提示:将受损区域高度方面和水平方向画成网格状,每个网格空间为 1cm^2。

(5)网格示意图,如图 7-1-33 所示。

提示:首先拉拔最后被撞击的部位,也就是凹陷的边缘部分,最后拉拔直接损伤区域,严格遵守先进后出的原则,按照顺序进行拉拔。

(6)拉拔顺序图,如图 7-1-34 所示。

提示:可以换一个顺序拉拔,选择一种最适合你自己的维修顺序才是最快捷的维修方法。

(7)1 号用大力钳将搭铁线夹到车门板角边缘裸金属处,如图 7-1-35 所示。

提示:①2 号把大力钳递给 1 号,1 号取外形修复机搭铁,在门角边缘裸金属处用大力钳固定搭铁。

②如门板只是局部补漆,不进行整扇门满喷的操作,则要靠进补漆部位最近的裸金属位置固定搭铁。

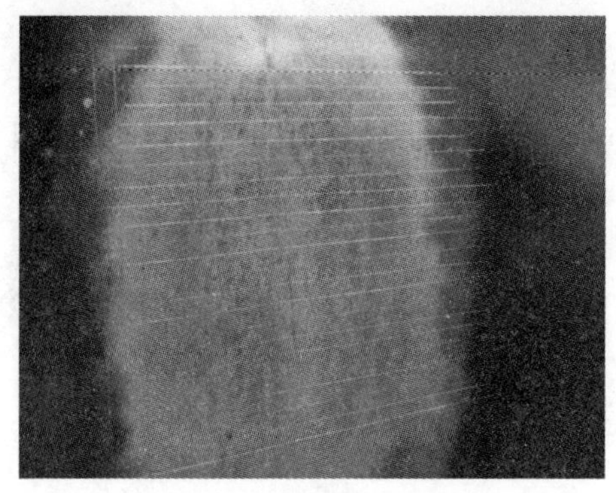

图 7-1-33　网格示意图

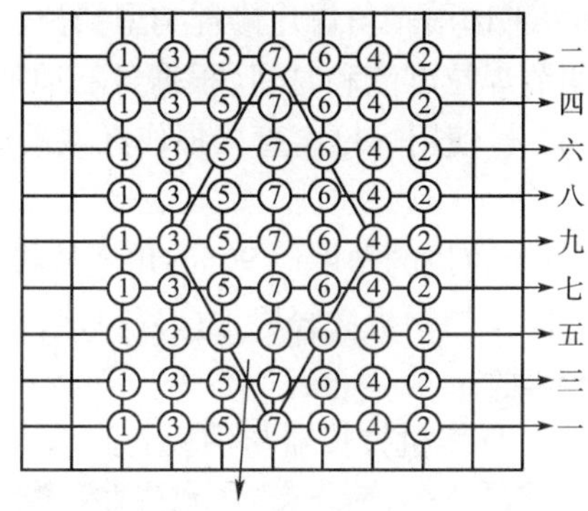

图 7-1-34　拉拔顺序图

(8)1 号从外形修复机上取下拉伸器,如图 7-1-36 所示。

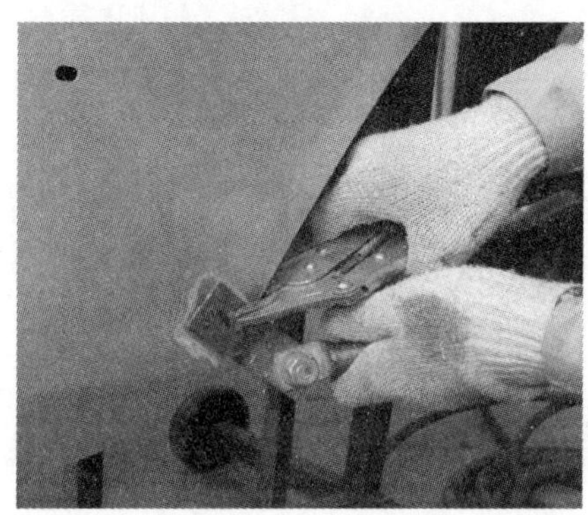
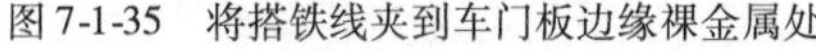

图 7-1-35　将搭铁线夹到车门板边缘裸金属处

图 7-1-36　取下拉伸器

提示:用一手握住拉伸器手柄,轻轻提起,将位伸器从外形修复机卡钳处取出,取出后另一手迅速握住拉伸器滑块。

(9)1 号使用锉刀清洁三角片,如图 7-1-37 所示。

提示:检查拉伸器三角片是否有焊渣(如果三角片上有焊渣,用锉刀清洁。如果烧蚀严重,更换新焊片。)防止焊接时,产生脱焊现象。

(10)1 号打开外形修复机电源,并调节焊接参数,如图 7-1-38 所示。

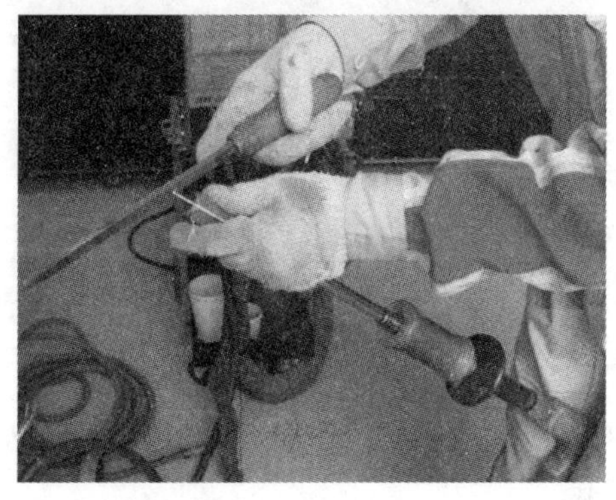

图 7-1-37　清洁三角片

图 7-1-38　XC—SB5000 多功能外形修复机

提示:①选用三角焊片修理类型挡位。

②调节焊拉电流和时间(根据各场地的电压负荷、板件的厚度进行调节)。

(11)1 号使用焊枪离直接损伤区域最远点先进行拉伸,缓慢的向中间靠拢,如图 7-1-39 所示。

提示:①拉拔的角度以 90°的角度从板面垂直拉出。

②从原来的钢板面轻轻地向外拉出,拉拔量(力度)不超过原平面,以 2 ~ 3mm(0. 08 ~ 0. 12in)为宜。

(12)外形修机拉拔器与钢板表面垂直示意图,如图 7-1-40 所示。

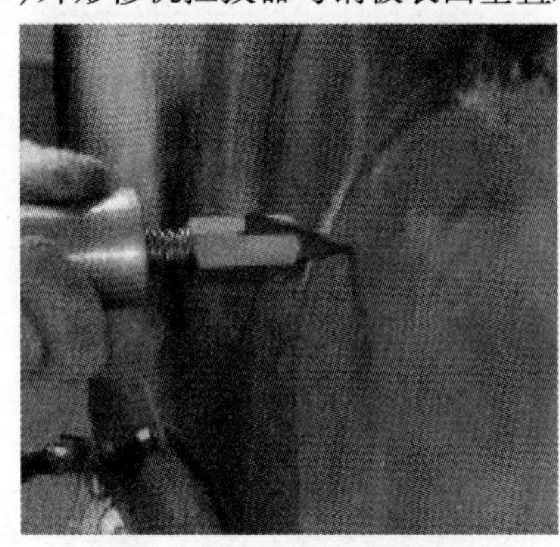

图 7-1-39　用焊枪进行拉伸

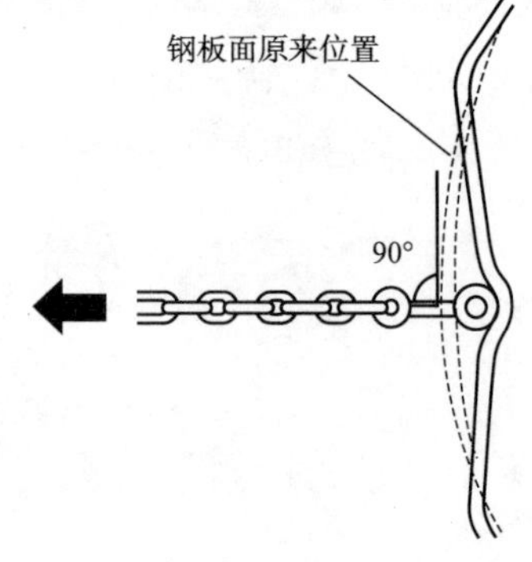

图 7-1-40　拉拔器与钢板表面垂直示意图

提示:拉拔器与钢板表面不垂直会产生分力,影响修复的效果。

(13)1 号使用钢直尺对粗修表面进行测量,如图 7-1-41 所示。

提示:①拉伸过程中,可使用钢直尺进行边拉伸边测量(初学者使用)。

②操作熟练者可使用手摸法进行判断平面的平面度(用手从未受损平面大面积摸向受损平面)。

(14)1 号拉住拉拔器,使用钣金锤敲击高点去除板件应力,如图 7-1-42 所示。

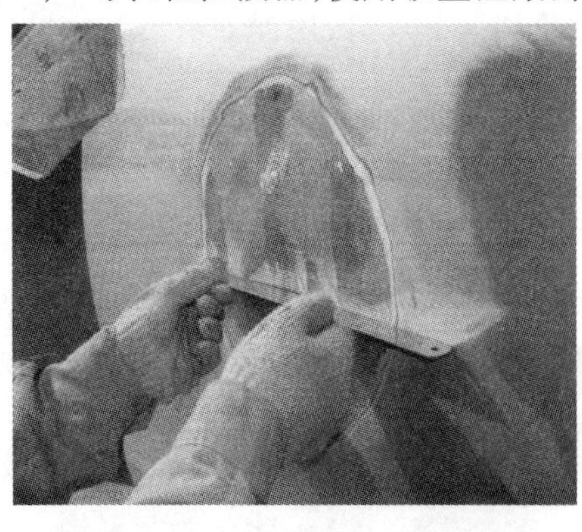
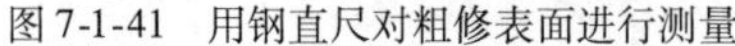

图 7-1-41　用钢直尺对粗修表面进行测量

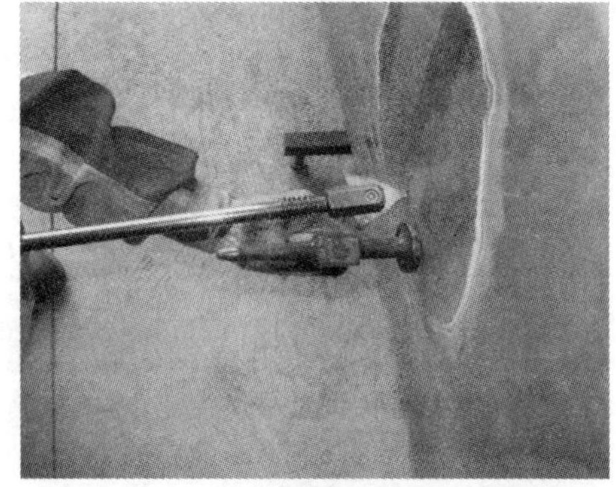

图 7-1-42　去除钣件应力

提示:①拉伸中,如用力过猛出现高点,使用铁锤靠近三角片处,轻轻锤击高点。

②敲击后,确认平面高度,并视需要再次拉拔。

③消除应力敲击应同时进行,以三角片为中心使用钣金锤轻轻敲击,并向外扩散。

(15)使用钣金锤敲击示意图,如图7-1-43所示。

提示:钣金锤敲击时,如果敲击方法不正确,会使板件产生分力,受分力影响,可能会产生其他方式的变形,加大修理难度。

(16)拉拔点分布示意图,如图7-1-44所示。

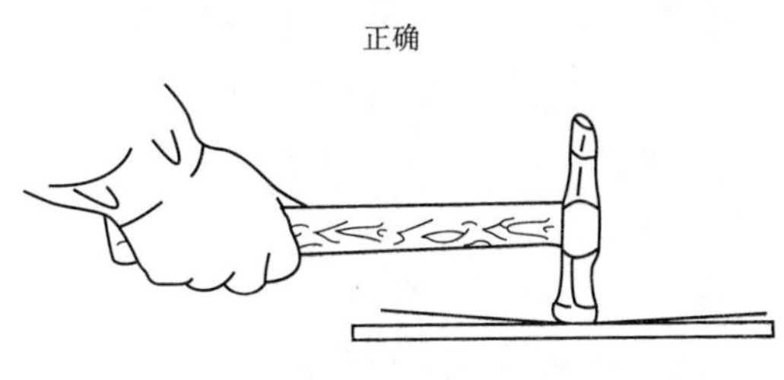

图7-1-43　使用钣金锤敲击

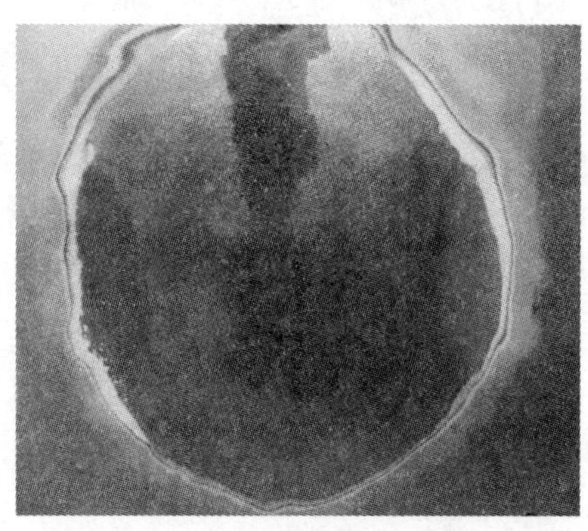

图7-1-44　拉拔点分布示意图

提示:①外圈拉拔点之间最好保持10～15mm的间隔。小于10mm拉拔的效率过低,大于15mm拉拔平面的平面度达不到要求(初学者以网格1格间格为标准)。

②第二圈的拉拔间距适度减小,保持8～12mm的间隔。

③根据板面的受损情况严重程度,确定拉拔圈数,每次拉拔以不超过拉拔量的3mm为标准。

④拉拔直接受损位置时,拉拔间距一般保持在5mm的间隔,如果受损区应力集中密集,可适当减小间隔。

六、打磨拉伸痕迹

(1)2号将气动自吸式单作用研磨机递给1号,如图7-1-45所示。

提示:①研磨机用于较大面积的油漆和腻子的研磨,在运行中能通过后排气的方式将研磨过程中产生的粉尘吸入工具附带的集尘袋中。

②打磨拉伸痕迹使用80号以上砂纸。

(2)1号站立时将研磨机吸尘管拉直,并将吸尘管背于肩上,使吸尘袋自然垂于背后。成半蹲式从外形修复机边拿起空气管快速接头,如图7-1-46所示。

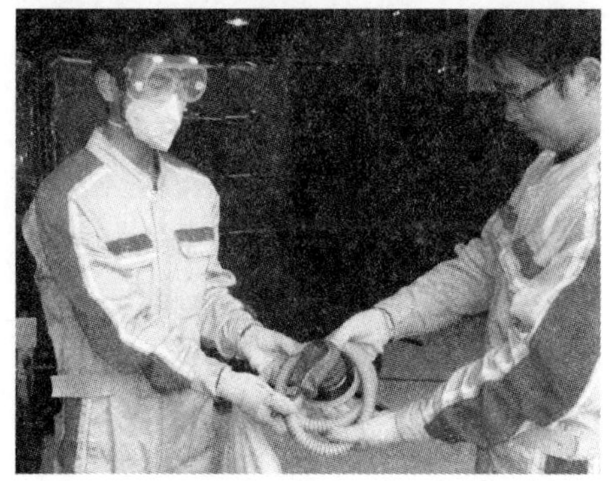

图7-1-45　将研磨机递给1号

图7-1-46　拿起空气管快速接头

(3)1 号将气动自吸式研磨机接上气路快速接头,如图 7-1-47 所示。

提示:一手张开握住气动自吸式研磨机,另一手将气路快速接口对准研磨机快速接,用力往里按(气体压力较大,接入时要稳、准)。

(4)1 号使用气动盘式研磨机打磨拉伸痕迹,如图 7-1-48 所示。

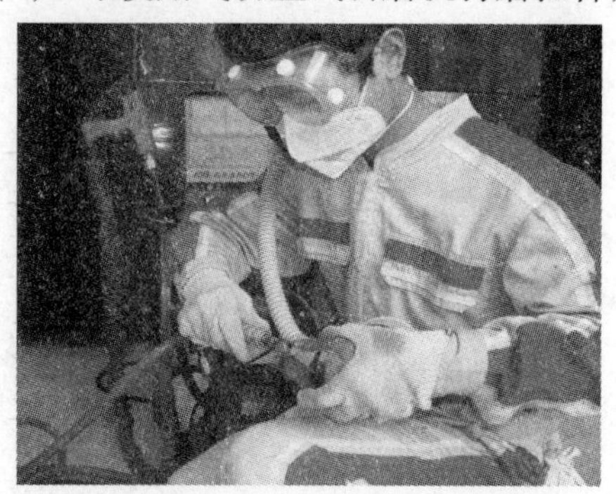

图 7-1-47 接上气路快速接头

图 7-1-48 打磨拉伸痕迹

提示:将气动自吸式研磨机轻压于门板打磨区域,翘起研磨机盘 5° ~ 10°,打磨拉伸区拉伸痕迹。移动速度要均匀,不能停滞在一个部位反复打磨,使铁板发热变形。不能用力过猛按在门板上,使门产生再次变形。

七、清洁

八、测量

(1)2 号将钢直尺递给 1 号,如图 7-1-49 所示。

提示:钢直尺判断法只能判断水平方向的受损范围,不能判断高度方向的受损范围。

(2)1 号使用钢直尺进行测量,如图 7-1-50 所示。

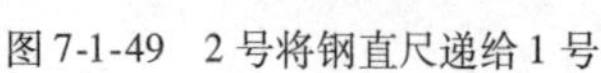

图 7-1-49 2 号将钢直尺递给 1 号

图 7-1-50 用钢直尺进行测量

提示:①二手握住钢直尺,使钢直尺与门板裸金属表面完全接合,并成直角。

②直尺判断法采用相对比较法进行测量(相对未受损的原表面进行比较)。

九、去高点收火

(1)2 号将扳手递给 1 号,如图 7-1-51 所示。

提示:扳手用于拆卸和紧固外形修复机焊枪螺母。

(2)1 号使用扳手将拉拔器拆下,如图 7-1-52 所示。

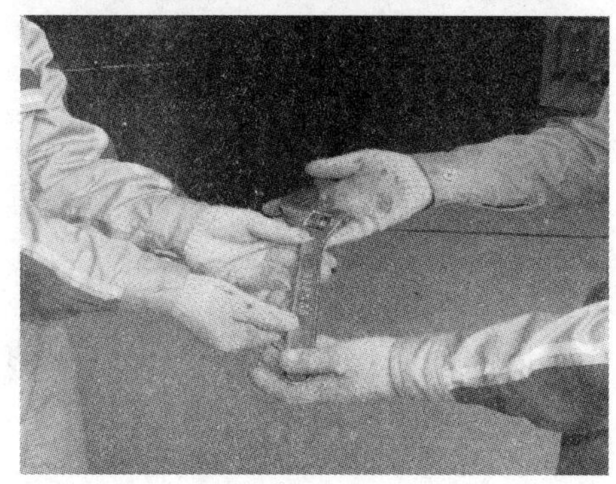

图 7-1-51　2 号将扳手递给 1 号

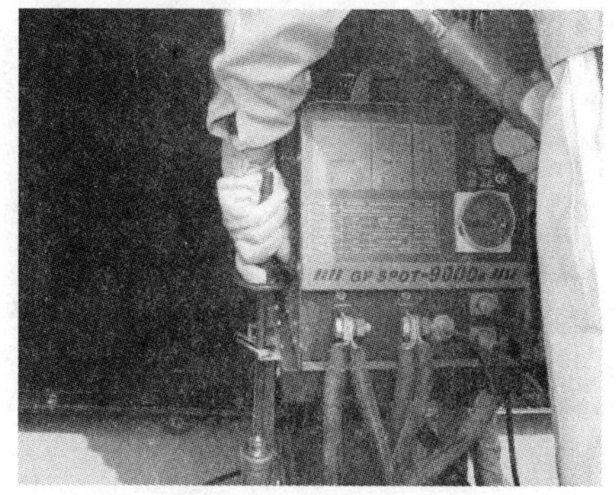

图 7-1-52　拆下拉拔器

提示:①将焊枪握手柄夹于二腿间,使用扳手把焊枪螺母旋松。

②扳手受力钳口应朝向受力面。

(3)1 号将拆卸下的拉拔器挂回外形修复机固定夹位置,并蹲下从工具盒中找出铜头,如图 7-1-53 所示。

提示:修复过程中,做到 7S 标准。

(4)1 号将铜头装入焊枪中,并用扳手拧紧。

检查铜头有无焊渣,如有焊渣使用锉刀将焊渣清理干净。如铜头烧蚀严重,则更换新铜头。

(5)2 号将工作台上的气枪递给 1 号,如图 7-1-54 所示。装气枪方式参照上面装焊枪方式。

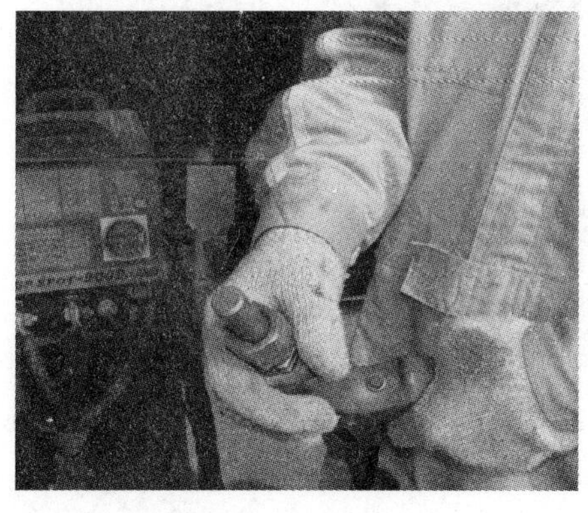

图 7-1-53　从工具盒中找出铜头

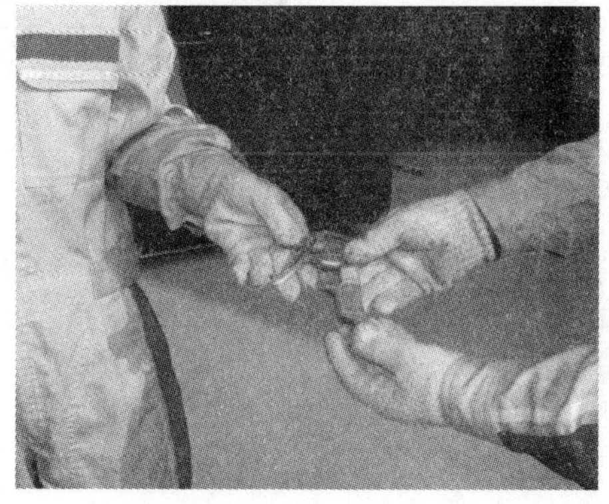

图 7-1-54　2 号将气枪递给 1 号

(6)1 号用铜头配合气枪对板件进行去高点收火处理,如图 7-1-55 所示。

提示:①根据上面的测量点(局部高点),将铜头与门板裸金属表面局部高点完全接合,按下开关加热,并使用气枪马上冷却钢板。

②收火加热温度应控制在 200℃以下,否则温度过高会使钢板内部组织发生变化,影响钢板的原始属性。

(7)去高点收火后示意图,如图 7-1-56 所示。

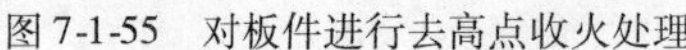

图 7-1-55　对板件进行去高点收火处理

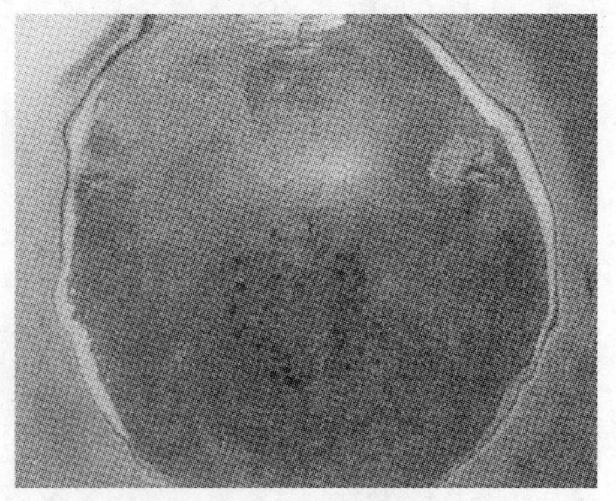

图 7-1-56　去高点收火后示意图

提示:板件去高点收火后,钢板平面不能有高点,如有高点应进行再次收火,直至平面与原始平面高度一至或低于原表面(小于 1mm)。

十、打磨清洁

(1)去收火痕迹打磨(打磨如上第六步)。

(2)清洁(清洁如上第四步)。

(3)清洁整理工位,如图 7-1-57 所示。

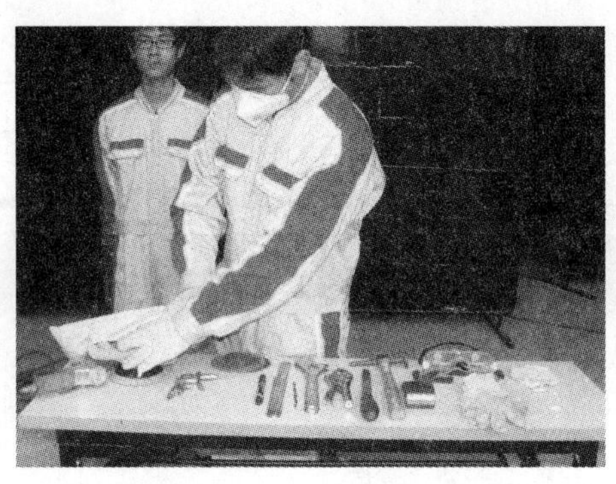

图 7-1-57　清洁整理工位

评价与反馈

一、学习效果评价

1. 选择题

(1)如果表面损伤,但未影响到内部整体式车身结构的情况下,则需(　　)。

A. 更换外部面板　　B. 整体更换　　C. 整形修复

(2)车门是一个综合的转动部件,和车厢一起构成乘员的周围空间范围,应具有足够大的(　　)、刚度和良好的振动特性。

A. 强度　　B. 硬度　　C. 塑性

(3)把搭铁线连接到离损伤部位(　　)的地方。

A. 较远　　B. 较近　　C. 随便距离

(4)需要焊接垫圈的损伤部位也要把(　　)打磨掉。

A. 涂层　　B. 漆层　　C. 底层

(5)外形修复机可以焊接垫圈、焊钉、螺柱、星形焊片等进行(　　)操作,还可以使用铜触头和碳棒进行收缩操作。

A. 拉伸　　B. 焊接　　C. 打磨

2. 判断题

(1)轿车大多采用整体式车身,当车身上一些外覆盖板件受到损坏,可以对其进行钣喷加工处理,消除金属板上的凸起、凹坑和折皱。　(　　)

(2)如车门、翼子板等覆盖件部件的外板损坏,根据损坏情况判定是更换总成(部件)还是整平修理,如果损坏较轻,可以整平、拉伸复原。　(　　)

(3)车门基本构造由门外板、门内板、上加强板、下加强板、门锁加强板、铰链加强板、铰链和防撞梁等组成。　(　　)

(4)拉伸修复操作完成后,在盘式打磨机上装上打磨纸,轻轻地对金属面进行整体打磨,把焊接印打磨好。　(　　)

(5)最后把面板上去除涂层的部分进行防腐处理,注意面板焊点的反面和搭铁部位也要进行处理。　(　　)

二、技能考核

车门板损伤修复技能考核项目和分值见表7-1-1。

车门板损伤修复技能考核表　　表7-1-1

考核时间	考　核　项　目	分值	自我评价	小组评价	教师评价
40min	安全防护用品的使用情况	10			
	判断损伤区域	20			
	打磨旧漆膜	10			
	清洁	5			
	拉伸	5			
	打磨拉伸痕迹	10			
	清洁	5			
	测量	5			
	去高点收火	15			
	去收火痕迹打磨	5			
	清洁	5			
	整理	5			
合　计		100			

学习任务2　后翼子板的修复

任务描述

一辆丰田卡罗拉GL型轿车，正常行驶途中，因前方突然发生路堵，采取了紧急制动措施。后车跟车行驶距离过近，制动不及时，发生严重追尾事故。致使卡罗拉GL轿车后翼子板出现局部破孔、大部褶皱，该车行李舱相关连部件全部毁坏，如图7-2-1所示。故障现象：车辆尾部左侧后翼子板严重变形，后风窗玻璃破损。通过保险理赔人员初步损伤评估，需对左侧后翼子板进行更换，内部加强件变形修理视情而定。

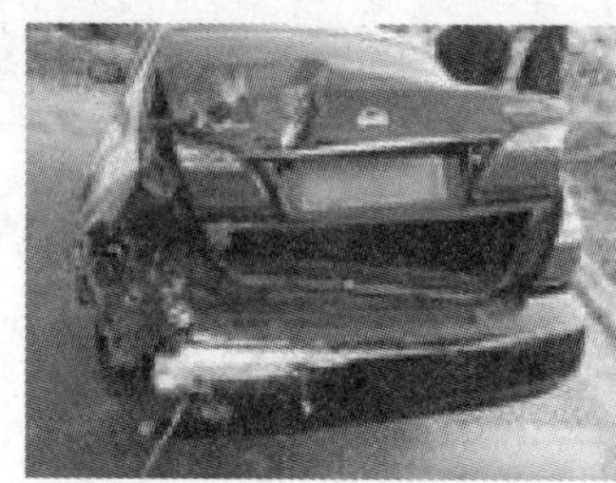

图7-2-1　事故车辆

学习目标

1. 掌握后翼子板进行大切更换的操作步骤。
2. 了解整体式车身的结构、作用。

建议学时：8学时。

学习准备

一、知识准备

1. 概述

翼子板是遮盖车轮的车身外板，因旧式车身该部件形状及位置似鸟翼而得名。现代轿车的后翼子板与车身本体成为一个整体。车辆发生追尾严重事故，修理难度加大，多采用更换后翼子板的修理工艺来进行修复。而受损后翼子板的修复与更换是困扰汽车维修企业的一个难题，同时也是汽车车身修复技术人员必须掌握的一项技术，是衡量汽车车身修复水平的一个重要标志。

2. 后翼子板的作用

汽车行驶过程中，防止被车轮卷起的砂石、泥浆溅到车身，同时也起到美化车身和减少空气阻力的作用。当车辆发生追尾碰撞时，后翼子板会产生一定的变形来吸收由碰撞产生的动能。

3. 后翼子板的结构

翼子板由外板覆盖件和内板加强件，采用树脂或电阻点焊等形式将其连接成一体，如图7-2-2所示。

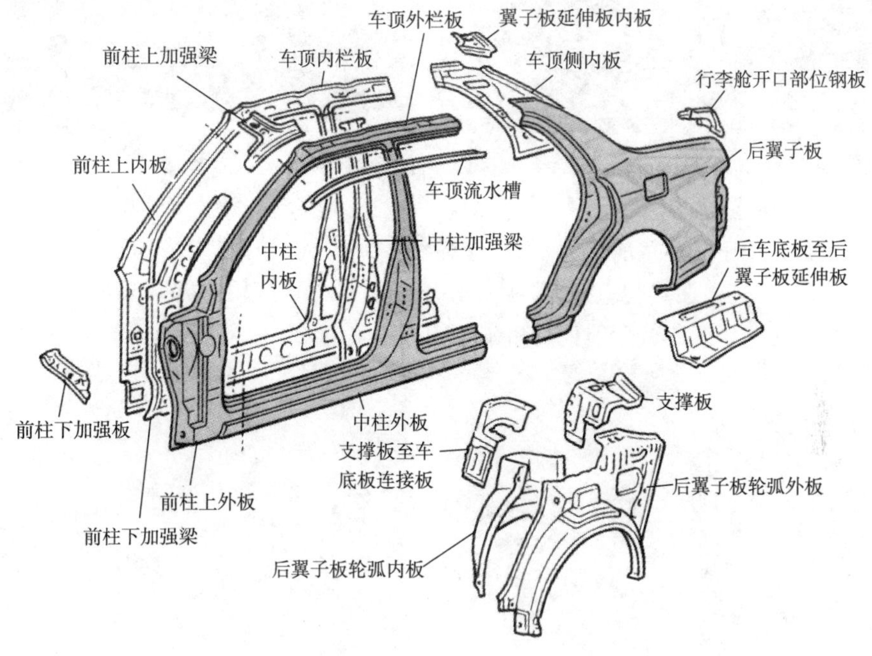

图7-2-2 后翼子板的结构

二、工作场所

理论与实操教学一体化教室。

三、工作器材

汽车整车2辆、切割设备、焊接设备、常用工具2套。

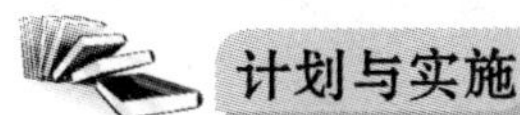

计划与实施

一、前期准备

(1)参训学生将工位卫生清理干净，清除教室一切障碍物，准备好相关工具、物品等，如图7-2-3所示。

培养良好的工作习惯，做好事前准备，有利于安全操作和提高工作效率。

(2)1号学生打开汽车左前门，拉紧驻车制动器操纵杆，并将变速器置于空挡位，如图7-2-4所示。

为保证车辆在工位上的可靠停驻，防止出现溜滑，造成安全事故。因此，要拉紧驻车制动器操纵杆并将变速器置于空挡位。

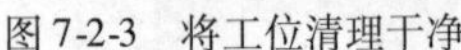

图 7-2-3　将工位清理干净

图 7-2-4　拉紧驻车制动器操纵杆

(3)1 号学生打开汽车左前门,拉起行李舱门控制拉锁,如图 7-2-5 所示。

行李舱门控制拉锁在驾驶室座椅左下角,用手拉起或直接用钥匙开起行李舱门 。

(4)2 号学生打开汽车行李舱门,如图 7-2-6 所示。

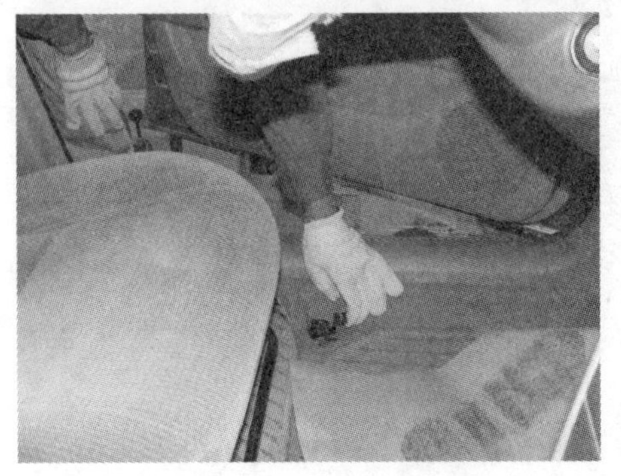

图 7-2-5　拉起行李舱门控制拉锁

图 7-2-6　打开行李舱门

用手扶住行李舱门,将行李舱门往上翻起。

二、行李舱边框的拆除

(1)2 号学生将行李舱地毯卷起,倾斜一定角度从行李舱取出,如图 7-2-7 所示。

地毯从行李舱取出时,注意保护行李舱边框的漆膜,防止损坏。

(2)2 号学生将备用轮胎罩板从行李舱中取出,如图 7-2-8 所示。

图 7-2-7　取出行李舱地毯

图 7-2-8　取出轮胎罩板

备用轮胎罩板从行李舱取出时，注意保护行李舱边框的漆膜，防止损坏。

(3)2 号学生将行李舱密封条拉起，使密封条与车身分离，并把行李舱盖往下拉，取下密封条，如图 7-2-9 所示。

拆卸密封条时，要捏住密封条根部往上拉起，防止损坏密封条。

(4)2 号学生使用卡扣专用拆卸工具，撬出行李舱防刮饰板 3 个卡扣，如图 7-2-10 所示。

卡扣为塑料制品，撬出时用力要适当，防止损坏卡扣。

(5)2 号学生握住行李舱防刮饰板下端，将防刮饰板往外扳起，并将防刮饰板往上提，与车身脱离取下，如图 7-2-11 所示。

防刮饰板为塑料件，不能大力扳动，防止损坏饰板。

(6)1 号学生使用卡扣专用拆卸工具，将行李舱左右边框 12 个卡扣撬出，并取下，如图 7-2-12 所示。

图 7-2-9　取下密封条

图 7-2-10　取出 3 个卡扣

图 7-2-11　取下防刮饰板

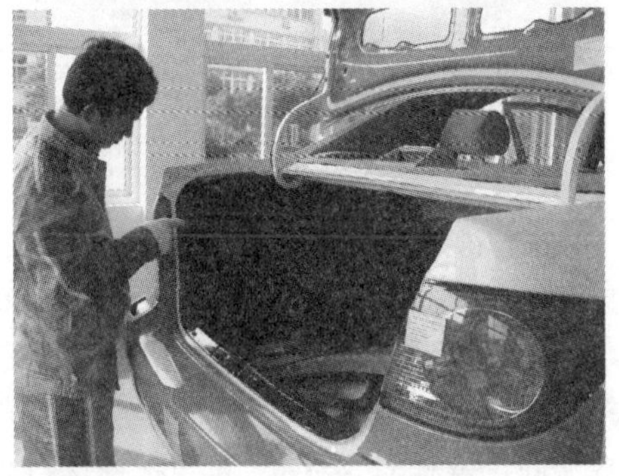

图 7-2-12　取出 12 个卡扣

卡扣为塑料制品，撬出时用力要适当，防止损坏卡扣。

(7)1 号学生将行李舱左右边框从行李舱中取出，如图 7-2-13 所示。

提示：①行李舱边框为塑料制品，拉出时注意用力要适当，防止损坏。

②行李舱边框取出时要小心，防止损坏行李舱周围的漆膜。

三、后排座椅的拆卸

(1)1 号学生用手握住后排座椅垫前侧下部骨架用力向上拉(左右)，将后排座椅垫拆除，如图 7-2-14 所示。

图 7-2-13　取出行李舱边框　　　　图 7-2-14　拆除后排座椅垫

提示：座椅垫为布制或皮制材料，拆卸座椅垫时，手要握前侧下部骨架，防止拉破座椅外套。

(2)1 号学生将后排座椅垫从后车门一侧递出给 2 号学生，2 号学生将座椅垫取出并放到规定位置，如图 7-2-15 所示。

取出后排座椅垫时，要注意车门外露铁器，防止划破座椅垫外套。

(3)1 号学生将后排座椅靠背锁闩打开，并将后排座椅靠背向前平放，如图 7-2-16 所示。

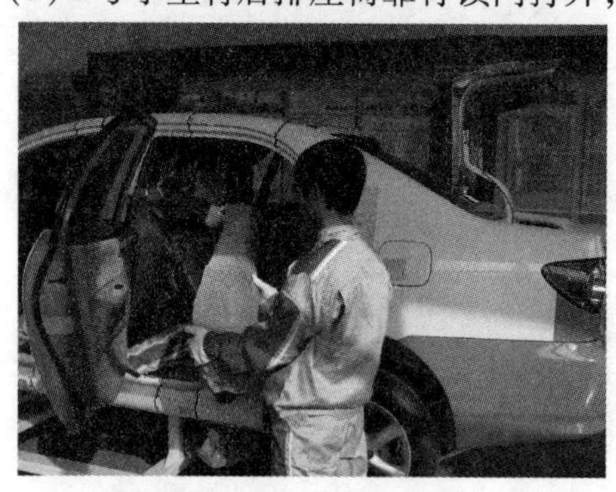

图 7-2-15　取出座椅垫

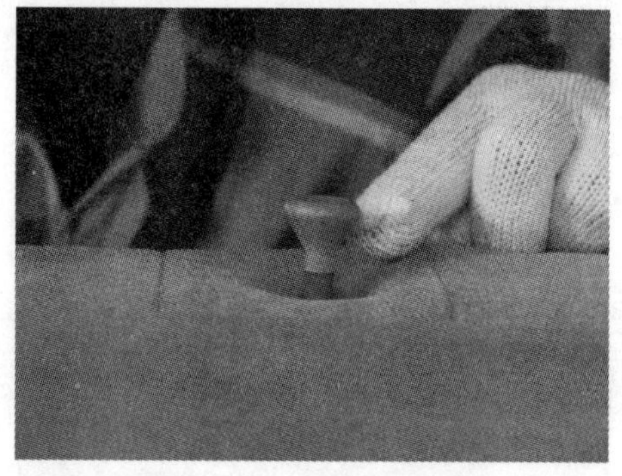

图 7-2-16　打开座椅靠背锁闩

拉起锁闩和拉动座椅靠背时，用力要适当，防止损坏锁闩装置。

(4)1 号学生使用¢12mm 套筒、接杆、棘轮扳手，拧松右侧后排座椅靠背总成的 2 个固定螺栓，并将其取下递给 2 号学生，如图 7-2-17 所示。

拧松固定螺栓时，要使套筒与螺栓保持垂直，防止拧松过程中产生螺栓滑牙。

(5)1 号学生将右侧后排座椅靠背总成取下，并从后车门一侧递给 2 号学生，2 号学生将座椅靠背总成放置到规定位置，如图 7-2-18 所示。

递出右侧后排座椅靠背时，要注意车门外露铁器，防止划破座椅垫外套。

(6)1 号学生使用¢10mm 套筒、接杆、棘轮扳手，拧松左侧扶手靠背固定螺栓，并取下递给 2 号学生，如图 7-2-19 所示。

(7)1 号学生用手握住左侧扶手靠背上下两端，并往上提拉取下，如图 7-2-20 所示。

扶手靠背上端为插入式卡扣连接方式，取下时不能硬拉，防止损坏。

(8)1 号学生将左侧扶手靠背取下，从车门一侧递给 2 号学生，2 号学生将其放到规定位置，如图 7-2-21 所示。

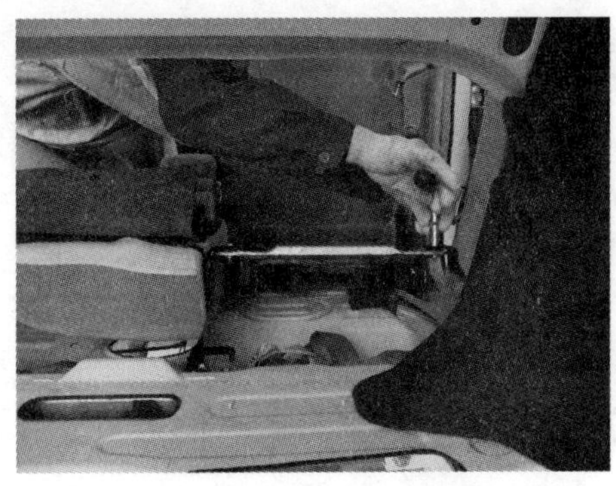

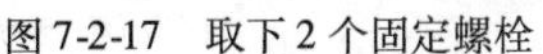
图 7-2-17　取下 2 个固定螺栓

图 7-2-18　取下右侧后排座椅靠背总成

(9)1 号学生使用¢ 14mm 套筒、接杆、棘轮扳手,拧松左侧座椅靠背 3 个固定螺栓,并取下递给 2 号学生,如图 7-2-22 所示。

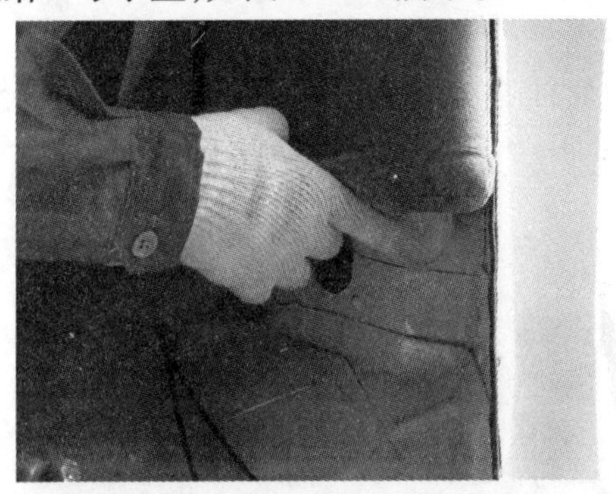

图 7-2-19　取下左侧扶手靠背固定螺栓

图 7-2-20　取下左侧扶手靠背

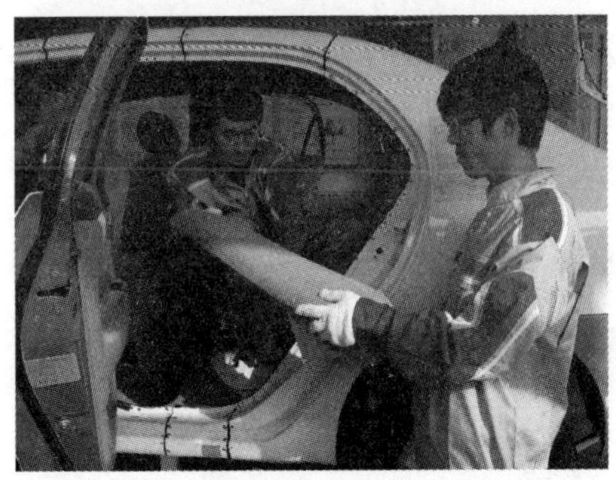

图 7-2-21　1 号学生将左侧扶手靠背递给 2 号学生

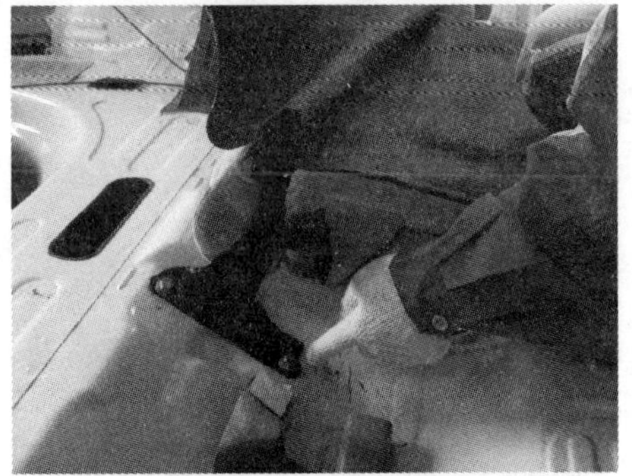

图 7-2-22　取下左侧座椅靠背 3 个固定螺栓

左侧座椅靠背在右边有 2 个固定螺栓,左边有 1 个固定螺栓。

(10)1 号学生将左侧座椅靠背取下,从车门一侧递给 2 号学生,2 号学生将其放到规定位置,如图 7-2-23 所示。

递出左侧后排座椅靠背时,要注意车门外露铁器,防止划破座椅垫外套。

四、C 柱装饰板的拆除

(1)1 号学生将左侧后车门 C 柱内板开口处的密封条拉开,如图 7-2-24 所示。

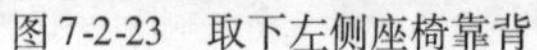

图 7-2-23 取下左侧座椅靠背

图 7-2-24 拉开密封条

(2)1 号学生使用卡扣专用拆卸工具,将 C 柱装饰板卡扣撬开 1 ~2 个,然后双手握住装饰板上端,轻轻往外扳开剩余卡扣,如图 7-2-25 所示。

C 柱装饰板和固定卡扣为塑料制品,扳动时用力要适当,防止损坏装饰板和卡扣。

(3)1 号学生将 C 柱装饰板轻轻往前拉,然后取下 C 柱装饰板,如图 7-2-26 所示。

图 7-2-25 往外扳开卡扣

图 7-2-26 取下 C 柱装饰板

(4)1 号学生将 C 柱装饰板取下,从车门一侧递给 2 号学生,2 号学生将其放置到规定位置,如图 7-2-27 所示。

C 柱装饰板在左右两侧都有,拆卸方法相同,右侧参考左侧拆卸方法。

五、后窗台板的拆卸

(1)2 号学生使用一字螺丝刀从行李舱(后窗台板下方)挑开卡扣,使其脱落并拔下高位制动灯插头,如图 7-2-28 所示。

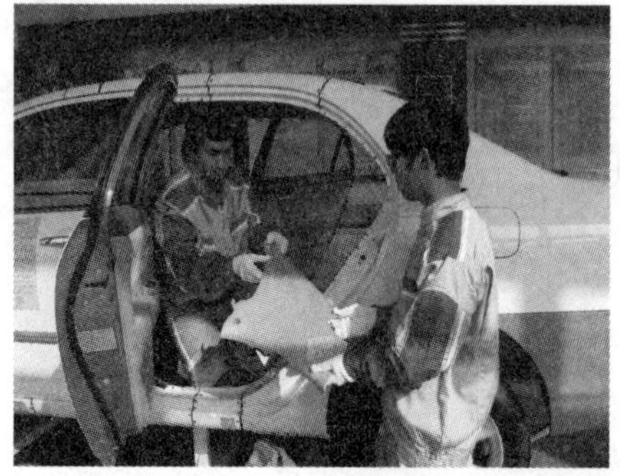

图 7-2-27 1 号学生将 C 柱装饰板递给 2 号学生

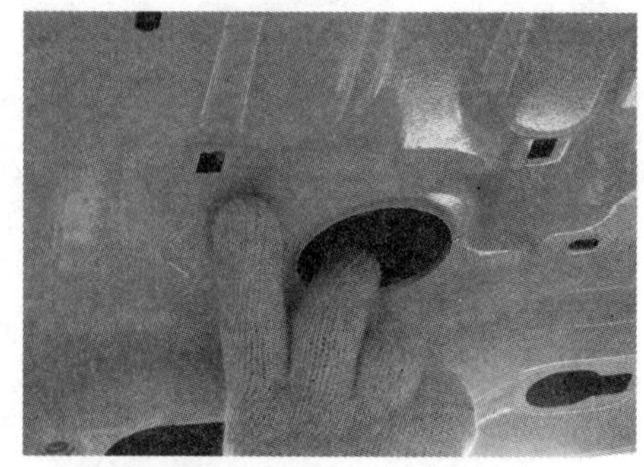

图 7-2-28 拔下高位制动灯插头

卡扣为塑料制品，挑开时注意卡扣方向，防止损坏。

(2)1 号学生从后窗台板处，将高位制动灯微微抬起并朝前拉，将其取下，如图 7-2-29 所示。

取下高位制动灯时，两个参训学生要配合默契，防止卡扣在未挑开状态下，硬拉高位制动灯而损坏卡扣。

(3)1 号学生将高位制动灯取下，从后车门一侧递给 2 号学生，2 号学生将其放置到规定位置，如图 7-2-30 所示。

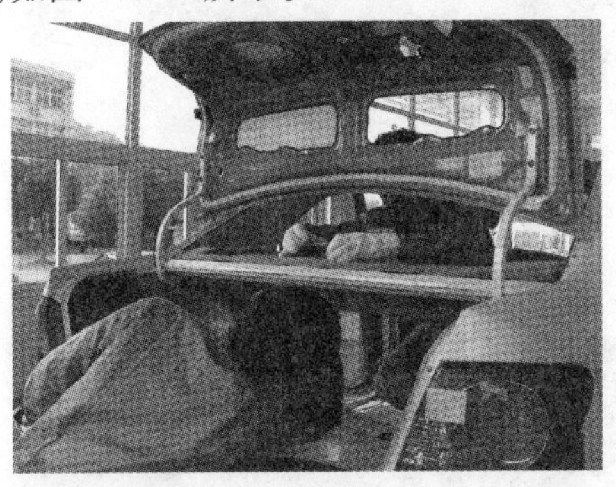

图 7-2-29　取下高位制动灯

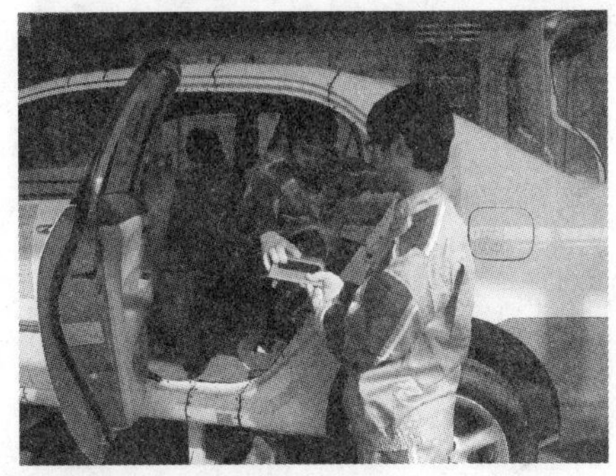

图 7-2-30　1 号学生将高位制动灯递给 2 号学生

(4)1 号学生使用卡扣专用拆卸工具，将后台板 3 个卡扣撬出，如图 7-2-31 所示。

卡扣为塑料制品，撬动时用力要适当，防止损坏。

(5)1 号学生把后窗台板向上抬起，同时轻轻朝前拉，将其取下，如图 7-2-32 所示。

图 7-2-31　撬出后台板 3 个卡扣

图 7-2-32　将后窗台板倒下

将窗台板抬起前，要将后座安全带从窗台板缺口处拉出。

(6)1 号学生将后窗台板从后车门一侧递给 2 号学生，2 号学生将其放置到规定位置，如图 7-2-33 所示。

六、后座安全带拆卸

(1)1 号学生使用¢ 14mm 套筒、接杆、棘轮扳手，拧松后座安全带下端固定螺栓，如图 7-2-34所示。

(2)1 号学生使用¢ 14mm 套筒、接杆、棘轮扳手，拧松后座安全带上端固定螺栓，并取下后座安全带递给 2 号学生，2 号学生将其放到规定位置，如图 7-2-35 所示。

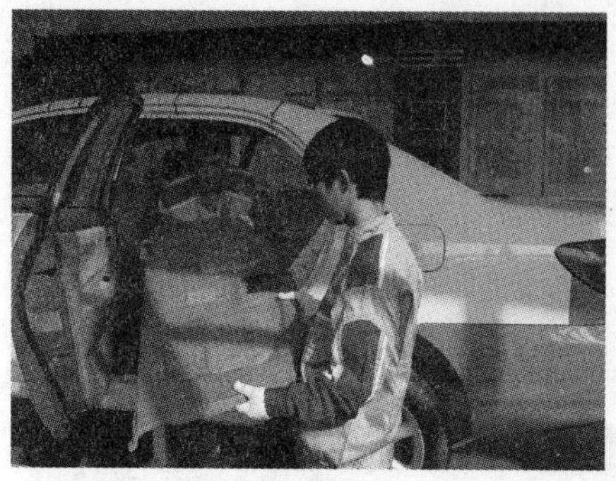
图 7-2-33　1 号学生将后窗台板递给 2 号学生

图 7-2-34　拧松固定螺栓

七、后翼子板的更换

(1)1 号学生使用钢直尺和记号笔确定车身顶端切割范围，如图 7-2-36 所示。

图 7-2-35　取下后座安全带

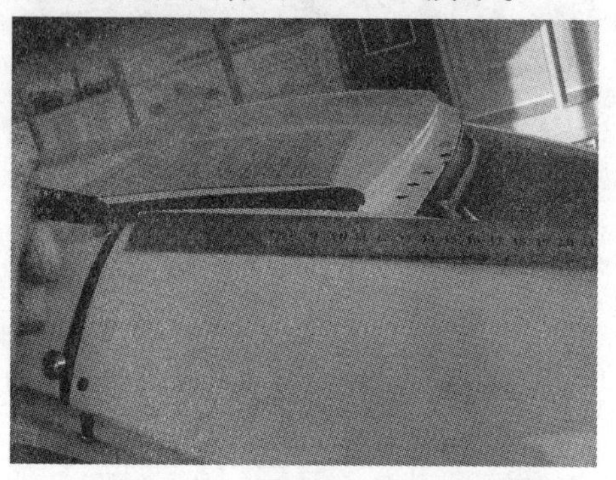
图 7-2-36　确定车身顶端切割范围

①大切：切除大部分钢板，顶端以车后翼子板的车后顶端向前 5cm 左右。

②切割操作时，方向最好与车身基准面垂直，有利于操作，也有利于新件的安装。

(2)1 号学生使用钢直尺和记号笔确定车身下端切割范围，如图 7-2-37 所示。

①大切：切除大部分钢板，下端以后门槛后端向前 30cm 左右。

②切割操作时，方向最好与车身基准面垂直，有利于操作，也有利于新件的安装。

(3)1 号学生使用气动切割锯，将后翼子板沿所作记号范围进行粗切割，如图 7-2-38 所示。

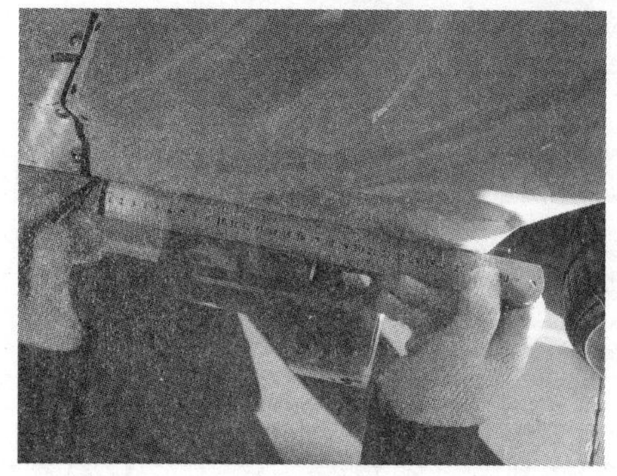
图 7-2-37　确定车身下端切割范围

图 7-2-38　进行粗切割

①使用气动切割锯时，要严格按照气动切割锯安全使用手册规定操作。

②禁止使用氧-乙炔加热或切割。

③切割操作过程中，只能对覆盖件表面进行切割，不能损伤后翼子板内部结构件。

提示：

a. 气动切割锯优点：发热量少，切割操作全过程易掌握。

b. 气动切割锯缺点：预留余量增大，切割断面增大。

c. 等离子切割锯的优缺点恰好与气动切割锯相反。

d. 1 号学生使用气动铲去除点焊焊接点，将旧件切割部分所有电阻点焊焊点去除，并将旧件从车身上拆卸下来，如图 7-2-39 所示。

图 7-2-39　去除电阻点焊焊点

①使用气动铲去除点焊钻时，要严格按照安全使用手册的规定操作。

②去除点焊也可使用普通气动钻或电动钻。

③使用气动铲去除点焊焊接点时，只能对覆盖件的钢板进行切削，防止打穿内板。

(5)1 号学生将训练用车后翼子板大切部件的固定螺栓全部拆卸取下，并取下后翼子板大切总成。

①后翼子板总成钢板较薄，取下时，注意不能折弯翼子板总成外板，影响重复使用。

②在实际修理当中，取下后翼子板大切总成前，要将车身上的黏结剂完全清理干静。

(6)内部结构件修理，将内部结构件按维修手册标准修复后，进行新件更换操作，如图 7-2-40 所示。

图 7-2-40　内部结构件修理

①内部结构件受损不严重，可继续使用，参照内部结构件修理项目标准进行修复。

②内部结构件受损较严重，不可重复使用，参照内部结构件更换项目进行拆除。

(7)1 号学生使用气动切割锯将新件进行粗切割。

提示：

①接头部分应预留重叠位置 20 ~ 30mm。

②对新件的切割训练可采用代替品进行训练。

(8)1 号学生使用砂纸或打磨机清除新件的底漆(电泳层)。

提示:

①清除电泳层的表面要保持平滑,不能有打磨过透等缺陷。

②新件表面电泳层要完全打磨干净,防止焊接过程中产生脱焊。

(9)1 号学生将导电焊锌喷剂,喷于新件打磨区域。

提示:

①导电焊锌喷剂需喷涂均匀,未进行打磨的区域不能粘有导电焊锌喷剂。

②车身切割部位要预先做好防锈。

(10)1 号学生根据基准孔或旧件位置将新件进行临时定位,如图 7-2-41 所示。

图 7-2-41 将新件进行临时定位

定位空间小无法使用夹具,可使用螺栓或自攻螺钉固定。

(11)1 号和 2 号学生配合使用测量工具,测量后车门开口处的对角线尺寸,确定外板位置。

①测量尺寸允许误差 ±3mm。

②后车门框和行李舱框定位尺寸符合标准尺寸后,才能预装各部件及进行配合间隙检查。

后车门框定位尺寸说明如图 7-2-42a)所示。

提示:

①大切后车门框定位尺寸的确定,通常选用 s 与 p,o 与 t 两对。

②s 点到 p 点的尺寸为 1054mm ±3mm。

③o 点到 t 点的尺寸为 859mm ±3mm。

行李舱框定位尺寸说明图,如图 7-2-42b)所示。

①大切行李舱框定位尺寸的确定,通常选用 f 与 C,c 与 D 两对。

②C 点到 f 点的尺寸为 1144mm ±3mm。

③D 点到 c 点的尺寸为 1179mm ±3mm。

(13)1 号和 2 号学生配合预装后车门,并检查后翼子板与后车门的配合间隙,如图 7-2-43 所示。

①后车门与后翼子板的配合标准间隙为 4.0mm。

②通过调整后车门铰链螺栓将两者的间隙调整到规定值范围。

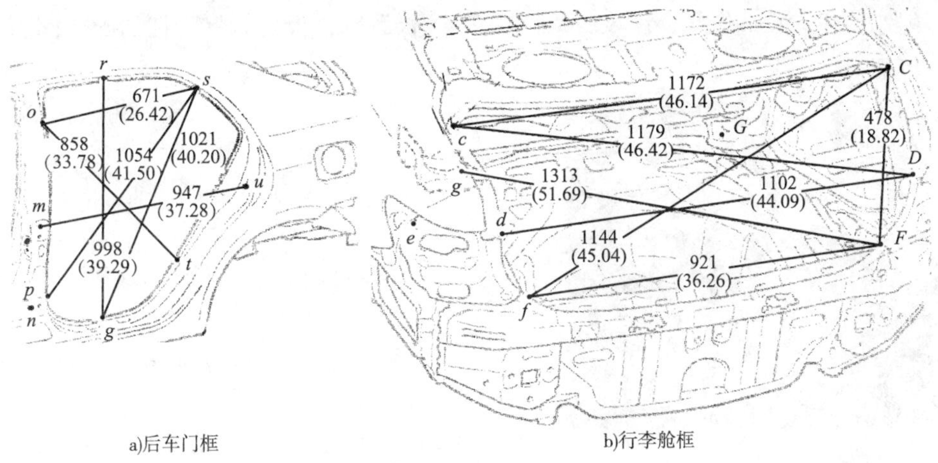

图 7-2-42 后车门框和行李舱框定位尺寸说明图

(14)1 号和 2 号学生配合预装后风窗玻璃，并检查后翼子板与后风窗玻璃的配合间隙，如图 7-2-44 所示。

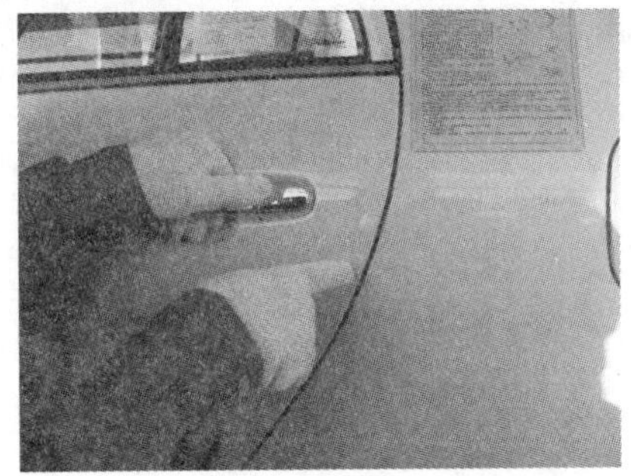

7-2-43 检查后车门与后翼子板的配合间隙

图 7-2-44 检查后翼子板与后风窗玻璃配合间隙

(15)1 号和 2 号学生配合预装行李舱盖，并检查后翼子板与行李舱盖的配合间隙，如图 7-2-45 所示。

①后翼子板与行李舱盖的配合标准间隙为 3.7mm。

②通过调整行李舱盖铰链螺栓将两者的间隙调整到规定值范围。

(14)1 号学生预装后尾灯总成，并检查后尾灯与后翼子板的配合间隙，如图 7-2-46 所示。

图 7-2-45 检查后翼子板与行李舱盖配合间隙

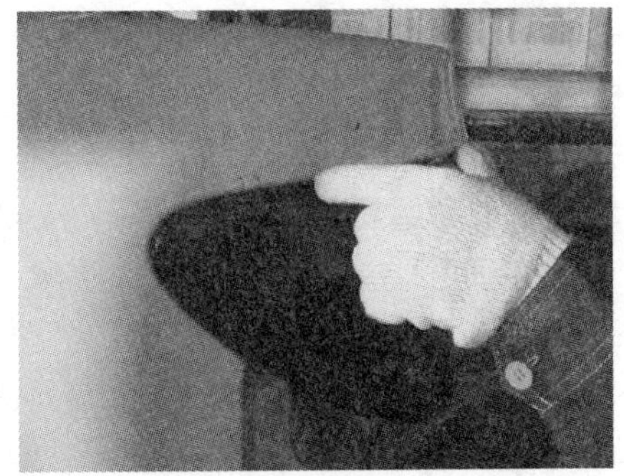

图 7-2-46 预装后尾灯总成

(16)1 号和 2 号学生配合预装后保险杠,并检查后翼子板与后保险杠的配合间隙,如图 7-2-47 所示。

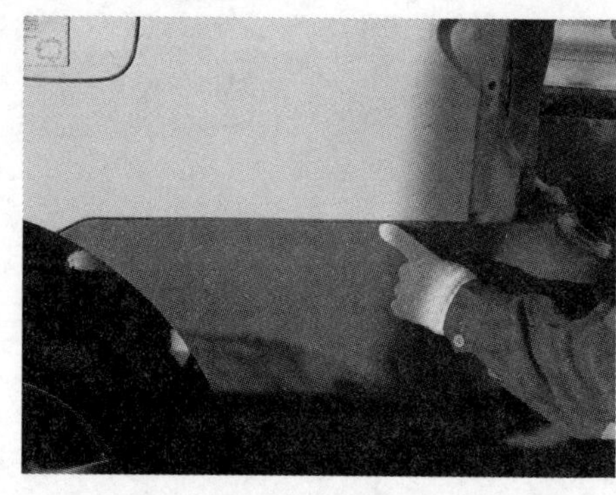

图 7-2-47　预装后保险杠

(17)1 号学生使用气动切割锯将拼接部位多余的板件切除,拼接部位的间隙应保证在1 ~3mm。

(18)1 号学生制作对接焊接头,对接焊接头宽度为 40 ~50mm。

(19)1 号学生重新将新件根据基准孔或旧件位置进行定位。

(20)1 号学生使用电阻点焊机对板件进行定位焊接。

①焊接后的焊点应比切除时的焊点多 20% ~30% 。

②点焊镀锌板材料时,电阻点焊机的电流应比点焊普通板电流大 20% ~30% 。

(21)1 号学生使用二氧化碳气体保护焊对接合缝处进行对接焊。

(22)1 号学生使用手提电动砂轮机,将接合处高出覆盖件表面的焊疤打磨平整,焊疤的打磨要与表面平齐,光滑,不能有毛刺。

评价与反馈

一、学习效果评价

1. 选择题

(1)使用点焊机修复车身覆盖件时,焊接后的焊点应比切除前的焊点多(　　)。

A. 10% ~20%　　B. 20% ~30%　　C. 30% ~40%

(2)点焊镀锌板材料时,电阻点焊的电流应比点焊普通板电流大(　　)。

A. 10% ~20%　　B. 20% ~30%　　C. 30% ~40%

(3)后车门与后翼子板的配合标准间隙为(　　),通过调整后车门铰链螺栓将两者的间隙调整到规定值范围。

A. 3.0mm　　B. 4.0mm　　C. 5.0mm

(4)后翼子板与行李舱盖的配合标准间隙为(　　)mm,通过调整行李舱铰链螺栓将两者的间隙调整到规定值范围。

A. 3.0　　B. 3.2　　C. 3.7

(5)焊疤的打磨要与覆盖件表面平齐、光滑,不能有(　　)。

A. 杂质　　B. 飞溅　　C. 毛刺

2. 判断题

(1)车辆发生追尾严重事故后,修理难度加大,多采用更换后翼子板的修理工艺来进行修复。　　(　　)

(2)汽车后翼子板的作用是防止汽车行驶过程中,被车轮卷起的砂石、泥浆溅到车身,同

时也起到美化车身、减少空气阻力的作用。（　　）

(3)当车辆发生追尾碰撞时，后翼子板会产生一定的变形来吸收由碰撞带来的动载荷。（　　）

(4)翼子板由外板覆盖件和内板加强件组成，采用树脂黏结剂或电阻点焊等形式将其连接成一体。（　　）

二、技能考核

后翼子板的修复技能考核项目和分值见表7-2-1。

后翼子板的修复技能考核表　　表7-2-1

考核时间	考　核　项　目	分值	自我评价	小组评价	教师评价
40min	安全防护用品的使用情况	5			
	行李舱边框的拆除	5			
	后排座椅的拆卸	5			
	C柱装饰板的拆除	5			
	后窗台板的拆卸	5			
	后座安全带的拆卸	5			
	后保险杠的拆卸	10			
	行李舱盖的拆卸	10			
	后翼子板的更换	50			
合　计		100			

学习任务3　塑料件的修复

学习目标

1. 了解车身塑料件的主要类型及识别方法。
2. 掌握塑料件焊接的基本维修程序和修理操作方法。

建议学时:8学时。

学习准备

一、知识准备

1. 概述

最近几年来，塑料在汽车工业中的用量越来越多。塑料有助于减轻车身的质量，提高燃油经济性，并且塑料部件不会像钢材那样易腐蚀。塑料件使用的不断增加，催生了新的碰撞修复方法。

很多塑料部件的修复比更换更经济，特别是这些部件不易拆卸的时候，漆孔、裂缝、擦伤、破裂和小孔都可以修复，在必要的时候有些塑料部件可以通过适当的加热重新回到它们原来的形状。本学习任务将讲解受损的塑料部件及玻璃纤维基本的修复方法。

记住在与塑料和玻璃纤维这些修复材料打交道的时候，要时刻注意安全，树脂、加强剂和相关的成分所散发的蒸汽能够刺激你的皮肤、胃和肺。要认真阅读所有标签、说明书和警告事项，并做好相应的安全保护，工作时戴上眼睛保护装置、手套和呼吸器。

2. 塑料的种类

塑料件的背面有时会印上符号以表示塑料的种类，不同种类的塑料有不同的维修方法。汽车结构中常见的塑料件有两种类型：热塑性塑料和热固性塑料。

热塑性塑料可以通过加热反复地软化和变形，而其化学成分不会发生变化。在加热时变软或熔化，而在冷却时变硬。热塑性塑料件的损坏可以用塑料焊机进行焊接维修，也可以进行粘接维修。

热固性塑料在热量、催化剂或紫外线的作用下会发生化学变化，硬化后形成永久形状，不能够通过反复加热和使用催化剂改变它的形态。热固性塑料件的损坏不能用焊接方式来维修，一般用粘接的方式来进行维修。

3. 塑料件种类的识别

对塑料件进行维修前，首先要知道待维修的塑料件的类型，才能决定使用那种维修方法。识别未知的塑料有多种方法。

(1)编号识别法。塑料件可以通过压印在零部件上的国际标准符号或ISO码进行识别。许多制造商使用这些符号或缩略语印制在零部件背面的一个椭圆标记内，必须拆下零件才能读取这些符号，如图7-3-1所示。如果无法用符号确定塑料种类，可以通过车身维修手册查找汽车上使用的塑料信息，一般车身维修手册常常列出专用的塑料种类。

图7-3-1　可以通过塑料件背面的标示来识别塑料的类型

(2)燃烧测试法。通过塑料燃烧时产生的火焰和烟来确定塑料的种类，如图7-3-2所示。热固性塑料燃烧时不会产生熔滴，而热塑性塑料燃烧时会产生熔滴。但是这种测试并不总是可靠的，现在的许多塑料零件使用含有多种成分的复合塑料。在这种情况下，燃烧测试则不能确定塑料的种类。燃烧塑料会产生致癌物质，对环境造成污染，一般不建议使用此方法。

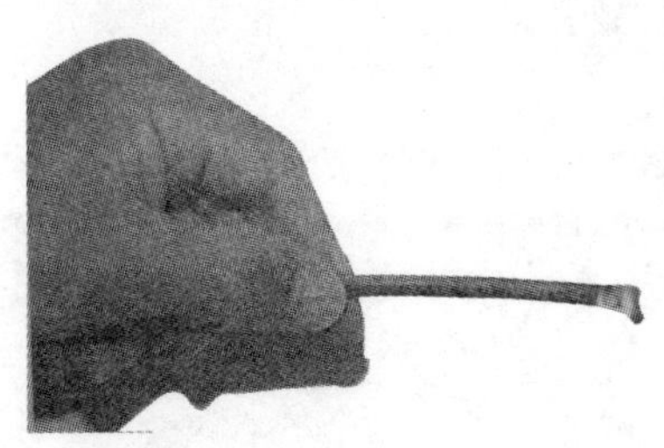
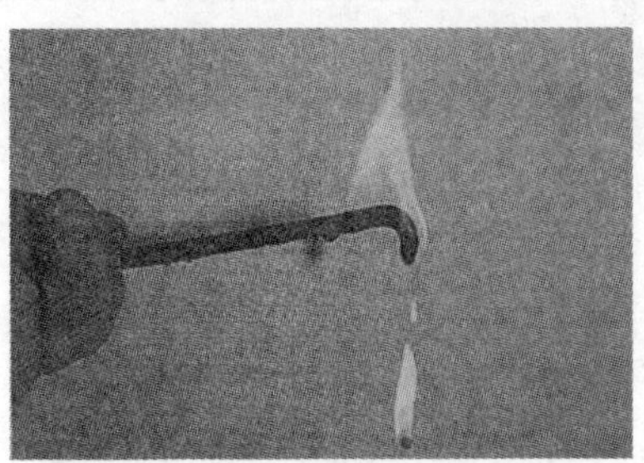

图7-3-2　燃烧测试法

二、工作场所

理论与实操教学一体化教室。

三、工作器材

汽车材料、焊接、钻孔等各类常用工具2套。

计划与实施

一、底材处理

1. 钻孔

使用多功能气动钻在裂纹未端钻止裂孔，如图7-3-3所示。

(1)止裂孔作用是防止修复过程中或修复后的工件进一步产生更大的裂纹。

(2)裂纹的未端为应力集中区，该点应力为最大点。

2. 打磨

使用单方向电动打磨机配合粗砂纸打磨受损区域，如图7-3-4所示。

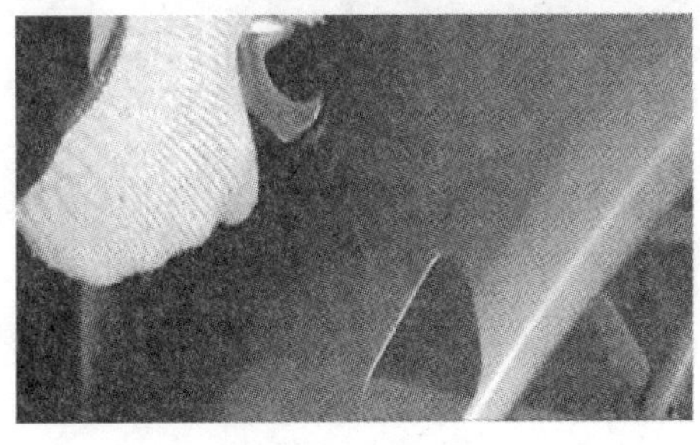

图7-3-3　钻止裂孔

图7-3-4　打磨受损区域

(1)砂纸选用60号或80号的粗砂纸均可。

(2)打磨后要确保受损修补区域无漆膜，防止修补过程中受热造成完好漆膜损伤。

3. 打磨后形状

受损区域打磨后要求和未受损区域的平面过渡平滑，如图7-3-5所示。

(1)受损区域打磨应确保有6～10mm的斜面，长度大小控制在25～38mm范围。

(2)待修复部件打磨完成后,各接合面应无毛刺。

4. 裁剪填充材料

根据受损打磨区域大小,将填充材料用剪刀剪出相应的形状,如图7-3-6所示。

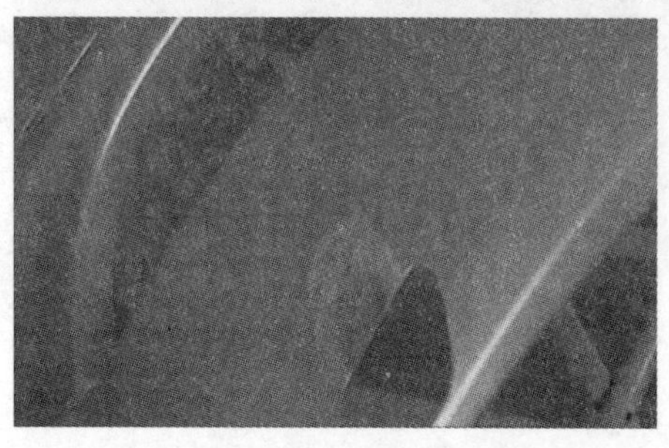

图7-3-5 打磨后形状

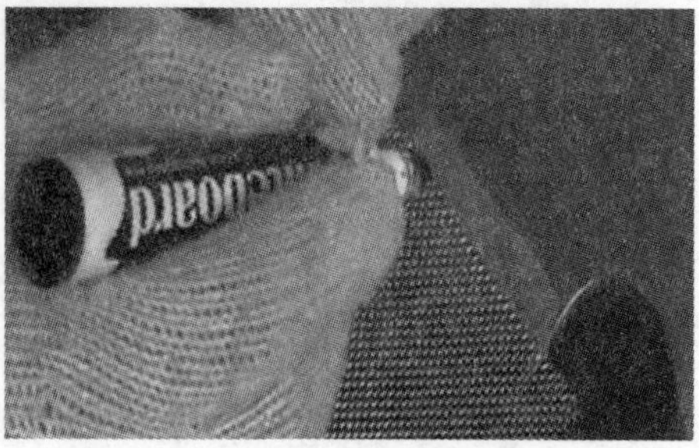

图7-3-6 将填充材料剪出相应形状

提示:①填充材料可用不锈钢网、铁丝网等金属材料。

②填充材料大小,要根据受损区域来确定,不能超出受损区域。

5. 比对面积大小

将裁剪下来的不锈钢填充材料与受损打磨区域进行比对,填充材料大小不能超过受损打磨区域面积,如图7-3-7所示。

提示:填充材料要能覆盖受损区域正反面的打磨面积。

6. 划痕

用专用修复工具(电烙铁)在裂纹线上作出十字交错划痕,如图7-3-8所示。

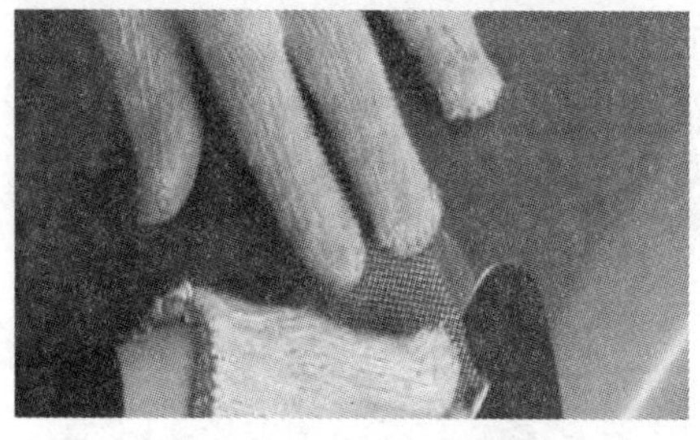

图7-3-7 填充材料与受损打磨区域比对

图7-3-8 作出十字交错划痕

提示:①划痕线的作用是确保修复过程中不会进一步产生二次损伤,保证平面平整。

②十字交错划痕能确保填充材料与工件的附着力。

二、清洁

1. 喷清洁液

使用塑料专用清洁液,将受损区域裸露部位完全喷湿,如图7-3-9所示。

提示:①清洁液有一定的挥发性,做好相应的防护。

②喷洒完毕,应立刻用一湿一干的除油布进行擦拭。

2. 除尘

用气吹枪将受损区域裸露部位进行除尘并清除残留清洁液,确保焊接强度,如图7-3-10所示。

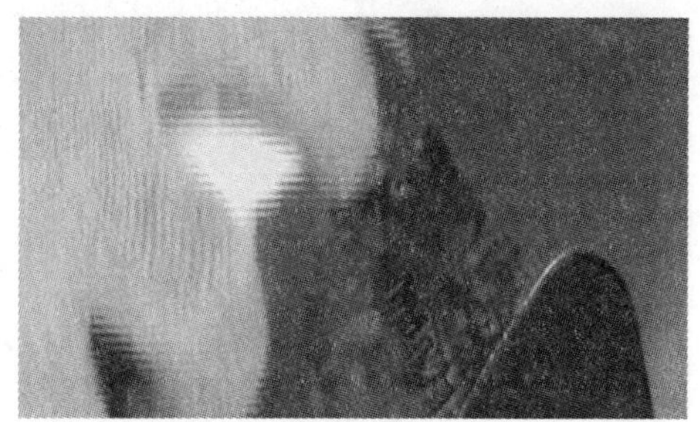

图7-3-9　喷洒清洁液

图7-3-10　除尘并清除残留清洁液

提示:为提供一个良好的焊接表面,受损区域两面都必须进行清洁。

三、焊接

1. 定位

使用专用电烙铁将不锈钢网边缘部位植入受损区域,如图7-3-11所示。

提示:整个区域范围不能有翘曲,不锈钢网要求能全部覆盖受损区域。

2. 焊接

使用专用电烙铁将固定不锈钢网完全植入受损区域内,如图7-3-12所示。

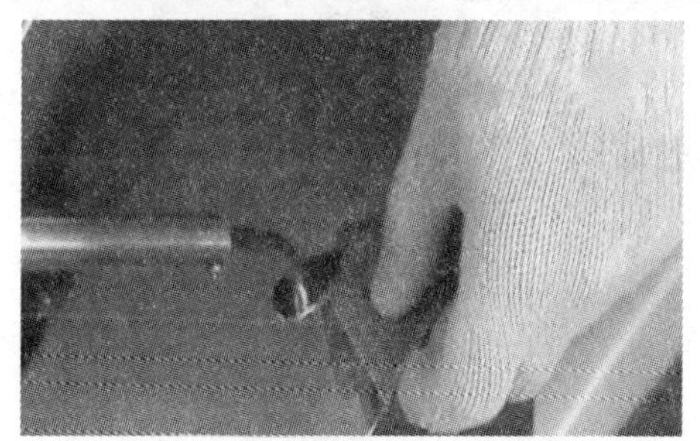

图7-3-11　将不锈钢网植入受损区域

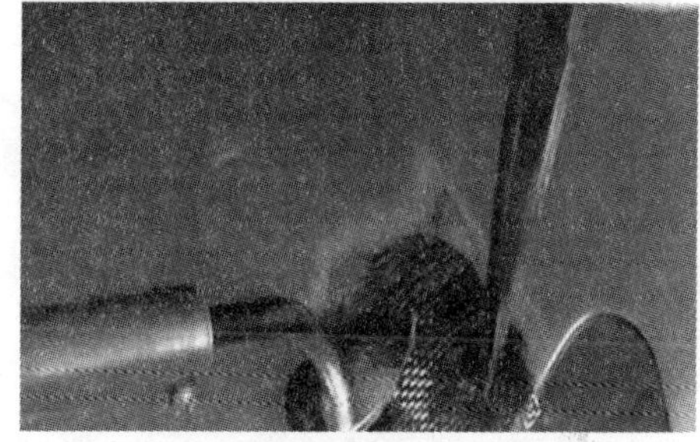

图7-3-12　将不锈钢网完全植于受损区域

提示:不锈钢网中间部位焊接可使用相应辅助物品顶住进行焊接,保证植入物与母材完全熔合。

3. 边缘焊接

使用专用电烙铁将不锈钢网边缘部位及背面也完全与受损区域焊接在一起,如图7-3-13所示。

提示:不锈钢网正反面及边缘完全包裹受损区域后,能保证修复后的强度和牢固性。

4. 冷却

使用气吹枪对焊接后的区域进行吹风冷却,如图7-3-14所示。

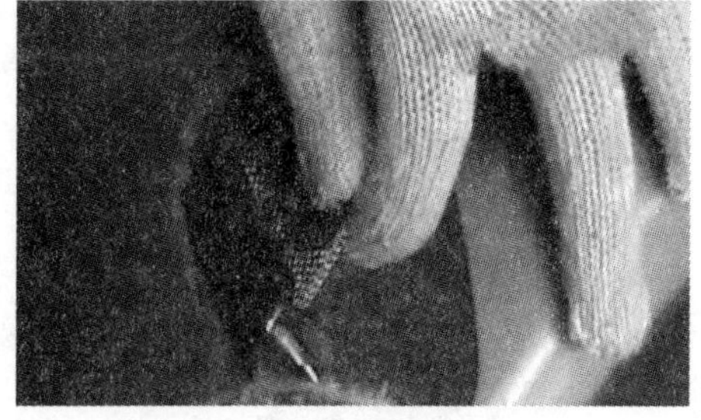

图7-3-13　焊接不锈钢网边缘部位

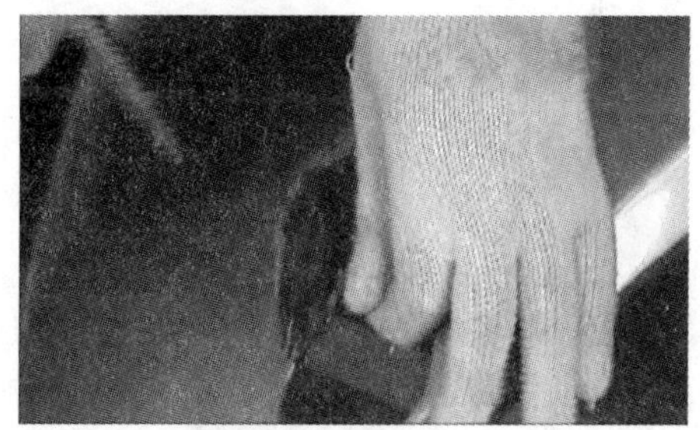

图7-3-14　进行吹风冷却

提示:冷却的主要作用是确保塑料件完全固化,有利于下一道打磨工序。

5. 打磨

使用单方向电动打磨机配合粗砂纸打磨焊接区域,如图 7-3-15 所示。

图 7-3-15　打磨焊接区域

提示:①打磨的主要作用是去除焊接后的毛刺,确保焊接区域平滑。

②打磨后必须使用清洁液进行清洁、除尘,确保焊接表面附着力。

6. 填充材料焊接

将填充材料(修补胶条)均匀平整的热熔于受损区域正反面,如图 7-3-16 所示。

提示:①使用填充材料焊接前,需使用相应的检查方法,检查与母材的相熔性。

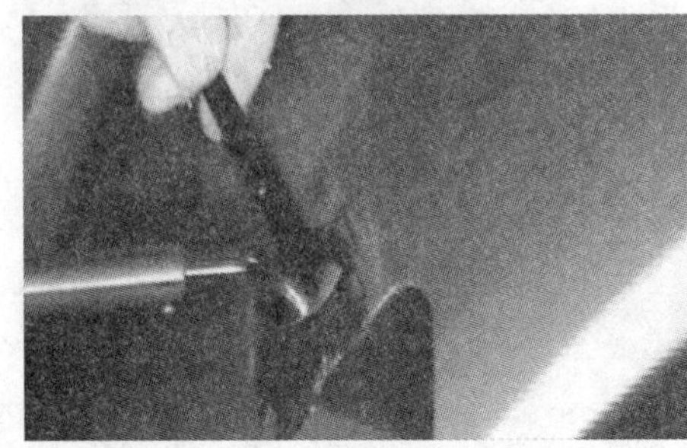

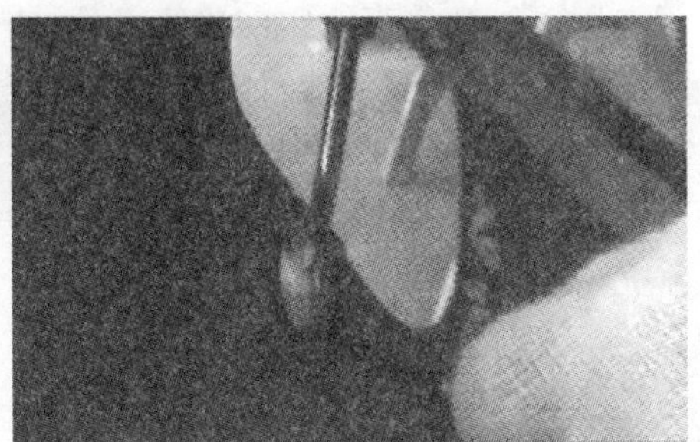

图 7-3-16　填充材料焊接

②焊接时,注意焊接温度不能过高,避免烧焦填充材料;也不能过低,与母材不能完全相熔。

③焊接过程中时刻注意焊接品质,确保整个受损区域能平滑过渡,保证修补后的表面品质。

④焊接完成后,使用吹气枪吹风冷却。

7. 打磨

使用单方向电动打磨机配合细砂纸打磨受损区域,如图 7-3-17 所示。

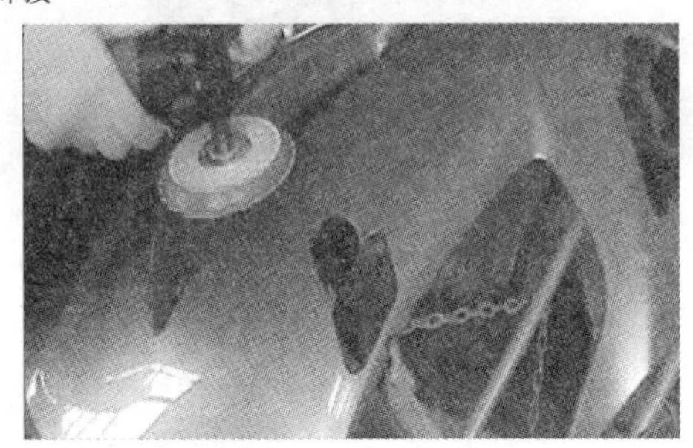

图 7-3-17　打磨受损区域

提示:打磨后需确保表面无毛刺且平滑过渡。

评价与反馈

一、学习效果评价

1. 选择题

(1)塑料有助于减轻车身的质量,提高燃油(　　)。

A. 经济性　　B. 平顺性　　C. 动力性

(2)塑料部件不会像钢材那样(　　)。

A. 平稳　　　　B. 可靠　　　　C. 腐蚀

(3)(　　)塑料件的损坏不能用焊接方式来维修,一般用粘接的方式来进行维修。

A. 热固性　　　　B. 热塑性　　　　C. 树脂

(4)(　　)塑料件的损坏可以用塑料焊机进行焊接维修,也可以进行粘接维修。

A. 热固性　　　　B. 热塑性　　　　C. 树脂

(5)(　　)塑料在热量、催化剂或紫外线的作用下会发生化学变化,硬化后形成永久形状。

A. 热固性　　　　B. 热塑性　　　　C. 树脂

2. 判断题

(1)很多塑料部件的修复比更换更经济,特别是这些部件不易拆卸的时候,漆孔、裂缝、擦伤、破裂和小孔都可以修复,在必要的时候有些塑料可以通过适当的加热重新回到它们原来的形状。(　　)

(2)树脂、加强剂和相关的成分所散发的蒸汽能够刺激你的皮肤、胃和肺。(　　)

(3)在与塑料和玻璃纤维这些修复材料打交道的时候,要时刻注意安全,要认真的阅读所有标签、修理说明书和警告事项,并做好相应的保护,工作时戴上眼睛保护装置、手套和呼吸器。(　　)

(4)对塑料件进行维修前,首先要知道待维修的塑料件的类型,才能决定使用哪种维修方法。(　　)

(5)塑料件种类的识别可分为编号识别法和燃烧测试法等。(　　)

二、技能考核

塑料件的修复技能考核项目和分值见表7-3-1。

塑料件的修复技能考核表　　　　表7-3-1

考核时间	考 核 项 目	分值	自我评价	小组评价	教师评价
35min	安全防护用品的使用情况	10			
	钻孔	10			
	打磨	20			
	裁剪填充材料	20			
	清洁	10			
	焊接	30			
合 计		100			

学习单元8　汽车底盘及车身测量

学习任务1　车 身 检 查

任务描述

车辆在使用过程中，会出现不同位置、不同类型的损伤，如车辆在行驶中，车辆转弯过急，后面的车辆由于车速较快，制动不及时，仍造成两车相撞，导致转弯车辆前车门及车身中立柱变形（图8-1-1）。

图8-1-1　左前车门及中立柱损伤

学习目标

1. 了解常见车身损伤的形式。
2. 能够正确的分析车身损伤变形区域的类型及受力情况。
3. 熟练地制定车身修复流程。

建议学时：12学时。

学习准备

一、知识准备

1. 车身常见的损伤形式

车身常见损伤有：保险杠及前纵梁变形、车身侧面凹陷变形、车身行李舱变形等（图

8-1-2～图8-1-4）。

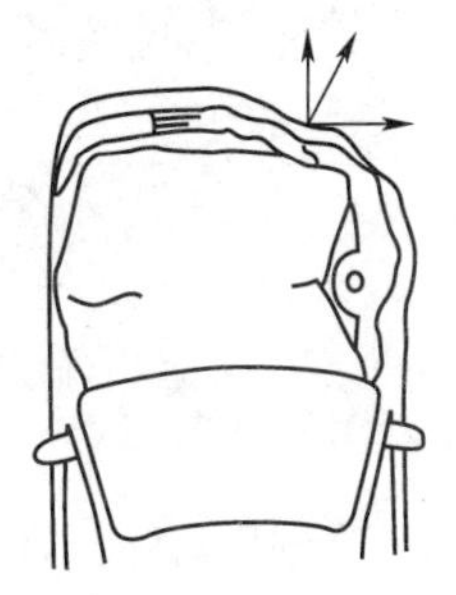

图8-1-2　保险杠前纵梁变形

图8-1-3　车身侧面凹陷变形

图8-1-4　车身行李舱变形

2. 车身分类

按照受力情况分为承载式车身、半承载式车身、非承载式车身三种。

（1）非承载式车身：车身以弹性元件与车架相连，车身除承受自重和货物及乘客的质量引起的载荷以及行驶时的空气阻力和惯性力外，其他的载荷则由车架承受。

（2）承载式车身：也称为整体式车身，车身代替车架来承受所有的载荷。

（3）半承载式车身：车身与车架是用焊接、铆接或螺栓连接的，载荷主要由车架承受，车身也承受一部分。

3. 轿车车身的分类

按照车身外形分类包括三厢式和两厢式。

（1）三厢式：是流行的具有代表性的车型，车身为封闭、刚性结构，有四个以上侧窗，两排以上座位，和两个以上车门，由发动机舱、乘客室、行李舱三部分组成。

（2）两厢式：轿车后部形状按照较大的内部空间设计，乘客室与行李舱同一段布置。（注意：三厢式与两厢式比较，抗横向风稳定性好。）

4. 轿车车身壳体结构

通常整个车身壳体按强度等级分为三段，分为ABC三段，即车身前部、中部及后部，车身设计时，使乘客室（中部）尽可能的拥有最大的刚度，而前后两部分则具有较大的韧性，当发生撞车事故时，前后部应能迅速吸收撞击力，而中部则有足够的活动范围与空间安全。

前后“薄弱环节”有意识的预留，是为了良好的吸收冲击力，而中部，则具有良好的整体性。

（1）前部（前车身）：由前翼子板、前段纵梁、前围板、发动机罩、发动机安装支架及其前保险杠组成。

①发动机罩：多由高强度钢板冲压成网状骨架和蒙皮组焊而成，还在夹层之间使用了耐热点焊胶，使之确保刚度并在其间形成良好的消声胶层，车身维修中应有针对性地实施解体方案，不要轻易用火焰法修理，以免破坏夹胶的减振与隔声作用。

②前围板：用来隔开乘客室与发动机舱，前围板两端与壳体前立柱和前纵梁组焊成一体，使整体刚性好，靠近发动机一侧主要起辅助加强作用，靠近乘客室一侧则用高强度钢板冲压成形，并于两侧涂于沥青、毛毡、胶棉等绝缘材料，以求乘客室振动小、噪声低、热影响小。

③前悬架：是承受和传递车轮与车架之间所受各种力和力矩，以及吸收和减缓汽车运行

过程中的冲击和振动，使车辆行驶具有良好的平顺性和稳定性。

④前段纵梁：前车身的主要强度件，直接焊接在车身下部，其上焊接轮罩，前纵梁前后的截面不等，截面变化也较为明显，能够提高汽车受冲撞时对冲击能量的吸收。

⑤散热器支架及保险杠：散热器支架以点焊的形式连接到纵梁上，以便于安装散热器等，保险杠总成用螺栓连接到车身前端，以抵抗小的撞击。

⑥前翼子板：属于车身的主要覆盖件，大多数通过螺栓固定在前悬架支持板上，它不仅起着使车身线条流畅的作用，而且使前车身的整体性更强了。

(2)中部(中间车身)：由车门、侧体门框、门槛及沿周采用高强度钢制成的抗弯曲能力较高的箱形断面，中间车身的侧体框架的中柱、边框、车顶边梁、侧体下边梁等结构件也采用封闭型断面结构，车顶、车底和立柱均采用焊接方式组合在一起。

中间车身的立柱起着支撑风窗和车顶的作用，一般下部粗大，上部截面的尺寸，考虑到驾驶视野而缩小，立柱包括：前柱(A柱)、中柱(B柱)和后柱(C柱)。

①门槛板：安装在门口底部的坚固板条，通常焊接在车底板和支柱、反冲板或后侧围板上。反冲板是位于前支柱和槛板之间的小板。

②车身底板：是中间车身的基础，而且汽车行驶中加给车身的载荷通过车身底板来扩散出去。

③车门：使乘员上下车的主要通道，其上还装有车锁、玻璃、玻璃升降器等附属设施。

车门定位缓冲器在车锁上附加了定位器的功能，车门关闭时可以减少冲击并定位准确，还可以防止行驶中因车门振动对车锁形成额外的冲击载荷。

(3)后车身(后部)：用于放置物品的部分，可以说是中间车身侧体的延长部分，后车身板件的载荷来自于汽车后悬架，尤其是对于后轮驱动的车辆，驱动力通过车桥、悬架直接作用于后车身上。

(4)车身硬件及装饰件是用来隐蔽粗糙加工的边缘，有些则兼有功能性作用，车身维修中，每一项作业都会与车身内外装饰件发生关系，汽车装饰件主要有保险杠、前隔板、防擦条、导流板、座椅等。

5. 力的基本常识

(1)力的概念：力是物体间的相互作用，这种作用是使物体的运动状态或形状发生改变的原因。

(2)力的三要素：力对物体的作用完全取决于力的三要素。

①力的大小，单位为N(牛)。

②力的方向。

③力的作用点。

力的三要素中任何一个要素发生改变时，力对物体的作用效果也随之改变。

6. 金属材料的性质

金属材料的主要机械加工性质有弹性、塑性(延展性)、加工硬化和热变形等。

(1)弹性变形。对金属施加外力使其变形，当应力没有超过金属的弹性极限时，金属的变形属于弹性变形，在外力消除后金属的形状会回弹到初始的形状，其强度也没有变化。这种性质称为金属的弹性。金属的弹性有一定的范围，若应力超过此限制范围，金属就会失去弹性而产生永久变形。如图 8-1-5 所示,弯曲的金属板将其所加的外力除去后而不能完全地回复原状态,这是超过了弹性极限。

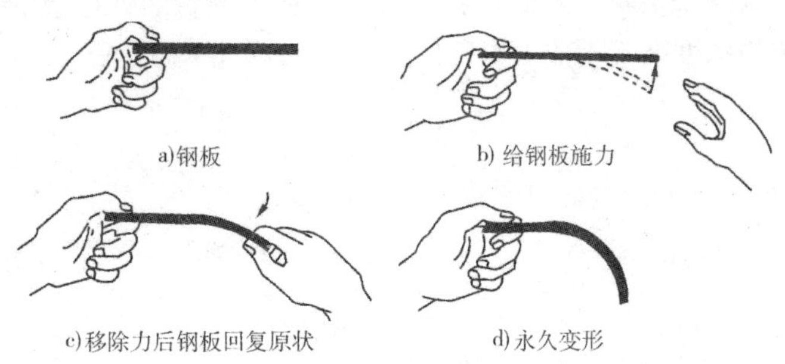

图 8-1-5 钢板的弹性和弹性极限

在进行车身的修理校正操作时,可以利用金属的弹性变形性质。大多数的车身损伤都以弹性变形的形式存在,它们的变形量主要是受到塑性变形部位的限制,当塑性变形部位的变形量消除后,邻近的弹性变形部位将会回弹到原来的形状。因此在进行车身维修时要分辨哪些部位是塑性变形,哪些部位是由于受到塑性变形的禁锢而产生的弹性变形。对于弹性变形部位不应进行过多的校正,应当首先对塑性变形的部位进行复位校正,促使大部分的弹性变形回弹。

(2)塑性变形。金属大都具有可塑性,在车身制造中,多利用金属材料的塑性将板材加工成各种形状以满足安全上和结构上的要求。在车身修理过程中,也是利用钢板的可塑性对板材进行矫正或复位的。

塑性可分为延性及展性两种:延性可使金属拉成细丝;展性可使金属碾展成薄片。即在超过弹性极限的外力作用下屈服而产生永久变形。图 8-1-6 所示为金属的拉伸特性曲线。图中 A 点称为弹性极限,如果施加的载荷低于 A 点,当载荷去除后变形将随之消失,金属恢复原来的形状,这就是弹性变形。当载荷超过 A 点后即使载荷消除,金属的变形也会保留下来,除少许回弹外,金属不能恢复到原来的形状而产生塑性变形。例如,图中从 P 点取消载荷,金属板的延伸量将返回到 E 点,但永久保持变形量 OE。图中的 C 点为该种金属的抗拉强度极限,当载荷高于 C 点时,金属将迅速产生塑性变形直至断裂,图中的 D 点为金属的断裂载荷点,可以看出,当金属受到的载荷超过抗拉强度极限时,再能够承受的力已经非常小了。

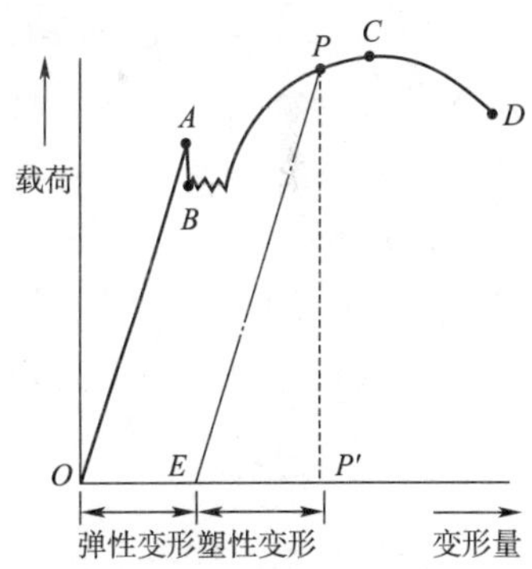

图 8-1-6 金属的拉伸特性曲线

当车辆在碰撞过程中受到损伤时,有些部位所承受的应力超过其弹性极限而产生了永久的塑性变形,但其周围的大部分金属只是处于弹性变形状态,由于受到塑性变形的限制而无法回弹。因此,钣金修理的重点应放在塑性变形部位。

(3)加工硬化。金属受到大于其弹性极限的力的作用而产生塑性变形后,虽然外力去除了,但由于金属晶粒的变形会在其内部产生很大的残留应力。残留应力会使金属塑性变形部位的硬度提高,屈服强度(刚度)加大。这种由于金属晶格畸变而造成的刚度增加现象称为加工硬化。

加工硬化作用的实例是将平钢板折曲，再将其折回时则留下当初折曲部分的形状，也会在其最初折曲部的两端产生两处新的屈折。这就是钢板的折曲处形成的加工硬化，其结果是使加工硬化部位的强度高于折曲处以外的部分，如图 8-1-7 所示。

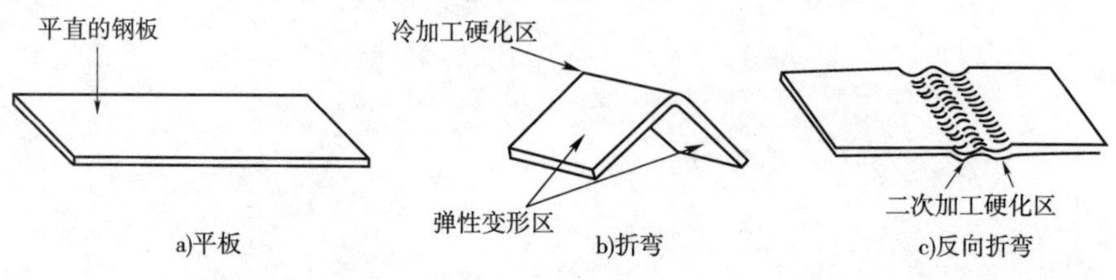

图 8-1-7　加工硬化

加工硬化一方面提高了金属变形部位的刚度，车身板件和构件多以冲压的方式给金属板冲压成一定的形状来加强其刚度；但另一方面也使金属的抗拉强度降低，尤其是如果反复加工塑性变形部位，会加速金属的疲劳而产生断裂。在车身钣金维修中必须强调加工硬化作用的重要性，因为它实际上就是造成金属损毁的原因。

未受损伤时的车身板件都有不同程度的加工硬化，碰撞造成的损伤又加重了加工硬化程度，使板件校正工作困难重重。而对损伤部位钣金操作更会加重硬化程度，不适当的操作甚至会造成金属的疲劳而产生破坏。因此在进行车身维修校正工作时一定要注意，要将维修造成的二次损伤控制在最小的范围内，不可造成人为损伤。

虽然金属在进行冷加工时会产生加工硬化，给车身修理带来很大的困难，但以加热的方式来成形(弯曲、伸张或压缩)时会变得比较容易。加热可以促进金属晶格的重新排列，从而消除部分残余应力。将普通低碳钢板加热到 650℃左右后让其慢慢冷却，即可使其加工性得到一定程度的恢复。在对已经加工硬化了的金属板件进行加热操作时，一定要注意所加工的金属的特性，严格控制加热温度和时间，对于不能加热的金属或允许加热温度低于 650℃的金属材料，不能用加热的方法恢复其加工性能，否则将会严重影响其强度，造成更大的损失，得不偿失。

二、工作场所

理论与实操教学一体化教室。

三、工作器材

事故车辆 2 辆、车身维修常用工具 2 套。

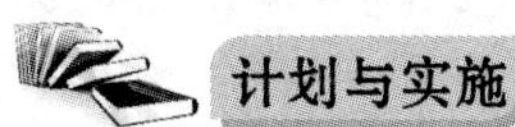

计划与实施

车身损伤变形，如发生事故时某车被其他车辆相撞，造成车门及中立柱变形，在修复前首先应分析变形板件的结构形式及变形区的受力点及力的扩散方式，再进行板件的拆卸，及复、更换和安装(或不进行拆卸在车身上直接修复)。

一、车身变形区域的识别

（1）目测：用眼直接观察损伤区域，确定损伤变形的基本形式，在分析变形区域的受力点及力的扩散方式，如图 8-1-8 所示。

（2）使用相应工具、设备进行检查：使用钢直尺、测量仪等设备对变形区进行测量，确定变形区范围，如图 8-1-9 所示。

图 8-1-8　目测损伤变形

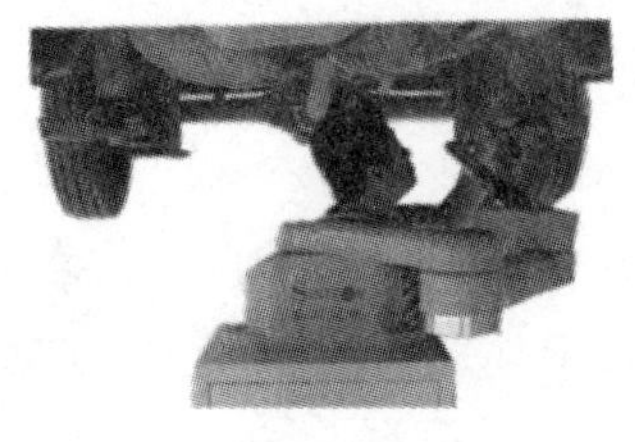

图 8-1-9　XC-EasyArm 设备测量损伤变形

二、车身损伤分析及维修方案确定

根据不同的位置及损伤类型，应首先分析变形区域的类型，再分析损伤区域的受力情况，最终确定维修方案，例如车门损伤分析如下：

（1）分析并确定车门损伤变形是弹性变形还是塑性变形，如图 8-1-10、图 8-1-11 所示。

图 8-1-10　弹性变形区域

图 8-1-11　塑性变形区域

（2）板件受力变形分析方法，如图 8-1-12 所示。

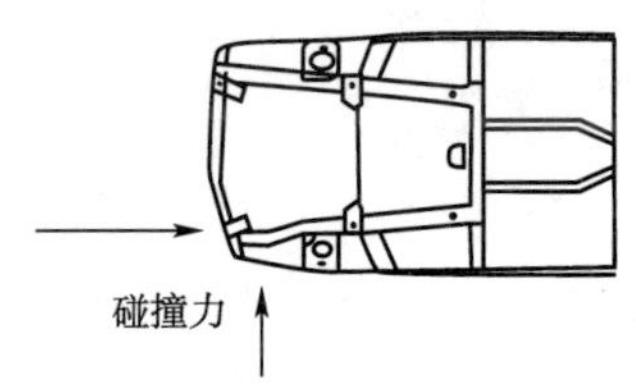

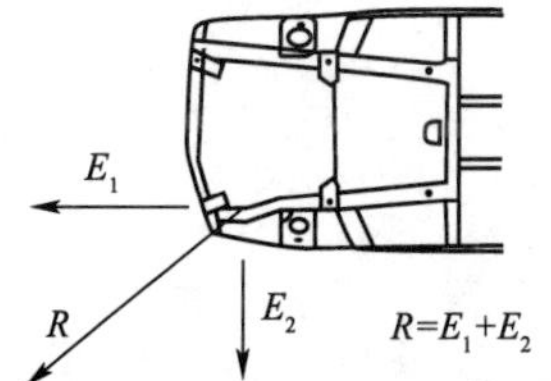

图 8-1-12　变形区受力分析

（3）确定维修方案。如以上车门变形为凹陷变形，受力点处为塑性变形区域，其余的变形为弹性变形区域,首先应该进行塑性变形区域的整形修复,因为塑性变形区域修好后,就可以减小变形区域。

车门凹陷变形修复流程为:确定车身损伤类型及位置→修复塑性变形区→修复弹性变形区→检查车门门锁→检查车门玻璃及升降器→车门铰链→完成车门修复。

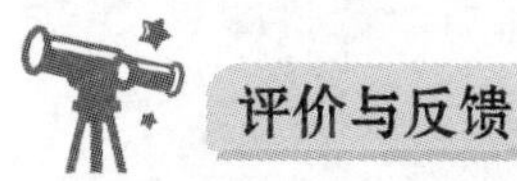

评价与反馈

一、学习效果评价

1. 选择题

(1)按车身受力情况分类,车身分为(　　)三种。

A. 承载式车身　　B. 非承载式车身　　C. 半承载式车身　　D. 两厢式

(2)按车身外形分类,分为(　　)。

A. 两厢式　　B. 一厢式　　C. 三厢式　　D. 四厢式

(3)力的三要素包含(　　)。

A. 大小　　B. 方向　　C. 力矩　　D. 作用点

(4)属于板件变形形式的有(　　)。

A. 塑性变形　　B. 弹性变形　　C. 开裂　　D. 烧穿

2. 判断题

(1)对金属施加外力使其变形,当应力没有超过金属的弹性极限时,金属的变形属于弹性变形。(　　)

(2)力的三要素中任何一个要素发生改变时,力对物体作用效果也随之改变。(　　)

3. 简述题

(1)简述塑性变形、弹性变形、加工硬化的定义?

(2)简述力的三要素之间的关系及定义?

二、技能考核

车身检查技能考核项目和分值见表 8-1-1。

车身检查技能考核表　　表 8-1-1

考核时间	考　核　项　目	分值	自我评价	小组评价	教师评价
60min	安全、规范操作	20			
	车身的结构、组成和受力分析等知识点的掌握	50			
	能够叙述修复流程	10			
	整理工具	10			
	团队协作精神	10			
合　计		100			

学习任务 2　车身测量

任务描述

车辆在使用过程中，会出现不同位置、不同类型的损伤，在修复前应首先对车身进行测量，确定车身变形量的大小，再进行修复，并在修复过程中不断进行测量以确保修复尺寸的精确度。

学习目标

1. 熟悉电子测量设备及操作程序。
2. 正确的选择与安装电子测量附件。
3. 能够熟练的使用电子测量设备进行车身数据测量。

建议学时:12 学时。

学习准备

一、知识准备

1. 车身测量系统分类

车身测量系统主要分为机械测量系统和电子测量系统两大类。

(1)机械测量系统。常见的机械测量系统有门框式测量系统、米桥式测量系统和定位夹具式测量系统等。如图 8-2-1 所示。

a)门框式

b)米桥式

c)定位夹具式

图 8-2-1　机械测量系统

(2)电子测量系统。常见的的电子测量系统有自由臂测量系统、超声波测量系统和激光扫描测量系统等，其中自由臂测量系统即角度传感器式测量系统，也叫机械臂测量系统，常见的有卡尔拉得(CAR-O-LINER)、史宾尼斯三坐标测量仪(EasyArm)等。常见各种车身电子测量系统特点见表 8-2-1。

各种车身电子测量系统特点 表 8-2-1

种类 特点	自由臂测量系统	超声波测量系统	激光扫描测量系统
图例			
硬件配置	(1)测量滑尺 (2)测量长尺(测量车) (3)车身上部测量尺 (4)测量头 (5)PC (6)打印机 (7)可移动式机柜 (8)带导轨移动支架	(1)测量横梁 (2)发射器 (3)测量头 (4)转换头 (5)PC (6)打印机 (7)可移动式机柜 (8)带导轨移动支架	(1)激光扫描仪 (2)激光反射挂牌 (3)螺栓挂件 (4)开孔挂件 (5)PC (6)打印机 (7)可移动式机柜 (8)激光扫描仪支架
软件特点	(1)设计先进、便于操作、仅有三个测量步骤,具有同时进行自动标定车辆中心线和测量的能力 (2)具有强大的文档编制功能,用电子邮件可将受损车辆的检测数据及图片发送至定损评估系统 (3)中文界面显示 (4)可打印测量数据	(1)操作软件使用"强迫逻辑",指导操作 (2)可以打印出车身受损报告,作为索赔的依据;可以打印出维修后的测量结果,作为车辆修复竣工的依据 (3)为技师提供了每个测量点的拉伸矢量图,指导和监控整个拉伸过程,防止拉伸尺寸不够或过度拉伸,造成车辆二次受损	(1)软件操作简单,单击即可进行多点测试 (2)屏幕显示出挂件应放的位置图片 (3)软件可计算拆掉的零部件 (4)三份可单独打印、简单易懂的维修前、中、后检测报告 (5)检测报告可显示使用厂家的徽章标志 (6)英文界面显示,部分内容汉化
数据库	可检测的车型包括绝大部分进口车型和国产合资品牌。数据不断升级	测量系统中储存了上千款国内外车型的标准数据,包含了全世界95%以上的车型,数据不断升级	可检测的车型包括绝大部分进口车型和国产合资品牌。数据不断升级
功能及结构特点	(1)可以测量车身任一点的三维参数。测量方式有三种:常规测量、绝对测量和比较测量 (2)蓝牙通信 (3)分体式结构(PC与测量滑尺分开)	(1)可以测量车身任一点的三维参数 (2)能同时测量多点 (3)可边拉伸边测量 (4)分体式结构(PC与测量滑尺分开) (5)要求噪声低工作环境	(1)全自动激光检测系统,只可以测量底盘数据 (2)蓝牙通信,维修过程中实时检测 (3)分体式结构(PC与激光扫描仪分开) (4)要求静风工作环境
操作性	操作简便,易于学习		

2. 史宾尼斯三坐标测量仪(EasyArm)概述及测量方式

要熟练的对车身数据进行测量,得到准确无误的数据,首先应熟悉测量设备及操作程序的应用,下面以史宾尼斯校正台与电子测量设备为例学习,如图 8-2-2 所示。

(1)EasyArm 测量原理。将被测物体置于三坐标测量机的测量空间,可获得被测物体上各测点的坐标位置(x,y,z),根据这些点的空间坐标值,经过数学运算求出被测的几何尺寸、形状和位置。

(2)EasyArm 测量方式。1P 类型,用于测量螺栓和铆钉的中心;2P 类型,用于测量沟槽两端点;3P 类型,用于测量圆周上三个点。如图 8-2-3 所示。

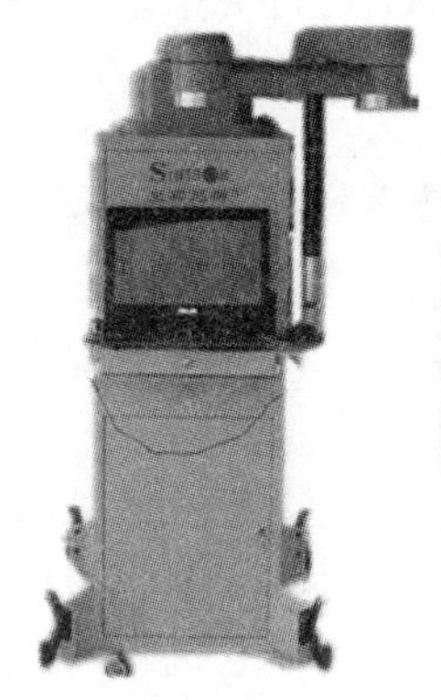

图 8-2-2　电子测量设备

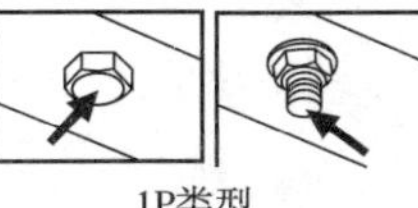

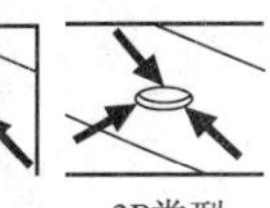

图 8-2-3　测量方式

(3)EasyArm 自由臂三坐标测量仪技术参数。

①采用绝对式高精度编码器,无需初始化,开机即可测量。

②蓝牙和 USB 接口通信,方便操作者使用。

③采用温度补偿技术,能在 -10 ~45℃温度环境下可靠使用。

④精密铸造的标准关节,使用工作过程高度稳定。

⑤可配备电池模块,在无电源情况下完成检测,避免突然断电导致数据丢失。

⑥完全重力平衡系统,操作过程轻松便捷,提高测量精度。

⑦航空碳纤维管壁身,减轻测量仪器自重,提高测量精度。

⑧测量范围:0 ~1950mm(不加附件和移动功能)。

⑨供电系统:100 ~240V,50、60Hz,0.5A。

⑩测量精度:0.3mm/m。

⑪测量仪自重:13kg。

(4)EasyArm 自由臂式三坐标测量仪构成,如图 8-2-4 所示。

①自由臂(三关节、四关节、五关节、多关节)。

②电脑及数据处理软件。

③机柜包装箱。

④辅助硬件(打印机等)

(5)EasyArm 自由臂式三坐标测量仪的应用。

①可根据产品模型或样件进行产品设计开发,这是在逆向工程的应用。

②对产品进行计算机辅助检测，可及时发现产品与原始设计间的误差，以便改进产品设计与制造工艺，用于改进设计。

③现场快速检测，及时发现产品问题（变形、磨损）。

④适宜对大型物件进行检测，如模具、大型机器、飞机、汽车或重的产品或腔体的测量。

⑤可以实现在线检测。

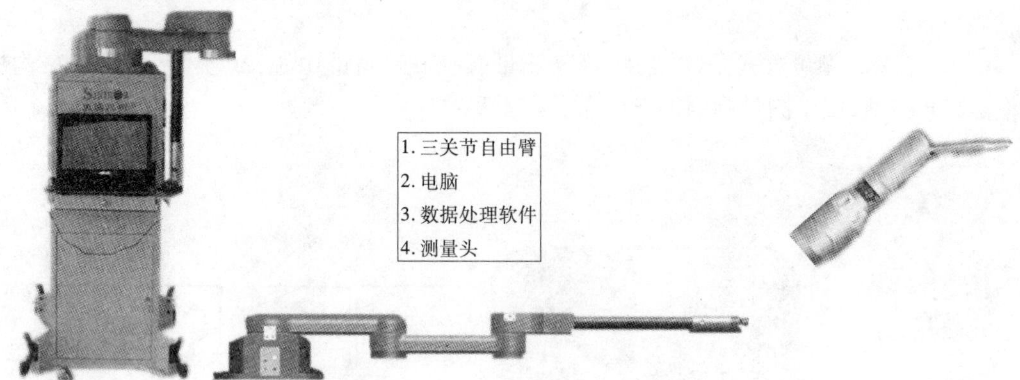

图 8-2-4　EasyArm 自由臂式三坐标测量仪

(6) EasyArm 软件汽车底盘车身测量仪的功能。

①构建汽车底盘和车身重要点的标准三坐标数据。

②检测汽车底盘和车身重要点的三坐标数据。

③各个测量点坐标数据实际测量值与标准数据库对比，以达到分析车辆底盘车身变形情况。

④提供专业的人机界面，对车辆进行归类分析和录入。

(7) EasyArm 工作原理。测量系统有三节测量臂，在测量臂的顶端装有测量头，在测量臂的顶端连接处都装有线位角度传感器，对车身进行测量时，将测量头移动到需要测量的车身位置，电脑可获得检测臂连接处线位角传感器角位移量，从而获得该测量点的空间坐标。

二、工作场所

理论与实操教学一体化教室。

三、工作器材

汽车整车 2 辆、史宾尼斯台架及测量系统 2 套。

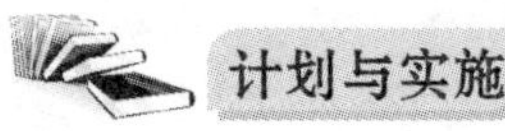

计划与实施

一辆汽车在行驶中发生碰撞事故，由于车速较快加上车辆本身的惯性力作用，造成车身前部变形严重，现来我处修理。首先应该对其车身附件进行拆卸（可能需要初步拉伸后才能顺利进行附件的拆卸），进行车身测量，确定变形量；再进行修复作业，最后进行修复后的测量，确保车身各尺寸的准确度，保证车身的正常性能。下面我们来进行车身变形数据的测量采集作业。

一、安全防护

1. 人身安全(穿戴齐全人身防护用品)

穿戴工作帽、防护眼睛、手套、劳保鞋、防护服,如图 8-2-5 所示。

2. 电子测量仪工作台固定(图 8-2-6)

电子测量仪工作台拉到相应的测量位置后,进行牢靠的固定(四角)。

图 8-2-5　安全防护

图 8-2-6　设备固定位置

3. 举升车身(图 8-2-7)

用举升机把车身举升到合适高度,并锁定。注意:务必要按照举升机的安全使用要求操作,正确定位汽车举升点。

二、测量任务的创建

1. 双击桌面上的“EasyArm”图标,运行程序(图 8-2-8)

图 8-2-7　举升车身

图 8-2-8　EasyArm 程序

注:①史宾尼斯电子测量仪自主品第一次使用前,必须与电脑蓝牙适配连接。

②在测量过程中,当单击定位点如果超出定位范围时,说明有可能探针选择错误。

③探针选择界面需要增加较为明确的选择说明。

2. 主界面显示连接或未连接(图 8-2-9)

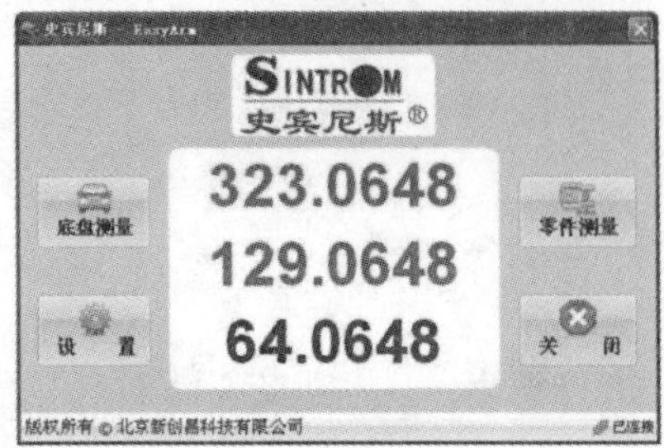

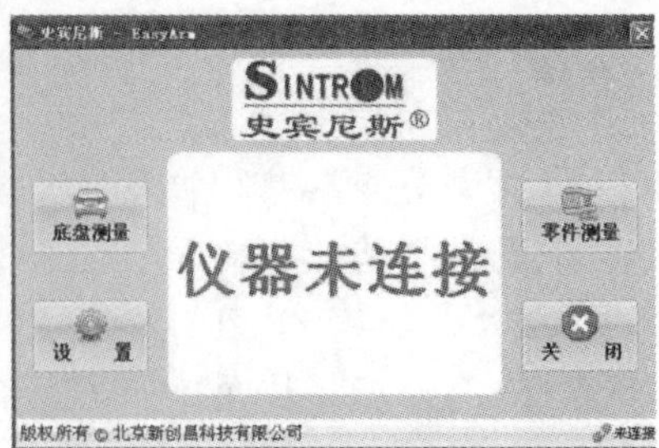

图 8-2-9 仪器连接正常和仪器断开连接的界面

3. 选择底盘测量创建测量任务单

(1)单击主界面上的“底盘测量”按钮,如图 8-2-10 所示。

图 8-2-10 底盘测量按钮

(2)单击后,桌面显示底盘测量建单表格,再单击新订单,如图 8-2-11 所示。

图 8-2-11 底盘测量建单

(3)在客户信息栏内输入客户资料

可单击姓名输入框右侧的按钮“选择客户”,在出现的客户选择界面中,选择已存在的客户,如图 8-2-12a)所示;再在汽车信息栏内输入测量的汽车,单击品牌输入框右侧的按钮“选择车型”,在出现的汽车选择界面中,选择所修汽车对应的品牌型号,如图 8-2-12b)所示,从“品牌”列栏中选择汽车品牌;从“型号”列栏中选择汽车型号。

(4)单击“选择”按钮完成。

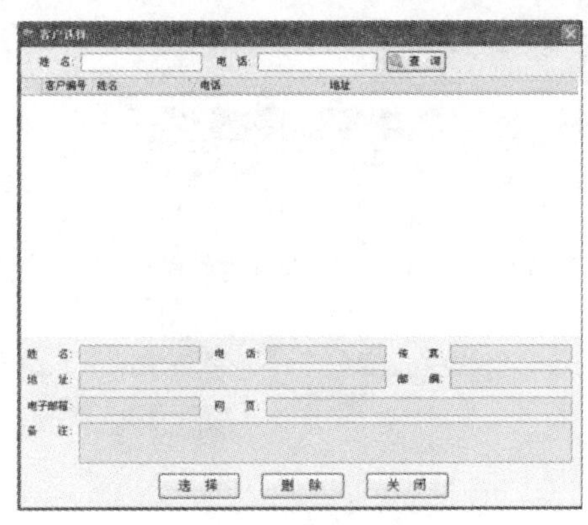

a）填写或选择客户

b)输入或选择车型

图 8-2-12　输入相关信息

三、汽车底盘测量

(1)测量时,电脑主界面显示如图 8-2-13 所示。

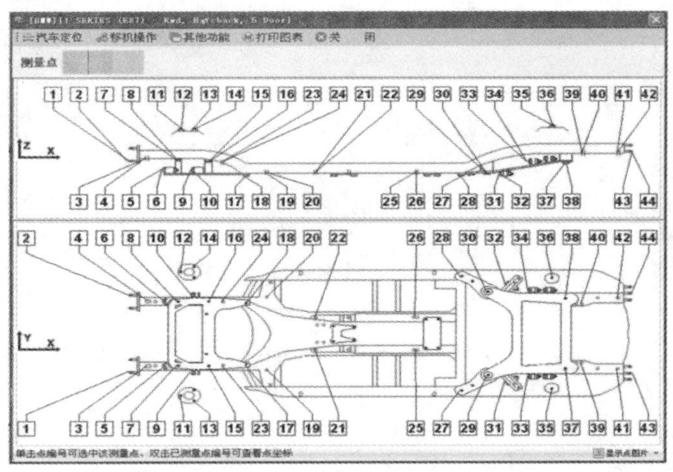

单击点编号可选中该测量点;双击已测量点编号可查看点坐标。

图 8-2-13 测量主界面

(2)选择测量任务。在订单信息界面,选择“修理前测量”或“修理后测量”。因为现在是数据采集,所以在此选择修理前测量,如图 8-2-14 所示。

单击“开始测量”按钮,如图 8-2-15 所示。若显示“测量臂未定位车辆,请先定位!”,表明测量系统还未对汽车进行定位确认。为了进行后面的工作,必须先定位,所以单击确定。如图 8-2-16 所示。

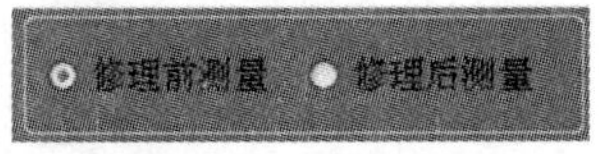

图 8-2-14　选择测量程序

图 8-2-15　开始测量

图 8-2-16　汽车为定位提示

(3)汽车定位。在测量窗口中左上角位置单击“汽车定位”按钮,如图 8-2-17 所示。

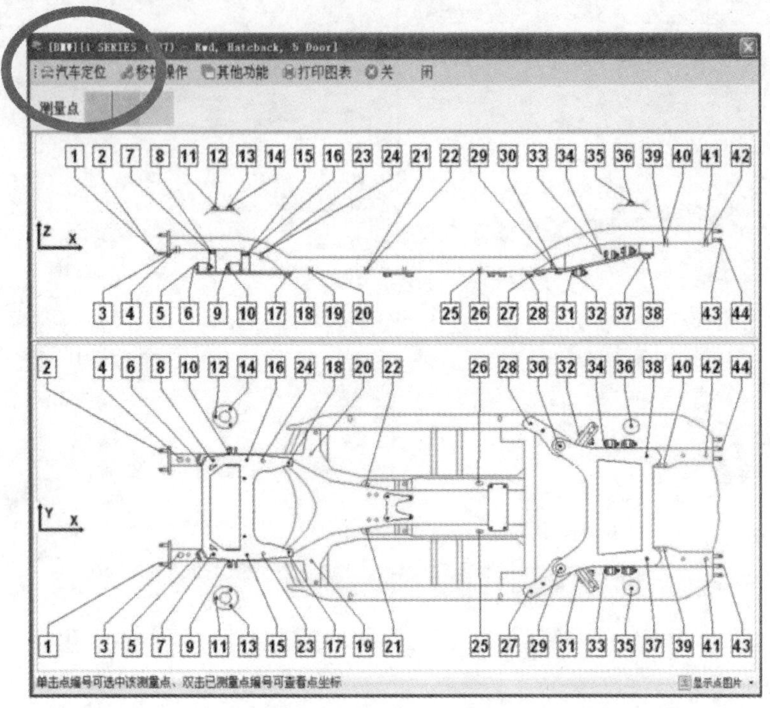

图 8-2-17　测量窗口显示

汽车定位会显示 3 种定位类型可用,如图 8-2-18 所示。一般当车身后部变形时,选择前导入定位;当车身前部变形时,选择后导入定位;车身前后部都变形时,选择自由定位。在此选择前导入定位。

前导入定位
后导入定位
自由定位

图 8-2-18　定位类型

“前导入定位”是一个指导性程序,通过测量四个参考点确定汽车的空间位置。

“后导入定位”是一个指导性程序,通过测量四个参考点确定汽车的空间位置,其探测过程与“前导入定位”相同,只是 4 个点的测量顺序不同。

“自由定位”用于无法采用导入定位的情况,它允许操作者通过测量任意 4 个点进行定位,其探测过程与“前导入定位”相同,自由定位的顺序由操作者自行确定测量顺序。

①“前导入定位”功能会自动指出需要测量的各点中哪个点是第一个定位点。

在我们的例子中,第一个定位点的编号是 17;测量点的类型是“1P”;用照片指出要检测的点位置。将探针的顶端放在编号 17 点位置螺栓中心处,并按下检测臂上的按钮一次,如图 8-2-19 所示。

②第二个定位点的测量,软件已自动预先安排。

在我们的例子中,第二定位点的编号是 18;测量点的类型是“1P”;借助照片能确定你要测量的点。将探针的顶端放在编号 18 点位置螺栓中心处,并按下检测臂上的按钮一次,如图 8-2-20 所示。

③第三个定位点的测量,软件已自动预先安排。

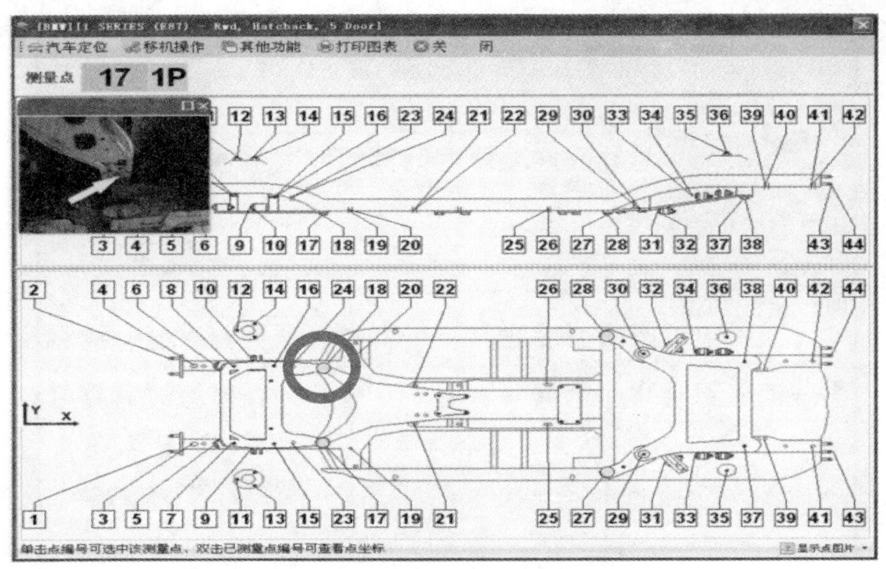

图 8-2-19　第一个定位点

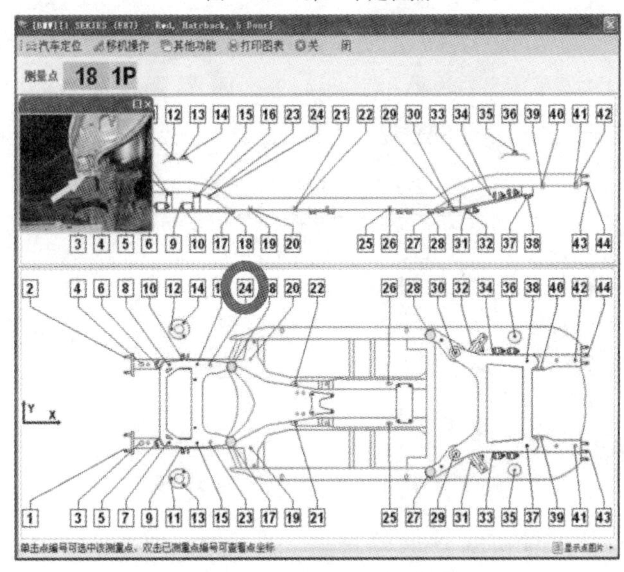

图 8-2-20　第二个定位点

在我们的例子中，第三定位点的编号是 27；测量点的类型是“1P”；借助照片能确定你要测量的点。将探针的顶端放在编号 27 点位置螺栓中心处，并按下检测臂上的按钮一次，如图 8-2-21 所示。

④第四个定位点的测量，软件已自动预先安排。

在我们的例子中，第四点的编号是 28；测量点的类型是“1P”；借助照片能确定你要测量的点。将探针的顶端放在编号 28 点位置螺栓中心处，并按下检测臂上的按钮一次，如图 8-2-22 所示。

⑤定位点不在公差范围内。

在导入定位和 4 点自由定位时，即使只有一个点结果不在公差范围内，也会出现如下屏

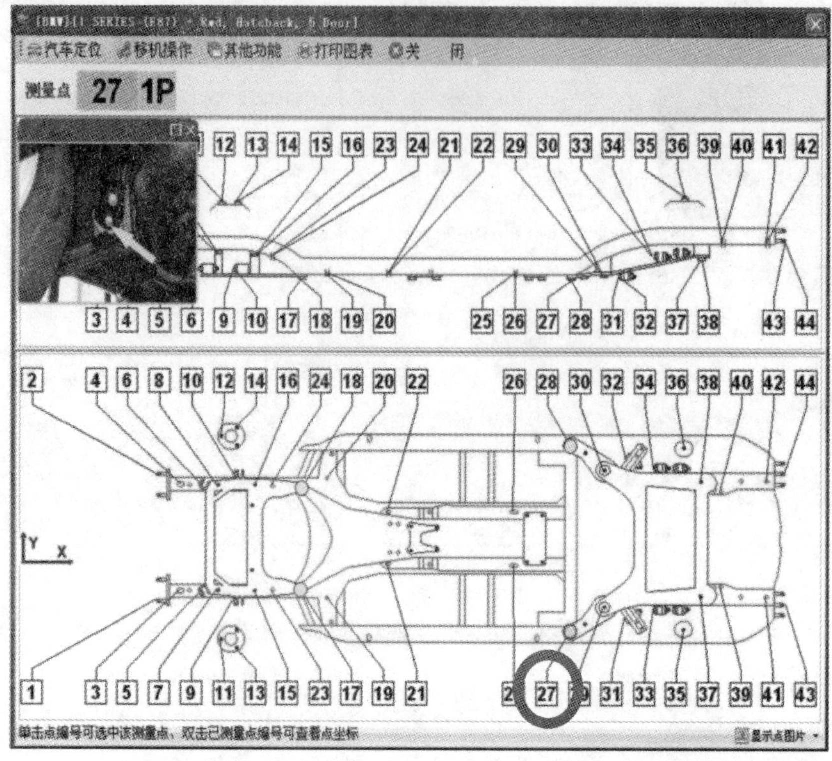

图 8-2-21　第三个定位点

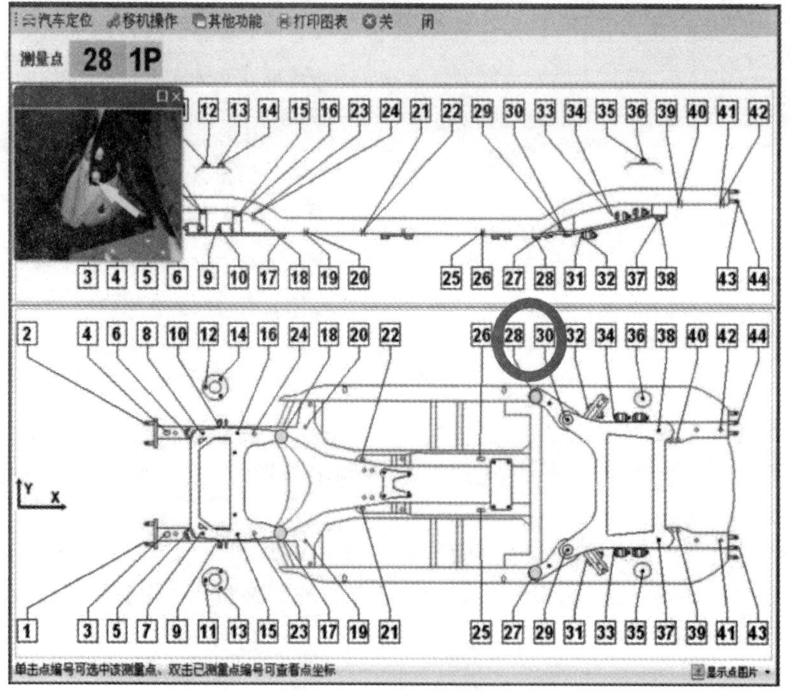

图 8-2-22　第四个定位点

幕显示。如果在屏幕上用红色数字显示的偏差值不超过误差范围，单击“接受”按钮，确认定位成功，如图 8-2-23 所示。

⑥单击“定位结果”按钮，可查看定位结果，如图 8-2-24 所示。

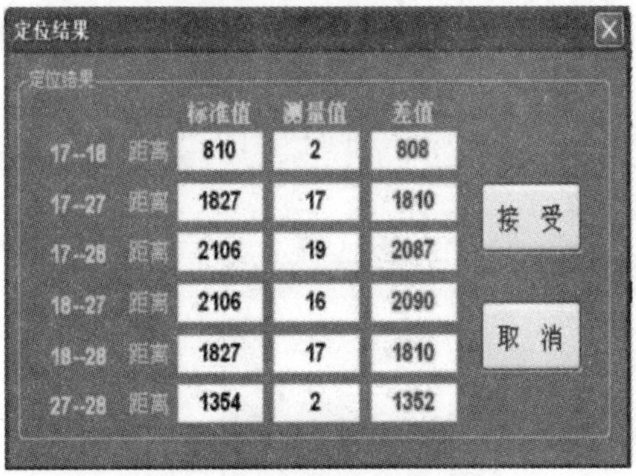

定位结果
定位结果
标准值 测量值 差值
17--18 距离 810 2 808
17--27 距离 1827 17 1810
17--28 距离 2106 19 2087
18--27 距离 2106 16 2090
18--28 距离 1827 17 1810
27--28 距离 1354 2 1352
接 受
取 消

图 8-2-23　定位结果

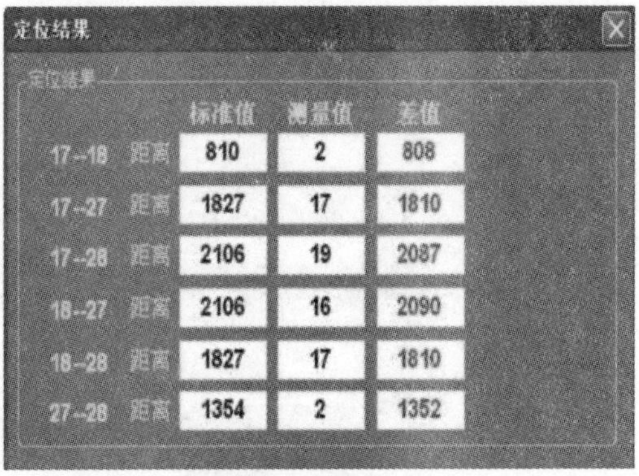

定位结果
定位结果
标准值 测量值 差值
17--18 距离 810 2 808
17--27 距离 1827 17 1810
17--28 距离 2106 19 2087
18--27 距离 2106 16 2090
18--28 距离 1827 17 1810
27--28 距离 1354 2 1352

图 8-2-24　定位结果查询

(4)开始测量。

①将探针移到图片指示的编号 1 点的位置，软件会自动识别你所要测量的点，在图中显示测量点的编号、类型等，如图 8-2-25 所示。

汽车定位 移机操作 其他功能 打印图表 关 闭
测量点 1 1P
单击点编号可选中该测量点、双击已测量点编号可查看点坐标
显示点图片

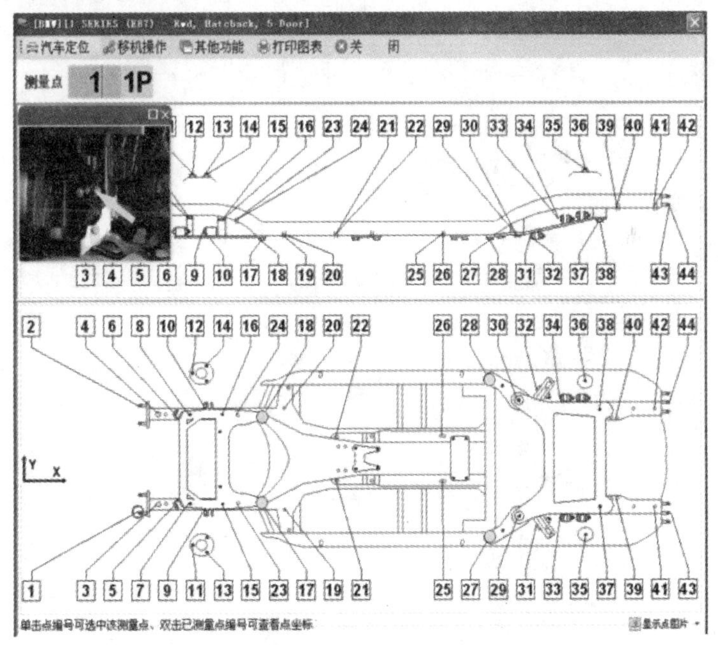

图 8-2-25　车身测量点

②当前正在测量的点用绿色圆圈圈出，如图 8-2-26 所示。在我们的例子中，编号 1 点的测量类型是“1P”。将探针移到螺栓的中心处，并按下测量臂上的控制按钮。如果测量的点在公差范围内，你将在屏幕上看到绿色的点，如图 8-2-27 所示。

③如果测量点不在公差范围内，你将在屏幕上看到：一个红色圈点，在红色圈点处有一箭头指明需要拉伸的方向，有一框栏显示在 X、Y、Z 三个方向上与理论值的差异(单位为毫米)，如图 8-2-28 所示。

图 8-2-26　正在测量的点　　　　图 8-2-27　测量的点在公差范围内

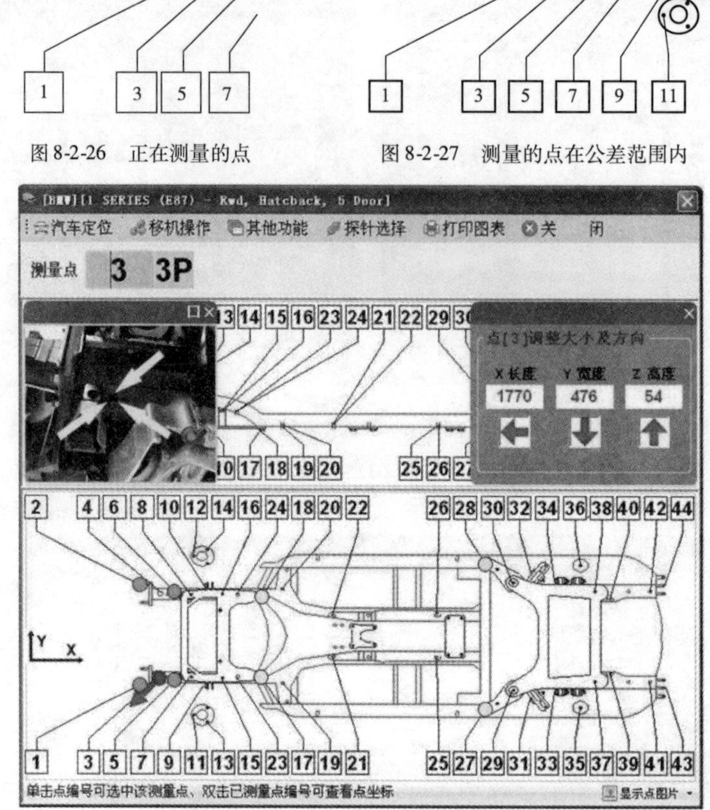

图 8-2-28　测量点不在公差范围内

④按数据表顺序将各要测量的点测完(图 8-2-29)。

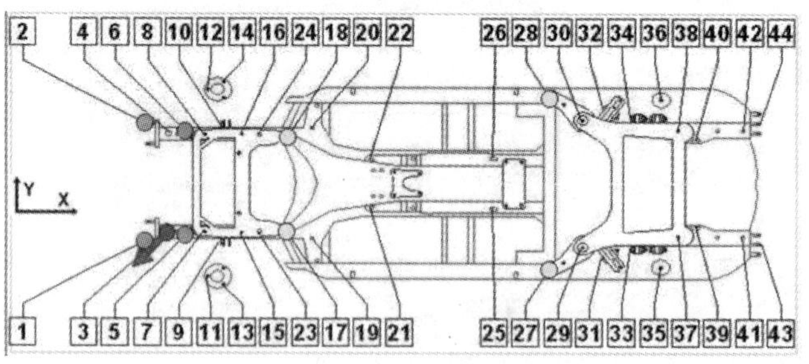

图 8-2-29　车身底盘测量各点位置

以上测量点若显示为红色,为变形点;若显示为黄色,为基准点,若显示为绿色为未变形点。

(5)移机操作。在汽车定位好后若要移动测量仪器而不改变原定位基准,须启动移动程序功能,单击“移机操作”按钮,如图 8-2-30 所示;再单击“移机前测量”按钮,如图 8-2-31 所示。这时会要求我们测量三点,将其储存起来作为在空间的理论参考点,然后在测量仪器位置变动后再测量这三点，这会使前后两个阶段的测量衔接好，如图 8-2-32 所示。选取测量点的要求：在三角形中点 101 到点 102 的距离最大且尽量大；点 102 须在点 101 的对面；点 103 尽可能在点 101 与 102 的对称线上。

图 8-2-30　移机操作

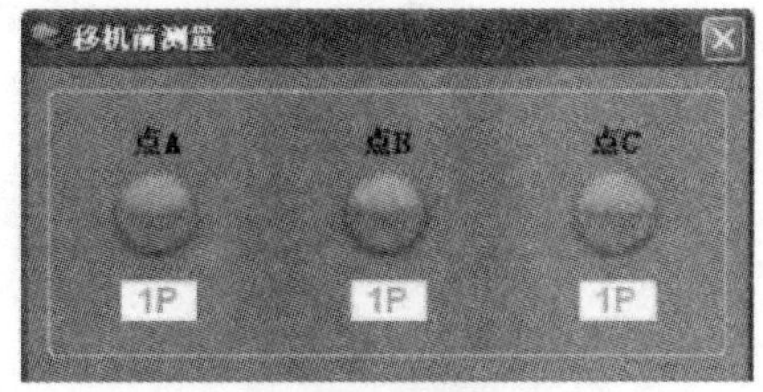

图 8-2-31　移机前测量

图 8-2-32　测量点

在测量仪器移出定好位后，要重新测量刚才测过的三点，单击“移机后测量”按钮如图 8-2-33 所示；这时会要求按点 101→102→103 的顺序重新测量刚存储的点，如图 8-2-34 所示。若定位点结果不在公差范围内，即出现如图 8-2-35 所示的测量结果。

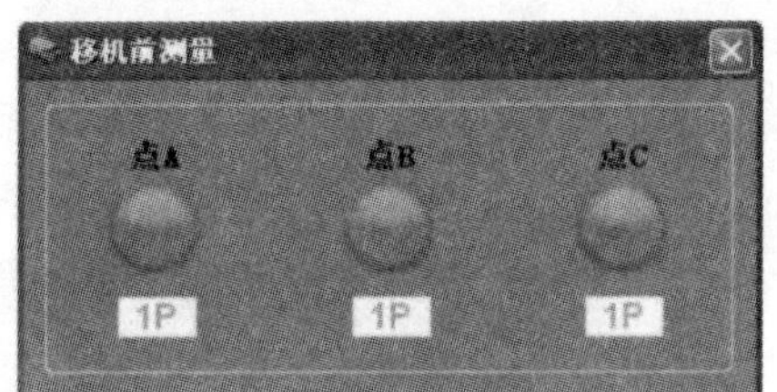

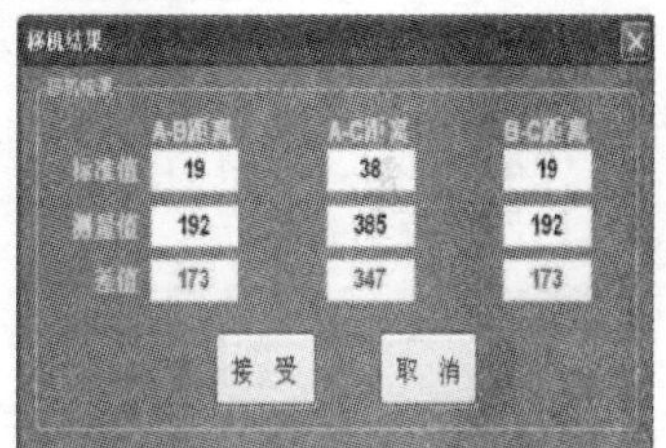

图 8-2-33　移机后测量　　图 8-2-34　测量点　　图 8-2-35　测量结果

注：在移机后，先确认定位点在公差范围之内，再根据自己的需求按照以上步骤，进行车身其他测量点的数据采集。

(6) 打印测量图表(测量结果)。在测量窗口中，单击“打印图表”按钮，如图 8-2-36 所示。打印有两种打印模式：图形打印和表格打印，如图 8-2-37 所示。

图 8-2-36　打印图表按钮

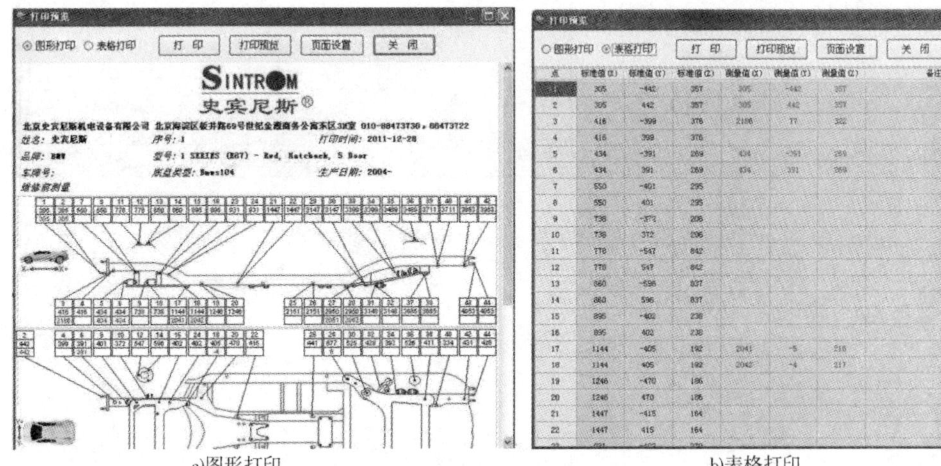

a)图形打印　　b)表格打印

图 8-2-37　打印模式

①第一次打印时，单击“页面设置”按钮。在出现的页面设置界面中，设置打印的纸张格

式,如图 8-2-38 所示。单击“打印机”按钮,设置打印机名称,设置完成以后,单击“确定”按钮,如图 8-2-39 所示。

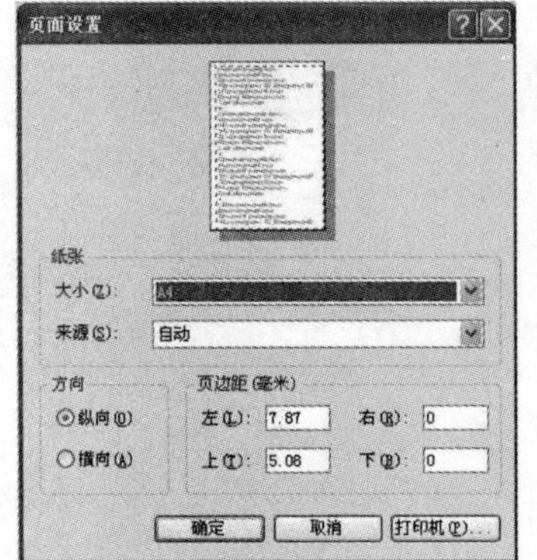

图 8-2-38　页面设置按钮及打印纸张格式设置

图 8-2-39　打印机设置

②单击“打印预览”按钮,查看页面设置完成以后的打印效果,如图 8-2-40 所示。

③单击“打印”按钮。在出现的界面中,设置需要打印的份数,单击“打印”按钮,完成打印,如图 8-2-41 所示。

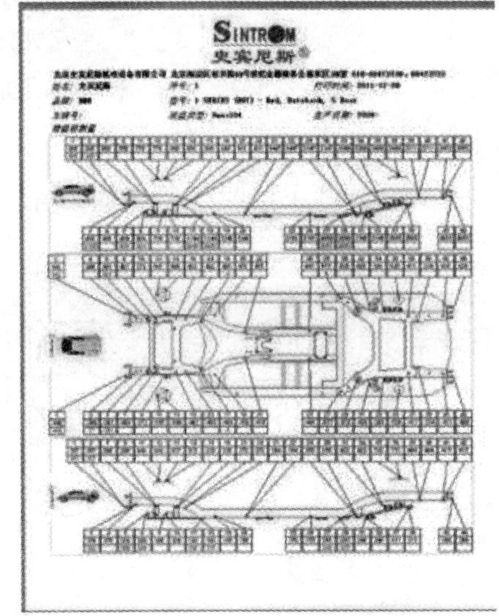

图 8-2-40　打印预览

图 8-2-41　打印设置

评价与反馈

一、学习效果评价

1. 选择题

(1)用于测量螺栓和铆钉中心的是(　　)类型。

A. 1P 类型　　B. 2P 类型　　C. 3P 类型

(2)用于测量沟槽两端点的是(　　)类型。

A.1P 类型　　B.2P 类型　　C.3P 类型

(3)用于测量圆周上三个点的是(　　)类型。

A.1P 类型　　B.2P 类型　　C.3P 类型

2.判断题

(1)“前导入定位”是一个指导性程序,通过测量三个参考点确定汽车的空间位置。(　　)

(2)“后导入定位”是一个指导性程序,通过测量四个参考点确定汽车的空间位置,其探测过程与“前导入定位”相同,只是4个点的测量顺序不同。(　　)

(3)“自由定位”用于无法采用导入定位的情况,它允许操作者通过测量任意4个点进行定位,其探测过程与“前导入定位”相同,自由定位的顺序由操作者自行确定测量顺序。(　　)

3.简述题

(1)简述 EasyArm 测量设备的工作原理。

(2)简述使用 EasyArm 测量车身数据的步骤。

二、技能考核

车身测量技能考核项目和分值见表8-2-2。

车身测量技能考核表　　表8-2-2

考核时间	考　核　项　目	分值	自我评价	小组评价	教师评价
60min	安全、规范操作	20			
	EasyArm 测量设备的结构、组成、特点、工作原理介绍	30			
	能够叙述 EasyArm 测量设备的使用方法	30			
	整理工具	10			
	团队协作精神	10			
合　计		100			

学习任务3　车身校正

任务描述

当汽车发生严重碰撞,车身整体受损,底板严重变形,两侧面、汽车顶盖、发动机罩和行李舱盖几乎没有一处好的地方,判定为车身整体无法修复时,可进行整车车身的更换;换用新的轿车车身总成和需要更换的全部零件,按照整车装配工艺重新予以装配。但如此处理,车身的更换费用和各总成的更换费用很高,甚至可达到购买新车的费用,所以需要汽车修理厂使用现代化的先进设备对受损车辆进行高质量的维修,不仅使其恢复到原有的质量标准,而且降低维修费用。

对严重变形的车身,必须通过车身校正设备进行拉伸校正才能修复。“自制龙门架”已经完全不能满足现在的汽车维修质量标准,早已淘汰;“地八卦”做为小事故车的简便拉伸工具,只具有拉伸功能,也不能对严重事故车进行有效修复。现代车身校正设备主要有车身大梁校正仪和车身大梁校正中心。

学习目标

1. 熟悉车身校正设备的组成及使用注意事项。
2. 了解车身校正设备的使用方法及工作原理。
3. 在车身校正中熟练运用电子测量设备。
4. 熟练运用车身校正设备进行拉伸校正作业。

建议学时:12 学时。

学习准备

一、知识准备

1. 车身校正应用的重要性

车身校正的重点是“精确地恢复车身的尺寸与状态”。因为车身(特别是整体式车身)是车辆的基础,汽车的发动机、悬架、转向系统等都是安装在车身上,如果这些部件安装点的尺寸没有校正到原尺寸,那么就会影响车辆的性能。

车身碰撞后,虽然被修复好,但使用一段时间后,出现轮胎偏磨、跑偏、前翼子板安装处有扩大的裂纹等,这些原因往往是车身内部损伤没有完全修复好。车辆受到严重撞击后,车身的外覆盖件和结构件钢板都会发生变形。车身外覆盖件的损伤可以用锤子、垫铁和外形修复机来修理,但车身结构件的损伤修理仅仅使用这些工具是无法完成的。车架式车身的车架和整体式车身结构件是非常坚固与坚硬的,强度非常高;只有利用车身校正仪才可以快速精确地修理这些变形损坏的构件,因为车身校正仪可以产生巨大的液压力来进行拉伸校正。

2. 车身校正的基本原理

校正(拉伸)车身时,有一个基本原则,即按与碰撞力相反的方向,在碰撞区施加拉伸力,如图 8-3-1 所示。当碰撞很小、损伤比较简单时,这种方法很有效。

但是当损伤区有折皱,或者发生了剧烈碰撞,构件变形就比较复杂,这时仍采用沿着一个方向拉伸就不能使车身恢复原状。因为变形复杂的构件,在拉伸恢复过程中,其强度和变形也随着改变,因此拉伸力的大小和方向就需要适时改变,如图 8-3-2 所示。

3. 车身修复对校正设备的要求

(1)配备高精度、全功能的校正工具。

(2)配备多功能的固定器和夹具。

(3)配备多功能、全方位的拉伸装置。

(4)配备精确的三维测量系统。

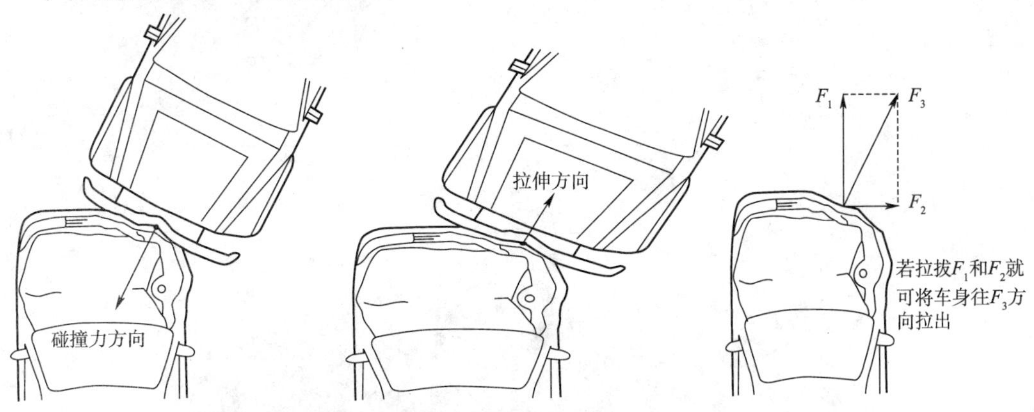

图 8-3-1　按照与碰撞力相反的方向施加拉伸力

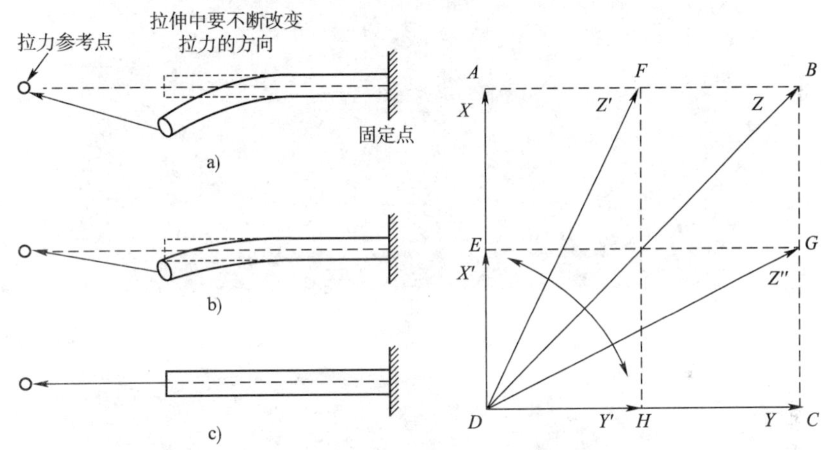

图 8-3-2　力的大小、方向改变过程

4. 车身校正安全注意事项

(1)事故车上平台的操作。碰撞损坏的车辆在上到车身校正平台前需要拆除一些妨碍操作的车身外部覆盖件和机械部件。根据校正设备的升降类型,把平台一侧倾斜或整体降到最低高度,用手动或电动拉车器把车辆拉到平台上的合适位置。

(2)事故车在平台上的定位。车辆上到平台上后,首先是找好车身与测量系统的基准,其次就是在校正平台上定位。因为测量工作要贯穿整个车身的维修过程,特别是使用机械式测量系统时,车辆在固定前必须要找好测量的基准。车辆在拉伸的过程中是不能有移动的,否则,测量基准一旦发生变化,只有在重新找到测量基准后才能进行测量。测量的基准找到后,就可以对车辆进行固定,整体式车身在固定时至少需要四个以上的固定点。主夹具、车身固定好后,车身、主夹具和校正平台相互之间没有位移。在对车身紧固部件进行拉伸操作时,最好在拉伸方向的相反方向设置一个辅助拉伸装置以抵消拉伸的力,防止夹持部位的部件损坏,如图 8-3-3 所示。

(3)事故车的测量和拉伸,如图 8-3-4 所示。

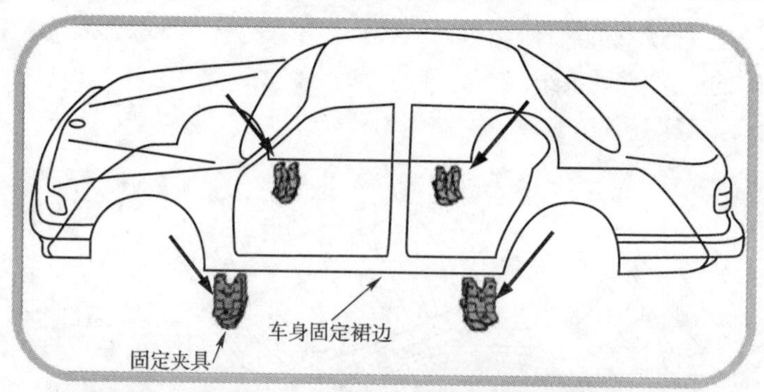

图 8-3-3　车身固定

图 8-3-4　车身测量与拉伸

首先对碰撞部位进行简单的大致修整，有些部件碰撞中变形严重，这些部件可能不需要进行校正直接更换就行了。但这需要大致整形后来确定连接部件的损伤情况，确定哪些部件需要校正恢复形状，哪些部件必须更换。按照测量系统的使用方法来对车身进行整车检查（严重碰撞的车身），对变形部件进行测量，还需要知道受损板件变形的方向和大小。然后根据测量的结果来对损坏的部位进行拉伸校正。

拉伸指的是用液压矫正设备将损伤的金属件拉回原来的形状。开动液压系统链条就会慢慢地将损伤部位拉正，如图 8-3-5 所示。

（4）拉伸操作中的安全注意事项。

①根据设备说明书，正确使用车身校正设备。

②严禁非熟练人员或未经正式训练人员操作设备。

③确保车辆被牢固地固定在平台上。

④要用推荐型号与同级别的拉伸链条和钣金工具进行操作。

⑤拉伸时钣金工具要在车身上固定牢靠，链条必须稳固地与汽车和平台连接，以防拉伸时脱落；避免链条缠在尖锐器物上。

⑥向一边拉伸力大时，一定要在相反一侧使用辅助拉伸。

⑦操作人员在汽车上面和下面工作时不要用千斤顶支撑汽车。

⑧严禁操作人员与链条或拉伸夹钳在一条直线上。

⑨用厚防护毯包住链条或用钢丝绳把链条、钣金工具固定在车身牢固部件上，拉伸时要把塔柱与平台的固定螺栓紧固牢靠。

⑩塔柱使用链条进行拉伸时，链条在顶杆的锁紧窝锁紧，链条不能有扭曲，所有链节都要呈一条直线。

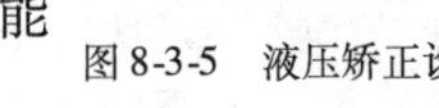

图 8-3-5　液压矫正设备

⑪要反复拉伸操作，适时消除钣件应力。

⑫用 2 个夹钳拉伸一部位允许比用 1 个夹钳时增加一倍的力。

⑬已校正的需辅助固定。

⑭边拉伸边检验有效性。

⑮拉力方向应与通过零部件的原始位置方向相同。

⑯高强度钢板只能在棱角或两层板处加热（<200℃）。

5. 车身损坏次序及校正修复要点

（1）车架式车身上各类损伤发生的次序为：左右弯曲、上下弯曲、断裂变形、菱形变形和扭转变形。

（2）车身/车架修复最重要的准则是颠倒方向和次序。

（3）必须进行三维测量。

（4）整个拉伸程序应该遵从以下原则：

①“先重后轻”。

②“先强后弱”。

③“先中间后两边”。

④“先长度后侧向”。

⑤“先低后高”。

（5）第一次拉伸应是多点拉伸，拉伸方向要与撞击方向相反。

（6）对于直接撞击部位的拉伸，拉伸次数在实际可行的情况下应尽量多。

（7）每次拉伸修复的损伤要尽可能多。

（8）注意查找有无二次损伤。

（9）切记，碰撞时最后发生的损伤应最先修复。

6. 常用车身校正设备

（1）车身大梁校正仪。常见的校正仪分为：车身大梁快速校正器、平台式较正设备和带定位夹具式校正设备等多种形式，如图 8-3-6 所示。但都应具备：具有高强度的车身定位及固定装置，具有较多形状及功能各异的维修拉具，能满足修复不同部位的需要；能进行多点、全方位的校正拉拔工作；能够进行精确地测量，准确检测出各基准点的偏离量及修复误差。

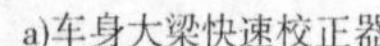
a)车身大梁快速校正器

b)平台式校正设备

c)定位夹具式校正设备

图 8-3-6 车身大梁校正仪的类型

(2)钣金中心。

①地八卦。地八卦也是一种车身维修设备,但只能维修受损伤程度较小的事故车。地八卦是比较早出现的一种简易维修设备,通过千斤顶将车辆顶起后安装固定夹具把车固定,然后使用拉塔或接杆千斤顶顶链条的方法拉伸,主要缺点有:车辆装卡固定困难,车辆固定不稳,拉塔移动或接杆千斤使用困难,地轨易损坏,拉伸角度有局限性,车身上下部位都无法拉伸,车身离地较低不便于底盘维修,如图 8-3-7 所示。

图 8-3-7 早期地八卦

②环行地藏式车身和大梁校正中心。史宾尼斯 XC-D2(环行地藏式车身和大梁校正中心)是一个全能的钣金中心,可以维修各种受不同损伤程度的事故车。(环行地藏式车身和大梁校正中心)可根据车间的维修工艺和布局任意组合配备不同功能的台架,导轨采用8mm冷拉型钢,强度高,变形小,长期使用不易变形损坏,轨道为圆形闭环设计,拉塔可以顺着圆环360°旋转,满足车身的全方位拉伸。拉塔可以在整体钣金工位轨道内任意移动锁定,各位置拉塔可以相互调用,实现多点同时拉伸,提高工作效率;配备向上向下拉伸器,使上下拉伸更方变。所有校正仪都可藏于地面以下,上车装卡非常方便,带有 3t 或 5t 剪式举升机,举升高度 1.35m 或 1.6m,对事故车的拆卸和拉伸都可以在一个工位上完成,既节省了时间又提高了工作效率(图 8-3-8 ~ 图 8-3-11)。

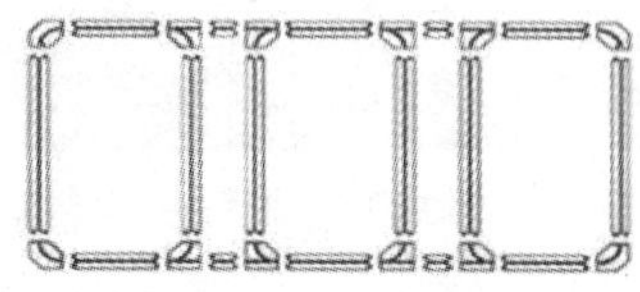

图 8-3-8 地埋式安装轨道

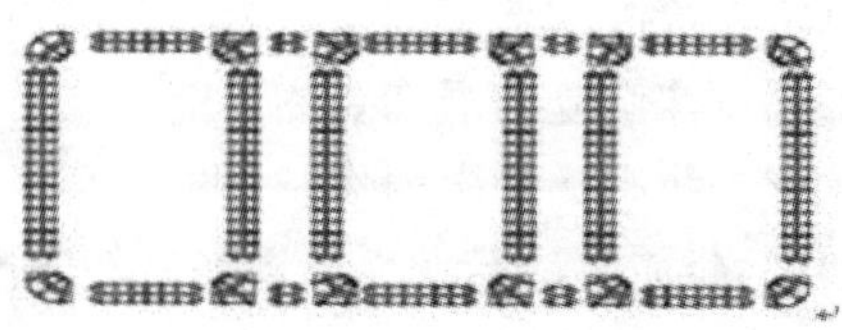

图 8-3-9 地面式安装轨道

7. 车身拉伸校正流程

在修复一辆受碰撞损伤的事故车时,首先应确定损伤位置及损伤类型,在对损伤处进行目测及仪器测量来分析损伤的范围;再对其进行拉伸校正作业;最后在使用仪器对修复后的

位置进行测量来保证修复的精准度。车身拉伸校正流程如下:

(1)拉伸校正程序就是找出修理的先后次序。

(2)车身修理时,要用“从里到外”的顺序完成修理过程。

图8-3-10　三联体XC-D2

图8-3-11　XC-D2

(3)先对车身的中部(乘客室)进行校正,使车身的中部和底部的尺寸特别是基准点的尺寸恢复到位。

(4)首先校正长度;然后校正宽度;最后校正高度。

8.防止产生过度拉伸

在进行拉伸校正的同时,要随时对拉伸部位进行测量,如下图8-3-12所示。避免造成二次损伤,特别是产生过度拉伸。过度拉伸如图8-3-13所示。

a)拉伸校正

b)测量

图8-3-12　拉伸、测量同时进行

产生过度拉伸是:

(1)在修复中未遵循“先里后外”的拉伸原则,使修理程序混乱。

(2)在校正过程中没有经常地、精确地测量拉伸部位的尺寸,没有很好地控制拉伸的程度。

(3)过度拉伸修理的方法:过度拉伸唯一的修理方法就是把损坏的板件更换。

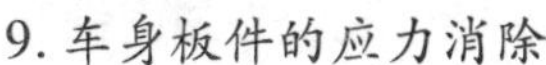

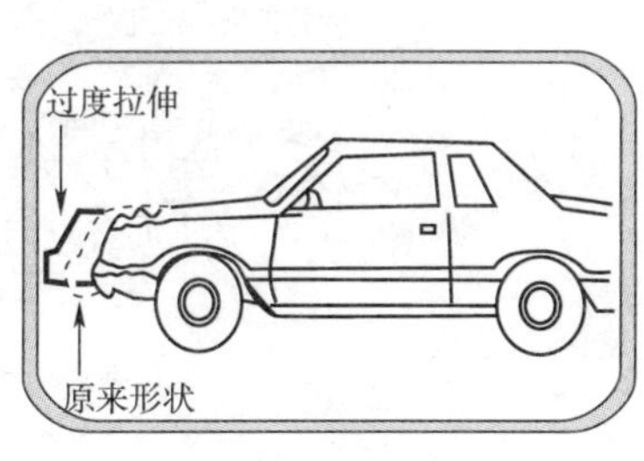

图8-3-13　拉伸过度

9.车身板件的应力消除

车身校正中,应力的消除是一个很难解决的问题,但必须解决。

(1)应力集中的含义。金属结构在某些条件下其强度可能减小。这些条件叫做应力集中,如图8-3-14所示。

(2)金属内部形成应力的原因。金属内部形成应力的原因主要有板件变形、过度加热、不正确的焊接操作、不理想的应力集中等。金属板件存在不同形式的应力时,应力变化如图8-3-15所示。

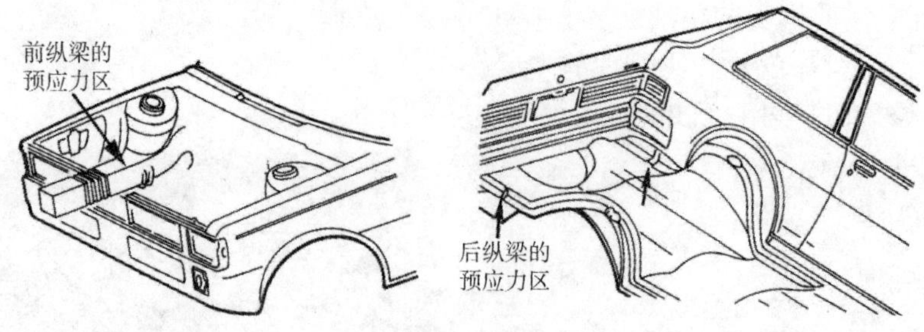

图 8-3-14　应力集中

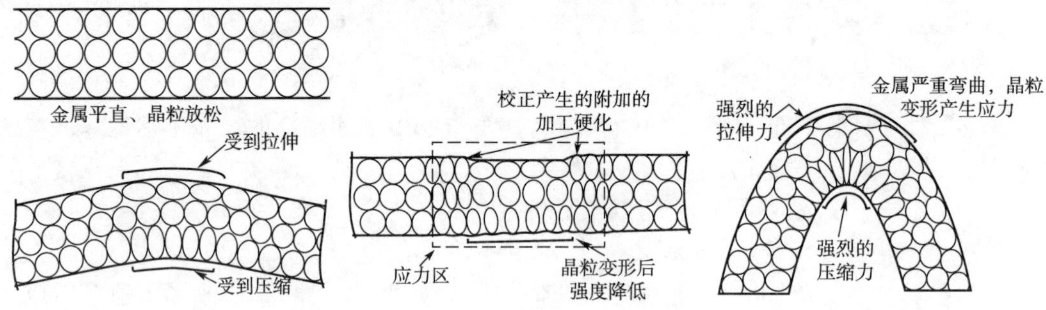

图 8-3-15　不同形式的应力变化

(3)应力集中造成的影响。

①由于负载的施加和释放引起悬架和驾驶操作部件的疲劳。

②再次遭到碰撞时,较小碰撞力会引起同样或更大的损坏。

③车身尺寸变形,引起各种操作的困难,如图 8-3-16 所示。

(4)消除应力的方法。消除应力的方法有加热法和敲击法,如图 8-3-17 所示。

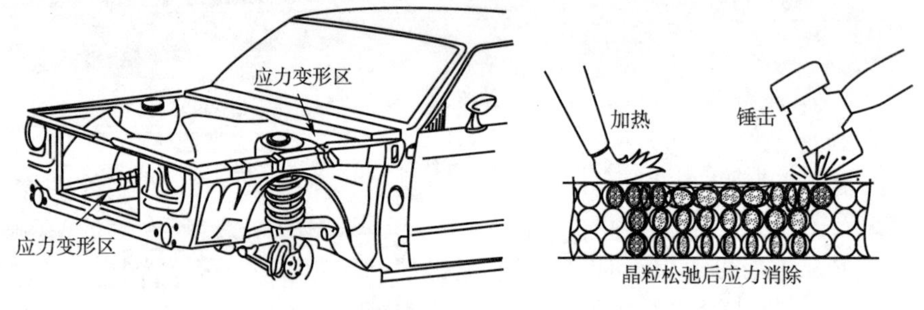

图 8-3-16　应力集中造成影响　　图 8-3-17　消除应力方法

10. 车身部件修复或更换的原则

因碰撞产生变形的车身经过拉伸校正后,不是所有板件都可修复,对于高强度钢和超高强度钢制造的板件,损坏严重后不能进行修理,需要更换;有些吸能区部件严重变形时,需要更换而不能修理。

修理整体式车身时,不要试图切除一部分损坏部件(如断裂、磨损、弯曲等),然后再在切除部位焊接加强补丁修复,因为有些部件是被设计成吸能区来吸收碰撞能量的,加强补丁可能会影响吸能作用,当断裂、磨损、弯曲的部件在不用补丁就修不好的时候,应该更换整个部件。

二、工作场所

理论和实操教学一体化教室。

三、工作器材

汽车整车 2 辆、史宾尼斯台架及测量系统 2 套。

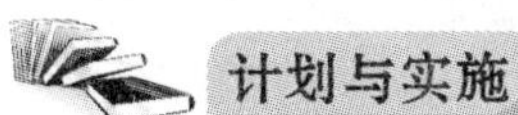

计划与实施

一、车身校正前准备

1. 车身损坏分析

特别是对整体式车身应进行详细的测量和车身损伤分析，在损坏分析上多花一点时间，分析的越详细、越彻底，修复计划就做的越完善，整个车身修复的质量、效率就越高。

2. 车辆部件的拆除

在拉伸校正开始之前，应该拆去车上妨碍校正的部件。有些外覆盖件需要拆卸，有些机械部件也需要拆卸。因为整体式车身的损伤容易扩散到较远处，经常扩散到一些意想不到的地方，有些甚至就藏在这些部件或系统里面，只有拆除这些部件才能更好地找出损伤。有时在放到校正平台上之前拆去某些部件。

3. 车身进行测量

车身进行测量，检测车身损伤的大小、损伤类型，为了更加准确的制定修复流程做铺垫，如图 8-3-18 所示。

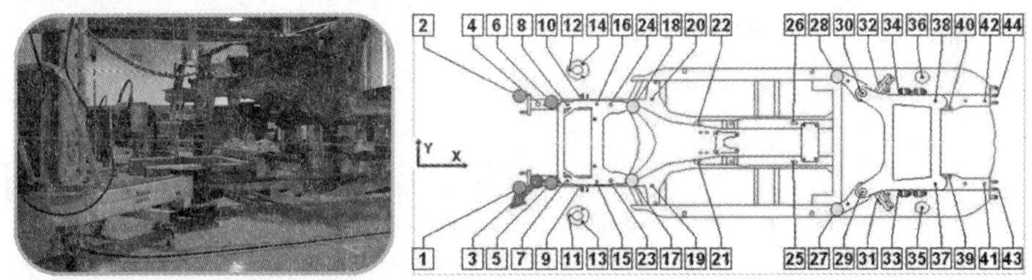

图 8-3-18　车身数据测量（黄点为基准点；绿点为未变形点；红点表示变形区域点）

4. 制定拉伸程序

制定修理（拉伸）程序时，应遵循两条基本规则，以保证通过最少量的拉伸校正来修复损坏部件变形，并且不会造成进一步的车身结构损伤。

（1）按与碰撞损坏相反的顺序修理碰撞时出现的损伤（先里后外），即最后出现的损伤要最先修理，最先出现的损伤要最后修理。

（2）以碰撞相反的方向来设计拉伸校正的顺序。

如某车车身前部损伤拉伸修复程序如下：

①车身损伤如图 8-3-19 所示。

②损伤分析，确定拉伸校正方向，如图 8-3-20 所示。

③对左前纵梁及挡泥板进行测量及拉伸校正，如图 8-3-21 所示。

5. 充分认识使用的校正设备

在进行车身校正(车身修理)作业之前,首先要会使用车身校正仪,进行车身数据测量及拉伸校正,再根据实际损伤情况,正确地制定出修理流程;花少许时间来设计操作方案可以使整个修理过程节省很多时间。相比较,定位夹具系统是一种实用性较强的车身校正设备,本书主要以此设备为例介绍车身校正工作,如图 8-3-22 所示。

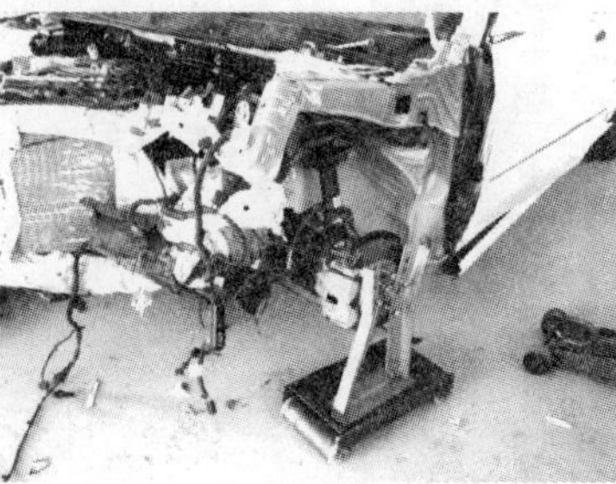

图 8-3-19　车身前部损伤

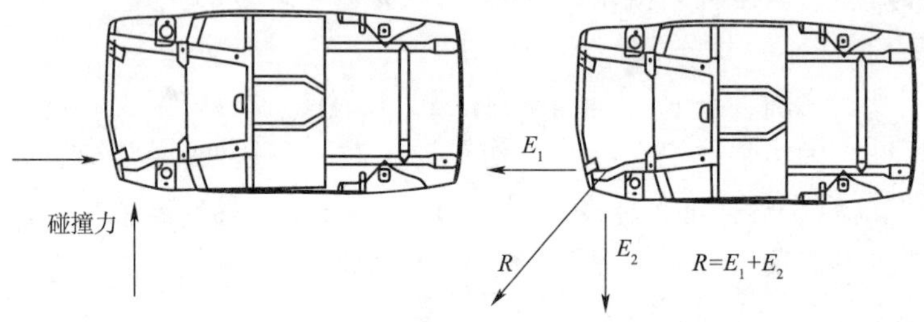

图 8-3-20　分析损伤,确定拉伸方向

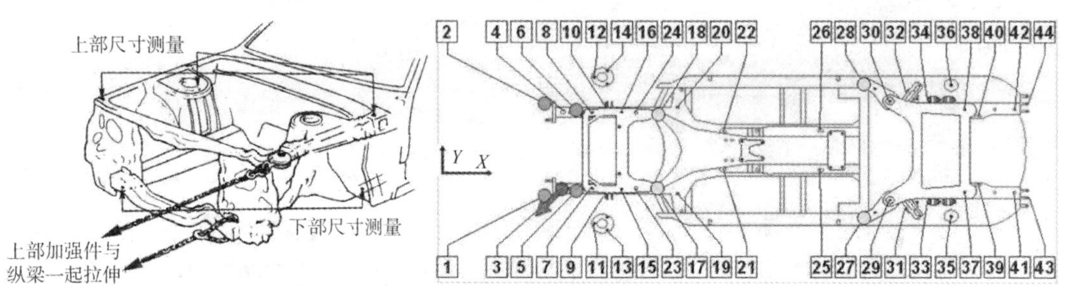

图 8-3-21　拉伸校正及测量

图 8-3-22　车身校正仪及车身 XC-EASYARM 电子测量设备

(1)XC-Cl06 车身大梁校正仪的结构。XC-Cl06 车身大梁校正仪是一种通用型的定位夹具系统,其主要组成如图 8-3-23 所示。

图 8-3-23　模块式精准数据定位夹具车身大梁校正仪 XC-C106

(2)定位夹具系统与电子测量系统与机械测量系统的区别。定位夹具系统是一套"测量与校正二合一"的设备,而电子测量系统与机械测量系统只是一套测量车身尺寸的设备。

(3)系统校正原理。定位夹具是按照汽车车身的测量点标准数据来生产的,在车身校正过程中也是根据标准的三维数据来安装的,只要某一点能落在其相应的夹具安装点,就表明这一点的三维数据准确,不用校正;不落在安装点上,也可以很直观的观察到其长、宽、高数据相差有多少。在车身校正过程中,把没有变形的测量点先行安装上夹具,固定好其位置;然后把经过校正到位的其他变形点,也逐一安装上夹具进行定位;最后经过校正,使所有测量点都能安装上夹具,就表明已经把车身校正好了。

在校正过程中,要利用钣金锤等工具的敲击来消除钣件内应力,所有测量点的夹具安装并定位好后,再经过 24h 的等候,钣件内应力消除效果更好。

(4)定位夹具系统三维数据的读取。定位夹具系统三维数据的读取,如图 8-3-24 所示。

(5)维修数据图的解读。定位夹具系统维修数据图,按照其测量系统功能分为两种:

①车身底部尺寸维修数据图,如图 8-3-25 所示。

②车身上部尺寸维修数据图(前减振器安装位置的维修数据图),如图 8-3-26 所示。

按照汽车车身损伤位置和严重程度,定位夹具系统维修数据图分为四种:

①前部变形前部拆解的数据图,简称"前大"。

②前部变形没拆解的数据图,简称"前小"。

③后部变形拆解的数据图,简称"后大"。

④后部变形没有拆解的数据图,简称"后小"。

所有前部变形都附有前减振器安装位置维修数据图。

(6)通用定位夹具系统常用的检测点。通用定位夹具系统常用的检测点,见表 8-3-1。

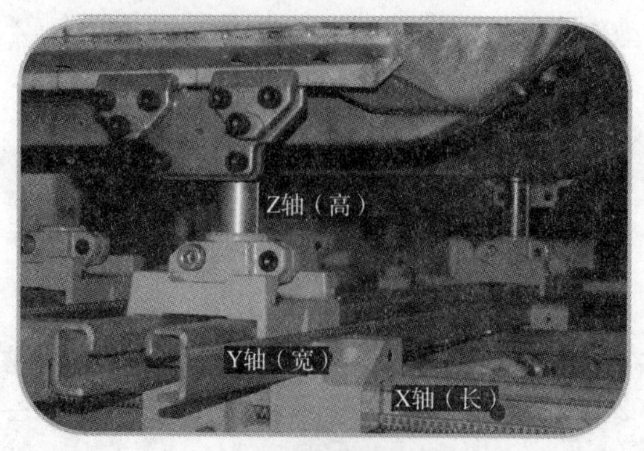

图 8-3-24　XC-C106 定位夹具系统三维数据的读取

通用定位夹具系统常用的检测点　　表 8-3-1

代号	检测点(安装点)名称	代号	检测点(安装点)名称
1	固定条装配点	14	防滑支撑点
2	前轮影响条装配点	15	齿轮盒装配点
3	交叉发动机装配点	16	自动变速器装配点
4	悬架前装配点	17	后悬架装配点
5	发动机前装配点	18	不同支配点
6	悬架摇摆臂	19	车对中支配点
7	悬架上面装配点	20	大梁末端检测点
8	悬架下面装配点	21	前后保险杠装配点
9	发动机旁边装配点	22	横梁检测点
10	发动机背后装配点	23	中心孔
11	方向机固定点	24	横梁装配点
12	减振器上装配点	25	底盘工艺孔
13	悬架后装配点		

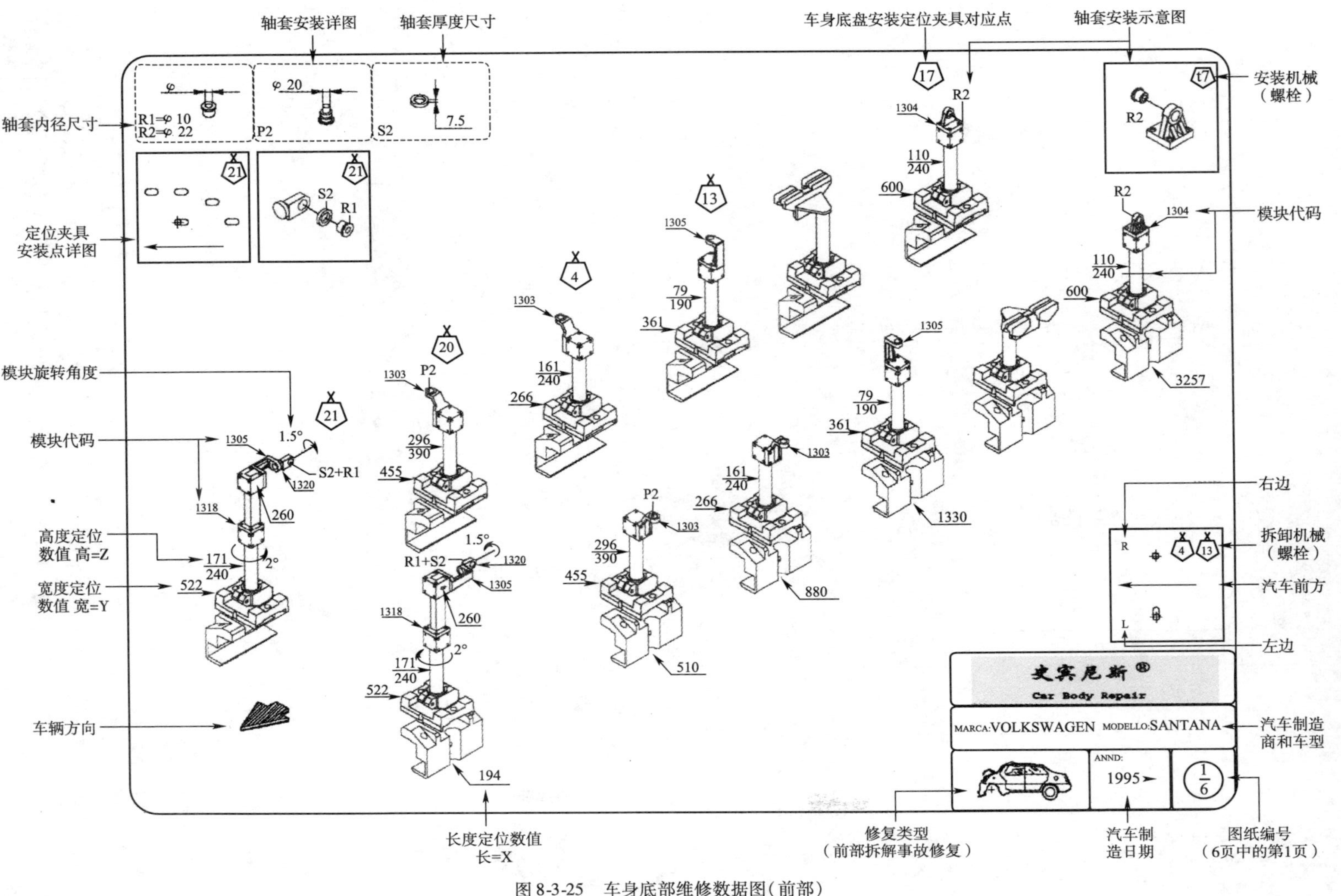

图 8-3-25　车身底部维修数据图（前部）

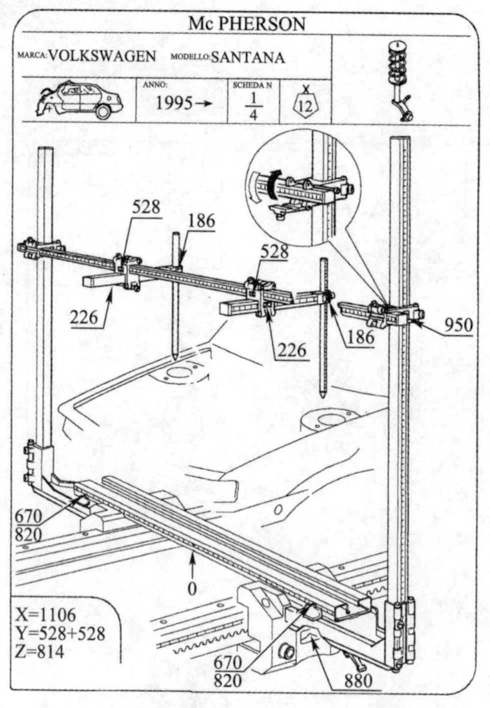

图 8-3-26　前减振器安装位置的维修数据图

(7)夹具模块及图示补充说明。各种夹具模块及图示补充,如图 8-3-27 所示。

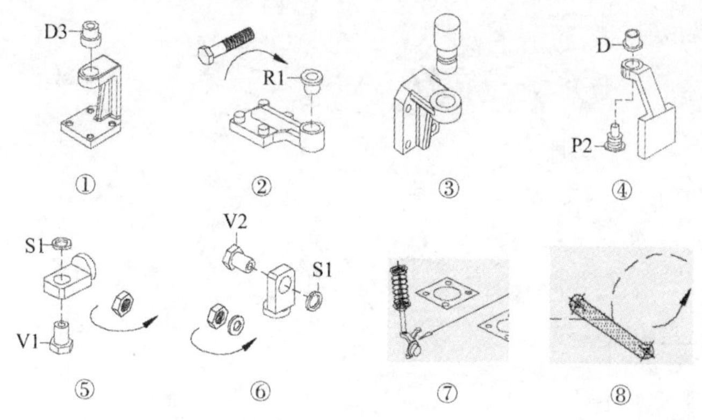

图 8-3-27　夹具模块及图示补充说明

①-用 D 所示的垫块全部背对量头使用;②-用 R 所示的垫块全部面向深入量头使用;③-用⊕所示的表示安装的孔或长孔的一端;④-用 P 表示所需的模块直径朝上方;⑤-用 S 表示的是垫片;⑥-用 V 表示带螺纹的模块;⑦-表示前减振中心;⑧-表示要拆除支撑

二、车身校正操作

在此主要以"前部事故"为重点,并以第 17 点(后悬架装配点)、第 13 点(悬架后装配点)为不变形位置做为基准点位置,介绍利用 ARTl06 大梁校正仪进行车身校正的具体操作步骤。

1. 前部事故

(1) 工位准备和安全检查。

①工位准备。设备和工具准备:数码定位夹具校正仪、棉纱手套、护目镜、安全头盔等。其他材料准备:车身数据图、记录纸和笔等。

②安全检查。检查校正工位是否有其他杂物,如有必须清除,保证操作工位有足够的安全操作空间;检查电气设备的安全,检查气动工具和设备的安全,存在问题必须即刻解决。

③准备工作。穿戴棉纱手套、护目镜、安全头盔等劳保用品,保护身体。

(2) 对事故车评估。

①通过眼睛直观对事故车的损伤部位进行观察,从而判定损伤程度。

②通过电子测量或者机械测量系统判定损伤程度。

(3) 数码定位夹具校正仪操作步骤。

①将举升机升起,把下面的四个移动轮拆下,然后把举升机降到最低。目的是为了减小上车的高度。如图 8-3-28 所示。

图 8-3-28 升起举升机和拆下四个移动轮

②将上车板装好,上车板的宽度要求与车轮的宽度相等,准备上车。如图 8-3-29 所示。

③把车拖上校正仪,要求车的前方和校正仪的前方保持一致。因为这样装卡具时,不会把方向搞错。如图 8-3-30 所示。汽车上到平台后,把斜面上坡的两块上车板拆下来放到固定位置。

图 8-3-29 装好上车板

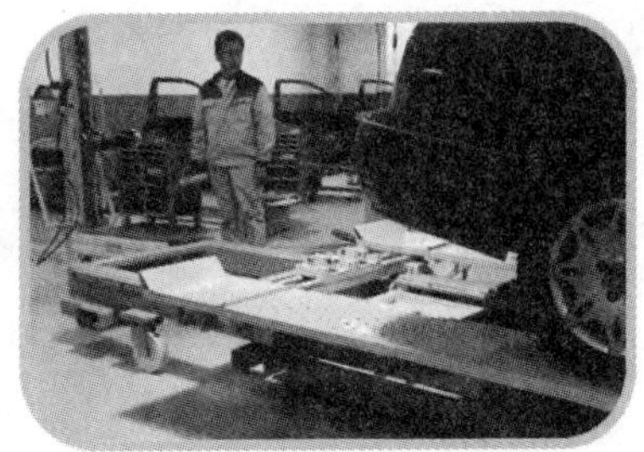

图 8-3-30 把车拖上校正仪

④将校正仪举起到一定的高度,注意校正仪的机械锁要在锁紧位置,如图 8-3-31 所示。

⑤将支架小车放在车后底梁或底边下部,降低校正仪,当车轮与上车板有 5 ~ 10mm 的间隙时停止,将所有能拆掉的上车板拆掉。这时汽车只依靠支架小车和校正仪前面的两点

支撑，千万注意不要摇晃汽车。如图 8-3-32 所示。

图 8-3-31　机械锁锁紧位置

图 8-3-32　放置支架小车

⑥打印图纸。在计算机找到相应车型，并打印前部变形前部拆解的“前大”和前减振器的测量图图纸。打印图纸的选择如图 8-3-33 所示。

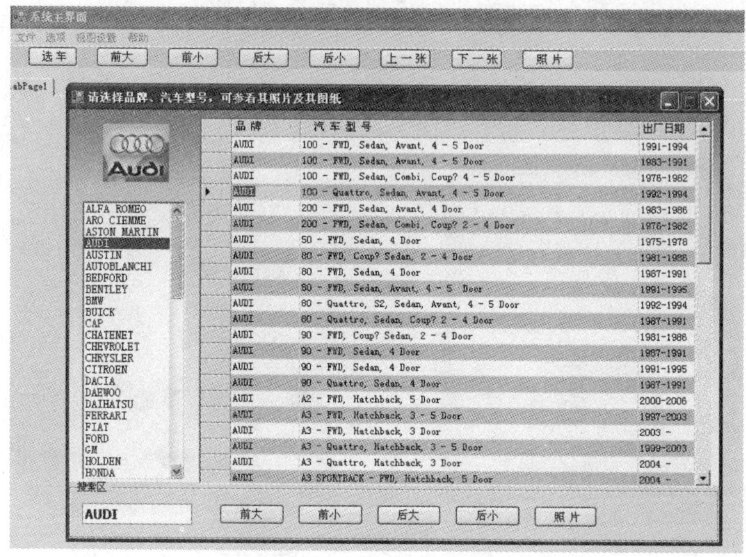

品牌	汽车型号	出厂日期
AUDI	100 - FWD, Sedan, Avant, 4 - 5 Door	1991-1994
AUDI	100 - FWD, Sedan, Avant, 4 - 5 Door	1983-1991
AUDI	100 - FWD, Sedan, Combi, Coup? 4 - 5 Door	1976-1982
AUDI	100 - Quattro, Sedan, Avant, 4 - 5 Door	1992-1994
AUDI	200 - FWD, Sedan, Avant, 4 Door	1983-1986
AUDI	200 - FWD, Sedan, Combi, Coup? 2 - 4 Door	1976-1982
AUDI	50 - FWD, Sedan, 4 Door	1975-1978
AUDI	80 - FWD, Coup? Sedan, 2 - 4 Door	1981-1986
AUDI	80 - FWD, Sedan, 4 Door	1987-1991
AUDI	80 - FWD, Sedan, Avant, 4 - 5 Door	1991-1995
AUDI	80 - Quattro, S2, Sedan, Avant, 4 - 5 Door	1992-1994
AUDI	80 - Quattro, Sedan, Coup? 2 - 4 Door	1987-1991
AUDI	90 - FWD, Coup? Sedan, 2 - 4 Door	1981-1986
AUDI	90 - FWD, Sedan, 4 Door	1987-1991
AUDI	90 - FWD, Sedan, 4 Door	1991-1995
AUDI	90 - Quattro, Sedan, 4 Door	1987-1991
AUDI	A2 - FWD, Hatchback, 5 Door	2000-2006
AUDI	A3 - FWD, Hatchback, 3 - 5 Door	1997-2003
AUDI	A3 - FWD, Hatchback, 3 Door	2003 -
AUDI	A3 - Quattro, Hatchback, 3 - 5 Door	1999-2003
AUDI	A3 - Quattro, Hatchback, 3 Door	2004 -
AUDI	A3 SPORTBACK - FWD, Hatchback, 5 Door	2004 -

图 8-3-33　打印图纸的选择

⑦安装第 17 点。按图表所示把第 17 点（即后悬架装配点）所用的夹具、量头、垫片，按照与图纸方向一致的情况安装到最末端一个横梁上，利用举升机和齿轮杆机构把第 17 点的定位配件安装好。这时车身后部第 17 点的位置和校正仪在高度上已经连接起来了。如图 8-3-34 所示。

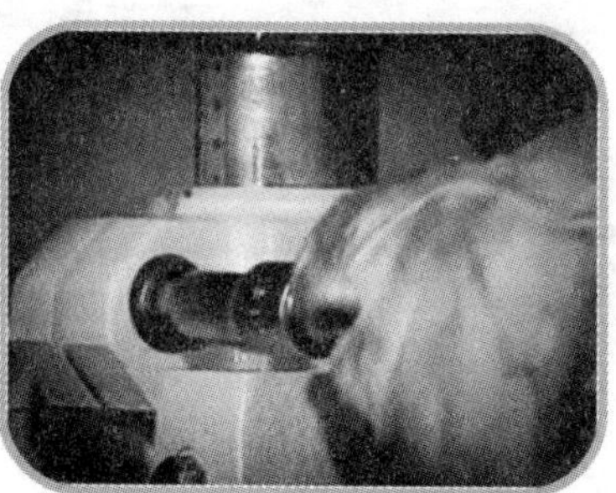

图 8-3-34　把第 17 点的定位配件安装好

⑧第 17 点与校正仪连接后，将校正仪举起，将支架小车移到前面底边支撑点支撑，将汽车举升到与前部上车板离开一定的间隙时，把剩余的上车板全部撤掉。如图 8-3-35 所示。

⑨安装第13点。把第13点(即悬架后装配点)所用的固定夹具、量头、垫片等,按照图纸方向一致的情况安装到第三根横梁上,利用举升机升降和齿轮齿杆机构,第把13点的定位配件定安装好,把支架小车撤离,放到指定位置。

⑩调整尺寸。根据校正用的图表尺寸调整四个基准点(即两个17点和两个13点)的高度、长度和宽度尺寸,并对定位夹具固定,锁定四个基准点的标准尺寸。如图8-3-36所示。

R/L13点

图8-3-35 支架小车移到前面

R/L17点

图8-3-36 固定了四个点

⑪验证尺寸数据。主要的四个点固定完成后,进行验证这几个点所用的量头、夹具以及数据是否正确。如果正确的话,那么车身底大边(裙边)四个角与校正仪的高度应该是一致的,其他数据也应该吻合。如图8-3-37所示。

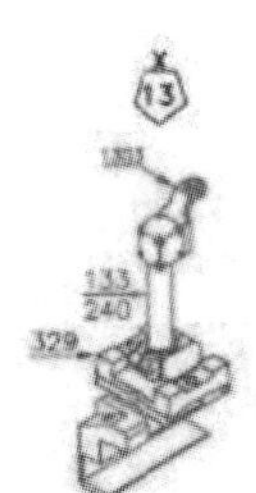

图8-3-37 数据验证

⑫拉伸校正准备。车身下部还有一根横梁,我们用固定大边用的夹具1616,把底大边夹紧。一般固定在中立柱下部,两侧夹具的高度尺寸、宽度尺寸和长度尺寸要求一致,将螺栓拧紧。如图8-3-38所示。

⑬拉伸变形部分。根据车身变形情况,对变形部位进行拉伸校正;把所有变形点按图纸标准数据拉伸到位后,将其点固定,如图8-3-39所示。

⑭校正减振器检安装位置。利用"前减振器安装位置的维修数据图",将MC测量尺("麦弗逊"车身测量尺)按图纸数据与图中尺寸的方向,依照上下、左右一致对称的原则,安装到所指定的横梁上,并通过观察判断是否需要拉伸校正。

图 8-3-38　固定大边(裙边)

图 8-3-39　拉伸变形部分

a. 安装“麦弗逊”车身测量尺。“麦弗逊”车身测量尺的安装,如图 8-3-40 所示。

b. 校对尺寸数据。观察上部测量点位置长、宽、高尺寸误差,如果测量尺的指针指的是测量点的中心(±3mm)那就是正确的,不需要拉伸校正,如图 8-3-41 所示

c. 拉伸校正。观察上部测量点位置长、宽、高尺寸误差,如果误差大(大于 ±3mm),就需要进行拉伸校正。校正时像底盘变形校正一样,确定好施加力方向再进行拉伸校正,直到所有测量点的测量尺的指针能落在尺寸允许误差内。

⑮尺寸记录。为了巩固练习的效果,请填写好安装夹具点的三维尺寸,见表 8-3-2。

车身尺寸测量记录表(单位:mm)　　表 8-3-2

测量基准点	三维尺寸	测量数据		标准数据		误差	
		右侧	左侧	右侧	左侧	右侧	左侧
第 17 点	长度						
	宽度						
	高度						
第 13 点	长度						
	宽度						
	高度						
第 4 点	长度						
	宽度						
	高度						
备注	(1)测量点根据需要增加。 (2)误差 = 测量数据 − 标准数据。						

⑯核查。如果测量两侧对称但与图纸不符，一定要检查测量尺是否装错，图纸是否用错，再根据实际情况来进行修理。

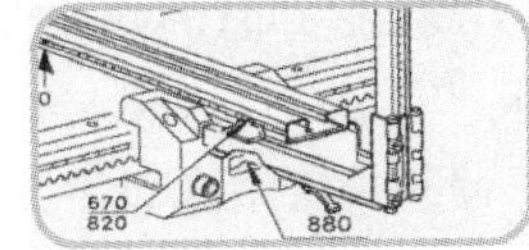

a)安装底座

b)安装竖尺和横尺座

c)安装并校准横尺两端定位线

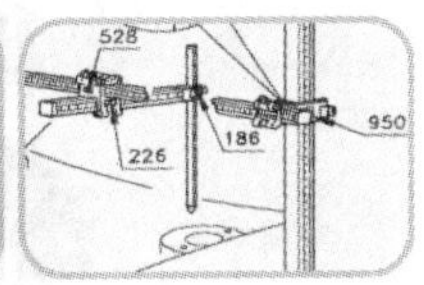

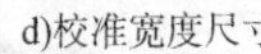
d)校准宽度尺寸

e)校准长度尺寸

f)校准高度尺寸

图8-3-40　“麦弗逊”车身测量尺的安装

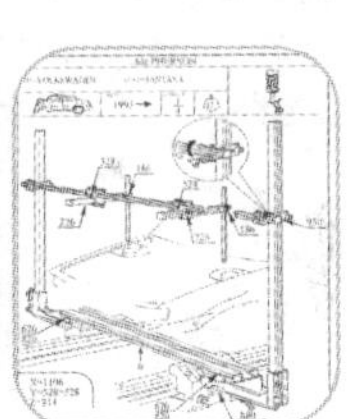

图8-3-41　校对尺寸数据

⑰操作结束。

操作结束，整理设备和工具，清洁工位。

2. 后部事故

后部事故与前部事故，使用ARTl06大梁校正仪的操作方法基本相同，但夹具安装顺序稍有不同，注意以下各点。

(1)先装第13点。按校正使用的图表中所示夹具量头尺寸安装。

(2)再装第17点。按校正使用的图表中所示夹具量头尺寸安装。

(3)固定裙边。要求左右对称。

(4)拉伸后部变形部位：按图纸所示的点的部位拉伸到与图纸相符为止。

3. 前后部事故(全车拆卸的)

前后部事故(全车拆卸的)，夹具安装顺序注意以下各点。

(1)需要两张图纸同时使用。

①前部拆卸的图纸。

②后部拆卸的图纸。

(2)因为前部拆卸的图纸中,17 点的位置是后部没拆卸时的数据,现在汽车上的后部已经拆卸了,所以要用后部拆卸数据图中 17 点数据。

(3)前面变形部位按前面拆卸的图纸数据,拉伸到与数据相吻合为止。

(4)后面变形部位按后面拆卸的图纸数据安装,拉伸到与数据图所给数据相吻合为止。

4. 定位夹具车身校正系统的其他应用

定位夹具车身校正系统也可以用来检查汽车左右的对称性,还可以用来校正车架和车身副车架("元宝梁")。如图 8-3-42 所示。

a)校正车架

b)校正"元宝梁"

图 8-3-42 校正车架和"元宝梁"

评价与反馈

一、学习效果评价

1. 选择题

(1)整体式车身在固定时至少需要(　　)以上的固定点。

A. 2 个　　B. 4 个　　C. 6 个

(2)第一次拉伸应是多点拉伸,拉伸方向要与撞击方向(　　)。

A. 相同　　B. 平行　　C. 相反

2. 判断题

(1)校正车身时,一个基本原则,即按与碰撞力相反的方向,在碰撞区施加拉伸力。(　　)

(2)金属结构在某些条件下其强度可能减小,这些条件叫做应力集中。(　　)

3. 简述题

(1)简述车身对修复设备的要求。

(2)阐述金属内部应力的形成原因。

(3)阐述应力集中对车身造成的影响。

(4)定位夹具车身校正系统有几种? 通用定位夹具车身校正系统主要组成有哪些?

(5)定位夹具车身校正系统与平台式车身大梁校正仪有何不同?

(6)定位夹具车身校正系统的校正原理是什么?

(7)为什么说用定位夹具车身校正系统判断车身变形非常直观?

(8)根据计算机提供的资料,数码定位夹具车身大梁校正仪在维修时可能用到什么图纸?

二、技能考核

车身校正技能考核项目和分值见表8-3-3。

车身校正技能考核表 表8-3-3

考核时间	考核项目	分值	自我评价	小组评价	教师评价
30min	安全、规范操作	10			
	大梁校正仪的正确使用	10			
	车身变形区域应力的消除	20			
	车身校正流程	40			
	整理工具	10			
	团队协作精神	10			
合计		100